中华泰山文库·著述书系

泰山风景名胜区管理委员会 编

刘云军 著

宋代东岳祭祀与信仰研究

山东人民出版社 · 济南

图书在版编目（CIP）数据

宋代东岳祭祀与信仰研究/刘云军著 . -- 济南：山东人民出版社, 2022.12
（中华泰山文库·著述书系）
ISBN 978-7-209-13549-8

Ⅰ.①宋… Ⅱ.①刘… Ⅲ.①泰山—山神—祭礼—研究—宋代②泰山—山神—信仰—研究—宋代 Ⅳ.①B933

中国版本图书馆CIP数据核字（2022）第170856号

项目统筹　胡长青
责任编辑　孙　姣
装帧设计　武　斌　王园园
项目完成　文化艺术编辑室

宋代东岳祭祀与信仰研究
SONGDAI DONGYUE JISI YU XINYANG YANJIU

刘云军　著

主管单位　山东出版传媒股份有限公司
出版发行　山东人民出版社
出 版 人　胡长青
社　　址　济南市市中区舜耕路517号
邮　　编　250003
电　　话　总编室（0531）82098914
　　　　　市场部（0531）82098027
网　　址　http://www.sd-book.com.cn
印　　装　山东新华印务有限公司
经　　销　新华书店

规　　格　16开（210mm×285mm）
印　　张　22.5
字　　数　367千字
版　　次　2022年12月第1版
印　　次　2022年12月第1次
印　　数　1—1000
ISBN 978-7-209-13549-8
定　　价　260.00元
　　　　　如有印装质量问题，请与出版社总编室联系调换。

立岱宗之弘毅

——序《中华泰山文库》

一生中能与泰山结缘，是我的幸福。

泰山在中国人民生活中有着广泛而深远的影响，人们常说"重于泰山""泰山北斗""有眼不识泰山"……在中国人心目中，泰山几乎是"伟大""崇高"的同义语。秉持泰山文化，传承泰山文化，简而言之，主要就是学做人，以德树人，以仁化人，归于"天人合德"的崇高境界。

自1979年到现在，我先后登临岱顶46次，涵盖自己中年到老年的生命进程。在这漫长岁月里，纵情山水之间，求索天人之际，以泰山为师，仰之弥高，探之弥深。从泰山文化的博大精深中，感悟到"生有涯，学泰山无涯"。

我学习泰山文化，经历了一个由美学考察到哲学探索的过程。美学考察是其开端。记得在20世纪80年代，为给泰山申报世界文化与自然遗产做准备，许多专家学者对泰山的文化与自然价值进行了考察评价。当时，北京大学有部分专家教授包括我在内参加了这一工作。按分工，我研究泰山的美学价值，撰写了《泰山美学考察》一文，对泰山的壮美——阳刚之美的自然特征、精神内涵以及对审美主体的重要作用，有了较深的体悟。除了理论上的探索，我还创作了三十多首有关泰山的诗作，如《泰山颂》：

高而可登，雄而可亲。

松石为骨，清泉为心。

呼吸宇宙，吐纳风云。

海天之怀，华夏之魂。

　　这是我对泰山的基本感受和认识。这首诗先后刻在了泰山的朝阳洞与天外村。

　　我认为泰山的最大魅力在于激发人的生命活力。我对泰山文化的学习，开端于美学，深化在哲学。两者往往交融在一起。在攀登泰山时，既有审美的享受，又有哲学的启迪（泰山自然景观和人文景观的结合，体现了一种天人合一的艺术境界）。对泰山的审美离不开形象、直觉，哲学的探索则比较抽象。哲学关乎世界观，在文化体系中处于核心地位，对人的精神影响更为深沉而持久。有朋友问我：能否用一个词来概括泰山对自己的最深刻的影响？我回答：这个词应该是生命的"生"。可以说，泰山文化是以生命为中心的天人之学，其内涵非常丰富，可谓中国文化史的一个缩影。泰山文化包容儒释道，但起主导作用的是儒家文化，与孔子思想有千丝万缕的联系。《周易·系辞下》中讲"天地之大德曰生"，天地生育万物，既不图回报，也不居功，广大无私，包容万物，这是一种大德。天生人，人就应当秉承这种德行，对于人的生命来说，德是其灵魂。品德体现了如何做人。品德可以决定一个人的人生方向、道路乃至生命质量。人的价值和意义离开德便无从谈起。蔡元培先生讲："德育实为完全人格之本，若无德，则虽体魄智力发达，适足助其为恶，无益也。"

　　"天行健，君子以自强不息；地势坤，君子以厚德载物。"这两句话深刻地体现了"天人合德"的思想。学习泰山文化要与时代精神相结合。泰山文化中"生"的精神对我影响很大，近四十年，我好像上了一次人生大学，感到生生不已，日新又新，这种精神感召自己奋斗、攀登，为人民事业做奉献。虽然我已经97岁，但生活仍然过得充实愉快，是泰山给了我新的生命。

　　泰山文化是中华民族优秀传统文化的主要象征之一，是我们民族文化的瑰宝。在这方面，历史为我们留下了浩瀚的资料，亟待整理。挖掘、整理泰山文化，是推动中华优秀文化遗产的创造性转化、创新性发展的迫切需要。

　　日前，泰山风景名胜区管理委员会的同志来舍下，告知他们正在编纂《中华泰山文库》。丛书分为古籍、著述、外文及口述影像四大书系，拟定120卷本，洋洋五千万言，计划三到五年完成。我听了非常振奋！这是关乎泰山文化的一件大事，惠及当今，功在后世，是一项了不起的文化工程。我对泰山风景名胜区管理委员会领导同志的文化眼光、文化自觉、文化胆识和文化担当，表示由衷钦佩；对丛书的编纂，表示赞成。我认为，编纂《中华泰山文库》丛书，将其作为一个新的文化平台，重要意义在于：

首先，对于泰山文化的集成，善莫大焉。关于泰山的文献，正所谓"经典沉深，载籍浩瀚"（刘勰《文心雕龙》）。从大汶口文化时期的象形符号，到文字记载的《诗经》，再到二十五史，直至今天，在各个历史阶段都不曾缺项。一座山留下如此完整、系统、海量的资料，这是任何山岳都无法与其比肩的，在世界范围内也具有唯一性。《中华泰山文库》的编纂，进一步开拓了泰山文化的深度和广度，对于古今中外泰山文化资料及研究成果的发掘、整理、集成、保存，都具有无与伦比的综合性、优越性和权威性，可谓集之大成；同时，作为文化平台，其建设有利于文化资源和遗产共享。

其次，对于泰山文化的研究，善莫大焉。文献资料是知识的积累，是前人智慧的结晶，是文化、文明的成果。任何研究离开资料，都是无米之炊。任何研究成果都是建立在资料的基础上。同时，每当新的资料出现，都会给研究带来质的变化。《中华泰山文库》囊括了典籍志书、学术著述、外文译著、口述影像多个门类，一方面为学术研究提供了所必需的文献资料，大大方便了研究者的工作；另一方面，宏富的文献资料便于研究者海选、检索、取舍、勘校，将其应用于研究，以利于更好地去伪存真、去粗取精，提高研究效率和研究质量。

再次，对于泰山文化的创新，善莫大焉。文化唯有创新，才会具有更强大的生命力。所以说，文化创新工作永远在路上。新时代泰山文化的创新，质言之，泰山文化如何引领新时代的精神文明，服务于新时代的精神文明建设，是一个重大课题。就其创新而言，《中华泰山文库》丛书的编纂本身就是一种立意高远的文化创新。它有目的、有计划、有系统地广泛征集、融汇泰山文献资料，集腋成裘，聚沙成塔，夯实了泰山文化的基础，成为泰山文化创新的里程碑。另外，外文书籍的编纂，开阔了泰山走向世界、世界了解泰山的窗口，对于泰山更好地走向世界、融入世界，具有重要的现实意义。而口述泰山的编纂，则是首开先河，把音频、影像等鲜活的泰山文化资料呈现给世人。《中华泰山文库》的富藏，为深入研究泰山的文化自然遗产，提供了坚实的物质保障。

最后，对于泰山文化的传承，善莫大焉。从文化的视角着眼，随着经济社会的发展变革，亟须深化对优秀传统文化重要性的认识，以进一步增强文化自觉和文化自信；通过深入挖掘优秀传统文化价值内涵，进一步激发其生机与活力；着力构建优秀传统文化传承发展体系，使人民群众得到深厚的文化滋养，不断提高文化素养，以增强文化软实力。毋庸讳言，《中华泰山文库》负载的正是这样一个优秀传统文化传承发展体系。如上所述，集成、研究、创新的最终目的，就是为了增强泰山文化的生命力，祖祖辈辈传承下去，延续、共享这一人类文明的文化成果。这是一个民族兴旺发达的源泉所在。《中华泰山文库》定会秉承本初，薪火相传，继往开来。

更为可喜的是，泰山自然学科资料的整理和研究，也是《中华泰山文库》的重要组成部分，无论是地质的还是动植物的，同样是珍贵的世界遗产。

中国共产党第十九次全国代表大会报告中指出："文化自信是一个国家、一个民族发展中更基本、更深沉、更持久的力量。必须坚持马克思主义，牢固树立共产主义远大理想和中国特色社会主义共同理想，培育和践行社会主义核心价值观，不断增强意识形态领域主导权和话语权，推动中华优秀传统文化创造性转化、创新性发展，继承革命文化，发展社会主义先进文化，不忘本来、吸收外来、面向未来，更好构筑中国精神、中国价值、中国力量，为人民提供精神指引。"这是我们编纂《中华泰山文库》丛书工作的指南。

编纂《中华泰山文库》丛书是一项浩繁的文化系统工程，要充分考虑到它的难度、强度和长度。既要有气魄，又要有毅力；既要正视困难，又要增强信心。行百里者半于九十，知难而进，迎难而上，才能善始善终地完成这项工作。这也是我的一点要求和希望。

值此《中华泰山文库》即将付梓之际，泰山风景名胜区管理委员会的同志嘱我为之作序，却之不恭，写下了以上文字。我晚年的座右铭是："品日月之光辉，悟天地之美德，立岱宗之弘毅，得荷花之尚洁。"所谓"弘毅"，曾子有曰："士不可以不弘毅，任重而道远。仁以为己任，不亦重乎？死而后已，不亦远乎？"故而，名序为：立岱宗之弘毅。

杨辛

2018年7月

序　言

对于人类而言，除了物质生活而外，精神生活无疑也是不可或缺的重要内容，其对每个人一生所产生的影响是至关重要的。然而，很长时间以来，在以西方国家主导的话语体系中，中国人是缺乏宗教信仰的，这无疑是对中国文化的无知。事实上，中国自古以来就有着丰富多彩的精神生活，其中就包括多元化的宗教传统。尽管中国古代宗教信仰起源很早，但可以肯定的是，在中国的广大疆域内，不同区域、不同族群有着迥然异趣的宗教信仰。由于人类对自身的生老病死以及对浩瀚大自然存在无知或完全不同的认知，因此，他们对一些不理解或半知半解的现象和现实世界产生了敬畏等复杂的情感，于是他们笃诚地相信是各种神灵主宰了世间万事万物。中国人与世界其他各国的人一样，对自然现象的认知也不例外。

中国人的宗教信仰不仅源于本土，如道教等，也有佛教、伊斯兰教、基督教等来自域外的多种宗教。然而，在笔者看来，任何外来宗教来到中国后都会有或长或短的中国化过程，毕竟中国是以儒家文化为核心的国度。对于外来宗教，中国历朝历代基本上是以高度的包容性加以接纳的，无论是在国家层面的管理与改造，还是民间基层社会的逐渐调适与应对，中国人都会以自身特有的思维和方法使外来宗教与中国本土文化协调起来。

在中国传统社会，不同时代呈现出丰富多彩的宗教信仰氛围，多种多样的民间信仰尽管起源时间先后不一，但中国历代王朝的宗教思想及其教义教规等大体上呈现出与其时代相适应的特色。在笔者看来，两宋时期是中国古代造神的重要时代，其最为明显的表现之一在于奠定了中国社会至民国之前长达1500多年的宗教信仰的坚实基础。说得更明确一些，宋代的各种宗教信仰体系对后世产生了至深至远的巨大影响，一直到新中国成立之前，中国古代甚至近现代宗教尤其是神灵系统几乎都是以宋朝为原点发展变化而来的。

以中国人的祖先崇拜和信仰为例，北宋以后，中国逐渐形成了一种有别于前代的新型宗族制度。在此基础上，宋朝以后形成了一套祖先崇拜的理论体系，逐渐完善了具体的祭祀祖先的实践活动。尽管世界上其他民族也存在类似的祖先信仰，但是，中国古代的祖先祭祀具有更多的功利目的，即现实利益大于宗教意义，祭祀最重要的目的之一是为在世的子孙谋求福祉，祈祷祖先亡灵保佑其后代能升官发财、健康幸福等。总而言之，在世者的美好愿望很大程度上都寄托在了祖先身上，因而也就不难理解其虔诚膜拜之行为了。祖先祭祀现实意义的另外一种表现是集中解决宗族成员遇到的问题，解决宗族内部的各种事务。沈括记载钱氏在祭祀宗族祖先的同时，"凡家有冠婚大事，则即而谋焉"①。也就是说，宗族各家有婚事、成人礼等，都可以在宗族成员集中祭祀之际相互商讨。陈著记录了一个王姓官员参与宗族祭祀所做的一件事，当他看到宗族成员中的孤者、幼者、贫不能自存者的时候，内心难以平静，于是与其他宗族成员商议，设置义庄，以赈济同宗的贫弱之人。自宋朝以后，祭祖的家族祠堂如雨后春笋一般兴起于中国境内的各个角落，一直到民国时期依旧如此，可知宋代祖先祭祀制度对后世影响之深远。然而，由于祭祖活动与西方学界所谓的宗教概念是存在本质差别的，无正式的教义，更无宗教经典可言，迄今为止，遗留给后人的大概只有各种姓氏的祠堂以及各宗族的族谱而已。更为重要的是，西方社会本质上信奉的是单一宗教，只不过是形成了不同的门派或是经过改良过而已。

中国人的宗教信仰具有十分显著的实用性特征，从某种意义上说，中国古代社会的宗教信仰更多考虑现世的利益。正因为如此，中国古人的信仰并未形成相对系统的理论，与西方世界的宗教相比，这不能不是很大的缺陷。另一方面，中国人是相信万物有灵的，所有自然现象都会有分管的神灵，如风雨雷电即是分别由风神、雨神、雷公、电母掌管。出于对这些神的敬畏，很多地方都建立了雷公祠，古人从政府层面到民间无不大加祭祀。然而，对于这些神灵的缘起、发挥作用的过程、幻化演变的历程因素等，中国古人似乎不太重视追究这些神灵信仰的深奥所在，也就是探索其所以然。对于不太理解的虚无缥缈的事实和现象，他们更关心现实社会的种种问题，这就决定了中国古人的宗教信仰都是与人类社会命运息息相关的，尤其是在遭遇严重自然灾害之时。宋朝

① 〔宋〕沈括：《长兴集》卷一〇《苏州清流山钱氏奉祠堂记》，影印文渊阁四库全书本。

旱灾发生后，地方政府的各级官员都会举行祈雨仪式。应该说，宋代民间的祈雨活动非常频繁，通常而言，祈雨多是在各地神灵显著的场所举行。按照宋朝政府的规定："近者制敕：凡名山大川，能出云雨、神灵显赫者，所在咸以名闻。"①凡是当地能出云雨的名山大川，确属灵异，都要上报朝廷。一旦出现旱情，自然就会到这些"能出云雨"的山川进行大规模的祭祀活动。就现存的宋代文字资料来看，祈雨的场所似乎并不是完全一致的，地方官亲自前往的祭祀场所通常是有选择的。与祈晴仪式有所不同的是，祈雨的对象在宋代似乎出现了一些较为有趣的现象。宋人认为，龙神掌管雨水，而没有固定负责晴的神灵。"惟龙伸缩变化，吁吸云雨，一潭之间，龙则安焉。民有不告，其答如响，惟此境被龙之泽旧矣，岁一不周，亦龙之耻。龙之泽不终朝而被天下，十里之间嗷嗷如此，岂龙之所安乎！"②陈亮的这段话表明，龙之伸缩变化会带来云雨。宋孝宗淳熙十年（1183），吴郡大旱，当地地方行政长官耿秉在灵济庙"设厅作祈雨道场，设行雨龙王位于东西序"③。这里很明确地指出龙王是"行雨"之神。再如宋孝宗时期，"福州盛夏不雨，府帅赵子直命诸邑，凡境内有神祠湫渊灵异之处，悉加敬祷。古田县杉洋山有三潭，在岩岭峭拔间，居民每往祈雨，多获甘霖"④。可知当地居民经常到杉洋山的三潭去祈雨，这完全是民间自发的一种行为，与官府没有关系。

中国古代宗教信仰的另一重要特质是多元化，在万物有灵思想的影响下，中国古人相信万事万物都是有神性的。除了佛教、道教、伊斯兰教等外，中国古代还有自然神崇拜、无生物崇拜、生物崇拜，等等。此外，中国古代还有灵魂崇拜、民间巫术信仰。可谓五花八门，不一而足。所有这些都足以证明中国自古以来就是多神论信仰的国度，两宋时期自然也不例外。

刘云军先生十余年来一直专注于宋代历史研究，发表相关论文，出版过文献整理、学术著作。最近，以其博士论文为基础完善出来的《宋代东岳祭祀与

---

① 〔宋〕郑侠：《西塘集》卷五，影印文渊阁四库全书本。

② 〔宋〕陈亮著，邓广铭点校：《陈亮集》卷三〇，北京：中华书局点校本，1987，第402页。

③ 〔宋〕范成大撰，陆振岳点校：《吴郡志》卷一三，南京：江苏古籍出版社点校本，1999，第182页。

④ 〔宋〕洪迈撰，何卓点校：《夷坚支戊》卷一，北京：中华书局点校本，1981，第3册，第1057页。

信仰研究》一书即将付梓，这是刘云军先生长期呕心于学问的成果结晶。该书系统而全面地研究了宋代东岳祭祀及其信仰问题，实际上是对宋代山川神问题的综合探讨。该书涉及若干学术议题，一是宋朝官方的东岳崇拜与祭祀，包括中央派遣官员和委托地方官员进行的祭祀活动。二是宋真宗东封泰山的复杂历程，通过厘清基本史实，揭示出了宋真宗东封仪式背后复杂的政治动机。三是研究了宋代有关东岳庙的记文，通过对这些记文的细致梳理和解读，从信仰的独特角度探讨了宋人的国家意识与地方观念之间的相互关联，同时弄清了文人士大夫对待东岳信仰的复杂心态。四是严谨地分析了宋代民众的东岳信仰，在对庙会和日常进香活动进行研究的基础上，窥透了宋代民间东岳信仰的灵活性和实用性，这与官方的东岳祭祀是存在巨大差异的。五是研究宋代笔记小说中书写的宋代东岳神，包括形象塑造以及东岳神的不同职能。

　　综合而言，该书在学术上有创新意义。一是其所涉猎的议题多是此前学术界少有专论甚至是几乎未曾触及的，如东岳庙建立时期的记文就是可以填补学界空白的精心之作。二是充分挖掘了此前少有被利用的史料，如金石文字、方志文献等。该书的创作是严谨而实证性的，有一分资料说一分话，几乎无空论可言，可知其治学态度是自备高要求和严标准的。当然，笔者本人并不以为宗教信仰存在精英与大众之间的严格区分，这是西方学界话语权意境下做出的人为区隔，与宗教信仰本身并无必然的联系。毫无疑问，宋代的社会精英同普罗大众一样会赶庙会并参与进香活动，这是不可否认的历史事实。

　　拉拉杂杂写下这些不痛不痒的文字，姑且算作刘云军先生大作之序言。

游　彪

2018 年 12 月 26 日谨识于北京师范大学茹退居

目　录

绪　论

第一节　泰山研究的意义

　　唐玄宗开元二十三年（735），二十三岁的诗人杜甫科举失利，次年，他"放荡齐、赵间"，开始了自己的游历生活，在经过山东泰山后，他写下了千古名篇《望岳》[①]：

岱宗夫如何，齐鲁青未了。

造化钟神秀，阴阳割昏晓。

荡胸生曾云，决眦入归鸟。

会当凌绝顶，一览众山小。

图绪论-1　"会当凌绝顶，一览众山小"

---

　　① 〔唐〕杜甫撰，〔清〕仇兆鳌注：《杜诗详注》卷一，北京：中华书局点校本，2015，第3页。

　　泰山，又被称作东岳、岱宗，是中国最知名的山岳之一，也是享誉世界的风景名胜。1987年，世界遗产委员会批准泰山为"世界文化与自然双遗产"，列入《世界遗产名录》。泰山在中国人心目中不仅是一处风光优美的旅游胜地，其优美的自然景观和人文景观形成了独特的泰山文化，承载了丰富的政治、文化内涵，可以视作"中国文化史的一个局部缩影"。①

　　纵观泰山文化的发展历程，泰山最初只是一座区域性名山，大一统王朝建立后，泰山被纳入了以儒家文化为主导的封建王朝国家祀典中，具有强烈的政治色彩；同时它又是中国道教文化、佛教文化和民俗文化的重要组成部分，具有鲜明的宗教特点和民俗特色。泰山信仰源远流长，在不同时间段，其信仰情况也各有特色。本书从几个具体角度出发，对宋代东岳祭祀与信仰展开研究。

　　从事唐宋史研究，不能不提及在海内外学术界影响甚大的"唐宋变革"论。这一学说最先由日本学者提出，经过多位学者的整理、加工后，已经成为唐宋史研究领域无法绕开的学术背景。②随着"唐宋变革"论被日益泛滥地使用，学者们开始对其暴露出来的问题进行反思。如汪晖指出，内藤湖南等人提出的"东洋的近世"假说，是在一种竞争性的或抵抗欧洲中心主义的"世界历史"构架中产生的。③柳立言指出，目前的研究表明，不同领域有着不同的变革起点和终点，每个变革期的意义也未必相同。只说"唐宋演变"或"唐宋转变"，跟说"唐宋两代"并无多大分别。问题不在有没有变，而在变的重要性和对后世的影响。④这些

---

　　①　郭沫若：《读〈随园诗话〉札记》，北京：北京古籍出版社，2003，第140页。万昌华、文景刚：《泰山地区历史文化论纲》，《聊城大学学报（社会科学版）》2009年第1期。民国时期，一些知识分子甚至主张将泰山定为"国山"，希望借此唤起民众的文化认同与民族自尊。李俊领：《天变与日常：近代社会转型中的华北泰山信仰》，北京：社会科学文献出版社，2017，第262—265页。

　　②　〔日〕内藤湖南：《概括的唐宋时代观》（原载《历史与地理》第九卷第5号），中译文载刘俊文主编：《日本学者研究中国史论著选译》第一卷，北京：中华书局，1992。张广达对"唐宋变革"学说及其影响进行了细致分析。见张广达：《内藤湖南的唐宋变革说及其影响》，《唐研究》第11卷，北京：北京大学出版社，2005。李华瑞主编《"唐宋变革论"的由来与发展》，天津：天津古籍出版社，2010。西方早期学者对"唐宋变革"的观点可参看柯睿格（E.A.Kracke），Sung Society: Change Within Tradition, *The Far Earstern Quartedy*, Vol.14, No.4（1955）.

　　③　汪晖：《现代中国思想的兴起》导论，北京：三联书店，2004，第6页。

　　④　柳立言：《何谓"唐宋变革"》，《中华文史论丛》第81辑，上海：上海古籍出版社，2006，第125页。

反思无疑对于我们更深刻地理解和运用"唐宋变革"论提供了有益的指示。

关于唐宋时期的信仰情况，海内外学者已经有了一些论述。如国内学者贾二强认为，唐宋时，包括民间信仰在内的各种思想观念都有空前发展，相当多的民间观念就定型于那个时代，而对于时至今日的种种现象追本溯源，还不难看到那个时代的踪迹。[①]海外学者伊沛霞（Ebrey Patricia Buckley）认为，我们虽然对唐宋时期中国宗教的很多方面都不清楚，但对于中国宗教行为与信仰模式相互联系的变化与复杂性还是很清楚的，它们都发生了重大的变化。[②]康豹（Paul R.Katz）亦持相似观点。[③]具体到唐宋时期的东岳信仰情况，资料显示，这一时期皇帝对东岳神不断加封，封号从王到帝；国内东岳庙分布更为广泛；东岳神家族、部属成员人数日益增多，等等，但这些情况是否反映了"唐宋变革"的影响，还尚待深入挖掘。本书在写作中，将宋代东岳信仰放置在唐宋时期社会变化的大背景下进行讨论，同时，又注意从东岳信仰自身发展变化的脉络出发进行研究。

泰山研究内容相当丰富且复杂，仅就20世纪发表的论著看，涉及面已经很广，称得上蔚为大观。[④]如袁爱国的《泰山神文化》，运用文化学、宗教学、神话学等理论，对泰山神文化从内容、特征、价值、功能等方面进行研究。[⑤]《泰山风俗》从民俗学角度，分泰山庙会、石敢当、香社、香客、饮食、民间工艺等专题论述了泰山的风俗。[⑥]刘慧在泰山研究方面用力颇深，出版了一系列著作，涉及泰山诸多方面。其中《泰山宗教研究》一书分泰山宗教信仰缘起、泰山封禅、泰山神论、泰山道教与佛教、泰山宗教建筑五部分内容，将泰山置于中国古代传统文化当中进行分析。[⑦]《泰山岱庙考》一书分神主文化考、庙史考源、庙会考略、重要建筑考、岱庙出土重要遗物考、历代碑刻形制探析等几方面内容，是关于泰

①　贾二强：《唐宋民间信仰》，福州：福建人民出版社，2002，第7页。

②　伊沛霞（Ebrey Patricia Buckley）and Gregory, Peter N, "*The Religious and Historical Landscape*", Religion and Society in T'ang and Sung in China, Honolulu: University of Hawaii Press, 1993.

③　康豹（Paul R.Katz），*Demon Hordes and Burning Boats*: The Cult of Marshal Wen in Late *Imperial Chekiang*, State University of New York Press, 1995, pp.24-38.

④　关于20世纪泰山研究成果可参看朱俭编纂：《泰山研究资料索引》，北京：北京图书馆出版社，2004。该书收录有关泰山研究的论文和图书，收录时间从古代至2004年。

⑤　袁爱国：《泰山神文化》，济南：山东大学出版社，1991。

⑥　袁爱国：《泰山风俗》，济南：济南出版社，2001。

⑦　刘慧：《泰山宗教研究》，北京：文物出版社，1994。

山岱庙的一部综合性著作。①《泰山信仰与中国社会》是其近年来出版的一部关于泰山信仰的综合性著作，视野更为宏观，包括泰山信仰的缘起、天地崇拜、泰山信仰中的神祇、泰山信仰与佛教道教、泰山信仰民俗的历史发展及走向。②以上这些研究成果均属于长时段宏观性研究，涉及面很广，几乎包含了泰山研究的方方面面，提出了许多富有价值的观点，对于笔者的写作颇有启发性。

　　具体到宋代东岳研究，目前的研究成果大致分为综合性研究与具体研究两种情况。综合性研究成果主要有：山东大学金洁的硕士学位论文《宋代泰山的政治文化功能》，从宋真宗封禅、宋代泰山与文化名人、宋代泰山宗教活动三个方面讨论了宋代泰山的政治文化功能。③台湾政治大学姚政志2016年的博士学位论文《宋代东岳信仰研究》分四章，分别讨论了宋真宗封禅及其影响、东岳民间信仰的内容、东岳辅神崔府君考、东岳信仰中的国家与社会等内容。作者认为，促使东岳信仰在民间社会传播开来的因素之一是宋真宗封禅。宋人的东岳信仰观可以分为对东岳神本身及其家族的想象，对职司东岳冥府的官僚群的想象，对东岳职司的想象三方面。其中既有承自前代的成分，亦有到了宋代才新出现的内容。宋代各种向岳帝致礼的信仰组织，在南方和华北有很大的差异。南方祠赛社会活动由经营同一种行业或买卖的行会、嗜好性社团、娱乐性团体、演艺性社团提供者较多，商业性、娱乐性的气味较浓厚。在华北进献岳帝的社会活动中虽然亦有由经营同一种行业，或基于共同的信仰结合而成的社团参与其中，但是，一般说起来，以最低层行政组织中的"社"的成员集结而成，共同支持当地东岳信仰活动的成分比较大，传统"村社"的性质较为突出。④香港中文大学尹薇的硕士学位论文讨论了宋元时期东岳信仰在国家与社会之间的发展，该论文使用了以往学者较少使用的宗教资料。⑤

---

①　刘慧：《泰山岱庙考》，济南：齐鲁书社，2003。

②　刘慧：《泰山信仰与中国社会》，上海：上海人民出版社，2011。

③　金洁：《宋代泰山的政治文化功能》，山东大学中国古代史硕士学位论文，2011。

④　姚政志：《宋代东岳信仰研究》，台湾政治大学历史学博士学位论文，2016。2018年上半年，尹薇学友通过网络告知笔者姚博士的论文，由于条件所限，笔者仅能在网上看到该博论的摘要及章节安排，故而此次修订拙作并未参考姚文。

⑤　尹薇：*State and Society in the Spread of the Dongyue Cult, Song Through Yuan,* MA.The Chinese University of Hong Kong, 2017. 感谢尹薇学友惠赐其论文。

　　除此之外，贾二强的《唐宋民间信仰》一书的上篇"古代观念的延续——自然神崇拜"，集中讨论了唐宋泰山神信仰、华山神信仰、泰山三郎、华山三郎与炳灵公等。由于作者是隋唐史研究专家，在分析时更侧重于隋唐，宋代内容稍显单薄。①

　　除了综合性研究成果，目前国内学界关于宋代东岳研究主要集中在以下几个方面：宋代泰山岱庙天贶殿位置及其壁画研究、宋代泰山庙会研究、宋真宗泰山封禅研究、宋代东岳祭祀研究等。

　　泰山宋代岱庙天贶殿位置研究。20世纪八九十年代，石经校、周郢对泰山岱庙宋代天贶殿的位置进行了讨论，两人均认为宋天贶殿并非今天的岱庙大殿。石经校认为宋真宗封禅所建天贶殿位置在得天书的灵液亭旁边的"灵区"。殿是"清宇"不是神殿；是"曾不日以克成"的，无壮丽可述的一般建筑。②

　　泰山东岳庙天贶殿中有一幅巨大的壁画《东岳大帝启跸回銮图》，围绕这幅壁画，历史学者、美术史学者都进行过分析，其中丛树敏、曾国勇、周郢等分别研究过壁画的时代、作者、艺术特色、内容等方面。③

　　宋代泰山香会的研究。刘慧、陶莉在2004年发表文章，从东岳大帝诞辰、香会活动、宋代香会基本特征三个部分，对宋代泰山香会内容、特征做了比较完整、系统的梳理。尤其值得一提的是，该文利用了泰安市博物馆收藏的一些碑刻史料，其中部分资料不见于他处，非常珍贵。④高莹在前人研究的基础上，对宋代泰山香社做了进一步的研究。⑤

　　宋真宗封禅是宋代东岳研究中的一个重要问题，学术界关注很多，成果也

　　① 贾二强：《唐宋民间信仰》，福州：福建人民出版社，2002。
　　② 石经校《宋天贶殿位置考析》，山东省地名委员会办公室编《山东地名通讯》第28期（1988）；《宋天贶殿位置再考》，载戴有奎、张杰主编《泰山研究论丛》第5辑，青岛：青岛海洋大学出版社，1992。周郢《宋天贶殿位置考辨》，载李正明、张杰主编《泰山研究论丛》第1辑，青岛：青岛海洋大学出版社，1989。
　　③ 丛树敏：《岱庙壁画仪仗乐队图析——兼评岱庙壁画的艺术特色》，载戴有奎、张杰主编《泰山研究论丛》第5辑，青岛：青岛海洋大学出版社，1992。曾国勇：《宋代东岳大帝出巡仪仗研究》，香港大学硕士学位论文，1995。周郢：《岱庙壁画时代、作者考》，载氏著《周郢文史论文集·泰山历史研究》，济南：山东文艺出版社，1997。
　　④ 刘慧、陶莉：《关于宋代的泰山香会》，《民俗研究》2004年第1期。
　　⑤ 高莹：《宋代泰山香社再研究——基于碑铭的考察》，《中国社会经济史研究》2018年第3期。

很丰富，除了一般的概述性讨论外，绝大多数论著从史学角度出发，着眼于探讨宋真宗东封西祀的原因及其对社会造成的影响。相对于传统观点，何平立对真宗东封西祀目的提出新的看法，认为真宗此举不仅在于以盛大规模的封祀礼仪来证明赵宋皇权合法性、合理性和权威性，而且也是礼治社会整合和调适统治阶级政治秩序、强化意识形态和构建精神信仰的一场思想运动。[①]路育松则将宋真宗天书封祀事件放在宋初忠节文化建设的背景下进行考察，认为天书封祀是当时忠节文化建设的内在组成部分，也是神道文化在政治上的反映。[②]何平立与路育松两位的观点对于我们重新认识宋真宗东封西祀带有启示。此外，李继生撰文介绍了现存的唐宋泰山封禅玉册的情况。[③]

　　近些年，有学者开始关注宋代东岳祭祀。如清华大学牛敬飞的博士学位论文讨论了历代五岳祭祀的演变，其中第五章、第六章分别讨论了唐宋五岳祭祀和唐宋五岳真君，提出了一些新观点。[④]刘兴顺2017年出版的《泰山国家祭祀史》一书，按照时间顺序，叙述了从先秦直到清代的泰山国家祭祀，其中第四章、第五章分别讨论了北宋泰山国家祭祀、南宋金元泰山国家祭祀。这两部论著，是笔者所见到的目前为止讨论宋代泰山祭祀最详细的研究成果。[⑤]

　　海外学者关于东岳信仰的研究起步较早，水平也很高。如20世纪初，德国学者蒂施佩（P.A.Tschepe）与法国汉学家沙畹（Edouard Chavannes）先后分别出版了《泰山和它的宗教信仰》（1906）、《泰山：中国宗教信仰的研究》（1910）。[⑥]三四十年代，日本学者冈本三郎、酒井忠夫发表了《泰山府君の由来について》《泰山信仰研究》等文章。[⑦]酒井忠夫的论文从泰山人道解释、关

　　① 何平立：《宋真宗"东封西祀"略论》，《学术月刊》2005年第2期。

　　② 路育松：《从天书封祀看宋真宗时期的忠节文化建设》，《清华大学学报（哲学社会科学版）》2008年第6期。

　　③ 李继生：《泰山唐宋玉册疑案丛考》，载戴有奎、张杰主编《泰山研究论丛》第5辑，青岛：青岛海洋大学出版社，1992。

　　④ 牛敬飞：《五岳祭祀演变考论》，清华大学中国史博士学位论文，2012。

　　⑤ 刘兴顺：《泰山国家祭祀史》，济南：山东人民出版社，2017。

　　⑥ 参见刘晓：《西方汉学家泰山信仰研究述论》，山东大学民俗学硕士学位论文，2009。

　　⑦ 〔日〕冈本三郎：《泰山府君の由来について》，〔日〕《东洋学研究》1943年第1期。〔日〕酒井忠夫：《泰山信仰研究》（原载《史潮》第7卷第2期，1937年6月），中译文载游琪、刘锡诚主编《山岳与象征》，北京：商务印书馆，2004。

于泰山府君小说、南北朝时代佛家地狱说、汉译佛典中泰山思想及其传说、唐代之泰山信仰五个方面论述了中国五代之前的泰山信仰，很多观点至今仍具启发性。泽田瑞穗发表于90年代的长文《泰山信仰》，涉及泰山信仰的范围很广。①2004年，美国匹斯堡大学博士达白安（Brian Russell Dott）出版《身份的反观：中华帝国晚期的泰山朝圣》，②该书是其博士论文的修订版，通过朝山进香来分析18世纪中国社会与文化状况，是相对较新的海外泰山研究成果。

　　具体到宋代东岳研究，主要成果有日本学者金井德幸的《南宋时代の市镇と东岳庙》、水越知的《宋元时代の东岳庙：地域社会中の核的信仰として》两篇文章。③其中水越知的论文运用信仰圈理论，利用大量方志资料，从宋元时代东岳信仰圈的扩大，国家宗教政策、道教势力与东岳庙，宋元时代东岳信仰的内容，宋元时代东岳庙祭祀组织构造等方面将东岳庙作为区域社会信仰核心进行分析，对于理解区域社会祠神信仰有启发意义。

　　讨论宋代东岳信仰，必然涉及同时期各类祠神信仰，关于此类研究，海内外专家学者的成果蔚为大观，不胜枚举，此处仅列举一二。

　　大陆方面，除了风俗史、社会生活史等著作中比较简略地涉及宋代信仰情况外，④程民生较早对于宋代的神祠宗教⑤、中国的祠庙文化⑥进行分析，其观点多有启发性。皮庆生根据博士论文修改后出版的《宋代民众祠神信仰研究》，则以张王、祠赛社会、祈雨、祠神信仰传播、正祀与淫祀五个个案为例，将宋

　　①〔日〕泽田瑞穗《泰山信仰》，载氏著《地狱变》补编二，东京：平河出版社，1991。

　　② 达白安（Brian Russell Dott），*Ascending Mount Tai: Social and cultural interactions in eighteenth century China*，该论文经过修订后于2004年由 Harvard University Asia Center 出版，书名亦改作 *Identity Reflections-Pilgrimages to Mount Tai in Late Imperial China.* 关于该书更深入的评价，可参看彭慕兰相关书评。《身份的反观：中华帝国晚期的泰山朝圣》，《民俗研究》2007年第3期。

　　③〔日〕金井德幸：《南宋时代の市镇と东岳庙》〔日〕《立正史学》第61卷。〔日〕水越知：《宋元时代の东岳庙：地域社会中の核的信仰として》，〔日〕《史林》第86卷第5号（2003）。

　　④ 朱瑞熙等：《宋辽西夏金社会生活史》，北京：中国社会科学出版社，1998（2005年修订）。徐吉军等：《中国风俗通史》（宋代卷），上海：上海文艺出版社，2001。游彪、尚衍斌、吴晓亮等：《中国民俗史》（宋辽金元卷），北京：人民出版社，2008。

　　⑤ 程民生：《论宋代神祠宗教》，《世界宗教研究》1992年第2期。

　　⑥ 程民生：《神人同居的世界——中国祠庙文化》，郑州：河南人民出版社，1993。

代民众祠神信仰置于唐宋社会变革的背景下，全面考察祠神活动存在、演变的真实状况及其复杂的社会、政治与文化背景。[①] 刘雅萍的博士学位论文从制度与个案层面讨论了宋代祠庙制度与地方神灵的关系。[②] 王见川、皮庆生合著的《中国近世民间信仰——宋元明清》，从宏观角度，以专题方式对于宋元明清时期的民间信仰进行研究。[③] 杨晓红著作讨论了宋代民间信仰与政府控制问题。[④] 王瑜的《宋代民间信仰丛论》包括宋代民间信仰观念、民间信仰与官方政策、宋代祝文研究、杀人祭鬼、宋代真武信仰研究。[⑤] 朱溢的《事邦国之神祇：唐至北宋吉礼变迁研究》，讨论了唐和北宋的大中小祀、郊祀、太庙、释奠等礼仪。[⑥] 此外，皮庆生、林剑华等人对于"淫祀""正祀"等均有讨论。[⑦]

　　港台方面，刘志鸿的硕士学位论文从社会史角度探讨了宋代祠庙问题。[⑧] 蒋竹山系统梳理了海内外学者关于宋至清国家与祠神信仰研究，提供了很多有价值的信息。[⑨] 沈宗宪的博士学位论文将宋代官方信仰、非法信仰观念与国家政治联系起来进行分析。[⑩] 廖咸惠的博士学位论文围绕宋代精英，讨论了他们生活中的鬼怪与邪恶力量、对身后世界的关注、信念与实践等。[⑪]《宋代士人与民间信

①　皮庆生：《宋代民众祠神信仰研究》，上海：上海古籍出版社，2008。

②　刘雅萍：《制度下的神灵——两宋时期政府与民间关于信仰的沟通》，北京师范大学历史学院博士学位论文，2009。（2015年，台湾花木兰文化出版社出版，书名与博士论文题目相同）

③　王见川、皮庆生：《中国近世民间信仰——宋元明清》，上海：上海人民出版社，2010。

④　杨晓红：《宋代民间信仰与政府控制》，成都：西南交通大学出版社，2010。

⑤　王瑜：《宋代民间信仰丛论》，西安：陕西人民出版社，2011。

⑥　朱溢：《事邦国之神祇：唐至北宋吉礼变迁研究》，上海：上海古籍出版社，2014。

⑦　皮庆生：《宋人的正祀、淫祀观》，《东岳论丛》2005年第4期。《论宋代的打击"淫祀"与文明的推广》，《清华大学学报（哲学社会科学版）》2008年第2期。林剑华：《宋代淫祀与官方政策》，福建师范大学专门史硕士学位论文，2006。

⑧　刘志鸿：《宋代祠庙与祠祀——一个社会史的考察》，台湾清华大学历史系硕士学位论文，1992。

⑨　蒋竹山：《宋至清代的国家与祠神信仰研究的回顾与讨论》，（台湾）《新史学》第8卷第2期（1997年6月）。《宗教史研究的文化转向：近来宋至清代的民间信仰研究再探》，载复旦大学文史研究院编：《"民间"何在　谁之"信仰"》，北京：中华书局，2009。

⑩　沈宗宪：《国家祀典与左道妖异——宋代信仰与政治关系之研究》，台湾师范大学历史研究所博士学位论文，2000。

⑪　廖咸惠：Popular religion and the religious beliefs of the Song elite, 960-1276, Los Angeles: Ph. D. University of California, 2001.

仰：议题与检讨》一文，则通过文献分析与几个具体主题探讨宋代士人复杂的民间信仰。[①]此外，台湾静宜大学邱淑惠的硕士学位论文对唐代五岳神及其家族故事进行了研究，其中有相当篇幅涉及东岳神及其家族。[②]香港岭南大学刘燕萍的论文具体讨论了唐代泰山神小说。[③]

海外方面，伊沛霞（Patricia Ebrey）等主编的论文集《唐宋时期的中国宗教与社会》从宗教与社会、宗教与政治等角度讨论了唐宋时期佛教、文昌帝君、城隍信仰等问题。[④]韩森（Nalerie Hansen）的《变迁之神：南宋时期的民间信仰》，利用方志、笔记、庙记等资料，讨论了官府赐额对神祇的控制，神祇信仰的区域性发展以及神与人之间的关系等内容，该书成为研究这一时期民间信仰引用率极高的海外成果。[⑤]金相范分析了唐代礼制对于民间信仰观的形成与作用，[⑥]他还对海内外唐代民间祠庙信仰研究成果进行了梳理[⑦]。戴安德（Davis Edward）的《宋朝的社会与超自然》以洪迈《夷坚志》和道教科仪经典为主要素材，研究同一时空领域里的灵媒与附体现象。[⑧]韩明士（Robet Hymes）的《道与庶道：宋代以来的道教、民间信仰和神灵模式》是近年来关于宋代大众信仰问题的一部力作。该书除了丰富的史料，还有深入的理论探讨，特别是书中

---

① 廖咸惠：《宋代士人与民间信仰：议题与检讨》，载复旦大学文史研究院编：《"民间"何在 谁之"信仰"》，北京：中华书局，2009。

② 邱淑惠：《唐代五岳神及其家族故事之研究》，台湾静宜大学中国文学系硕士学位论文，2001。

③ 刘燕萍：《审鬼·神召·神族——论唐代泰山神小说》，第十九届中国唐代文学学会年会暨唐代文学国际学术研讨会论文。感谢西南交通大学罗宁教授的热情联系，承蒙刘燕萍慨允惠赐其大作。

④ 伊沛霞（Ebrey Patricia Buckley）and Gregory, Peter N.ed. *Religion and Society in T'ang and Sung in China*.

⑤ 〔美〕韩森著，包伟民译：《变迁之神：南宋时期的民间信仰》，上海：中西书局，2016。

⑥ 〔韩〕金相范：《唐代礼制对于民间信仰观的形成与作用——以祠庙信仰为考察的中心》，台湾师范大学文学院历史学系博士学位论文，2000。该论文已经在韩国正式出版，但笔者不懂韩文，故此处仍利用其中文版博士论文。

⑦ 〔韩〕金相范：《唐代民间祠庙信仰的回顾与展望》，（韩国）《中国史研究》第14辑（2001年8月）。

⑧ 戴安德（Edward L. Davis）, *Society and the Supernatural in Song China*, Honolulu: University of Hawaii Press, 2001.该书中文书评见王锦萍书评，见《唐研究》第11卷（2005年12月）。

提到的官僚模式（bureaucratic model）与个人模式（personal model）两种神灵模式，回应了武雅士（Arthur Wolf）关于中国神、鬼、祖先的经典观点。[①]劳格文（Lagerwey）和马颂仁（Pierre Marsone）主编的《现代中国宗教：宋辽金元》是一部由海内外学者分别撰写的论文集，分国家、社会、三教、道学四部分对宋辽金元时期的宗教进行讨论。

　　综合以上研究成果，无论在史料运用抑或理论分析方面都为本书写作提供了很好的借鉴。此外，明清、近代史学界还有比较丰富的关于东岳民俗或信仰的研究成果，此处不一一列举，仅在行文相关处列出。

第二节　资料运用与章节安排

一、资料运用

　　信仰研究面临的一个难题是史料的搜集与辨别，这一点海内外学者均有同感。N.Gregory 与伊沛霞指出，大众传统多数是口耳相传的，因此没有留下行动与信仰的纪录。我们不得不依赖的很多材料，体现的往往是对大众宗教持批判态度的文化精英的观点，而书写纪录的分割性也使得获取大众行为完整图画十分困难。皮庆生对宋代民间信仰资料问题进行总结，他指出：第一，宋代传统文献虽然不少，真正记载民间信仰活动的则不仅少，而且相当分散。第二，文献中的民间信仰活动本身的支离破碎，往往是只言片语，很少能够首尾连贯。另外，两宋文献存世的情况南宋较多，现存的宋元方志、碑刻文献，主要集中在江浙、福建等地，其他地区很少。[②]正因为民间信仰研究资料方面存在上

[①] 〔美〕韩明士（Hymes Robert）著，皮庆生译：《道与庶道：宋代以来的道教、民间信仰和神灵模式》，南京：江苏人民出版社，2007。

[②] 皮庆生：《材料、方法与问题意识——对近年来宋代民间信仰研究的思考》，《江汉论坛》2009年第3期。又载复旦大学文史研究院编《"民间"何在　谁之"信仰"》，北京：中华书局，2009。

述学者指出的种种问题，笔者在撰写论文过程中，努力发掘各方面史料。除常见的史书、政书、文集等以外，本书写作过程中还主要使用了以下几种史料：

（一）碑刻、方志

宋人撰写的东岳庙记是研究宋代东岳信仰的直接史料，庙记往往详细记载某地东岳庙修建（或重建）的过程，在细节方面可以补充其他史书记载之不足。笔者利用《全宋文》等资料，从中搜集整理了多篇宋人撰写的东岳庙记。本书通过对东岳庙记进行分析，探讨其中所蕴含的宋人的国家意识、地方观念与经典话语等内容。

方志主要包括两部分书籍，第一部分是关于泰山的志书。根据记载，虽然早在汉末就有《泰山记》，但自此至明初的千余年时间内，除了宋人的《泰山秦篆谱》、元人的《泰山雅咏》之外，尚未发现其他专记泰山的著述行世。① 虽然明朝中叶泰山专书已经问世，但多数属于纪游、吟咏等内容的汇编，全面系统的泰山史志仍付阙如。弘治朝纂修的《泰安州志》，虽然涉及泰山，但无论从篇幅还是内容上，都显得有些单薄。现存最早的泰山专志是嘉靖年间汪子卿的《泰山志》。② 此书辑录了丰富的资料，并且距离宋代最近，因此，是本书写作时的重要参考书。

第二部分是地方志。地方志是以行政单位为范围进行分门别类的综合性记录，具有区域性、广泛性、连续性、可靠性特点，是研究区域社会史的重要资料。除各种《泰山志》外，宋元乃至明清时期的方志也是本书资料的重要来源。宋代是中国古代方志学发展的重要阶段，宋人纂修了大量的方志，但留存下来的却很少。③ 中华书局影印出版的《宋元方志丛刊》，收录了除《太平寰宇记》

---

① 元人于钦《齐乘》是现存最早的山东方志，无图，对泰山记述很少。

② 〔明〕汪子卿撰，周郢校证：《泰山志校证》校证说明，合肥：黄山书社，2006，第4—6页。周郢指出，北宋刘跂之《泰山秦篆谱》，仅为考泰山秦刻的短制，难入史志之林。金末学者刘祁之《泰山雅咏》，收录刘祁、杜仁杰等人吟咏之作，实为最早之泰山艺文志。见《泰山志校证·岱岳志叙》笺证，第4—5页。

③ 据张国淦《中国古方志考》（上海：中华书局，1962）统计，宋代方志有700余部。但《中国地方志联合目录》（北京：中华书局，1985）中记载现存的宋代方志仅28部，全国性总志5部。

《元丰九域志》等总志之外的现存所有宋元方志41种。本书写作中主要利用了《宋元方志丛刊》，但由于这些宋元方志多数是南方地区的方志，北方地区的很少，笔者在写作中根据情况又参考了一些明清方志，主要是《天一阁藏明代方志选刊》（含续编）、《日本藏中国罕见地方志丛刊》、《中国方志丛书》等。需要指出的是，很多东岳庙的修建（或重修）时间，方志中记载往往不够详细准确，给笔者断代造成一定困难。

（二）笔记小说

笔记小说形式灵活、内容丰富，其史料价值一向为学术界所重视。宋人撰写的笔记小说，现存数百种。本书写作中所用笔记小说主要是中华书局《唐宋史料笔记丛刊》、大象出版社《全宋笔记》等点校整理本，同时也参考了其他一些版本。

南宋人洪迈编撰的志怪小说集《夷坚志》是笔者写作中使用频率较高的一部著作。《夷坚志》采用多层次的叙事结构，内容和倾向十分复杂，甚至互为矛盾，交织着异端和正统的多重品格，有着乱离时代南方社会习俗的浓郁投影。[①]除极少数故事是洪迈亲身经历见闻外，《夷坚志》中绝大部分是他人提供的材料，由洪迈整理记录下来。另外，洪迈还大量抄录前人、时人的现成作品，多达七十余种。[②]洪迈宣称，书中记载，"耳目相接，皆表表有据依者"[③]。其实他在记录别人对怪异的讲述时，并不审查内容之实，而是要求这些讲述来源确实可靠，故事情节内容尽量完整无误。要求故事来源可靠，也间接证明了内容的可信。[④]换句话说，除去怀疑论，作者和实际上读者群的期望是被记录的事件要么确实发生过，要么相对于中国宗教体系似乎是曾经发生过。《夷坚志》中存在大量神鬼故事，如对幽冥世界的描述、冤鬼复仇的刻画等，其中有一部分故事涉

[①]　杨义：《中国古典小说史论》（新版图志本），北京：中国社会科学出版社，2004，第285页。

[②]　李剑国：《宋代志怪传奇叙录》，北京：中华书局，2018，第609页。张祝平：《〈夷坚志〉材料来源及搜集方式考订》，《南通师范学院学报（哲学社会科学版）》1999年第2期。

[③]　〔宋〕洪迈撰，李昌宪整理：《夷坚志·乙志序》，《全宋笔记》第9编第3册，郑州：大象出版社点校本，2018，第222页。

[④]　张祝平：《〈夷坚志〉论稿》，北京：中国文史出版社，2002，第49页。

及东岳神，这些故事篇幅长短不一、涉及东岳神的内容详略不同，是研究宋人东岳信仰的鲜活资料。

笔记小说使用中面临的一个问题是故事文本的考证，因为绝大多数故事仅寥寥数语，缺乏详细的故事情节，而且大量故事存在内容雷同的现象，如何从这些故事中寻找有用的数据，是使用这类史料的难点与重点。

（三）话本小说

"宋元话本"一词有广义、狭义之分，广义的话本小说指白话小说，包括平话、词话、诗话等多种称谓。狭义的话本小说指作为当时宋代民间说话家数中一家的"小说"话本，专指短篇白话小说而言。①笔者采用"宋元话本"的狭义概念。宋元话本小说大多数直接取材于当时的现实生活，若干细节也都符合史实。有的虽然经后人润色或改题，但仍基本上保存了原有的风貌。关于现存宋元话本小说数量的认定，学术界仍然存在分歧，如郑振铎认为有27篇，②胡士莹考订现存宋人作品40种、元人作品16种。程毅中认为话本的断代很复杂，作为一种口头文学的底本，话本在流传中不断经过修改补充，这是常有的现象。我们只能根据现有的资料，从作品的主体部分来讨论它基本上属于哪一时代的作品。③本书中引用的宋元话本小说系采用程毅中辑注的《宋元小说家话本集》，全书共收可以确定为宋元时期的小说家话本40篇，另附有存疑及残缺不完的22篇作为存目。④

二、概念讨论

（一）民间宗教与民间信仰

"Folk/Popular Religion"一般译作"民间宗教"或"大众宗教"，是社会史

---

① 张毅主编：《20世纪中国文学研究·宋代文学研究》（上），北京：北京出版社，2001，第387页。
② 郑振铎：《插图本中国文学史》，北京：人民文学出版社，1957，第553页。
③ 程毅中：《宋元小说研究》，南京：江苏古籍出版社，1999，第324页。
④ 程毅中辑注：《宋元小说家话本集》，济南：齐鲁书社，2000。

研究中使用频率较高，也是争议较大的一个名词。①大致说来，海外学者基本上有三种倾向，其一是强调与下层社会，或下层民众的密切关系。如Alvin P. Cohen指出：民间宗教是中国宗教中的"小传统"，与民间佛教、民间道教、祖先崇拜、神灵与恶魔崇拜之类存在部分重复。韩森认为，相对于知书达理的士人们所信奉的经文宗教（即儒释道），它（指民间宗教）主要是为不识字的民众所信奉、所参与的一种宗教。韦斯谛赞同指与精英层相对的下层阶级的宗教。其二是强调与儒释道等不同。如伊沛霞（Ebrey Patricia Buckley）与Gregory指出，我们要注意不能把大众宗教（Popular Religion）活动与信仰实体化为一种构成性的团体宗教传统。大众宗教围绕家庭和社区，与健康、长寿、好运、幸福紧密联系在一起。俄国学者马良文认为，中国人信仰中包括早期宗教与晚期宗教的成分，晚期宗教是在中国传统宗教（道教、佛教）的基础上和宗教意识世俗化的过程中产生的。它们的特点就是把宗教崇拜归结为道德伦理，要求"做好事"。"民间宗教"就属于这一中，它与民间信仰有区别。②其三是强调超阶级性。如太史文（Stephhen F. Teiser）认为：大众宗教构成了"几乎所有中国人所信奉的宗教形式，而不用考虑它们的社会和经济地位、文化程度、宗教信仰或特定的宗教取向。大众宗教首先是被超越了所有社会界限的所有人共同信奉的宗教"③。

国内学术界对于"民间宗教"定义也存在很多争议，如高寿先认为，"所谓民间宗教就是以传承下来的远古巫教形态为基础和框架、不断吸收新的宗教因子而形成的信仰形态"④。冯佐哲、李富华认为，一般地说，民间宗教是在下层

---

① 在英文中，popular和folk含义是不同的。Folk指"人们、百姓、民族"，Popular指"民众的、通俗的、受欢迎的"，见〔英〕雷蒙·威廉斯著，刘建基译：《关键词：文化与社会的词汇》，北京：三联书店，2005，第185页、第355页。如Catherine Bell认为"Popular Religion"很难界定。Catherine Bell, *Religion and Chinese Culture: Toward an Assessment of Popular Religion*, History of Religions29.1（1989）. 科若朴（Philip Clart）认为，当代中国人的用法对应着各式各样的术语，这些术语大部分是在19世纪末20世纪初经由日本翻译西方术语的舶来品。而正如中国宗教生活的西方学者所运用，这些术语无一与"Popular Religion"概念完美对应。Randall L.Nadeau ed, *The Wiley-Blackwell Companion to Chinese Religious*, Blackell, 2012, p.219.

② 〔俄〕马良文：《中国民间宗教刍议》，《世界宗教研究》1994年第1期。

③ 太史文（Stephhen F. Teiser），Popular Religion, *Journal of Asian Studies*, 54.2（1995）.

④ 高寿仙：《中国宗教礼俗——传统中国人的信仰系统及其实态》，天津：天津人民出版社，1992，第290页。

群众中自发产生的宗教，与一个国家或民族的传统文化有着密切联系、带有民俗性、具有一定异端教会的特色。[①]王铭铭从人类学研究的角度指出，如果"采用社会人类学的界说，把'民间宗教'限定在民间的仪式活动、信仰类型、象征符号等现象的话，那么便有可能对它与官方和文本传统的关系以及它的内涵进行较为清晰的阐述。从这个意义上讲，'民间宗教'这个术语具有它本身的优点"[②]。赵世瑜梳理了海内外学者对于"民间宗教"概念的研究成果，提出了"大众宗教文化"的说法。[③]陈仲丹认为"民间宗教"英文对译通常为"Folk Religion"，似与"大众宗教"在用语上有细微差别。[④]蒋海怒建议将奠基于"口传"传统的民间教派和民间俗神信仰统称民间宗教。[⑤]

与其他学者单纯讨论概念不同，在著作中旁征博引了众多国内外学者关于"民间宗教"看法的基础上，余欣对这一概念进行了比较系统的重新检讨，可以说是目前国内学界对"民间宗教"概念最详尽的梳理。[⑥]余欣认为海内外学者观点虽然均有闪光点，但还有不少因素无法纳入他们所提出的现成的框架中，进而提出了自己新的理论构想——"民生宗教"，试图用其解决"民间宗教"这一概念的混乱与内在的缺陷。[⑦]

"民间信仰"是学术界另外一个讨论较多的概念。对于"民间信仰"的定义与理论，学术界也存在很大争议。林国平对国内学术界"民间信仰"定义进行了总结，归纳为三种观点：一种观点认为民间宗教不是宗教，而是一种信仰形态；另一种观点认为民间信仰本质上是宗教；第三种观点认为对民间宗教的定义不必太精确，相反模糊一点有利于研究。林国平认为，民间信仰界于一般宗

---

① 冯佐哲、李富华：《中国民间宗教史》第一章绪论第二节"何谓民间宗教"，台北：文津出版社，1994。

② 王铭铭：《中国民间宗教：国外人类学研究综述》，《世界宗教研究》1996年第2期，后收入氏著《社会人类学与中国研究》，桂林：广西师范大学出版社，2005，第140页。

③ 赵世瑜：《中国传统社会中的寺庙与民间文化——明清以来的庙会与民间社会》，载氏著《狂欢与日常——明清以来的庙会与民间社会》，北京：三联书店，2002。

④ 《中国大众宗教》，第298页。

⑤ 蒋海怒：《民间宗教：亚哲学和超观念》，《东南学术》2007年第2期。

⑥ 余欣：《神道人心：唐宋之际敦煌民生宗教社会史研究》导论第二节，北京：中华书局，2006。

⑦ 《神道人心：唐宋之际敦煌民生宗教社会史研究》导论第二节。

教和一般信仰形态之间，权且称民间信仰为"准宗教"也许比较准确些。民间信仰是指信仰并崇拜某种或某些超自然力量（以万物有灵为基础，以鬼神信仰为主体），以祈福攘灾等现实利益为基本诉求，自发在民间流传的、非制度化、非组织化的准宗教。①

　　台湾学者蒲慕州分析了信仰与宗教的异同后，提出了自己对"民间信仰"的理解。所谓"民间信仰，指的应该是民间一般人民的信仰活动。但是如果说这词是相对应于英文中的 popular beliefs，那么 popular 一词其实含有'通俗、为众人所分享'的意思，在这种意义之下，其中所包括的分子就不必一定限制为一般人民，因为上层社会人士或知识分子也可以是众人的一部分"，因此他强调其著作中的"民间信仰"，是作为"通俗信仰"的同义词。②对于民间信仰与所谓官方宗教的差别，蒲慕州强调："民间信仰的信仰者，与他所在的政治、经济、社会地位的高下也许没有必然的关系。……民间信仰与官方宗教的差别也许不在其根本的宇宙观，而在于它们各自所关心的问题。"③

　　2008年4月，复旦大学文史研究院邀请了海内外十余位中青年学者举办了一个题为"中国民间信仰的历史学研究方法与立场"的学术研讨会，张小军、朱海滨、王见川、皮庆生、蒋竹山、范纯武等人纷纷从不同角度对民间信仰、民间宗教进行分析，④其中朱海滨梳理了"民间信仰"概念的由来及演变，指出"民间信仰"核心的要素是没有教义、经典，无教团组织，地域性，流行于普通民众（"庶民"）中间⑤。

---

　　① 林国平：《关于中国民间信仰研究的几个问题》，《民俗研究》2007年第1期。
　　② 蒲慕州：《追寻一己之福：中国古代的信仰世界》引论，上海：上海古籍出版社，2007，第10页。
　　③ 《追寻一己之福：中国古代的信仰世界》引论，第15—16页。
　　④ 张小军：《实践史：一个历史人类学的研究视角——以民间信仰研究为例》、王见川：《中国民间信仰研究的省思——一个历史学家的观点》、朱海滨：《中国最重要的宗教传统：民间信仰》、皮庆生：《材料、方法与问题意识——近年来宋代民间信仰研究的思考》、蒋竹山：《宗教史研究的文化转向：近来宋至清代的祠神信仰研究再探》、范纯武：《战后以来台湾民间宗教研究视域及其问题》。该会议论文已经结集出版，见复旦大学文史研究院编：《"民间"何在　谁之"信仰"》，北京：中华书局，2009。
　　⑤ 朱海滨：《中国最重要的宗教传统：民间信仰》，复旦大学文史研究院编：《"民间"何在　谁之"信仰"》，北京：中华书局，2009，第46页。

面对"民间宗教""民间信仰"概念的分歧，有学者尝试使用其他概念来取代这些名词。如日本学者渡边欣雄在著作中使用"民俗宗教"，[1] 余欣提出"民生宗教"概念，力图在理论上有新的突破。

程民生提出，在佛教寺院、道教宫观之外，中国还存在大大小小、形形色色、千千万万的神祇，它们有自己的职权和辖区，也有自己的宫殿，古人称之为"神祠""丛祠"，他将其概称为"神祠"，并把所祠之神灵称作"祠神"。[2] 台湾学者蒋竹山亦指出，明清方志编者将佛教寺院、道观的宫观以外供奉神祇的建筑物称为"祠庙"，这种祠庙所奉祀的神祇信仰可以说是狭义的"民间信仰"，为了免于争议，我们倾向于用"祠神信仰"来代称，以表示并未排除某些祠神所带有的佛、道教色彩。[3] 皮庆生认为"民间信仰"有强调其信仰群体、价值观念等方面均为下层的意味，同时隐含着将此类信仰活动与释道区分的意思。事实上，传统中国社会的祠神信仰的信众涵盖了所有阶层，包括士人群体，并将儒释道的一些核心观念有机地融会进来，所以他选择"民众祠神信仰"来指称这一研究对象。[4]

具体到东岳神，这是一个既在民间有着广泛信仰基础的"地方神祇"，也是一个得到官方承认，并被正式列入国家祀典中的"官方神祇"。在古代中国，上自皇帝、大小官吏，下至普通民众，无不对泰山顶礼膜拜。对帝王来说，泰山是沟通上天与皇宫的封禅圣地，属于官方祀典的对象。相比于神秘与陌生的封禅，能治鬼、预测吉凶、掌握人祸福命运的东岳形象更为普通民众所接受。每年举行的东岳庙会，成为深受社会各阶层喜爱并广泛参与的一项集体活动。因此，视东岳信仰为"民间宗教"或"民间信仰"，容易给人一种非官方色彩（事实上，东岳神一直笼罩在强烈的官方话语之中）。与那些仅在特定区域、特定阶层内流行的神祇不同，具有公共宗教与私人信仰

① 〔日〕渡边欣雄著，周星译：《汉族的民俗宗教：社会人类学的研究》，天津：天津人民出版社，1998，第3页。

② 程民生：《论宋代神祠宗教》，《世界宗教研究》1992年第2期。《神人同居的世界——中国人与中国祠神文化》，郑州：河南人民出版社，1993，第1页。

③ 蒋竹山：《宋至清代的国家与祠神信仰研究的回顾与讨论》，（台湾）《新史学》第8卷第2期（1997年6月）。

④ 皮庆生：《宋代民众祠神信仰研究》，上海：上海古籍出版社，2008，第2页。

双重身份的东岳神则跨越了阶层与地域限制，成为"广域的祠神信仰"，代表了中国神祇的另一种类型。现存的宋元方志乃至明清方志中，东岳庙通常被列入"祠庙""祠祀""宫观"等类之内。因此，本书在讨论东岳信仰时，不使用"民间宗教""民间信仰"等概念，一般称其为"祠神信仰"。

（二）"士绅""精英"

"士绅""精英"等概念是西方中国史研究领域比较惯用的用来指代晚期中华帝国国家与基层民众之间的一类社会群体。[①]Keith Schoppa指出，中国地方精英（local elites）范围比士绅广泛得多，所谓"职能性精英"（functional elite），如晚清的士绅、商人，以及民国时期的军事家、资本家、教育家、地主和土匪首领等。[②]

受海外汉学影响，国内学者也开始在论著中使用这两个概念。徐茂明分析了"绅士""乡绅"概念，同时对"士绅"概念进行了详细的学术回顾，他指出，所谓"士绅"，主要是指在野的并享有一定政治特权的知识群体，它包括科举功名之士和退居乡里的官员。"士绅"正是通过对知识的占有以及与政治特权的结合，从而形成一个特殊的知识阶层，在明清两代充当着社会权威、文化规范的角色。[③]

王笛指出，"elite"一词虽然在西方中国史研究领域经常被使用，但在中文中没有完全对应词，一般翻译作"精英（或菁英）"，但"elite"一词范围远比"精英"广泛得多，它包括"士绅、知识分子、商人、大中小地主以及其他全部在地方有财富、有权力、有影响和受过较好教育的人（哪怕他们的财富、权力、影响或教育也许很有限）"[④]。

---

① 除了"士绅""精英"概念外，杨念群还提出"中层社会"概念，见氏著：《中层理论——东西方思想会通下的中国史研究》，南昌：江西教育出版社，2001。

② Keith Schoppa, "Power, Legitimacy and Symbol: local elites and the jutecreek Embankment case", p.140, *Chinese Local Elites and Patterns of Dominance* Edited by Joseph W. Esherick and Mary Backus Rankin, Berkeley: the University of CaliforniaPress, 1990.

③ 徐茂明：《江南士绅与江南社会：1368—1911》绪论，北京：商务印书馆，2004，第23页。对于"绅士"概念的分析，见谢俊贵：《中国绅士研究述评》，《史学月刊》2002年第7期。

④ 王笛著，李德英、谢继华、邓丽译：《街头文化——成都公共空间、下层民众与地方政治，1870—1930》中文版自序，北京：中国人民大学出版社，2006，第5页。

目前，在讨论宋代社会研究的论著中，海内外学者对于"精英"（elite）、"士绅"（gentry）等概念均有所使用，但在定义与概念内涵界定上面存在不同理解。

郝若贝（Robert M.Hartwell）将北宋精英分成两部分，一部分是主要由军人家族组成的创业精英（the founding elite），另一部分是居住在北宋都城及陪都、号称先世是名门望族、子孙世代在朝廷任高官、长期把持北宋政府的专业性精英（the professional elite），其中专业性精英在12世纪初已经与地方士绅家族（local entry lineages）融为一体。①

韩明士在郝若贝基础上提出个人的看法，他认为财富（wealth）、权势（power）与威望（prestige）的衡量标准存有争议，他在分析南宋抚州精英阶层时，提出七个具体标准：官员；已通过省试的举人或有资格参加省试的举子；抚州地区佛道寺观土地或金钱的主要捐助者；学校、书院、桥梁、水利工程和园林的组织者或主要捐助者；地方军事组织或正式与非正式慈善组织的组织者与领导者；通过朋友、师生关系或一般的学术圈、诗友圈联系在一起的人，或是由前述1至5项聚集成团体的人；1至5项人的姻亲。②韩明士的精英界定虽然标准很多，但仍然过于宽泛，乃至失掉了应有的学术价值，遭到学者的质疑。③

廖咸惠限定的宋代精英范围，指那些被灌输了儒家教育，参与科举考试（无论成功与否），和朝廷官员以同道（无论他们自己是否追求官位）身份进行联系之人。④

与港台、海外学者切入点不同，大陆学者往往注重从阶级分析角度对宋代社会进行分层研究。王曾瑜依据传统的阶级分析方法将宋代社会结构划分为主

①　郝若贝（Robert M.Hartwell）著，易素梅、林小异等译：《750—1550年间中国的人口、政治及社会转型》，载伊沛霞、姚平主编《当代西方汉学研究集萃·中古史卷》，上海：上海古籍出版社，2016，第175—246页。

②　〔美〕韩明士（Robert Hymes），*Statesmen and Gentlemen: The Elite of Fu-Chou, Chiang-His, in Northern and Southern Sung*, Cambridge: Cambridge University Press, 1987, pp.7-10.

③　包伟民：《精英们"地方化"了吗？——试论韩明士〈政治家与绅士〉与"地方史"研究方法》，《唐研究》第11卷，北京：北京大学出版社，2005。

④　廖咸惠：*Popular Religion and the Religious Beliefs of the Song elite*, 960-1276, Los Angeles: Ph. D. University of California, 2001.

体阶级与非主体阶级，其中乡村下户与客户属于农民阶级；皇室、官户、吏户、乡村上户、僧道户、幹人等属于地主阶级，这两类是宋代主体阶级。坊郭户、手工业者、奴婢、人力、女使等是社会的非主体阶级。[①]刁培俊把宋朝专制国家与普通民众之间起协调、管理功能、社会控制等的社会阶层称作乡村精英。其中乡村管理体制中的里正、户长、乡书手、耆长、壮丁、都副保正、大小保长、甲头、承帖人等乡役；以血缘为主组成的家族、宗族里的家长、族长、房长等，以及以他们为主而组建的乡约、义役、义田、义仓等组织的头目；那些居住于乡村的豪强形势户和士人，其中既包括因暂无实际差遣或退休、隐居甚或丁忧而在乡居住的官员，也包括那些在乡村中影响较大的地痞和僧道等三种人构成了宋朝乡村精英群体。[②]按照王曾瑜对于宋朝阶级结构的划分，刁培俊宋朝乡村精英的概括涵盖了宋代主体阶级中的地主阶级与农民阶级。

与刁培俊细致的划分法不同，苏力对元代地方精英界定时采用了模糊的做法。元代地方精英"主要是指这样一些人，他们生活在乡村社区中，在经济、文化、社会资源等方面拥有优势，能够利用这些优势资源为社区做出突出贡献，并借此取得了乡村社区中的领导身份与权威地位，进而对社区本身乃至其成员产生巨大的影响。相对于普通的社区成员而言，他们就是乡村社区的精英阶层"[③]。

在"精英"与"士绅"的选择上，国内学者似乎更倾向于使用带有本土文化色彩的"士绅"概念。如葛兆光在论著中指出宋代社会史变化的一个相当重要的表现就是"士绅阶层的膨胀"。[④]周扬波认为"士绅""乡绅""士人"等概念存在狭义与广义之分，认为"士绅""乡绅"必须居乡和无官职的人使用的是狭义概念，而包括在任朝官和地方官的"士绅""乡绅"以及"精英"属于广义概念。他本人在论著中将"士绅"界定为"具有影响力的知识阶层，其构成要

①　王曾瑜：《宋朝阶级结构》目录，北京：中国人民大学出版社，2010。

②　刁培俊：《宋代乡村精英与社会控制》，《社会科学辑刊》2004年第2期。

③　苏力：《元代地方精英与基层社会——以江南地区为研究中心》绪论，中央民族大学专门史博士学位论文，2007。西方学者在使用"地方精英"(local elite)时，界定也比较模糊，见 *Chinese Local Elites and Patterns of Dominance*, Joseph W. Esherick and Mary Backus Rankin ed, Berkeley: University of California Press, 1990. Intrdouction "Studies of the local elites".

④　葛兆光：《中国思想史》第二卷第三节，上海：复旦大学出版社，2001。

素是知识和影响力"①。

综合以上界定可以看出，国内学者在"精英"或"士绅"概念使用上大致遵循了两种路经，一种是完全摒弃不用，基本沿用中国传统史学的阶级分析方法；另一种则是选择使用，大体上是选择更有中国特色的"士绅"概念。

笔者考察现存东岳庙记撰写者身份时发现，除身份无法考证者外，多数庙记撰写者身份复杂，既有官僚，也有未入仕的读书人；既有当地人，也有外乡人，很难用"精英"或"士绅"来概括。为了避免混乱，书中一般不使用"精英"或"士绅"概念，而采用古人常用的、界限相对较模糊的"士"或士人称呼。

三、章节安排

东岳信仰在中国源远流长，本书选择两宋时期（960—1129）为时间段，考察这一时期东岳祭祀与信仰的情况。宋代文献中对东岳神称呼有多种，如泰山神、东岳神、泰（太）山府君、东岳大帝等。为了避免混乱，除引文外，正文中一般通称为东岳神。

除绪论外，全书共分六章，从东岳信仰缘起、宋代东岳祭祀礼制、宋真宗封禅、东岳庙记研究、东岳祠神活动、宋代笔记小说中的东岳神分析等角度对宋代东岳信仰分别进行具体论述。

东岳信仰源自山岳崇拜，东岳泰山早先只是齐鲁大地一座区域性名山，随着齐鲁文化地位的上升，泰山由区域性名山上升为全国性名山。秦朝统一全国后，整顿了山川祭祀，将包括东岳在内的名山川纳入国家祀典，由朝廷派遣专人负责祭祀。西汉建立后，东岳祭祀权曾经一度下放到所在诸侯国，但随着大一统思想与中央集权的需要，朝廷最终将东岳祭祀权收归中央，由朝廷派遣专人祭祀或者指令泰山当地官员代表朝廷祭祀，此后东岳由国家祭祀的制度最终稳定下来，并逐渐形成了一套相对模式化、固定化的祭祀仪式。除了在泰山所在地祭祀外，郊祀出现后，东岳与其他名山川作为陪祀神祇在北郊祭地时同时接受祭祀，后来东岳又以陪祀的身份出现在蜡祭、明堂等祭祀中。祭祀东岳的

---

①　周扬波：《宋代士绅结社研究》引言，北京：中华书局，2008，第6页。

时间也发生过变化，由开始的每年一祷三祠改成春秋祭祀，隋唐时期，逐渐以五郊迎气日来祭祀东岳，后成为惯例。南北朝时天下四分五裂，政权林立，五岳四渎分布在不同国家中，为了达到既能祭祀岳渎又要克服无法到岳渎所在地祭祀的目的，北魏设立了五岳四渎庙，将岳渎集中在一起举行望祭。这一简便实用的祭祀方式得到后世的认可，唐代在道教影响下设立五岳观，就是这种类似方式。这些便是本书第一章的基本内容。

宋朝建立后，一方面继续沿用唐五代的祭祀礼制，另一方面又根据自己的理解加以调整，表现之一是宋朝沿用隋唐时期将所祭祀神祇划分大中小祀的做法，五岳神祇的位置一度在大祀与中祀间徘徊，最终仍然回到中祀，与隋唐时期对五岳的定位相同。两宋320年，历朝帝王都十分重视东岳祭祀，遇到水旱灾害、天象异常、战争或者君主和皇太后患病时，都会亲自或者派遣官员祭祀岳渎，以求化险为夷。宋代官方重视礼制建设，编修了大量礼书，不同朝代礼书中关于祭祀的内容呈现出稳中有变的情况，总体趋势是简化了一些烦琐的仪式，去除了不符合实际的内容。宋代不仅朝廷有礼书指导祭祀，对于地方上的祭祀，同样颁布礼书予以指导。宋代地方官到任后，按照惯例会祭拜境内神祠，遇到水旱灾害等情况时，地方官便会向境内神祠祈祷。以上便是第二章的基本内容。

东岳信仰从最初的区域信仰，逐渐走向跨区域信仰，得到社会各阶层的认可与接受，影响力日益扩大。唐朝加封五岳王号，突破了传统上"五岳视三公"的说法，提高了五岳的地位，为五岳信仰的发展注入新的动力。而北宋皇帝宋真宗的大力推动，则直接加速了东岳信仰的传播与深化。宋真宗即位后，政治上乏善可陈，虽然他与契丹签订澶渊之盟，宋辽之间恢复了和平，但每年赠送辽朝岁币，仍然让他感觉这是一种屈辱。急于改变自身平庸的状态，却又不敢通过军事征讨来提高个人威望，宋真宗便打算通过举行旷世大典封禅这一便捷方式来重塑自身权威。于是在一些大臣的附和下，他精心策划了泰山封禅，向世人证明自己天命所归。通过泰山封禅，宋真宗满足了个人心理需求，在封禅过程中，他加封五岳帝号，积极推动东岳信仰的神化。虽然宋真宗加封五岳封号不过是沿袭前代帝王的做法，为提高帝王个人权威服务，但确实在一定程度上提高了岳神的地位。宋真宗封禅对东岳信仰最大的影响是造成了泰山文化的神秘性以及东岳信仰在全国各地的深化，此后各地到处修建东岳庙，使得东岳信仰迅速普遍化。以上便是第三章的基本内容。

作为一种重要的国家祀典和民间信仰神祇，东岳信仰在不同阶层人们之间有着不同的表现。国家视东岳为政权保护神，地方视其为地方保护神。士人对东岳神态度最为复杂，他们既恪守儒家经典话语，反对东岳神越界祭祀与各地修建行祠，又不得不正视随着地方观念勃兴，东岳神地域化的现实。虽然文人士大夫最终都肯定了东岳神的神性，但他们无法用儒家经典学说来解释东岳神的"越界"。而这种最初的怀疑与最终的大加肯定，显示了儒家经典在现实面前的软弱无力。作为士人中坚持传统思维的代表，以陈淳为代表的少数士人，恪守传统儒学礼制，要求人们采用古礼来祭祀山川，进行祈雨。陈淳等人的看法虽然在宋人中并不占主流，但确实展现出宋人中对于信仰现实与祭祀理论发生矛盾时的质疑态度。以上便是第四章的基本内容。

与官方模式化祭祀制度不同，宋人的东岳祭祀体现出更多的灵活性与实用性。东岳庙会是一个包含了商业、娱乐、信仰等多重因素的综合体，也是宋代民间最重要的东岳神祭祀方式。除了有固定时间的东岳庙会外，日常进香是普通民众祭祀东岳神最常见的方式，而在进香时向东岳神进献礼物，更成为社会流行的一种方式。表面看来，民间东岳祭祀与官方祀典有着很大区别，仔细分析，可以发现民间祭祀对官方祭祀有着极大的模仿性。官方岳神祭祀有固定时间、祀仪，民间东岳庙会也有着固定的时间，并且庙会上的活动也是相对固定化的。日常进香与进献礼物，可以看作是官方祀典中的祭品。总之，官方与民间祭祀有着千丝万缕的关系，并不是泾渭分明的两条线。以上便是第五章的基本内容。

第六章主要讨论了宋代笔记小说中的东岳神。宋人创作了大量笔记小说，其中有比较丰富的有关东岳神的内容，这些内容大致围绕着东岳神的形象、东岳神的职能、东岳神与宋人之间的交流展开。东岳神很早便已经以人的形象与行为方式与世人"交流"。秦汉时期，东岳神主要以地方官（太守）服制示人。唐宋时期，随着东岳神被加封王号、帝号，其形象开始采用帝王服制。服制的变化，反映了人们对于东岳神看法的变化，其中亦有国家政权的左右与影响。从秦汉至宋代笔记小说中，一直都有人死后可以被任命为泰山府君的故事，说明人们对这一认识深信不疑。但泰山府君的人选并不强调逝者生前的职位和德行，这似乎表明，与国家对东岳神的高调神秘化不同，在一般士庶心目中，东岳神始终与普罗大众保持着若即若离的关系。正是这种若隐若现的亲近感，使其更容易得到人们的认同与崇信。而宋人与东岳神的交流呈现出一种多种渠道的畅通交流，这使得东岳神与宋人的生活更为亲近。宋人接受了东岳神治鬼和主生死的传统观念，并在此基础上更强调东岳神能够惩恶扬善，决定人的命分，这一方面反映出宋代法律存在不公正性的严峻问题，迫使人们不得不通过冥判的方式获得正义与公正；另一方面人们期望通过多做善事，积累阴德以改变命运。

总之，东岳信仰从产生之初，历经上千年的发展，到宋代时，已经成为一种成熟的信仰形式，而宋代东岳信仰的内容，又直接影响到后世，并一直延续到今天。

第一章

宋代之前的东岳祭祀

　　本章按照时间顺序，主要从礼制角度讨论了宋代之前祭祀东岳泰山的情况。作为山东地区的名山，泰山很早之前便为当地人们所尊崇、祭祀。随着齐鲁文化的发展，泰山的影响力逐渐扩大到其他地方。秦始皇统一全国后，将包括泰山在内的名山川祭祀权收归中央朝廷，由中央朝廷派遣官员祭祀，或者下令由泰山所在地官员祭祀。西汉建立后，分封诸侯国，泰山祭祀权曾短暂由诸侯国祭祀。汉武帝时，在大一统思想指引下，将包括东岳在内的五岳祭祀权重新收归中央朝廷，自此以后，由朝廷祭祀岳渎的做法成为制度固定下来，并为后世所沿用。汉武帝还创设郊祀，其中北郊祭祀地祇时，包括东岳在内的岳渎作为陪祀神享受祭祀。此后，东岳祭祀既有专门祭祀，又有郊祀时的陪祀祭享。汉明帝时，对岳渎祭祀做了制度性规定，表明朝廷对岳渎祭祀的重视，也开启了后世岳渎祭祀的礼制变化。东岳的祭祀时间，随着时间推移曾经发生过变化，从每年的一祷三祭，逐渐演变成春秋二祭，隋唐时，又改作在五郊迎气日祭祀岳神，并从此成为定例。秦汉之后，天下陷入分裂状态，五岳分在不同国家，在这种情况下，一些国家采取将五岳在都城集中祭祀的方式，既满足了朝廷祭祀五岳的要求，又避免了现实中无法派遣官员到五岳所在地祭祀的现实，这种简便易行的方法为后来王朝所沿用。此后唐代在都城设立五岳真君祠，宋代设立五岳观等做法，都是这种将五岳集中祭祀方式的变种。另外，隋唐时期，朝廷重新规范了祭祀仪制，将所祀神祇进行等级划分，五岳定为中祀，这一标准也为后世所沿用。唐代信奉道教，五岳祭祀中加入了道教内容，在名山大川举行投龙简仪式。此外，唐朝还加封五岳王号，开启了后世加封五岳封号的先河。

第一节　东岳信仰的缘起与山岳祭祀

　　本节主要讨论了东岳信仰的缘起与早期山岳祭祀。东岳信仰源于中国古代的山川崇拜。山东地区是中国古代文明的发祥地之一，很早便有人类定居于此地，泰山山势雄伟、气象万千，泰山上物产丰富，给泰山蒙上了一层神秘的面纱。因此，当地人民很早便崇拜泰山，便形成了东岳信仰。随着齐鲁文化日益向外传播，东岳信仰也从地区信仰成为全国性信仰。古代中国人祭祀山川主要有两种形式，一种是并不到山川所在地，而是通过设置山川的祭坛进行祭祀，叫作望祭；另一种是到山川所在地祭祀，叫作就祭，一般采用埋祭品或者烧祭品的方式。先秦时期的商朝、周朝均非常重视祭祀山岳，并将其与政治联系在一起。对于泰山的祭祀来源于山川祭祀，而五岳观念的形成也经历了一番演变过程，直到汉武帝时，五岳观念真正形成，到汉宣帝时，五岳祭祀制度得以完备，而泰山因为成为旷世大典封禅的圣地，在五岳中独领风骚。

一、东岳信仰的缘起

　　东岳信仰源于中国古代的山川崇拜，名山大川高大雄伟，林木繁盛，又有各种珍禽猛兽栖身其中，对于生产条件还比较低下的古代中国人而言，山川具有强大的神秘性，古人认为山川有神灵，于是便崇拜山川，祭祀山川，希望得到山川神祇的庇佑。山东地区是中国古代文明的发祥地之一，很早便有人类定居于此地，而位于黄河中下游的泰山地区，距今四五十万前已经有人类活动，他们与其他地区的氏族逐渐融合，最终构成今天的华夏民族。而作为山东东部地区海拔最高的山峰，泰山山势雄伟、气象万千，泰山上物产丰富，有很多珍贵的药材和树木，而且泰山周围气候变化活跃，呈现出变幻莫测的自然气象等特点，给泰山蒙上了一层神秘的面纱。因此，当地人民很早便崇拜泰山，将泰山视作世上最高的山川，这便形成了东岳信仰。随着齐鲁文化日益向外传播，与其他文化逐渐融合交汇，东岳信仰也从山东地区信仰扩展到其他地区进而成为全国性信仰。

古人对山有一种神秘感，"山，宣也。谓能宣散气、生万物也，有石而高"①。据学者研究，世界上很多民族都存在对山岳的崇拜，究其原因，大致有两点：一是山岳的自然条件。很多山岳高大雄伟、深山险阻，又有奇禽异兽栖息于内，具有人难以接近的神秘性。这样的山峰，常会被古人看作具有神力或神灵居所，或是通往上天的通路而受到民众的崇拜。二是由山峰奇特的形状和山中特殊的物产等自然条件引发人们对山岳的联想，幻想山岳是某种神灵的化身，或者是有某种神灵在守护、管理着山中的奇珍异宝。②

由于山岳是古代中国人得到生活资料之处，人们便把山岳视作生命的原动力，具有灵性。每当发生洪水、旱灾、疠疫的时候，人们便到山川之神那里去祷告，祈求除灾。这样，古代中国人便把山岳视为有神秘"灵能"的东西，即所谓"神"了。③

从广义上说，山神信仰的范围应该包括两个层面：其一是对山种种神秘力量的崇信；其二是对掌管山中一切事务神灵的崇信。所谓"山的种种神秘力量"，是指一种具有人格，但没有形象的超自然力量，因为它是模糊不清、隐秘莫测的，所以总是和具体的自然事物和力量相联系。比如人们最初观念中的山神，是指作为自然物的山体本身，或是指山中的种种奇异的自然现象。这种种神秘力量，是山神观念的最初形态。所谓"管山中一切事务的神灵"，是指既有人格，又有形象（如人形、动物形等）、神性和司职的山神。这里所说的山神，究其本质也是对山体、山中的自然现象和山的种种神秘力量的人格化，是超自然力量的高级形态。④

---

① 〔汉〕许慎撰，〔清〕段玉裁注：《说文解字注》，上海：上海古籍出版社影印本，1988，第437页。

② 朱天顺：《中国古代宗教初探》，上海：上海人民出版社，1982，第71—74页。吴承忠、杨永忠：《论中国山岳崇拜观念的物化》，《武汉教育学院学报》第一六卷第2期（1997年4月）。

③ 〔日〕森鹿三撰，鲍维湘译：《中国古代的山岳信仰》，载游琪、刘锡诚主编《山岳与象征》，北京：商务印书馆，2004，第1—2页。参见詹鄞鑫：《神灵与祭祀——中国传统宗教综论》，南京：江苏古籍出版社，1992。

④ 王玉光：《论东北地区的山神信仰》，中央民族大学民俗学硕士学位论文，2005，第4页。

中国人何时开始崇拜山川为神，有学者认为一定在夏代之前，因为世界各民族的原始宗教，一般都有崇拜山神的现象。[①]詹鄞鑫推测中国山川崇拜的起源，"不会晚于以农业为主的仰韶文化时代"[②]。这些判断要么依据其他国家的情况进行推断，要么是根据考古资料进行猜测，总之，由于缺乏直接史料，这个问题估计很难给出确切答案，但可以肯定的是，山岳崇拜在中国有着悠久的历史与传统。

泰山，又称作岱宗、岱岳、岱。《说文解字》："岱，太山也。"清人段玉裁注："大作太者，俗改也。域中最大之山，故曰大山。作太、作泰，皆俗。"[③]

泰山位于今山东省中部，绵延二百多公里，横亘于泰安、济南之间，总面积约四百二十六平方公里，是山东东部第一高峰。历史上，泰山所在州治曾多次变迁。《尔雅》："河东岱。"宋人邢昺注疏："岱宗，泰山者，在东河之东，一名岱宗，一名泰山。"[④]最早岳治建置于泰山附近的城邑。"州在春秋时为鲁地；后属齐，为博邑。秦为奉高、博二县，属齐郡。汉为奉高、博二县，属泰山郡。东汉、晋因之。南北朝刘宋因之。元魏改博为博平，与奉高仍属泰山郡。隋开皇六年改奉高曰岱山，十六年改博平曰汶阳，寻改曰博城。大业仍以岱山属鲁郡。唐武德五年于县置东泰州，贞观元年州废，省梁父、嬴、肥城、岱山四县入博城，乾封元年更名乾封，总章元年又曰博城，神龙元年复曰乾封，属兖州鲁郡。宋开宝五年移乾封于岱岳镇，即今治城南。大中祥符五年改曰奉符，属袭庆。金初为泰安军，大定二十三年升为州，领奉符、莱芜、新泰三县。元属东平路，至元五年析隶省部，领县四，视金增长清。皇明洪武元年省奉符入州，割长清，与州并隶济南府。"清朝雍正年间升为泰安府，同时设立泰

---

① 《中国古代宗教初探》，第71页。

② 《神灵与祭祀——中国传统宗教综论》，第66页。

③ 《说文解字注》，第437页。潘兰香认为"泰""太"改写为"岱"不仅是同音通假，更重要的是取其"代谢""更代""交代"之意。这就是说，汉人把东岳泰山视为除故生新，阴阳交代之处，故"借代加山"，称之为"岱"。这种看法显然是泰山被纳入五行系统之后产生的新含义。"万物更相代于东方"，所以泰山既为万物之始，亦为万物之终，这实质上就是赋予了泰山神掌管万物生死的权力。人为万物之灵，故泰山神又得以"主人生死"稽鬼招魂。见《东岳大帝源流》，《学术交流》1997年第6期。

④ 〔晋〕郭璞注，〔宋〕邢昺疏：《十三经注疏·尔雅注疏》卷七，北京：北京大学出版社点校本，1999，第208—209页。

安县。①无论泰山所在州县如何变化，泰山作为中国名山川的地位并没有受到影响，一直受到历代人们的尊崇。

据学者研究，泰山大约生成于二十亿年前的太古代，最初当地还只是一片巨大的海槽，后来通过"泰山运动""燕山运动"等多次地质运动，最终大约在距今三千万年的新生代，泰山形成基本轮廓，矗立于齐鲁大地之上。②

据地质学家考察，泰山地质构造比较复杂，泰山的地层为巨厚而复杂的太古界变质岩系，称之为泰山群。其原岩为含钙的泥砂质沉积，间混有基性火山物质。这使泰山显得奇峰迭起，高耸险峻。另外，由于泰山处于季风气候带，气候变化活跃，表现在山顶和山底气候迥然不同。这种变化莫测的自然气象给泰山增添了一层神秘的面纱。

杨辛从美学角度对泰山进行了考察，认为泰山自然美的主要特点是"雄伟"，表现在与周围丘陵、平原形成强烈的高低对比；山势累叠，主峰高耸；形体厚重；苍松巨石的烘托；泰山多变且气势宏大的烟云。这些景观特征的综合，使得泰山的美具有丰富的内涵。③而且泰山是一座巨大的宝库，据不完全统计，泰山上生长着600多个品种，分属130个科（动、矿物药材未统计在内）的中草药，其中不少是名产药材和稀有品种。④

优良的自然环境与厚重的人文内涵，使得泰山地区成为华夏文明的重要发源地之一。位于黄河中下游的泰山地区，很早以前就有人类定居，考古发现的沂源猿人，距今四五十万年。新石器时代晚期的大汶口文化就散布在泰山周围。泰山周围的氏族群体，是古代东夷人，他们与其他民族在漫长的岁月中，通过不断融合，最终形成了今天的华夏民族。⑤

泰山信仰源于山岳信仰，对大山的崇拜，构成了泰山信仰的核心。⑥早期泰

---

① 《泰山志校证》卷四，第603—604页。参看周郢对此条的校证，第648—649页。

② 木容编著：《山文化》，第74页。李健吾通过文学手法描写了泰山的美丽风光，《雨中登泰山》，《人民文学》1961年第11期。

③ 杨辛：《泰山的美学考察》，《北京大学学报（哲学社会科学版）》1988年第1期。

④ 唐万斗：《泰山中草药分布简介》，《泰山医学院学报》1982年第1期。

⑤ 徐北文：《建立"泰山学"刍议》，载李正明、张杰主编《泰山研究论丛》（一），青岛：青岛海洋大学出版社，1989。

⑥ 刘慧：《泰山宗教研究》，北京：文物出版社，1994，第12页。

山观念应该是一种对待高山大川比较直观的形象认识，如先秦典籍《诗经》中对泰山高大雄伟的形象有生动描写："泰山岩岩，鲁邦所詹。奄有龟蒙，遂荒大东。至于海邦，淮夷来同。莫不率从，鲁侯之功。"①说明泰山很早就是鲁人崇拜并祭祀的灵山。此外，刘慧认为，泰山神信仰中，太阳崇拜的因素很多。②

泰山神化现象记录了华夏民族认识和处理人与自然关系的探索轨迹，以直观、形象和感悟的思维方式实现了人与自然的深层连接，体现了先民处理人的发展与尊重自然的辩证思维等多方面的生态智慧。③

总之，山东地区悠久的历史文化传统与泰山独特的自然景观的有机结合，形成了影响中华文明数千年的泰山文化。

泰山被人们称作"五岳之尊"，"五岳"一词首先出现在《周礼·大宗伯》中，但并没有具体指明"五岳"为哪五座山，《尔雅》中首次将"五岳"作为一个系统组合，并明确指示为五座山岳的名称。我们今天所认定的五岳（东岳泰山、西岳华山、南岳衡山、中岳嵩山、北岳恒山），其祭祀应该是源于古代山神祭祀仪式，至于何时开始祭祀五岳，先秦时期的典籍《礼记·王制》与《尚书·尧典》中，各有一段内容几乎完全一致的关于上古天子巡守五岳的记载：

> 天子五年一巡守。岁二月，东巡守，至于岱宗。柴而望，祀山川。……五月南巡守，至于南岳，如东巡守之礼。八月西巡守，至于西岳，如南巡守之礼。十有一月北巡守，至于北岳，如西巡守之礼。④

从文字上看，似乎上古舜帝时天子已经祭祀五岳。考虑到当时的交通情况，这很可能是后人根据西周之后天子祭祀山神的情况创造出来的传说，不可

---

① 〔汉〕毛亨传，〔汉〕郑玄笺，〔唐〕孔颖达疏：《十三经注疏·诗经正义》卷二○，北京：北京大学出版社标点本，1999，第1421页。

② 《泰山信仰与中国社会》，第166—168页。

③ 夏忠梅：《泰山神化现象的生态文化价值探析》，《山东社会科学》2008年第11期。

④ 《十三经注疏·礼记正义》卷一一，第363页。此段文字又见〔汉〕孔安国传，〔唐〕孔颖达疏，廖明春、陈明整理：《十三经注疏·尚书正义》卷三，北京：北京大学标点本，1999，第59—60页。

信以为真。[1]巫鸿指出，《尧典》采用四座主要的山岳作为象征物，来指示国家疆域的四至，体现了国家统一的新思想。另外，《尧典》只提出"泰山"一岳的名称，其余三岳缺而不录，原因可能是因为泰山成为"东岳"的时间要早于其他北岳、西岳、南岳。在这里，"岳"已经不再是指一般意义上的高峻山脉，而是作为"诸岳"说的术语，有了特定的含义。也就是说，"岳"已经从自然的环境中脱离，成为相互联系的网络系统中的一员。四岳都受到国君同样的祭祀，泰山仅仅是作为四岳之一的东岳而存在，并没有历史和精神上的特殊之处。[2]

泰山何时在五岳中地位凸现出来？顾颉刚指出，五岳诸山原本都是各地区的名山，泰山原本只是古代齐、鲁国的"望"。由于当时交通并不便利，人们眼界所限，齐鲁人便认为泰山是全世界最高的山。春秋、战国时期，齐鲁是文化的中心，于是泰山独尊思想便推广开来。其实，秦始皇在泰山举行封禅之仪后，泰山在秦国的地位也并没有显著提高。五岳作为山岳代表统一祭祀，当是国家统一之后的事情。五岳观念的真正形成，当在西汉武帝时期。庙祀制度的完备，当在西汉宣帝时期。以后历代相沿，奉为祀典。[3]

与顾颉刚观点类似，王晖在对周代山神考察后指出：西周春秋时期天室山（嵩山）的地位最为显赫，其兴盛的时代可追溯到夏代甚至传说中的尧舜时代。战国以来，东方泰山、西方昆仑山雄冠群山，形成东西对峙的两个山岳崇拜区。由于昆仑山岳崇拜区一般被视作华夏地区以外的少数民族地区，所以战国以来形成的华夏民族最崇拜的山岳只有东岳泰山。但西周春秋时代泰山并非处于十分显赫的地位。从《山海经》中的记载来看，它的地位并不十分突出，甚至连次要都不够。泰山地位的上升大约起于春秋时代，它是随着齐鲁文化的兴盛而

---

① 《中国古代宗教初探》，第74页。

② 〔美〕巫鸿著，郑岩等译：《五岳的冲突：历史与政治的纪念碑》，载氏著《礼仪中的美术：巫鸿中国古代美术史文编》下册，北京：生活·读书·新知三联书店，2005，第625页。叶涛持类似观点，认为《尧典》中的这段文字不仅记载了东巡泰山（岱宗）的情况，而且是把东岳泰山与其他三岳并列在一起，只是巡守的时间不同，礼仪是完全一样的，这说明当时泰山的地位与其他三岳是并列的，还没有出现后来的泰山地位上升而成"五岳独尊"的局面。见叶涛：《论泰山崇拜与东岳泰山神的形成》，《西北民族研究》2004年第3期。

③ 顾颉刚：《"四岳"与"五岳"》，《史林杂识初编》，北京：中华书局，1963。《秦汉的方士与儒生》，上海：上海古籍出版社，2005，第5—6页。

兴盛。[①]

　　事实上，根据文献记载，在五岳观念出现之前，先秦时期已经有"四岳"的说法，最初可能泛指四方之岳，未必为确指。在先秦时期固有的四岳观念的基础上，秦汉以后，受五德终始说的影响，为了适应大一统下帝王封禅的需要，从汉武帝到汉宣帝时期，五岳渐趋固定。[②]虽然五岳观念在中国古代形成发展乃至最终固定有着一段较长的历史，但作为五岳之首的泰山，很早便被人们称作"岱宗"、东岳，显示其地位非同一般。

图1-1　"五岳独尊"石刻

---

　　① 王晖：《周代的天神和山神崇拜》，载游琪、刘锡诚主编《山岳与象征》，北京：商务印书馆，2004。

　　② 周书灿：《中国早期四岳、五岳地理观念析疑》，《浙江学刊》2012年第4期。

二、秦汉之前的山岳祭祀

中国古代很早便祭祀名山大川，古人祭祀山川的做法比较复杂，一般是采用烧、埋等方式。根据资料显示，至少商朝时人们已经采用烧柴祭祀山神。周朝祭祀山神的内容与形式更为复杂，有强烈的政治目的。五岳祭祀源于山岳祭祀。五岳最初只是所在地的名山，后来随着各自文化的发展，其影响力逐渐扩大，便成为超越地区的名山川了。另外，五岳观念的形成也与古代中国人的九州观念有关，都是古人使用具体的地理标识来体现辽阔的国家疆域。泰山作为山东东部地区海拔最高的山峰，很早便为齐鲁人民所崇拜，随着齐鲁文化的传播，泰山崇拜的观念也影响到其他地区。秦始皇统一全国后，接受了齐鲁地区的泰山信仰，特别是接受了泰山作为封禅圣地的观念。所有这些因素，使得东岳泰山在五岳中脱颖而出，一枝独秀。

泰山祭祀来源于古代山岳祭祀。祭山仪式是以人的行动为活动方式表现出来的文化元素，是人们敬奉山神的表现形式。中国古代何时开始祭祀山神，如何祭祀山神，限于史料，恐怕难以搞清楚，虽然一些古籍将其上溯至神话时代，但这种说法很难让人信服，不过根据《礼记》记载"天子祭天地，祭四方，祭山川，祭五祀，岁遍。诸侯方祀，祭山川，祭五祀，岁遍"[①]，作为统治者的天子与诸侯祭祀山川，表明人们很早便将山川祭祀视作重要的祭祀行为。

中国古代山岳祭祀礼仪有很多种，一种是"狸"，就是把牺牲埋入地中，但所埋的不仅仅是动物，还有玉；一种是把牲玉"投"的仪式。还有一些我们今天不容易搞清楚的方法。在仪式中，还有宰杀牲畜，用它的血来祭祀；摆放的供牺，除了牲、玉，还有稻、稷、黍等谷类及酒；还要有干舞、冕舞及巫祝二人合舞的舞蹈等。[②]

中国上古典籍《山海经》中记载了很多山神，其祭祀的仪式相当复杂、隆

---

① 〔汉〕郑玄注，〔唐〕孔颖达疏，龚抗云整理：《十三经注疏·礼记正义》卷五，北京：北京大学出版社点校本，1999，第154页。

② 〔日〕森鹿三：《中国古代的山岳信仰》，载游琪、刘锡诚主编《山岳与象征》，北京：商务印书馆，2004，第2—8页。

重，虽然这些仪式不能完全在现实中执行，但从中我们可以窥见古人祭祀山神的一些内容：①

表1-1　　　　　　　　　　　《山海经》中的山神祭祀

山名	祭法	出处
凡䧿山之首，自招摇之山，以至箕尾之山，凡十山	毛用一璋玉瘗，糈用稌米，一璧，稻米、白菅为席	卷一《南山经》
凡《南次二经》之首，自柜山至于漆吴之山，凡十七山	毛用一璧瘗，糈用稌	
凡《南次三经》之首，自天虞之山以至南禺之山，凡一十四山	其祠皆一白狗祈，糈用稌	
凡《西经》之首，自钱来之山至于騩山，凡十九山	华山冢也，其祠之礼：太牢。羭山神也，祠之用烛，斋百日以百牺，瘗用百瑜，汤其酒百樽，婴以百珪百璧。其余十七山之属，皆毛牷用一羊祠之。烛者，百草之未灰，白席采等纯之	卷二《西山经》
凡《西次二经》之首，自钤山至于莱山，凡十七山	七神，祠之，毛用少牢，白菅为席。其十辈神者，其祠之，毛一雄鸡，钤而不糈，毛采	
凡《西次三经》之首，崇吾之山至于翼望之山，凡二十三山	其祠之礼，用一吉玉瘗，糈用稷米	
凡《西次四经》之首，自阴山以下，至于崦嵫之山，凡十九山	其神祠礼，皆用一白鸡祈。糈以稻米，白菅为席	
凡《北山经》之首，自单狐之山至于隄山，凡二十五山	其祠之，毛用一雄鸡、彘瘗，吉玉用一珪，瘗而不糈	卷三《北山经》
凡《北山二经》之首，自管涔之山至于敦题之山，凡十七山	其祠：毛用一雄鸡、彘瘗；用璧一珪，投而不糈	
凡《北次三经》之首，自太行之山以至于无逢之山，凡四十六山	其祠之，皆用一藻、茝瘗之。其十四神状皆彘身而载玉。其祠之，皆玉，不瘗。其十神状皆彘身而八足蛇尾。其祠之，皆用一璧瘗之。大凡四十四神，皆用稌糈米祠之。此皆不火食	

① 袁珂：《山海经校注》，北京：北京联合出版公司，2014。有学者认为，《山海经》的主体《五藏山经》和《大荒经》是考古学上的龙山时代（宗教历史上的萨满信仰时代，华夏上古史上的帝颛顼时代）的宗教巫祝颂经，反映了龙山文化时期华夏族的地理观以及神话血族谱系和宗教原型模式。见王育武：《〈山海经〉与风水的山岳崇拜》，《华中建筑》2007年第2期。

续表

山名	祭法	出处
凡《东山经》之首，自樕𪁉之山以至于竹山，凡十二山	祠：毛用一犬祈，聃用鱼	卷四《东山经》
凡《东次二经》之首，自空桑之山至于𥐟山，凡十七山	其祠：毛用一鸡祈，婴用一璧瘗	
凡《东次三经》之首，自尸胡之山至于无皋之山，凡九山	其祠：用一牡羊，米用黍	
凡薄山之首，自甘枣之山至于鼓镫之山，凡十五山	历儿，冢也，其祠礼：毛，太牢之具，县以吉玉。其余十三者，毛用一羊，县婴用桑封，瘗而不糈	卷五《中山经》
凡济山之首，自辉诸之山至于蔓渠之山，凡九山	祠用毛，用一吉玉，投而不糈	
凡𦙫之首，自敖岸之山至于和山，凡五山	其祠：泰逢、熏池、武罗皆一牡羊副，婴用吉玉。其二神用一雄鸡瘗之，糈用稌	
凡釐山之首，自鹿蹄之山至于玄扈之山，凡九山	其祠之：毛用一白鸡，祈而不糈；以采衣之	
凡薄山之首，自苟林之山至于阳虚之山，凡十六山	升山冢也。其祠礼：太牢，婴用吉玉。首山𩲃也，其祠用稌、黑牺太牢之具、蘖酿；干儛，置鼓；婴用一璧。尸水，合天也，肥牲祠也；用一黑犬于上，用一雌鸡于下，刳一牝羊，献血。婴用吉玉，采之，飨之	
凡缟羝山之首，自平逢之山至于阳华之山，凡十四山	以六月祭之，如诸岳之祠法	
凡苦山之首，自休舆之山至于大騩之山，凡十有九山	其祠：毛牷用一羊羞，婴用一藻玉瘗。苦山、少室、太室皆冢也，其祠之：太牢之具，婴以吉玉	
凡荆山之首，自景山至琴鼓之山，凡二十三山	其祠：用一雄鸡祈瘗，用一藻圭，糈用稌。骄山，冢也，其祠：用羞酒少牢祈瘗，婴毛一璧	
凡岷山之首，自女几山至于贾超之山，凡十六山	其祠：毛用一雄鸡瘗。糈用稌。文山、勾檷、风雨、騩之山，是皆冢也，其祠之：羞酒，少牢具，婴毛一吉玉。熊山，席也，其祠：羞酒，太牢具，婴毛一璧	
凡首阳山之首，自首山至于丙山，凡九山	其祠之：毛用一雄鸡瘗，糈用五种之糈。堵山，冢也，其祠之：少牢具，羞酒祠，婴毛一璧瘗。騩山，帝也，其祠羞酒，太牢其；合巫祝二人儛，婴一璧	
凡荆山之首，自翼望之山至于几山，凡四十八山	其祠：毛用一雄鸡祈瘗，用一珪，糈用五种之精。禾山，帝也，其祠：太牢之具，羞瘗，倒毛；用一璧，牛无常。堵山、玉山，冢也，皆倒祠，羞毛少牢，婴毛吉玉	

山名	祭法	出处
凡洞庭山之首，自篇遇之山至于荣余之山，凡十五山	其祠：毛用一雄鸡、一牝豚刉，糈用稌。凡夫夫之山、即公之山，尧山、阳帝之山皆冢也，其祠：皆肆瘗，祈用酒，毛用少牢，婴毛一吉玉。洞庭、荣余山神也，其祠：皆肆瘗，祈酒太牢祠，婴用圭璧十五，五采惠之	卷五《中山经》

从这些记载来看，上古时期人们的祭山仪式是相当隆重的，规模也很大。所用的祭品不是太牢就是少牢，还有玉、璧等。所用的方式有陈列，还有陈列后掩埋。如此隆重的仪式，不可能是单个人能够做到的，因此，我们可以推测，《山海经》中所记载的山神祭祀内容，很有可能是上古部落集体祭祀或者首领祭祀，不可能是普通人的祭山仪式。

其实，在中国一些少数民族的山神祭祀仪式中，仍然可以看到古代山岳祭祀仪式的一些影子。如泸西县阿盈里彝族逢农历正月初三，有老牧人、牧童向有牛、羊的人家募米、肉、蒜、辣椒等食物，到山林中献祭，祈求山神保佑牛羊免受兽害。[1]拉卜楞地区仍然保持杀生祭祀神灵的习俗，只不过程度远不及远古。祭祀时不仅要点燃松柏枝，还需要大量的食物作为祭品。[2]浙江西北部的安吉县山河乡人对山神达到几乎无日不祭的频繁程度。无论是上山采石、伐木等，还是破土奠基、开荒等，都要祭拜山神，祭品一般是猪头（猪肉）、鸡（鸡蛋）、鱼等物品，跪拜之外，还要编说一套祷词。[3]

夏朝的情况因为资料所限，我们无法得知。关于殷商是否存在山岳崇拜的习俗，学术界有不同看法。如丁山认为殷人十分重视山岳崇拜，王晖则认为殷人与东夷人都无山岳崇拜的习惯，而根据考古发掘显示，在目前已知的殷墟卜辞中，有相当数量殷人祭祀山神的记载，可见上古殷人已经有浓厚的山岳崇拜观念。殷人如此重视山神祭祀，除了相信山神有兴云作雨的能力外，还与殷人崇拜上帝的观念有关。上古时期殷人生活的自然地理条件极其恶劣，经常遭遇

---

① 何耀华：《彝族的自然崇拜及其特点》，《思想战线》1982年第6期。

② 伦珠旺姆、昂巴：《拉卜楞地区山神崇拜之历史渊源及文化现象分析》，《西藏艺术研究》1996年第4期。

③ 方向：《安吉县山河乡的山神和鸡的信仰》，上海民间文艺家协会编《中国民间文化·都市民俗学发凡》（第八集），上海：学林出版社，1992。

水旱灾害，这使得以农业为主要经济手段的殷人对自然灾害十分恐惧与敏感。殷人特别重视上帝，认为上帝操纵水旱灾害，而山岳是沟通人与上帝之间的重要媒介，于是我们在卜辞中常常可以见到殷人向山神询问水旱灾害、求年的记载，殷人祭山最常用之法为烧柴以祭。

根据现有资料，殷人山神祭祀无论内容或形式似乎都比较简单，周人的山神祭祀已经开始出现等级化、制度化，并呈现出浓郁的民本精神与突出的政治功能。周人祭祀山川符合"有功烈于民"的祭祀原则，体现"民为邦本"的政治思想，山神要有"德""信"的神性特征等。同时，周人通过祭祀山川，达到神化王权，威弱服远，维护宗法制度，控制诸侯，教化百姓的目的。

总之，古代中国人崇拜山神的观念十分久远，所崇拜的山神分布很广，数量众多，但无论殷人或周人的山岳祭祀，主要还是从自己居住范围内着眼，没有上升到更高的层面。

中国古代山川祭祀一般有两种形式，一种是亲自到山川所在地祭祀，叫作"就祭"。大凡帝王巡守所至，或者诸侯会盟，必就近祭祀名山大川；另一种是在南郊等处设名山大川五岳四渎的祭坛，遥望远方的山川（未必看得见）而祭祀，叫作"望祭"。凡常规祭天地四方而以山川配祭，都是望祭；帝王巡守，除就祭所至名山大川外，同时还祭祀其他名山大川，也是望祭。大一统王朝建立后，除封禅泰山外，君主极少亲自到泰山祭祀，望祭成为主要的祭祀形式。

中国古代官方祭祀东岳大致可以分为两种形式：一种是封禅，作为一种旷世大典，封禅泰山属于非常态的形式，举行时间不固定、每次封禅仪式也有所不同，而且历代真正成行的帝王很少。因此，封禅这种祭祀仪式在官方泰山祭祀中不是主流形式。另一种是有固定制度规定的国家祭祀仪式（成文祀典）。泰山由于较早被纳入国家祭祀范围之内，国家礼仪部门对其祭祀制定了比较详细、固定的仪式，这种祭祀有着固定的时间、仪式与严格的程序，除非王朝礼制发生变化或王朝更迭，祭祀方式基本上不会发生太大变化，[①]这种类型的祭祀仪式

---

① 按照钱志熙的说法，山水崇拜从一种自然的崇拜行为到形成一定的祭祀制度，当在原始社会后期到奴隶社会时期，而到封建社会前期秦汉时代趋于固定化，其后整个封建时代，山川祭祀制度以承袭为主要特点，虽然祭祀对象及山川名号常常变更，但祭祀的方式没有大的变化。尤其是形成奴隶社会封建社会前期的一系列山川祭祀的观念，在后世没有什么新的发展。见钱志熙：《论上古至秦汉时代的山水崇拜山川祭祀及其文化内涵》，《文史》总第52辑（2000年8月）。

在历代泰山祭祀中占据主流地位。

此外，除官方祭祀外，民间对东岳也有祭祀，主要体现在泰山庙会、朝山进香等活动中，这种祭祀往往没有严格的礼制规定，除了东岳神的诞辰外，时间上并不固定，参加者随意性更大一些。

第二节　秦汉南北朝时期的东岳祭祀

中国古人对泰山的祭祀开始是将其作为一座普通的名山进行祭祀，秦朝统一六国之前，由泰山所在地诸侯国执行祭祀。秦朝统一六国后，将包括泰山在内的山川祭祀权力收归中央朝廷，由中央派遣官员统一祭祀。西汉建立后，分封刘姓诸侯王，泰山祭祀权下放至所在地诸侯王国祭祀。汉武帝时，大一统观念上升，朝廷再度将泰山祭祀权力收归中央朝廷。除了由朝廷派遣官员祭祀泰山外，创设郊祀后，包括泰山在内的岳渎以从祀身份在北郊祭地时享受从祀。汉宣帝时，伴随着五岳观念的形成，对五岳祭祀制定了具体的礼制规格，这些东岳祭祀方式一直影响到后世的祭祀。南北朝时期，天下四分五裂，无暇顾及礼制完备，但各国均将东岳祭祀视作国家祭祀的重要礼制，因为此时五岳四渎分布在不同国家，为了争夺五岳祭祀权，一些国家开始采用在都城集中望祭五岳的方法，这样既满足了朝廷祭祀五岳，体现政权天命所归的精神诉求，也避免了无法派遣官员到岳渎所在地就祭的现实困难，这一简便做法为后世王朝所沿用。

一、秦汉时期的东岳祭祀

秦朝统一中国之前，诸侯割据，山川神祇各据一方，泰山由所在诸侯国祭祀。秦朝统一六国后，对山川祭祀进行一番整顿，将泰山祭祀权收归中央朝廷，由朝廷派遣官员前往当地祭祀。西汉建立后，分封诸侯国，泰山祭祀由所在诸侯国执行。汉武帝时大一统思想兴起，朝廷将五岳祭祀权重新收归中央朝廷。汉宣帝时，对岳渎祭祀做了新的规定，强化了中央朝廷对岳渎祭祀的独有权。汉明帝时，再次强调五岳在名山川中的独特地位，此后五岳作为一个单独群体，接受官方祭祀。汉朝还创立了郊祀制度，包括东岳在内的岳渎在北郊祭地时作为配祀接受祭祀。两汉帝王还多次巡守泰山，举行封禅，强化了泰山的地位。汉朝开创的岳渎祭祀制度虽然随着时间推移有所改变，但基本为后世王朝所沿用。

春秋战国时期，诸侯国林立，彼此互相攻伐，具有强烈地域色彩的山岳神祇各据一方，作为所属诸侯国的保护神，由所在国国君祭祀。而各诸侯国也都遵循"祭不越望"的原则，不祭祀别国范围内的山川神祇。因此，泰山虽然很早便享有盛名，并受到人们祭祀，但这种盛名与祭祀仅限于当地范围，泰山在当时还只是一座区域性名山。

秦始皇统一六国后，在宗教政策上实行了两项行动：一是把五行思想正式引入帝国宗教系统之中，开启了后代阴阳五行思想对官方宗教和政治理论影响的大门；二是统一规划天下所有祭祀之处的管理办法。随着原先各诸侯国内山川逐一纳入秦朝版图，秦始皇对山川祭祀进行了一番整理，山川祭祀从此有了统一的标准：

> 昔三代之居皆在河洛之间，故嵩高为中岳，而四岳各如其方，四渎咸在山东。至秦称帝，都咸阳，则五岳、四渎皆并在东方。自五帝以至秦，轶兴轶衰，名山大川或在诸侯，或在天子，其礼损益世殊，不可胜记。及秦并天下，令祠官所常奉天地名山大川鬼神可得而序也。
>
> 于是自殽以东，名山五，大川祠二。曰太室。太室，嵩高也。恒山，泰山，会稽，湘山。水曰济，曰淮。春以脯酒为岁祠，因泮冻，秋涸冻，冬塞祷祠。其牲用牛犊各一，牢具珪币各异。
>
> 自华以西，名山七，名川四……亦春秋泮涸祷塞，如东方名山川；而牲牛犊牢具珪币各异。[①]

---

① 〔汉〕司马迁著：《史记》卷二八，北京：中华书局点校本，2013，第4册，第1641—1642页。

秦始皇封天下山川是将上古传至周代的五岳传统即东方的五岳传统与雍地诸方大山结合，统一为一等山川，并延续战国以来山川分等传统，大体分山川为两等。从秦朝官方名山大川祭祀名单中可以看出，关东地区尽管名山大川极多，但被列入官方祭祀对象的仅有山五川二；关西地区虽然地域狭小，却有山七川四，明显比关东多。这一现象表明，秦始皇划一山川祭祀具有轻关东、重关西，尤其重国都附近的显著特点。泰山地位固然高于一般的山岳，但也不过只是十二座名山中的一座。秦朝采用了牲、牢加圭币这一传统祭祀山川的方式对泰山进行祭祀。

秦朝在都城咸阳所在地雍（今陕西西安附近）设立了国家祭祀中心，有"日、月、参、辰、南北斗、荧惑、太白、岁星、填星、辰星、二十八宿、风伯、雨师、四海、九臣、十四臣、诸布、诸严、诸述之属，百有余庙"①，其中"唯雍四畤上帝为尊"②。这些祠庙"皆太祝常主，以岁时奉祠之。至如他名山川诸鬼及八神之属，上过则祠，去则已。郡县远方神祠者，民各自奉祠，不领于天子之祝官。祝官有秘祝，即有菑祥，辄祝祠移过于下"③。

从《史记》上述记载中可以看出：第一，秦朝官方祭祀范围很广，祭祀对象的规格已经有着比较明确的高下之别；第二，东岳泰山虽然作为"名山川"被纳入官方祭祀行列，却并没有享受最高规格的祭祀待遇，它的祭祀场所只是在当地，由太祝等主持。究其原因，与五岳的地域色彩有着密切关系。因为泰山虽然具有十分神圣的地位，并且得到秦帝国的认同（秦始皇到泰山封禅可为明证），但这种认同是有限度的。春秋、战国长期分裂，造成文化上的冲突。秦朝虽然完成统一，文化地域性仍然相当强，朝廷对于关东文化多少还抱着敌视的态度。出于争夺政治合法性的需要，官方重新排序名山大川，刻意抬高咸阳以西一些山川，与早已被人们公认的位于关东地区的山川抗衡，无疑就是这种文化冲突的表现。在这种情况下，包括东岳泰山在内的五岳被排除于官方祭祀中心之外，也就可以合理解释了。《史记正义》对"灾祥"所释："谓有灾祥，辄令祝官祠祭，移其咎恶于众官及百姓也。"表明此时山岳与帝王的关系尚未如

---

① 《史记》卷二八，第4册，第1645—1646页。

② 《史记》卷二八，第4册，第1647页。

③ 《史记》卷二八，第4册，第1648—1649页。

后世般密切，当出现灾祥时，帝王并未视作己过，而是将其推诿到祝官与百姓身上。

伴随秦朝的灭亡，官方祭祀自然停止，各股政治势力忙于角逐中原，也无暇制定新的祭祀制度。史载刘邦："立黑帝祠，命曰北畤。有司进祠，上不亲往。悉召故秦祝官，复置太祝、太宰，如其故仪礼。因令县为公社。下诏曰：'吾甚重祠而敬祭。今上帝之祭及山川诸神当祠者，各以其时礼祠之如故。'"[1]此时刘邦全力与项羽争夺天下，通过恢复秦朝的祭祀，一方面可以达到稳定

图1-2　现存岱庙的秦泰山刻石

民心，争取秦朝残余势力的目的；另一方面，则表露其急于继承秦朝正统衣钵的野心。但由于楚汉之争尚未分胜负，刘邦无暇也不可能亲自祭祀，更不可能完全恢复秦朝的礼制，这时期的东岳祭祀，应该由太祝或泰山当地之人执行。[2]

刘邦认为秦朝灭亡是由于缺少同姓藩属拱卫的结果，为了避免重蹈秦朝亡国的"覆辙"，西汉建立后，刘邦分封了一批刘姓诸侯国——"天下初定，骨肉同姓少，故广强庶孽，以镇抚四海，用承卫天子也"，结果形成了诸侯国与中央朝廷并驾齐驱的局面："（诸侯国）大者或五六郡，连城数十，置百官宫观，僭于天子。汉独有三河、东郡、颍川、南阳，自江陵以西至蜀，北自云中至陇

---

[1] 《史记》卷二八，第4册，第1649页。

[2] 田天指出，此时秦地祭祀并非全仍其旧，最高祭祀之规格已较秦代稍降，汉高祖恢复的，应该是秦人在关中地区的主要祭祀。田天：《秦汉国家祭祀史稿》，北京：生活·读书·新知三联书店，2015，第91页。

西，与内史凡十五郡，而公主列侯颇食邑其中。"①汉初分封诸侯的结果，直接影响到朝廷的东岳祭祀。

秦朝时五岳祭祀虽然在当地举行，但负责"岁时奉祀"的祠官太祝是由朝廷任命，体现了国家在场。西汉初年，分封诸侯，"名山大川在诸侯，诸侯祝各自奉祠，天子官不领"②，表明五岳祭祀权已经发生了变化，由中央朝廷下移到地方诸侯国，类似于恢复了春秋战国时期"祭不越望"的传统，而山川也由体现国家意识回复到地方神祇。

在中国古代社会，名山大川不仅仅是地方风景，更是一种沟通人间与上天的媒介，还是一种地方权力的象征。因此，春秋战国时期诸侯国祭祀本国境内的名山大川，就是向想象中最高的统治者天（或天帝）表明自己行使本国权力的正当性。西汉初年诸侯国享有祭祀本国境内名山大川的权力，表明了其对本地区统治权的合法性，这严重影响到大一统国家的统治。

随着西汉中央集权不断加强，诸侯国权力被不断剥夺，五岳祭祀权逐渐由地方重新转入中央朝廷手中。汉武帝建元元年（前140）五月，诏："河海润千里，其令祠官修山川之祠，为岁事，曲加礼。"颜师古注："岁以为常是也。总致敬耳，非止祈农。"③汉武帝下此诏的目的便是有意将山川祭祀纳入国家祭祀活动中，保证其祭祀常态化。于是，五岳祭祀权重新回到朝廷手中。汉武帝郊雍，获一角兽，"于是济北王以为天子且封禅，乃上书献太山及其旁邑，天子以他县偿之。常山王有罪，迁，天子封其弟于真定，以续先王祀，而以常山为郡，然后五岳皆在天子之邦"④。张守节《正义》解释道："齐有泰山，淮南有天柱山，二山初天子祝官不领，遂废其祀，令诸侯奉祠。今令太祝尽以岁时致礼，如秦故仪。"⑤至此，泰山祭祀权正式收归西汉朝廷，恢复了"天子祭天下名山大川"。值得注意的是，"如秦故仪"，说明这一时期西汉的东岳祭祀仍然沿用秦朝制度，但这一状态在汉宣帝时发生了变化。

---

① 《史记》卷一七，第3册，第962页。

② 《史记》卷二八，第4册，第1652页。

③ 〔汉〕班固撰，〔唐〕颜师古注：《汉书》卷六，北京：中华书局点校本，1962，第1册，第157页。

④ 《史记》卷二八，第4册，第1659页。

⑤ 《史记》卷二八，第4册，第1652页。

汉宣帝神爵元年（前61），颁布诏令，详细规定了岳渎祭祀的礼制：

> 制诏太常："夫江海，百川之大者也，今阙焉无祠。其令祠官以礼为岁事，以四时祠江海雒水，祈为天下丰年焉。"自是五岳、四渎皆有常礼。东岳泰山于博，中岳泰室于嵩高，南岳灊山于灊，西岳华山于华阴，北岳常山于上曲阳，河于临晋，江于江都，淮于平氏，济于临邑界中，皆使者持节侍祠。唯泰山与河岁五祠，江水四，余皆一祷而三祠云。①

从这段记载可以看出，汉宣帝的诏令突出了岳渎在山川祭祀中的显著地位，从此岳渎作为一个单独的组合，在山川祭祀中脱颖而出。与之前相比，泰山祭祀出现了一些新特点。第一，明确了官方祭祀五岳的地点，其中东岳泰山祭祀地点在山东博县（今山东泰安东南旧县）。第二，五岳祭祀的制度化、规律化。其中泰山"岁五祠"，即一年之内五次祭祀。第三，强化了中央朝廷在岳渎祭祀中的权力地位。规定泰山祭祀，由"使者持节侍祠"，持有符节的使者自然代表了汉朝皇帝的权威，因此，使节祭祀即是在代表朝廷行使祭祀东岳权。第四，突出了泰山与黄河在山川祭祀中的重要地位。五岳四渎当中，"唯泰山与河岁五祠，江水四，余皆一祷而三祠云"。可以说，汉武帝朝中叶，五岳正式进入国家祭祀系统中，至汉宣帝时，五岳四渎成为常规祭祀。②

需要注意的是，根据五行学说，五岳应该以中岳嵩山为中心，而且西汉将自身政权定为土德，所以说中岳嵩山应该是西汉王朝国家的象征。但是很明显在汉宣帝的五岳系统中，东岳泰山仍是封禅大礼的所在，为五岳中享受祭祀最频繁者。由此我们可以看到"这一系统中泰山与嵩山间、东方与中原间、封禅礼仪与五行学说间的相互抵触"③。由于泰山在诸山川中名气最高，又是封禅的所在地，故而人们接受了其地位高于其他四岳。

---

① 《汉书》卷二五下，第4册，第1249页。黄留珠引用此段文字，认为汉宣帝时，山川祭祀真正制度化。见黄留珠：《秦汉祭祀综义》，《西北大学学报（哲学社会科学版）》1984年第4期。这里所说的祭祀制度化，应该是指相对于西汉初年各诸侯国祭祀国内山川的无序状态而言。

② 《秦汉国家祭祀史稿》，第297页。

③ 〔美〕巫鸿：《五岳的冲突：历史与政治的纪念碑》，载氏著《礼仪中的美术：巫鸿中国古代美术史文编》下册，北京：生活·读书·新知三联书店，2005，第617页。

汉宣帝的诏令虽然强调了国家祭祀东岳，但对具体的祭祀仪式等内容语焉不详。《汉旧仪》记载：“祭五岳，祠用三色牲。十月涸冻，二月解冻，皆祭祀。乘传车，称使者。”①说明汉代朝廷祭祀五岳时，祭品仍然沿用传统的三牲，并且在“十月涸冻，二月解冻”时，由使者乘车前往泰山岳庙举行祭祀仪式。

东汉人应劭（约153—196）撰写的《风俗通义》中记载的东岳祭祀仪式与西汉时有所不同：

> 岱宗庙在博县西北三十里，山虞长守之。十月曰合冻，腊月曰涸冻，正月曰解冻，皆太守自侍祠，若有秽疾，代行事，法七十万五千三牲，燔柴，上福脯三十朐，县次传送京师。四岳皆同王礼。②

说明至晚在东汉时期，泰山已经建有庙宇，并且有专人（“山虞长”）负责看守。十月、腊月、正月都要由地方官（“太守”）作为皇帝的代理人按照礼制规定亲自祭祀泰山，如果太守有疾病，则由他人代为祭祀。祭祀的方法是使用数量庞大的三牲（“七十万五千”），并采用柴祭。祭祀之后的祭肉要通过各县传送到京城。另外，东岳祭祀的规格是采用王礼。

根据应劭的记载，东汉时泰山祭祀是每年一祷三祠，这与汉宣帝时规定的泰山祭祀每年一祷五祠相比，规格有所降低，这可能是朝廷从现实考虑出发采取的做法，五岳统一每年一祷三祠，便于统一祭祀，有利于减少朝廷开支。另一方面，从东岳、黄河比其他岳渎更高的祭祀标准，到岳渎作为一个祭祀群体享受祭祀，反映了人们对于岳渎认识的变化。

汉代泰山庙在山东博县，根据《后汉书》征引《风俗通》的记载，太守在祭祀泰山前要斋戒五日，务必态度严肃。“博县十月祀岱宗，名曰合冻，十二月涸冻，正月解冻。太守洁斋，亲自执事。”③“凡斋，天地七日，宗庙、山川五日，小祠三

---

① 〔宋〕李昉等：《太平御览》卷五二六《礼仪部五·祭礼下》，影印文渊阁四库全书本。

② 〔汉〕应劭撰，王利器校注：《风俗通义校注》卷一〇，北京：中华书局校注本，1981，第447页。应劭于中平六年（189）至兴平元年（194）任泰山郡太守，故其所言泰山祭祀方式应该可靠，甚至可能是其亲身经历。

③ 〔宋〕范晔、〔唐〕李贤等注：《后汉书》志七，北京：中华书局点校本，1965，第11册，第3163页。

日。斋日内有污染，解斋，副倅行礼。先斋一日，有污秽灾变，斋祀如仪。大丧，唯天郊越绋而斋，地以下皆百日后乃斋，如故事。"[1]从斋戒的时间来看，作为山川代表的东岳需要斋戒五日，高于小斋的三日，低于最高级别的天地七日，表明山川在祭祀仪制中，属于中祀（虽然当时并无大中小祀的制度化规定），这一规格也为后世所沿用。

此外，东汉桓帝延熹四年（161）的《华山碑》记载："仲宗之世，重使使者持节祀焉，岁一祷而三祠。后不承前，至于亡新，浸用丘墟，今垣址营兆犹存。建武元年，事举其中，礼从其省，但使二千石以岁时往祠。其有风旱，祷请祈求，靡不报应。"[2]这说明汉宣帝诏令中规定的五岳祭祀制度，后来遭到了破坏。东汉光武帝时，为了节省交通成本，将由中央朝廷派遣使节到五岳所在地祭祀，改成由当地太守举行祭祀。[3]

图1-3　岱庙汉柏

① 《后汉书》志四，第11册，第3104页。

② 高文：《汉碑集释·华山碑》，开封：河南大学出版社，1997，第270页。

③ 刘兴顺依据《风俗通义》和《汉碑集释·华山碑》中的文字，并参之以《后汉书》汉明帝（卷二）、汉章帝（卷三）诏令两千石祷五岳四渎的内容，认为："由所在地太守祭祀泰山等五岳四渎，是东汉确定成型的制度。而祭祀次数由五次减为三次，是东汉'礼从其省'的变革结果。这样，泰山祭祀变得方便操作，易于实施。"（《泰山国家祭祀史》，第57页）笔者认为，刘兴顺提出的"祭祀次数由五次减为三次"的观点似可商榷，因为《华山碑》中的汉宣帝"岁一祷而三祠"的祭祀是针对华山，这符合汉宣帝神爵元年（前61）诏令中规定的"泰山与河岁五祠，江水四，余皆一祷而三祠云"。而光武帝时所谓的"事举其中，礼从其省"，不过是将朝廷派遣使者亲往五岳所在地祭祀，改成由当地太守（二千石）祭祀，这样可以节省使节从都城到五岳所在地的来往交通等成本。

　　东汉时期，除了十月合冻，腊月涸冻，正月解冻三个特殊的日子里要由太守亲自祭祀东岳泰山外，在日常生活中，皇帝有时候也会因为祈雨诏令太守祭祀五岳四渎。如东汉明帝永平十八年（75）四月己未，诏："自春以来，时雨不降，宿麦伤旱，秋种未下，政失厥中，忧惧而已……二千石分祷五岳四渎。郡界有名山大川能兴云［致］雨者，长吏各絜斋祷请，冀蒙嘉澍。"①汉章帝建初五年（80）二月甲申诏："去秋雨泽不适，今时复旱，如炎如焚。凶年无时，而为备未至。……其令二千石理冤狱，录轻系；祷五岳四渎，及名山能兴云致雨者，冀蒙不崇朝遍雨天下之报。务加肃敬焉。"②

　　从汉明帝、汉章帝的诏书中可以看出，在致祭山川祈雨时，五岳四渎的地位已经高于其他名山川，并已经从泛泛的名山川中脱离出来，作为一个独立的祭祀对象接受祭祀。

　　而当东汉皇帝患病严重时，也会派遣朝廷重臣向五岳四渎祈祷。《后汉书》记载："不豫，太医令丞将医入，就进所宜药。尝药监、近臣中常侍、小黄门皆先尝药，过量十二。公卿朝臣问起居无间。太尉告请南郊，司徒、司空告请宗庙，告五岳、四渎、群祀，并祷求福。疾病，公卿复如礼。"③可以说，东汉时，五岳四渎所在地太守致祭是常规制度，但在一些特殊情况下，也会由其他身份的大臣进行祭祀。

　　郊祀在中国古代国家仪礼中处于中心位置，汉成帝建始元年（前32），接受丞相匡衡、御史大夫张谭等人建议，"作长安南北郊"，对以前的官方祭天仪式进行整理，意味着重新调整天地秩序。这次调整后的祭祀制度大致有两个特点：一是将众神请至南北郊受祀，由此建立某种"万神殿"，由天子直接祭祀；二是根据"应礼"与否标准，整顿地方神祠，废除基于巫教所建立的神祠。郊祀制度建立后，五岳除了在地方上由地方官代表皇帝进行祭祀外，同时还在郊祀礼中作为陪祀神，享受国家祭祀。

　　西汉末年，王莽控制朝政，他依据《周礼》对祭祀制度反复改动，"三十余

　　① 《后汉书》卷二，第1册，第123页。
　　② 《后汉书》卷三，第1册，第139页。
　　③ 《后汉书》志六，第11册，第3141页。

年间，天地之祠五徙焉"①。

东汉郊祀制度是在继承西汉与王莽郊祀制度的基础上进一步发展定型的，体现在祭祀场所的定型、规范化以及神灵的系统化、祭祀活动的规范化。②东汉光武帝建武二年（26）正月，"初制郊兆于雒阳城南七里，依鄗。采元始中故事"，其制度规定：

> 为圆坛八陛，中又为重坛，天地位其上，皆南乡，西上。其外坛上为五帝位。青帝位在甲寅之地，赤帝位在丙巳之地，黄帝位在丁未之地，白帝位在庚申之地，黑帝位在壬亥之地。其外为壝，重营皆紫，以像紫宫；有四通道以为门。日月在中营内南道，日在东，月在西，北斗在北道之西，皆别位，不在群神列中。八陛，陛五十八醊，合四百六十四醊。五帝陛郭，帝七十二醊，合三百六十五醊。中营四门，门五十四神，合二百一十六神。外营四门，门百八神，合四百三十二神。皆背营内向。中营四门，门封神四，外营四门，门封神四，合三十二神。凡千五百一十四神。营即壝也。封，封土筑也。背中营神，五星也，及中官宿五官神及五岳之属也。背外营神，二十八宿外官星，雷公、先农、风伯、雨师、四海、四渎、名山、大川之属也。③

从这段记载可以看出，光武帝仿照元始年间（公元1—6）郊坛模式营建郊兆，确立了以天地为中心，五帝、日月星辰、山川、风雨雷电、四时及各种杂神等按照不同等级环绕从祀的新国家祭祀范围，通过帝王的指令，对天地宇宙模式进行重新构建，其中五岳作为山川代表列入"背中营"从祀，地位高于列入"背外营"的"四海、四渎、名山、大川之属"。

东汉的北郊"在雒阳城北七里，为方坛四陛"。光武帝建武中元二年（57），举行北郊祭祀：

---

① 《汉书》卷二五下，第4册，第1266页。
② 杨英：《东汉郊祀考》，《天津师范大学学报（社会科学版）》2000年第4期。
③ 《后汉书》志七，第11册，第3159—3160页。

别祀地祇，位南面西上，高皇后配，西面北上，皆在坛上，地理群神从食，皆在坛下，如元始中故事。中岳在未，四岳各在其方孟辰之地，中营内。海在东；西渎河西，济北，淮东，江南；他山川各如其方，皆在外营内。四陛醊及中外营门封神如南郊。地祇、高后用犊各一头，五岳共牛一头，海、四渎共牛一头，群神共二头。奏乐亦如南郊。既送神，瘗俎实于坛北。①

从以上布局可以看出，东汉北郊诸神分三个层级，第一层级是坛内主祭对象皇地祇，以高后配享；第二层级是从祀地祇五岳，在内营按照诸岳方位布局，其中中岳因不属于四方又不能进入中央坛场，故在内营西南；第三等级是海、四渎以下其他山川。可见，东汉北郊以五岳为从祀地祇之首，其次为四渎。②从形制上看，东汉南郊、北郊除了外形有圆、方区别外，祭祀方式大体相同，五岳以"地理群神"身份从祀坛下中营内，五岳共用一头牛进行祭祀，地位仍然高于在外营中的海、渎诸神。③

从光武帝南郊、北郊的设置可以看出，刘秀一朝的郊祀多依"元始中故事"，即南郊坛祭天，高帝高后祖灵合祀配祭，但无"元始中故事"所设计的二至日的分祀，被后世纳入郊祀制度的内容。此建制的基本格局为后世长期沿用。这一切揭示出刘秀一朝的郊天受儒家礼经思想的支配，承传"大传统"，回归"大传统"。又受图谶、祥瑞思潮的影响，推五运，汉为火德，于南北郊坛祭天以祖配祀，有意无意地将"小传统"揉入郊祀制度。④此后，郊祀中岳渎诸神配祭成为制度，沿袭不改，只是在一些具体形式上日趋完善而已。

东汉郊祀的服饰也有规定，"郊祀之服皆以袀玄……五岳、四渎、山川、宗庙、社稷诸沾秩祠，皆袀玄长冠，五郊各如方色云。百官不执事，各服常冠袀玄以从"⑤。

东汉皇帝除了举行郊祀时从祀五岳，还仿效古人封禅、巡狩泰山，进行祭

① 《后汉书》志八，第11册，第3181页。
② 《五岳祭祀演变考论》，第43页。
③ 杨英：《东汉郊祀考》，《天津师范大学学报（哲学社会科学版）》2000年第4期。
④ 徐迎花：《东汉光武帝时期郊祀制度研究》，《中共福建省委党校学报》2008年第3期。
⑤ 《后汉书》卷三〇，第11册，第3662—3663页。

祀。秦汉时山川祭祀大致有两大特点：一是与帝王巡幸紧密相连，凡帝王出巡经过的名山大川，都将随时随地进行祭祀；二是山川祭祀与求雨活动紧密相连。汉代山川祭祀主要用"燔""瘗""悬""沉"四种方法。①在继承西汉祭祀传统基础上，东汉时期祭祀名山需要在其附近修建祠庙，作为祭祀山岳的场所。②

　　随着秦汉时期祭祀神祇的分层化、等级化，岳渎逐渐固定为中祀，这种祭祀规格也为后世所沿用。如东汉郑众（郑司农）提出"大祀，天地。次祀，日月星辰。小祀，司命已下"。郑玄在其基础上又补充说："大祀又有宗庙，次祀又有社稷、五祀、五岳，小祀又有司中、风师、雨师、山川、百物。"③

　　通观秦汉时期的东岳祭祀，可以看出经历了祭祀权在中央朝廷与地方之间转手的反复过程，随着国家规定日趋严格化、制度化，东岳的祭祀权被最终收归朝廷手中，特别是汉宣帝时颁布的岳渎祭祀诏令，正式将东岳祭祀制度化地纳入国家祀典中，此后地方官虽然也祭祀东岳泰山，但只是作为国家代理人的身份来执行。④汉武帝时开始创设的郊祀，又将包括东岳泰山在内的岳渎纳入其中，以陪祀的身份享受祭祀。东汉时，随着郊祀的固定化，东岳祭祀逐渐形成了在都城祭祀与在当地祭祀两种主要形式。

二、魏晋南北朝时期的东岳祭祀

　　魏晋南北朝时期，天下四分五裂，战乱不止，政权更迭频繁，在这种情况下，各国一方面无暇顾及礼乐制度的完善与修订，另一方面，各国又都非常重视政权的天命所归，所以都很积极地祭祀岳渎。由于五岳四渎分布在这一时期

---

①　黄留珠：《秦汉祭祀综义》，《西北大学学报（哲学社会科学版）》1984年第4期。

②　张鹤泉：《汉碑中所见东汉时期的山岳祭祀》，《河北学刊》2011年第1期。

③　〔汉〕郑玄注，〔唐〕贾公彦疏：《周礼注疏》卷一九，北京：北京大学出版社点校本，1999，第499页。

④　牛敬飞提出一种推论，在初次面临大一统局面下，秦汉皇帝积极将包括五岳在内的名山大川的祭祀权收归中央，由中央太常官员统一管理，但在举行山川祭祀时，朝廷要频频派出使者奔赴山川所在，使得山川祭祀权的集中实际上成为中央礼制部门的重大负担，于是朝廷又开始将祭祀之责推向地方。这种转变可能是朝廷在儒家经典的启发下，以太守比"诸侯"，来调和实现"礼从其省"，当然这一调和的前提，必须承认只有皇帝才拥有祭祀五岳之权。《五岳祭祀演变考论》，第38页。

的不同国家，派遣官员到岳渎所在地就祭的方式根本不现实，于是北魏君主在桑乾河畔设立五岳四渎庙，对岳渎集中进行望祭，这一简便实用的做法也为隋唐、宋代帝王所沿用。这一时期，岳渎除了在郊祀中作为配祀接受祭祀外，还在蜡祭中作为配祭。这些祭祀方式也为后世所沿用。

魏晋南北朝是中国历史上又一个大分裂时期，这一时期战争频仍，政权林立且更迭频繁。很多国家迫于内忧外患，无暇顾及礼制方面的建设，祭祀礼仪难以完全举行。

公元220年，曹操去世，其子曹丕代汉称帝，改元黄初，建立魏政权。曹魏诸帝对祭祀五岳四渎非常重视。黄初二年（221）六月庚子，"初礼五岳四渎，咸秩群祀，瘗沈珪璋。六年七月，帝以舟军入淮。九月壬戌，遣使者沉璧于淮，礼也。魏明帝太和四年八月，帝东巡，遣使者以特牛祠中岳。魏元帝咸熙元年，帝行幸长安，使使者以璧币礼华山，礼也"[1]。此时天下尚处于魏、蜀、吴三国鼎立状态，南岳不在其境内，曹魏根本不可能前往所有岳渎所在地进行祭奠，所谓"礼五岳四渎"，自然只能采取望祭形式。

可能是鉴于东汉末年天下纷争导致的祭祀不受重视。黄初五年（224）十二月，魏文帝曹丕下诏对祭祀进行了一番整理，剔除了一些不符合礼制的神祇："先王制礼，所以昭孝事祖，大则郊社，其次宗庙，三辰五行，名山大川，非此族也，不在祀典。"[2]但作为国家祭祀重要礼制的郊祀礼在曹魏并未贯穿始终。魏明帝太和元年（227）正月，"郊祀武帝以配天，宗祀文帝于明堂以配上帝。于是时，二汉郊禋之制具存，魏所损益可知"。"自正始以后，终魏世不复郊祀。"[3]郊祀礼的不复举行，作为陪祀对象的岳渎祭祀自然也不复在都城举行。事实上，曹魏对岳渎更多是单独祭祀。

公元265年，魏元帝曹奂禅位于晋王司马炎，西晋建立。称帝伊始，晋武帝司马炎便急于整顿礼制，以彰显新王朝的气象。泰始元年（265）十二月，诏：

---

① 〔南朝梁〕沈约：《宋书》卷一七，北京：中华书局点校本，1974，第2册，第482页。

② 〔晋〕陈寿撰，陈乃乾校点：《三国志》卷二，北京：中华书局点校本，1964，第1册，第84页。

③ 〔唐〕房玄龄等：《晋书》卷一九，北京：中华书局点校本，1974，第3册，第582—583页。

　　　　昔圣帝明王修五岳四渎，名山川泽，各有定制，所以报阴阳之功故
　　　也。然以道莅天下者，其鬼不神，其神不伤人，故祝史荐而无愧辞，是以
　　　其人敬慎幽冥而淫祀不作。末世信道不笃，僭礼渎神，纵欲祈请，曾不敬
　　　而远之，徒偷以求幸，祅妄相煽，舍正为邪，故魏朝疾之。其案旧礼具为
　　　之制，使功著于人者必有其报，而祅淫之鬼不乱其间。①

　　泰始二年（266）正月，"有司奏春分祠厉殃及禳祠，诏曰：'不在祀典，除
之。'"②表明西晋是继承了曹魏的岳渎祭祀制度，同时强调神祇载在祀典的重
要性。在郊祀问题上，晋武帝司马炎逐渐向礼经回归，有意识地传承"大传
统"，逐渐剔除"小传统"的影响。③

　　西晋立国仅数十年，便经历"八王之乱"、永嘉之乱而亡，宗室司马睿渡
江建立东晋，是为晋元帝（318—323年在位），此后北方陷入各民族政权混战
的局面。东晋时，南北郊祀大礼由于种种原因迟迟未能举行。晋元帝"太兴二
年（319）始议立郊祀仪"，因地制宜，"立南郊于巳地。其制度皆太常贺循所
定，多依汉及晋初之仪。三月辛卯，帝亲郊祀，飨配之礼一依武帝始郊故事。
是时尚未立北坛，地祇众神共在天郊"④。这表明东晋草创，祭祀礼仪未能完全
恢复，采取南北郊合祭的简单方式。不仅朝廷祭祀之典或停或缺，望祭岳渎也
失于举行。

　　晋明帝太宁二年（324）七月，王敦之乱平。次年七月，下诏："郊祀天地，
帝王之重事。自中兴以来，惟南郊，未曾北郊，四时五郊之礼都不复设，五岳、
四渎、名山、大川载在祀典应望秩者，悉废而未举。主者其依旧详处。"⑤当时
东晋士族专政，皇权旁落，晋明帝趁平定王敦之乱，想通过恢复传统国家祀典
来维护皇权的至高无上。"诏立北郊"，却由于晋明帝于当年闰八月去世而"未
及建"，⑥想必五岳四渎等"载在祀典应望秩者"，仍然"悉废而未举"。直到晋

---

　　① 《晋书》卷一九，第3册，第600—601页。
　　② 《晋书》卷一九，第3册，第601页。
　　③ 徐迎花：《西晋郊祀制度研究》，《福建师范大学学报（哲学社会科学版）》2008年第3期。
　　④ 《晋书》卷一九，第3册，第584页。
　　⑤ 《晋书》卷六，第1册，第164页。
　　⑥ 《晋书》卷一九，第3册，第584页。

成帝咸和八年（333）正月，才"追述前旨，于覆舟山南立之。天郊则五帝之佐、日月、五星、二十八宿、文昌、北斗、三台、司命、轩辕、后土、太一、天一、太微、句陈、北极、雨师、雷电、司空、风伯、老人，凡六十二神也。地郊则五岳、四望、四海、四渎、五湖、五帝之佐、沂山、岳山、白山、霍山、医无闾山、蒋山、松江、会稽山、钱唐江、先农，凡四十四神也。江南诸小山，盖江左所立，犹如汉西京关中小水皆有祭秩也。是月辛未，祀北郊，始以宣穆张皇后配，此魏氏故事，非晋旧也"①。至于郊祀时所用牲币，"郊庙牲币璧玉之色，虽有成文，秦世多以骊驹，汉则但云犊，未辩其色。江左南北郊同用玄牲，明堂庙社同以赤牲"②。至此，晋朝恢复了北郊祭祀，五岳四渎也得以第一位的身份从祀。

东晋偏安一隅，五岳四渎并不完全在其境内，就祭显然并不现实，于是有人考虑变通的方式。东晋穆帝升平（357—361）年间，大臣何琦上书讨论修五岳祠：

> 唐、虞之制，天子五载一巡狩，省时之方，柴燎五岳，望于山川，遍于群神。故曰"因名山升中于天"。所以昭告神祇，飨报功德。是以灾厉不作，而风雨寒暑以时。降逮三代，年数虽殊，而其礼不易。五岳视三公，四渎视诸侯，著在经记，所谓有其举之，莫敢废也。及秦、汉都西京，泾、渭长水，虽不在祀典，以近咸阳，故尽得比大川之祠。而正立之祀，可以阙哉！自永嘉之乱，神州倾覆，兹事替矣。唯灊之天柱，在王略之内，旧台选百石吏卒，以奉其职。中兴之际，未有官守，庐江郡常遣大吏兼假，四时祷赛，春释寒而冬请冰。咸和迄今，已复堕替。计今非典之祠，可谓非一。考其正名，则淫昏之鬼；推其糜费，则四人之蠹。而山川大神，更为简阙，礼俗颓紊，人神杂扰，公私奔骛，渐以滋繁。良由顷国家多难，日不暇给，草建废滞，事有未遑。今元憝已殄，宜修旧典。岳渎之域，风教所被，来苏之人，咸蒙德泽，而神祇禋祀，未之或甄，巡狩柴燎，其废尚矣。崇明前典，将俟皇舆北旋，稽古宪章，

---

① 《晋书》卷一九，第3册，第584—585页。
② 《晋书》卷一九，第3册，第586页。

大厘制度。其五岳、四渎宜遵修之处，但俎豆牲牢，祝嘏文辞，旧章靡记。可令礼官作式，归诸诚简，以达明德馨香，如斯而已。其诸妖孽，可俱依法令，先去其甚。俾邪正不渎。①

从何琦上书中可以看出，永嘉之乱后，时局动荡，晋政府已经无暇顾及五岳祭祀，南岳潜山因在东晋境内，"旧台选百石吏卒，以奉其职"，官方祭祀得以维持。后来"未有官守，庐江郡常遣大吏兼假，四时祷赛，春释寒而冬请冰"。晋成帝咸和（326—334）后，"已复堕替"，东晋五岳官方祭祀完全废弛。不知何故，晋穆帝对何琦的上书"不见省"，这项提议遭到冷遇。

南北朝时，由于五岳中的四岳都在北方，因此，南方统治者格外重视其境内的南岳。西汉武帝时视霍山（亦称潜山、天柱山）为南岳，此一看法为南朝沿用。刘宋孝武帝大明七年（463）六月丙辰，有司奏："诏奠祭霍山，未审应奉使何官？用何牲馔？进奠之日，又用何器？"殿中郎丘景先建议："修祀川岳，道光列代；差秩珪璋，义昭联册。但业旷中叶，仪漏典文。寻姬典事继宗伯，汉载持节侍祠，血祭埋沉，经垂明范，酒脯牢具，悉有详例。又名山著珪币之异，大冢有尝禾之加。山海祠霍山，以太牢告玉，此准酌记传，其可言者也。今皇风缅畅，辉祀通岳，愚谓宜使以太常持节，牲以太牢之具，羞用酒脯时谷，礼以赤璋缥币。又鬯人之职，'凡山川四方用蜃'，则盛酒当以蠡杯，其余器用，无所取说。按郊望山渎，以质表诚，器尚陶匏，籍以茅席，近可依准。山川以兆，宜为坛域。"最后"参议景先议为允。令以兼太常持节奉使，牲用太牢，加以璋币，器用陶匏，时不复用蜃，宜同郊祀，以爵献。凡肴馔种数，一依社祭为允"②。

梁武帝（502—549年在位）时，对国家礼制进行了一番规范。"梁武始命群儒，裁成大典。吉礼则明山宾，凶礼则严植之，军礼则陆琏，宾礼则贺玚，嘉礼则司马褧。帝又命沈约、周舍、徐勉、何佟之等，咸在参详。"③关于五岳四渎的祭祀，根据《通典》记载："梁令郡国有五岳者，置宰祀三人，及有四渎若

① 《宋书》卷一七，第2册，第482—483页。
② 《宋书》卷一七，第2册，第483—484页。
③ 〔唐〕魏征等：《隋书》卷六，北京：中华书局点校本，1973，第1册，第107页。

海应祀者，皆以孟春仲冬祀之。"①表明梁朝在地方上安排专人负责五岳的祭祀。值得注意的是，汉代时东岳祭祀一般是每年一祷三祠，此时梁朝的规定，则只有两祠（孟春、仲冬），这种转变或许受到当时地方祠祀风俗的影响。②

梁朝南北郊祭祀南郊为圆坛。"其外再壝，四门。常与北郊间岁。正月上辛行事，用一特牛，祀天皇上帝之神于其上，以皇考太祖文帝配。礼以苍璧制币。五方上帝、五官之神、太一、天一、日、月、五星、二十八宿、太微、轩辕、文昌、北斗、三台、老人、风伯、司空、雷电、雨师，皆从祀。其二十八宿及雨师等座有坎，五帝亦如之，余皆平地。器以陶匏，席用稿秸。太史设柴坛于丙地。皇帝斋于万寿殿，乘玉辂，备大驾以行礼。礼毕，变服通天冠而还。""为方坛于北郊。""四面各有陛。其外为壝再重。与南郊间岁。正月上辛，以一特牛，祀后地之神于其上，以德后配。礼以黄琮制币。五官之神、先农、五岳、沂山、岳山、白石山、霍山、无闾山、蒋山、四海、四渎、松江、会稽江、钱塘江、四望，皆从祀。太史设埋坎于壬地焉。"③根据陈戍国总结，梁朝郊祀，南郊祭天，以皇考配；北郊祭地，以德后配，所从祀者各议其类。南北郊各有坛，坛制有区别。与东晋北郊相比，梁朝北郊祭祀中五岳从祀的地位有所下降，由从祀第一位降为从祀第三位。

虽然五岳在北郊从祀中地位比东晋有所下降，但并不影响梁朝对五岳四渎祭祀的重视，表现之一是北郊祭祀中既有五岳四渎的座次，还有四望的座次，这是否重复设置，在朝堂上引起了大臣们的一番争论。

梁武帝天监六年（507），议者以为北郊有岳镇海渎之座，而又有四望之座，疑为烦重。仪曹郎朱异议曰："望是不即之名，岂容局于星海，拘于岳渎？"明山宾曰："《舜典》云'望于山川'。《春秋传》曰'江、汉、沮、漳，楚之望也'。而今北郊设岳镇海渎，又立四望，窃谓烦黩，宜省。"徐勉曰："岳渎是山川之宗。至于望祀之义，不止于岳渎也。若省四望，于义为非。"议久不能决。④天监十一年（512），梁武帝曰："四望之祀，顷来遂绝。宜更议复。"朱异

①　〔唐〕杜佑：《通典》卷四六，北京：中华书局点校本，1988，第1282页。
②　《五岳祭祀演变考论》，第92—94页。
③　《隋书》卷六，第1册，第108页。
④　《隋书》卷六，第1册，第109—110页。

称："郑众云：'四望谓日月星海。'郑玄云：'谓五岳四镇四渎。'寻二郑之说，互有不同。窃以望是不即之名，凡厥遥祭，皆有斯目。岂容局于星汉，拘于海渎？请命司天，有关水旱之义，爰有四海名山大川，能兴云致雨，一皆备祭。"梁武帝从之。[①]天监十六年（517），"有事北郊，帝复下其议。于是八座奏省四望、松江、浙江、五湖等座。其钟山、白石，既土地所在，并留如故"[②]。

"四望"的解释历来颇有争议，其中一种说法即指岳镇海渎，梁朝对于"四望"是否应该在北郊之祭中保留配祭位置存在争议，主要原因也在此。从天监六年（507）提出异议，到天监十一年（512）保留"四望"配祭，最终天监十六年（517）取消了北郊中"四望"之座，十年间的反复讨论过程，表面上是由于先贤礼制解说矛盾所致，更重要的是人们对如何整齐天地宇宙秩序之争论。

雩祀是中国古代传统礼制规定的祈雨方法。《礼记》云："命有司为民祈祀山川百源。大雩帝，用盛乐。"[③]南朝梁采取行"七事"祈雨法，"天子又降法服。七日，乃祈社稷；七日，乃祈山林川泽常兴云雨者；七日，乃祈群庙之主于太庙；七日，乃祈古来百辟卿士有益于人者；七日，乃大雩，祈上帝，遍祈所有事者。大雩礼，立圆坛于南郊之左，高及轮广四丈，周十二丈，四陛。牲用黄牯牛一。祈五天帝及五人帝于其上，各依其方，以太祖配，位于青帝之南，五官配食于下。七日乃去乐。又遍祈社稷山林川泽，就故地处大雩"[④]。作为能够致风雨的五岳四渎，无疑属于朝廷祈雨的范畴之中。

与南朝政权相同，北朝政权郊祀时，岳渎同样陪祀。北魏道武帝天兴二年（399）正月，"帝亲祀上帝于南郊，以始祖神元皇帝配。为坛通四陛，为壝埒三重。天位在其上，南面，神元西面。五精帝在坛内，壝内四帝，各于其方，一帝在未。日月五星、二十八宿、天一、太一、北斗、司中、司命、司禄、司民在中壝内，各因其方。其余从食者合一千余神，馂在外壝内。藉用藁秸，玉用四珪，币用束帛，牲用黝犊，器用陶匏。上帝、神元用犊各一，五方帝共用犊一，日月等共用牛一。祭毕，燎牲体左于坛南巳地，从阳之义。其瘗地坛兆，

---

① 《隋书》卷七，第1册，第126—127页。
② 《隋书》卷六，第1册，第110页。
③ 《礼记正义》卷一六，第501页。
④ 《隋书》卷七，第1册，第125页。

制同南郊。明年正月辛酉，郊天。癸亥，瘗地于北郊，以神元窦皇后配。五岳名山在中壝内，四渎大川于外壝内。后土、神元后，牲共用玄牡一，玉用两珪，币用束帛，五岳等用牛一。祭毕，瘗牲体右于坛之北亥地，从阴也。乙丑，赦京师畿内五岁刑以下。其后，冬至祭上帝于圆丘，夏至祭地于方泽，用牲币之属，与二郊同"①。

从以上史料可以看出，北魏北郊坛制与南郊相同，有四陛三壝。汉代郊祀时，岳渎从祀于外壝，北魏则将五岳四渎分开，五岳位于中壝，四渎位于外壝，这表明五岳地位高于四渎。不过此时除北岳恒山外，泰山等其他四岳并不在北魏境内，所以郊祀中的五岳从祀，只是延续传统的郊祀礼制，同时也表明北魏统治者认同中原王朝的五岳观念。

除了郊祀中五岳从祀外，北魏还采取集中祭祀岳渎的方式，与南方的东晋争夺政权合法性与文化正统性。明元帝泰常三年（418），"立五岳四渎庙于桑乾水之阴，春秋遣有司祭，有牲及币。四渎唯以牲牢，准古望秩云。其余山川及海若诸神在州郡者，合三百二十四所，每岁十月，遣祀官诣州镇遍祀。有水旱灾厉，则牧守各随其界内祈谒，其祭皆用牲。王畿内诸山川，皆列祀次祭，若有水旱则祷之"②。

由于五岳四渎尚未完全纳入统治之下，北魏采取望祭的方式，在桑乾水的南面设立五岳四渎庙，一年春秋两次派遣官员，用牲和币集中祭祀岳渎，表明了其对岳渎的高度重视。而将五岳四渎集中修庙合祭的方式，也给后世类似祭祀方式开了先河。一年两祠的做法，无疑与南朝的做法相同，反映了这一时期东岳祭祀已经由每年一祷三祠转变为春秋二祭。

太武帝延续了对岳渎的重视。太延元年（435），"立庙于恒岳、华岳、嵩岳上，各置侍祀九十人，岁时祈祷水旱。其春秋泮涸，遣官率刺史祭以牲牢，有玉币"③。这表明北岳恒山、西岳华山、中岳嵩山不仅建有庙宇，还有朝廷设置的九十人"侍祀"，负责"岁时祈祷水旱"。此外，每年"春秋泮涸"，朝廷还

---

　　① 〔北齐〕魏收：《魏书》卷一〇八，北京：中华书局点校本，1974，第8册，第2734—2735页。

　　② 《魏书》卷一〇八，第8册，第2737页。

　　③ 《魏书》卷一〇八，第8册，第2738页。

专门派遣官员率领当地刺史，采用太牢与玉币进行祭祀。466年，北魏取得泰山郡，泰山被纳入其统治之下，祭祀方式应该与其他三岳一样。

北魏除了修建五岳四渎庙集中望祭，对在其境内的西岳华山、中岳嵩山、北岳恒山，包括后来纳入其版图的东岳泰山分别建庙，在当地祭祀外，好几位皇帝还频繁出巡，出巡途中，祭祀所经过的名山大川、神祠，对东岳泰山、北岳恒山、中岳嵩山、西岳华山，均采用太牢祭祀，表现出高度的重视。明元帝泰常四年（419），"辛未，幸代，至雁门关，望祀恒岳。后二年九月，幸桥山，遣有司祀黄帝、唐尧庙。明年正月，南巡恒岳，祀以太牢。幸洛阳，遣使以太牢祀嵩高、华岳。还登太行。五月，至自洛阳，诸所过山川，群祀之"①。太武帝太平真君十一年（450）十一月，"世祖南征，迳恒山，祀以太牢。浮河、济，祀以少牢。过岱宗，祀以太牢"②。文成帝兴安二年（453）正月，"遣有司诣华岳修庙立碑"。"和平元年正月，帝东巡。历桥山，祀黄帝；幸辽西，望祀医无闾山。遂缘海西南，幸冀州，北至中山，过恒岳，礼其神而返。明年，帝南巡，过石门，遣使者用玉璧牲牢，礼恒岳。"③

献文帝皇兴二年（468），"以青徐既平，遣中书令兼太常高允奉玉币祀于东岳，以太牢祀孔子"④。因为泰山之前一直在东晋控制中，北魏只能采取望祭形式，所以在泰山纳入其版图后，献文帝特意派遣朝廷高官祭祀东岳，其祝文称：

> 维皇兴二年，敢昭告于岱宗之灵：正趾坤元，作镇东夏，齐二仪以永固，崇至德以配天，故能资元气以造物，协阴阳而变化。若其岩岭峭峙，川谷幽深，神怪谲诡，倏忽百灵，吐纳风云，育成万品，摄生之所归焉，祯祥之所萃焉。是以历代帝王之崇，封禅铭功，以告其成，七十二君，咸在兹焉。自非功侔造化，应同自然，孰能若此者哉？自我国家，肃恭禋祀，怀柔百神，邦域之内，罔不咸秩。往以天路未夷，虽望祭有在；今大化既同，奄有淮岱。谨荐于岳宗之灵，尚飨！⑤

---

① 《魏书》卷一〇八，第8册，第2737—2738页。
② 《魏书》卷一〇八，第8册，第2739页。
③ 《魏书》卷一〇八，第8册，第2739页。
④ 《魏书》卷一〇八，第8册，第2739页。
⑤ 〔唐〕徐坚等著：《初学记》卷五，北京：中华书局排印本，1962，第1册，第96页。

这篇祝文首先高度赞美了东岳的重要性与神性：配天坐镇、滋生万物、协调阴阳、祯祥荟萃，这些说法几乎囊括了东岳泰山的全部特色。祝文接着指出北魏对泰山由以往的望祭改成就祭，表面上强调了对于东岳祭祀的重视，实则昭示了国家的正统性与强烈的领土意识。

太和十九年（495），孝文帝南征萧齐，四月己未，"行幸瑕丘，遣使以太牢祠岱岳"①。祝文中再次肯定了东岳的灵性："四流含灵，五岳苞祇；并兼万象，出纳望义。岱宗穹崇，梁甫盘崛；青邱碕巘，春阯郁律。肇生庶类，启光品物；上敷神工，下融灵秩。载协化文，四气以溢；百王镌成，莫不兹室。"②

东岳官方祭祀传统上用牲、币作为祭品，采用瘗于地的方式。北朝政权最初沿袭了传统祭祀制度，如北魏道武帝天兴三年（400），"瘗地于北郊，以神元窦皇后配。五岳名山在中壝内，四渎大川于外壝内。……五岳等用牛一。祭毕，瘗牲体右于坛之北亥地，从阴也"③。

北魏孝文帝时，用酒脯代替了传统的牺牲作为郊祀祭品。孝文帝延兴二年（472），"有司奏天地五郊、社稷已下及诸神，合一千七十五所，岁用牲七万五千五百。显祖（指献文帝）深愍生命，乃诏曰：'朕承天事神，以育群品，而咸秩处广，用牲甚众。夫神聪明正直，享德与信，何必在牲。《易》曰："东邻杀牛，不如西邻之礿祭，实受其福。"苟诚感有著，虽行潦菜羹，可以致大嘏，何必多杀，然后获祉福哉！其命有司，非郊天地、宗庙、社稷之祀，皆无用牲。'于是群祀悉用酒脯"④。北周时，五岳祭祀又恢复了传统的用牲、币祭祀。蜡祭，"自天帝、人帝、田畯、羽、毛之类，牲币玉帛皆从燎；地祇、邮、表、畷之类，皆从埋"⑤。

天保元年（550）五月，高洋代东魏称帝，建立北齐。六月，"诏分遣使人致祭于五岳四渎，其尧祠舜庙，下及孔父、老君等载于祀典者，咸秩罔遗"⑥。帝王即位一般祭祀天地，表明自己的皇位是受命于天，高洋称帝后特意祭祀五岳

---

① 《魏书》卷七下，第1册，第177页。
② 《初学记》卷五，第1册，第96页。
③ 《魏书》卷一〇八，第8册，第2735页。
④ 《魏书》卷一〇八，第8册，第2740页。
⑤ 《隋书》卷七，第1册，第148页。
⑥ 〔唐〕李百药撰：《北齐书》卷四，北京：中华书局点校本，1972，第1册，第51页。

四渎，说明岳渎此时已经成为证明皇帝即位合法性与正统性的重要象征。当然，高洋此举并非独创，而是有先例。220年十月，魏文帝曹丕代汉称帝。"辛未，魏王登坛受禅，公卿、列侯、诸将、匈奴单于、四夷朝者数万人陪位，燎祭天地、五岳、四渎，曰：'……丕震畏天命，虽休勿休。群公庶尹六事之人，外及将士，泊于蛮夷君长，佥曰："天命不可以辞拒，神器不可以久旷，群臣不可以无主，万几不可以无统。"丕祗承皇象，敢不钦承。卜之守龟，兆有大横，筮之三易，兆有革兆，谨择元日，与群寮登坛受帝玺绶，告类于尔大神；唯尔有神，尚飨永吉，兆民之望，祚于有魏世享。'"①很显然，曹丕受禅后祭祀天地、五岳四渎，向它们寻求对自己称帝的支持，并期待得到它们的庇佑。

北齐有圆丘方泽之制，"并三年一祭，谓之禘祀"。"方泽为坛在国北郊。""以黄琮束帛，夏至之日，禘昆仑皇地祇于其上，以武明皇后配。其神州之神、社稷、岱岳、沂镇、会稽镇、云云山、亭亭山、蒙山、羽山、峄山、崧岳、霍岳、衡镇、荆山、内方山、大别山、敷浅原山、桐柏山、陪尾山、华岳、太岳镇、积石山、龙门山、江山、岐山、荆山、嶓冢山、壶口山、雷首山、底柱山、析城山、王屋山、西倾朱圉山、鸟鼠同穴山、熊耳山、敦物山、蔡蒙山、梁山、岷山、武功山、太白山、恒岳，医无闾山镇、阴山、白登山、碣石山、太行山、狼山、封龙山、漳山、宣务山、阏山、方山、苟山、狭龙山、淮水、东海、泗水、沂水、淄水、潍水、江水、南海、汉水、谷水、洛水、伊水、漾水、沔水、河水、西海、黑水、涝水、渭水、泾水、酆水、济水、北海、松水、京水、桑乾水、漳水、呼沱水、卫水、洹水、延水，并从祀。"②可见，泰山排在神州、社稷之后，但排在其他名山岳之前，地位仍然是山岳中最高的。

北齐以"孟夏龙见而雩，祭太微五精帝于夏郊之东"。又"祈祷者有九焉：一曰雩，二曰南郊，三曰尧庙，四曰孔、颜庙，五曰社稷，六曰五岳，七曰四渎，八曰滏口，九曰豹祠。水旱疠疫，皆有事焉。无牲，皆以酒脯枣栗之馔"。祈祷方式："五岳，遣使祈于岳所。四渎如祈五岳。"③可见，北齐祭祀五岳时沿用了北魏用酒脯的规定。

---

① 《三国志》卷二，第1册，第75页。
② 《隋书》卷六，第1册，第114—115页。
③ 《隋书》卷七，第1册，第127页。

北齐专门设置了负责五岳四渎祭祀的官署。太常下辖太庙署，而太庙署"兼领郊祠、崇虚二局丞"，其中崇虚"掌五岳四渎神祀，在京及诸州道士簿帐等事"。①

除了郊祀中岳渎作为配祀，在其他一些官方祀典中，岳渎也经常以配祀身份出现。北周五郊坛，"其崇及去国，如其行之数。其广皆四丈，其方俱百二十步。内壝皆半之。祭配皆同后齐。星辰、七宿、岳镇、海渎、山林、川泽、丘陵、坟衍，亦各于其方配郊而祀之。其星辰为坛，崇五尺，方二丈。岳镇为坎，方二丈，深二尺。山林已下，亦为坎。坛，崇三尺，坎深一尺，俱方一丈。其仪颇同南郊。冢宰亚献，宗伯终献，礼毕"②。

蜡祭乃是祭祀百神之仪，北周蜡祭，"常以十一月，祭神农氏、伊耆氏、后稷氏、田畯、鳞、羽、裸、毛、介、水、墉、坊、邮、表、畷、兽、猫之神于五郊。五方上帝、地祇、五星、列宿、苍龙、朱雀、白兽、玄武、五人帝、五官之神、岳镇海渎、山林川泽、丘陵坟衍原隰，各分其方，合祭之。日月，五方皆祭之。上帝、地祇、神农、伊耆、人帝于坛上，南郊则以神农，既蜡，无其祀。三辰七宿则为小坛于其侧，岳镇海渎、山林川泽、丘陵坟衍原隰，则各为坎，余则于平地。皇帝初献上帝、地祇、神农、伊耆及人帝，冢宰亚献，宗伯终献。上大夫献三辰、五官、后稷、田畯、岳镇海渎，中大夫献七宿、山林川泽已下。自天帝、人帝、田畯、羽毛之类，牲币玉帛皆从燎；地祇、邮、表、畷之类，皆从埋。祭毕，皇帝如南郊便殿致斋，明日乃蜡祭于南郊，如东郊仪。祭讫，又如黄郊便殿致斋，明日乃祭。祭讫，又如西郊便殿，明日乃祭。祭讫，又如北郊便殿，明日蜡祭讫，还宫。隋初因周制，定令亦以孟冬下亥蜡百神，腊宗庙，祭社稷。其方不熟，则阙其方之蜡焉"③。可见，在北周蜡祭中，岳渎已经被列入祭祀对象，而且岳渎祭品恢复了传统的牲币玉帛之类。

总之，魏晋南北朝时，由于天下处于分裂状态，五岳四渎分处于不同国家，所以，望祭成为这一时期各国五岳祭祀的主要方式。

---

① 《隋书》卷二七，第3册，第755页。
② 《隋书》卷七，第1册，第130页。
③ 《隋书》卷七，第1册，第148页。

第三节 隋唐五代时期的东岳祭祀

隋朝统一全国后，对礼制进行了一番整顿，将官方祭祀划分等级，分为大中小祀，岳渎被列入中祀，此后岳渎一直作为中祀接受朝廷祭祀。隋朝为岳渎神建庙，并塑像。五岳庙各设庙令，负责祭祀等事务。这些政策均为后来的唐朝所沿用。与隋朝相比，唐代更加重视岳渎的祭祀，它提高了岳庙令的品级。唐朝皇帝崇奉道教，泰山祭祀中增加了道教的内容，比如投龙简，为五岳设置真君观等，使得东岳与道教的联系更加紧密。另外，唐朝还举行封禅，并加封五岳神为王，其中东岳神被封为天齐王，这开启了后世加封岳神的先河。五代时期，虽然政权更迭频繁，但五代诸国均重视岳渎的祭祀，并努力延续前代的礼制。这一时期岳渎继续受到朝廷重视外，东岳神的子女开始受到朝廷的重视，表现之一就是东岳神之子"泰山三郎"正式得到朝廷的封号，这也为后世加封东岳家族开启了先河。

一、隋朝东岳祭祀

隋朝建立后，吸收南北方礼制，积极进行改革，将官方祭祀神祇进行等级划分，其中东岳属于中祀，这一祭祀规格也为后世王朝所沿用。作为与王朝国运密切相关的岳渎，隋朝君主非常重视岳渎祭祀，时常拜祭。此前东岳祭祀时间曾经有所变化，从每年一祷三祠到春秋二祭，隋朝时改成每年五郊迎气日祭祀岳渎。隋朝还延续前代做法，在郊祀、蜡祭等祭祀中让岳渎作为配祀接受祭祀。隋朝时岳渎已经建庙供人祭祀，朝廷很重视祠庙的管理，设立庙令以供祠庙日常洒扫，并下令禁止破坏祠庙。隋朝除了重视五岳四渎，还重视四镇四海的祭祀，派人就山海所在地立祠建庙，安排专人负责管理，提高了四镇四海在国家祭祀中的地位。

581年，北周静帝禅位大臣杨坚，隋朝建立，所用礼制沿用北周。统一全国后，隋朝开始吸纳南北方礼制，进行改革。[①] "高祖受命，欲新制度。乃命国子祭酒辛彦之议定祀典。为圆丘于国之南，太阳门外道东二里。" "为方丘于宫城之北十四里。其丘再成，成高五尺，下成方十丈，上成方五丈。夏至之日，祭皇地祇于其上，以太祖配。神州、迎州、冀州、戎州、拾州、柱州、营州、咸州、阳州九州山、海、川、林、泽、丘陵、坟衍、原隰，并皆从祀。地祇及配帝在坛上，用黄犊二。神州九州神座于第二等八陛之间：神州东南方，迎州南方，冀州、戎州西南方，拾州西方，柱州西北方，营州北方，咸州东北方，阳州东方，各用方色犊一。九州山海已下，各依方面八陛之间。"[②] 在这种方丘祭祀中，五岳从祀，但"不再采用原来的五岳和其他名山这样惯用的分类原则或者以单个山岳名称出现，而是按其所分布的地理位置加以分类"[③]。

隋朝官方祭祀仪式有大中小祀之分，三祀制度的建立，意味着《周礼》中的祭祀等级观念成为现实，代表了国家对诸多常祀重要程度的制度性认可。[④]

> 凡大祀，斋官皆于其晨集尚书省，受誓戒。散斋四日，致斋三日。祭前一日，昼漏上水五刻，到祀所，沐浴，著明衣，咸不得闻见衰绖哭泣。昊天上帝、五方上帝、日月、皇地祇、神州社稷、宗庙等为大祀，星辰、五祀、四望等为中祀，司中、司命、风师、雨师及诸星、诸山川等为小祀。大祀养牲，在涤九旬，中祀三旬，小祀一旬。其牲方色难备者，听以纯色代。告祈之牲者不养。祭祀牺牲，不得捶扑。其死则埋之。[⑤]

根据上述记载，可知岳渎在隋代属于中祀，这与前代相同，并为以后的唐宋等朝代所遵从。

---

① 陈寅恪：《隋唐制度渊源略论稿》，北京：三联书店，2001，第3—4页。
② 《隋书》卷六，第1册，第116—117页。
③ 朱溢：《汉唐间官方山岳祭祀的变迁——以祭祀场所的考察为中心》，（台湾）《东吴历史学报》2006年第15期。
④ 朱溢：《事邦国之神祇：唐至北宋吉礼变迁研究》，上海：上海古籍出版社，2014，第42页。
⑤ 《隋书》卷六，第1册，第117页。

天下统一后，五岳都纳入隋封疆。隋朝对南北朝时各国不同的五岳祭祀仪制进行整顿，统一规划。第一，开始将五岳纳入国家官僚体制内。第二，开始了镇山之祭。第三，至迟到隋代，五岳四渎神人格化与偶像崇拜已经完成，岳渎庙中已有神像，并为朝廷诏令所保护。

北周时，举行五郊祭祀，五岳因作为从祀之神按照五郊迎气日岁受祭祀。隋朝参酌南朝礼制，对北周五郊从祀之神进行大规模改动，五岳被排除在五郊坛之外，但仍然下令于五时迎气日，遣使就岳渎所在，用太牢进行祭祀。[①] "隋五时迎气。青郊为坛，国东春明门外道北，去宫八里。高八尺。赤郊为坛，国南明德门外道西，去宫十三里，高七尺。黄郊为坛，国南安化门外道西，去宫十二里，高七尺。白郊为坛，国西开远门外道南，去宫八里，高九尺。黑郊为坛，宫北十一里丑地，高六尺。并广四丈。各以四方立日，黄郊以季夏土王日。祀其方之帝，各配以人帝，以太祖武元帝配。五官及星三辰七宿，亦各依其方从祀。其牲依方色，各用犊二，星辰加羊豕各一。其仪同南郊。其岳渎镇海，各依五时迎气日，遣使就其所，祭之以太牢。"[②]

自古以来，山川就被赋予了兴云致雨之功能，隋朝有雩祭，向山川祈雨：

> 隋雩坛，国南十三里启夏门外道左。高一丈，周百二十尺。孟夏之月，龙星见，则雩五方上帝，配以五人帝于上，以太祖武元帝配飨，五官从配于下。牲用犊十，各依方色。京师孟夏后旱，则祈雨，理冤狱失职，存鳏寡孤独，振困乏，掩骼埋胔，省徭役，进贤良，举直言，退佞谄，黜贪残，命有司会男女，恤怨旷。七日，乃祈岳镇海渎及诸山川能兴云雨者；又七日，乃祈社稷及古来百辟卿士有益于人者；又七日，乃祈宗庙及古帝王有神祠者；又七日，乃修雩，祈神州；又七日，仍不雨，复从岳渎已下祈如初典。秋分已后不雩，但祷而已。皆用酒脯。初请后二旬不雨者，即徙市禁屠。皇帝御素服，避正殿，减膳撤乐，或露坐听政。百官断伞扇。令人家造土龙。雨澍，则命有司报。州郡尉祈雨，则理冤狱，存鳏寡孤独，掩骼埋胔，洁斋祈于社。七日，乃祈界内山川能兴雨者，徙市断屠如京师。

---

① 《五岳祭祀演变考论》，第94—97页。
② 《隋书》卷七，第1册，第130页。

祈而澍，亦各有报。霖雨则珣京城诸门，三珣不止，则祈山川岳镇海渎社稷。又不止，则祈宗庙神州。报以太牢。州郡县苦雨，亦各珣其城门，不止则祈界内山川。及祈报，用羊豕。①

从隋朝雩祀内容来看，明显是继承了南朝制度。从朝廷祈祷顺序来看，岳渎及诸山川位置比较靠前。

正因为岳镇海渎在国家祭祀中占有如此重要的地位，因此，隋朝官方十分重视对岳渎神像的保护。隋文帝开皇二十年（600）十二月，诏：

> 佛法深妙，道教虚融，咸降大慈，济度群品，凡在含识，皆蒙覆护。所以雕铸灵相，图写真形，率土瞻仰，用申诚敬。其五岳四镇，节宣云雨，江、河、淮、海，浸润区域，并生养万物，利益兆人，故建庙立祀，以时恭敬。敢有毁坏偷盗佛及天尊像、岳镇海渎神形者，以不道论。②

由诏书可见，隋时所祭祀的岳渎等神已经是人格化的神像，朝廷对待岳渎神像与佛道神像一视同仁，而且这三者是并列的，各不相属。其实在此之前的开皇十四年（594），隋文帝祭祀泰山时，便特意派人为东岳神制造了神像，"将祠泰山，令使者致石像神祠之所"③。

东汉时，朝廷下令五岳当地二千石官员定期祭祀五岳。南朝的梁朝曾经在岳渎各设置宰祝三人负责专门祭祀。北齐时曾经在太常下设置崇虚局负责岳渎祭祀。可以说，各王朝或在中央设部门，或在五岳当地设专人负责岳渎的祭祀，并没有统一规定。隋朝延续了梁朝的做法，在五岳当地设专人负责祭祀。开皇年间，隋文帝下令："五岳各置令，又有吴山令，以供其洒扫。"④其品阶，五岳、四渎、吴山等令为视从八品。隋朝流内视品从视正二品至视从九品分十四等，视从八品为倒数第三等。虽然岳渎诸令品级不高，但比起梁朝的宰

---

① 《隋书》卷七，第1册，第128页。
② 《隋书》卷二，第1册，第45—46页。
③ 《隋书》卷二二，第3册，第621页。
④ 《隋书》卷二八，第3册，第784页。

祝无疑地位高很多，"已不仅仅是一个祭祀山岳神灵的场所，同时也带上了一层官僚机构的色彩。而且在官制上，岳令和吴山令是相当独立的一类，与地方官时有区别的，也不下属于地方政府，这表明了朝廷对山岳崇拜和山岳祭祀的重视"①。

《博物志》记载："五岳视三公，四渎视诸侯，诸侯赏封内名山者，通灵助化，位相亚也。故地动臣叛，名山崩，王道讫，川竭神去，国随已亡。"②将岳渎与国家命运兴衰紧密联系在一起，这种思想也成为历代王朝祭祀岳渎的重要因素。"隋制，诸岳崩渎竭，天子素服，避正寝，撤膳三日。遣使祭崩竭之山川，牲用太牢。""隋制，行幸所过名山大川，则有司致祭。岳渎以太牢，山川以少牢。亲征及巡狩，则类上帝、宜社、造庙，还礼亦如之，将发轫，则軷祭。其礼，有司于国门外委土为山象，设埋坎。有司刳羊，陈俎豆。驾将至，委奠币，荐脯醢，加羊于軷，西首。又奠酒解羊，并馔埋于坎。驾至，太仆祭两轵及轨前，乃饮，授爵，遂轹軷上而行。"③

隋朝山川祭祀的另一个特色是四镇四海地位的提高。隋文帝开皇十四年（594）闰十月，"诏东镇沂山，南镇会稽山，北镇医无闾山，冀州镇霍山，并就山立祠。东海于会稽县界，南海于南海镇南，并近海立祠。及四渎、吴山，并取侧近巫一人，主知洒扫，并命多莳松柏。其霍山，雩祀日遣使就焉。十六年正月，又诏北镇于营州龙山立祠。东镇晋州霍山镇，若修造，并准西镇吴山造神庙"④，正式为四镇四海立祠祭祀。

二、唐五代时期的东岳祭祀

唐朝建立后，在礼制方面既沿用隋朝旧制，又加以修改。唐代国家祀典同样分大中小祀，与隋朝的规定一样，岳渎属于中祀。唐朝五岳四渎庙同样设立庙令，但庙令的级别比隋朝要高，显示出唐朝对岳渎的重视。唐朝帝王信奉道

①　朱溢：《汉唐间官方山岳祭祀的变迁——以祭祀场所的考察为中心》，（台湾）《东吴历史学报》2006年第15期。
②　〔晋〕张华撰，范宁校证：《博物志校证》卷一，北京：中华书局校证本，1980，第11页。
③　《隋书》卷八，第1册，第159—160页。
④　《隋书》卷七，第1册，第140页。

教，作为道教圣地的东岳自然受到君主的青睐。唐朝君主不仅频繁祭祀，还多次举行投龙简仪式。此外，在道士的推动下，唐玄宗时为五岳设置真君祠，使五岳祭祀的道教化程度达到新的高峰。唐代帝王仿效前代举行封禅，还给五岳加封号，封东岳为天齐王。这一为五岳加封号的做法为后世所沿用。五代时期，天下四分五裂，政权更迭频繁，各国君主面对礼制破坏，他们一方面无力全面恢复，一方面又努力维持岳渎祭祀。这一时期，东岳神的儿子泰山三郎得到朝廷加封，这是东岳信仰发展的新情况。

唐朝建国初，"未遑制作，郊庙宴享，悉用隋代旧仪"①，但随着政局稳定，便开始对礼制进行不断修改，唐太宗、唐高宗、唐玄宗诸朝，均对礼制进行过修改。

与隋代相同，唐代官方祀典亦分大中小祀：

> 昊天上帝、五方帝、皇地祇、神州及宗庙为大祀，社稷、日月星辰、先代帝王、岳镇海渎、帝社、先蚕、释奠为中祀，司中、司命、风伯、雨师、诸星、山林川泽之属为小祀。大祀，所司每年预定日奏下。小祀，但移牒所由。若天子不亲祭享，则三公行事；若官缺，则职事三品已上摄三公行事。大祀散斋四日，致斋三日。中祀散斋三日，致斋二日。小祀散斋二日，致斋一日。散斋之日，昼理事如旧，夜宿于家正寝，不得吊丧问疾，不判署刑杀文书，不决罚罪人，不作乐，不预秽恶之事。致斋惟为祀事得行，其余悉断。若大祀，斋官皆于散斋之日，集于尚书省受誓戒，太尉读誓文。致斋之日，三公于尚书省安置；余官各于本司，若皇城内无本司，于太常郊社、太庙署安置。皆日未出前至斋所。至祀前一日，各从斋所昼漏上水五刻向祠所。接神之官，皆沐浴给明衣。若天子亲祠，则于正殿行致斋之礼。文武官服裤褶，陪位于殿庭。车驾及斋官赴祠祭之所，州县及金吾清所行之路，不得见诸凶秽及缞绖者，哭泣之声闻于祭所者权断，讫事依旧。斋官至祠所，太官惟设食。祭讫，依班序馂，讫，均胙，贵者不重，贱者不虚。中祀已下，惟不受誓戒，

_____

① 〔后晋〕刘昫：《旧唐书》卷二一，北京：中华书局点校本，1975，第3册，第816页。

自余皆同大祀之礼。①

与前述隋代的大中小祀内容相比，唐代一些神祇的祭祀规格有所调整，比如隋代的社稷为大祀，唐代降为中祀，但岳渎的地位不变，仍然属于中祀。

唐高祖武德（618—626）初，规定："夏至，祭皇地祇于方丘，亦以景帝配。其坛在宫城之北十四里。坛制再成，下成方十丈，上成五丈。每祀则地祇及配帝设位于坛上，神州及五岳、四镇、四渎、四海、五方、山林、川泽、丘陵、坟衍、原隰，并皆从祀。神州在坛之第二等。五岳已下三十七座，在坛下外壝之内。丘陵等三十座，在壝外。其牲，地祇及配帝用犊二，神州用黝犊一，岳镇已下加羊豕各五。"②五岳作为从祀虽然排在神州之后，但神州在"坛之第二等"，五岳在"坛下外壝之内"，两者位置高下差了很多，反映出唐人对二者重视程度的差异。

唐高宗显庆二年（657），礼部尚书许敬宗上书讨论笾、豆之数："按今光禄式，祭天地、日月、岳镇、海渎、先蚕等，笾、豆各四。祭宗庙，笾、豆各十二。祭社稷、先农等，笾、豆各九。祭风师、雨师，笾、豆各二。寻此式文，事深乖谬。社稷多于天地，似不贵多。风雨少于日月，又不贵少。且先农、先蚕，俱为中祭，或六或四，理不可通。又先农之神，尊于释奠，笾、豆之数，先农乃少，理既差舛，难以因循。谨按《礼记·郊特牲》云：'笾、豆之荐，水土之品，不敢用亵味而贵多品，所以交于神明之义也。'此即祭祀笾、豆，以多为贵。宗庙之数，不可逾郊。今请大祀同为十二，中祀同为十，小祀同为八，释奠准中祀。自余从座，并请依旧式。"诏并可之，遂附于礼令。③作为中祀的岳渎祭祀中笾、豆各为十。

唐玄宗开元二十一年（733），中书令萧嵩"改撰新礼。祀天一岁有四，祀地有二"。"夏至，礼皇地祇于方丘，以高祖配，其从祀神州已下六十八座，同贞观之礼。地祇、配帝，笾、豆如圆丘之数。神州，笾、豆各四，簠、簋俎各

---

①　《旧唐书》卷二一，第3册，第819页。唐代的大中小祀之目，《新唐书·礼乐志一》《旧唐书·礼仪志一》《唐六典》卷四《祠部郎中》、王泾《大唐郊祀录》记载互有差异。具体分析见陈戍国：《中国礼制史·隋唐五代卷》，长沙：湖南教育出版社，1998，第92—93页。

②　《旧唐书》卷二一，第3册，第820页。

③　《旧唐书》卷二一，第3册，第825页。

一。五岳、四镇、四海、四渎、五方、山林、川泽等三十七座，每座笾、豆各二，簋、簠各一。五方五帝、丘陵、坟衍、原隰等三十座，笾、豆、簋、簠、甒、俎各一。"①方丘中的五岳"笾、豆各二"，与唐高宗时期制定的中祀笾、豆同为十的诏令不符，说明在礼皇地祇方丘中，五岳并不是作为中祀对待的。

唐初"季冬寅日，蜡祭百神于南郊。大明、夜明，用犊二，笾、豆各四，簠、簋、甒、俎各一。神农氏及伊耆氏，各用少牢一，笾、豆各四，簠、簋、甒、俎各一。后稷及五方、十二次、五官、五方田畯、五岳、四镇、四海、四渎以下，方别各用少牢一，当方不熟者则阙之。其日祭井泉于川泽之下，用羊一"②。唐太宗贞观十一年（637）冬，蜡祭百神于南郊。"后稷及五方、十二次、五官、五方田畯、五岳、四镇、四海、四渎以下，方别各用少牢一。"③

唐代大雩祈雨在仪式与精神上与前代有着巨大差异，大雩仪式政治性加强，原始巫风荡然无存。④"京师孟夏以后旱，则祈雨，审理冤狱，赈恤穷乏，掩骼埋胔。先祈岳镇、海渎及诸山川能出云雨，皆于北郊望而告之。又祈社稷，又祈宗庙，每七日皆一祈。不雨，还从岳渎。旱甚，则大雩，秋分后不雩。初祈后一旬不雨，即徙市，禁屠杀，断伞扇，造土龙。雨足，则报祀。祈用酒醢，报准常祀，皆有司行事。已齐未祈而雨，及所经祈者，皆报祀。若霖雨不已，禜京城诸门，门别三日，每日一禜。不止，乃祈山川、岳镇、海渎；三日不止，祈社稷、宗庙。其州县，禜城门；不止，祈界内山川及社稷。三禜、一祈，皆准京式，并用酒脯醢。国城门报用少牢，州县城门用一特牲。"⑤"开元十一年。孟夏后旱，则祈雨，审理冤狱，赈恤穷乏，掩骼埋胔。先祈岳镇海渎及诸山川能兴云致雨者，皆于北郊遥祭而告之。又祈社稷，又祈宗庙，每以七日皆一祈。不雨，还从岳渎如初。旱甚，则大雩。秋分后不雩。初祈后一旬不雨，即徙市，禁屠杀，断扇，造大土龙。雨足，则报祀。祈用酒脯醢，报准常祀，皆有司行事。已斋未祈而雨，及所经祈者，皆报祠。至二十年新撰礼，其正雩旱祷，并

① 《旧唐书》卷二一，第3册，第834页。
② 《旧唐书》卷二四，第3册，第911页。
③ 〔唐〕杜佑：《通典》卷四四，北京：中华书局点校本，1988，第2册，第1240页。
④ 雷闻：《祈雨与唐代社会研究》，《国学研究》第八卷（2001年10月）。
⑤ 《旧唐书》卷二四，第3册，第911—912页。

备本仪。"①开元时期北郊祈雨仪式，详见《大唐开元礼》卷六六《时旱祈岳镇于北郊》。

除了对在都城祭祀岳渎加以规范，唐武德、贞观（627—649）年间，对地方岳镇海渎祭祀同样有着明确的制度规定："其五岳、四镇，岁一祭，各以五郊迎气日祭之。东岳岱山于兖州，东镇沂山于沂州，南岳衡山于衡州，南镇会稽于越州，中岳嵩高于河南，西岳华山于华州，西镇吴山于陇州，北岳恒山于定州，北镇医无闾于营州，东海于莱州，淮于唐州，南海于广州，江于益州，西海及河于同州，北海及济于河南。"②"其牲皆用太牢。祀官以当界都督刺史充。"③很显然，唐朝在地方上祭祀岳渎，已经由之前的每年一祷三祠改为每年在五郊迎气日祭祀，由地方长官充任祭祀官，采用太牢祭祀。

泰山上岱岳观造像记碑的南碑东面第三层上刻有贞元十四年（798）十二月任要等祭岳题名并诗：

> 检校尚书、驾部郎中、使持节都督兖州［诸军事、兼兖州刺史、侍御史、充本州］团练使任要，贞元十四年正月十一日立春祭岳，遂登太平顶宿。其年十二月二十一日立春再来致祭，茶宴于兹。同游诗客京兆韦洪，押衙王迁运，乾封县令王怦，尉邵程，岳令元置，造车十将程日升后到续题。④

清人王昶在《金石萃编》中收录了这方题记，并指出："《唐书·礼乐志》五岳四镇岁一祭，各以五郊迎气日祭之，东岳岱山于兖州，此立春日所以有祭岳之举。然此是岁行常典，而留题刻石者，仅见于此。"⑤据前引《新唐书》中

---

① 《通典》卷四三，第2册，第1206页。

② 〔宋〕欧阳修等：《新唐书》卷一五，北京：中华书局点校本，1975，第2册，第380页。《通典》卷一一二《礼七十二·开元礼纂类七·祭五岳四镇四海四渎》，卷一二〇《礼八十·开元礼纂类十五·时旱祈岳镇以下于北郊》《时旱就祈岳镇海渎》《诸州祈诸神》等记载了官方详细的祭祀仪式。

③ 《通典》卷四六，第2册，第1282页。

④ 泰安市文物局编：《泰山石刻大全·岱岳观造像记碑》，济南：齐鲁书社，2006，第1册，第35—36页。按，所补文字据〔清〕王昶：《金石萃编》卷五三，《石刻史料新编》第1辑第2册，台北：新文丰出版公司，1977，第894页。

⑤ 《金石萃编》卷五三，《石刻史料新编》第1辑第2册，第903页。

的记载："五岳、四镇，岁一祭，各以五郊迎气日祭之。"而据任要的祭岳题记，两次祭岳都选在立春，可见唐代的五郊迎气日祭五岳，都是在立春，但并非立春当日。①

另外，从题记的内容可以看出，这两次立春东岳祭祀的礼制执行者都是任要，他的官职是"检校尚书、驾部郎中、使持节都督兖州诸军事、兼兖州刺史、侍御史、充本州团练使"，这符合《通典》中记载的唐初的五郊迎气日地方岳渎祭祀。祭祀官员除了"当界都督刺史"任要外，还有当地的官员，如泰山所在地乾封县县令、县尉、押衙、东岳庙庙令，还有一位一同上山的"游诗客"（应该是没有功名的普通士人），这说明地方东岳祭祀虽然是官方行为，但制度上并不严格，不妨碍没有官职身份的人参加（当然，这个没有官职的人应该与祭祀官有私人关系）。

唐代延续隋代做法，岳庙设令，不过唐代岳庙令的品级比隋朝要高，"五岳四渎庙：令各一人。（正九品上。）斋郎三十人，祝史三人"②。"庙令掌祭祀及判祠事，祝史掌陈设、读祝、行署文案，斋郎掌执俎豆及洒扫之事。"③

唐代官方岳渎祭祀十分频繁，据学者统计，仅唐玄宗开元（713—741）、天宝（742—756）年间，就有二十三次下诏祭祀岳渎、名山大川。④唐代宗永泰（765—766）、大历（766—779）两次改元时，也都致祭岳渎、名山大川。⑤

---

① 刘兴顺根据《廿二史朔闰表》算出，"贞元十四年正月十一，为阳历二月二日，为立春前三天；十二月廿二日，为阳历次年二月三日，是立春前二天。由此推断，泰山常规祭祀不取立春之当日，而一般于立春前两三天即行祭祀仪式"。见氏著《泰山国家祭祀史》，济南：山东人民出版社，2017年，第97页。

② 《旧唐书》卷四四，第6册，第1924页。

③ 〔唐〕李林甫等：《唐六典》卷三〇，中华书局点校本，1992，第756页。雷闻认为隋朝岳渎庙虽置令，但日常祭祀是由民间的"侧近巫一人主知洒扫"，到唐代，则被国家祭祀体制内的祝史与斋郎所取代了。见雷闻：《五岳真君祠与唐代国家祭祀》，载荣新江主编《唐代宗教信仰与社会》，上海：上海辞书出版社，2003。雷闻此说似乎证据不足。其所引"侧近巫一人主知洒扫"见隋文帝开皇十四年闰十月诏，是对四镇、东海、南海、四渎、吴山的规定，并未提及五岳。根据隋文帝开皇间制度"五岳各置令，又有吴山令"，"五岳、四渎、吴山等令"，可知岳渎令是分开的。

④ 王元林：《国家祭祀与海上丝路遗迹——广州南海神庙研究》，北京：中华书局，2006，第62页。

⑤ 〔宋〕王钦若等编纂，周勋初等校订：《册府元龟》（校订本）卷三四，第1册，南京：凤凰出版社，2006，第351页。

　　唐代是中国古代道教的繁荣时期，唐王朝对道教基本上执行了在借用基础上的控制，在控制之下允许并扶植其发展的政策。[1]因为道教与唐王朝关系密切，一些道教仪式也为国家礼制所采纳。如投龙仪是道教一种科仪，源于三官信仰，是将写有祈福消罪愿望的文简和玉璧、金龙、金纽等用青丝捆扎，举行斋醮仪式后，投入名山大川、岳渎水府。[2]唐朝皇帝接受了道教投龙仪，在祭祀岳渎时，便采用这种方式。泰山岱岳观造像记碑上现存好几处关于投龙的记载：

大唐神龙元年岁次乙巳三月庚辰朔廿八日丁未，大宏道观法师阮孝波、道士刘思礼、品官杨嘉福、李立本等，奉敕于岱岳观建金箓宝斋四十九人九日九夜行道，并设醮投龙。既毕，以本命镇采等物，奉为皇后敬造石元真万福天尊像一铺。给事中、试太子中允刘秀良书。[3]

大唐大历七年太岁壬子正月癸未朔廿三日乙巳，奉敕于岱岳观修金箓斋醮及于瑶池投告事毕，故题记。[4]

图1-4　原置于岱岳观的造像记——《双束碑》

①　王永平：《道教与唐代社会》，北京：首都师范大学出版社，2002，第174页。

②　张泽洪：《唐代道教的投龙仪式》，《陕西师范大学学报（哲学社会科学版）》2007年第1期。

③　《泰山石刻大全》，第1册，第34页。

④　《泰山石刻大全》，第1册，第35页。

　　很显然，唐朝皇帝让道士在泰山岱岳观修金箓斋醮祈福，并在斋醮结束后举行投龙仪。

　　唐玄宗开元十九年（731）二月，道士司马承祯（639—735）上言："今五岳神祠，皆是山林之神，非正真之神也。五岳皆有洞府，各有上清真人降任其职，山川风雨，阴阳气序，是所理焉。冠冕章服，佐从神仙，皆有名数。请别立斋祠之所。"唐玄宗"从其言，因敕五岳各置真君祠一所，其形象制度，皆令承祯推按道经，创意为之"。①司马承祯此举，是试图以道教理论来改造国家五岳祭祀系统，使五岳祭祀道教化达到顶峰。当然，五岳真君祠并未取代国家的五岳祭祀系统，它们更多是作为替国家、皇帝和百姓祈福的道观而存在。这一事件背后反映出的道教神仙高于国家岳神的观念却深深影响了唐代的民间信仰，使得国家祭祀在很大程度上贴近了民间社会，到五代宋初时，真君祠往往与岳庙同时举行祭祀仪式，特别是岳庙也往往举行道教仪式，这一切都使得五岳的道教性质逐步定型。②

　　唐代帝王对岳渎进行的另一项重大举措就是对其进行加赐封号。武则天永昌元年（689）七月，封嵩山神为神岳天中王，突破了传统"五岳视三公"的观念，唐玄宗先天二年（713）八月，封华岳为金天王。开元十三年（725），"封泰山神为天齐王，礼秩加三公一等"。天宝五年（746）正月二十三，诏中岳神封为中天王，南岳神封为司天王，北岳神封为安天王。③至此，五岳均已封王。

　　《礼记》中提出"五岳视三公，四渎视诸侯"，人们自然按照公侯之礼对待岳渎，南北朝时，钟山的蒋神已经得到朝廷加封。因此，唐代加封五岳为王，是对前朝做法的延续。另外，推行爵号制度以岳渎为首，然后遍及诸类神祠，这一做法有制度思想依据。岳渎在朝廷祀典中为中祀，在秩次上承天地下启小祀。郊祀定型后，岳渎几乎是地方上秩次最高的官方祭祀对象，故岳渎往往也是地方山川及其他神祇出入祀典的界限与标准。唐代岳渎祭祀是地方祭祀之首。

　　唐代对五岳加封号的做法为后世所效仿，不仅岳神得到加封，连其家族、

　　① 《旧唐书》卷一九二，第5128页。司马承祯建言时间，采纳雷闻说法，见雷闻：《五岳真君祠与唐代国家祭祀》，荣新江主编《唐代宗教信仰与社会》，上海：上海辞书出版社，2003。
　　② 雷闻：《五岳真君祠与唐代国家祭祀》，荣新江主编《唐代宗教信仰与社会》，上海：上海辞书出版社，2003。
　　③ 《唐会要》卷四七，中册，第833—834页。

部属都获得封号。唐代山川祭祀最重要的特点就是总结了此前山川崇拜的发展结果，将山川神的人格化和偶像崇拜以国家制度的方式肯定下来，这使得这种国家祭祀带有浓厚的神祠色彩，并与民众的个人信仰息息相关。必须指出的是，山川神的封爵确实对国家山川祭祀制度有所影响，主要表现在这些爵号出现在山川常祀的祝文中。不过，这种影响还是比较有限的，国家山川祭祀制度并未因为山川神的封爵而有了什么大的变化。朝廷将人爵授予山川神灵，这一现象的出现，与现实政治和皇权观念的变化有密切的关系。一方面，唐代政治变动剧烈，来自山川神灵的庇护是统治者十分重视的精神力量。另一方面，统治者也试图以此来表明皇权高于山川神灵的理念，通过唐代官方山川祭祀制度的变化亦可看出这一端倪，这些都是皇权极力提高自身在神界地位的表现。

五代时期战争不断，政权更迭频繁，各国基本无暇顾及礼制方面的改革。内忧外患的现实和对国祚不久的恐惧让五代各国君主更愿意将国运与祀典联系在一起，他们都无一例外重视祀典的举行，试图通过恢复唐朝礼制来保佑国祚长久。因此，作为与国运有着密切联系的岳渎，便受到五代诸君的重视。

梁太祖开平三年（909）正月，准备举行祭祀，诏："初宅洛都，将行郊祀。应岳渎名山大川及诸州有灵迹封崇神祠，各宜差官吏精参祭告。"① 八月甲午，"以秋稼将登，霖雨特甚，命宰臣以下祷于社稷诸祠。诏曰：'封岳告功，前王重事；祭天肆觐，有国恒规。朕以眇身，恭临大宝，既功德未敷于天下，而灾祥互降于城中。虑于告谢之仪，有缺斋虔之礼，爰修昭报，用契幽通。宜令中书侍郎、平章事于兢往东岳祭拜祷祀讫闻奏'"②。说明梁太祖祭祀和水旱灾害都要祭祀岳渎，这应该是继承前代对岳渎祭祀的礼制。

后唐庄宗同光元年（923）四月即位，制曰："山林川泽祀典神祇，各随处差官，崇修祭缮。"十月，德音："应有百神祠宇，不得有亏时祭。"十一月辛丑，"敕天下州县所有神祠本处，差官告祭"。③ 很显然，唐庄宗对祀典的维护与恢复非常重视。

---

① 《册府元龟》（校订本）卷一九三，第3册，第2161页。

② 〔宋〕薛居正：《旧五代史》卷四，北京：中华书局点校本，2015，第1册，第80页。诏令文字又见〔宋〕王溥：《五代会要》卷三，上海：上海古籍出版社点校本，1978，第48页。《册府元龟》（校订本）卷一九三，第3册，第2161页。

③ 《册府元龟》（校订本）卷三四，第1册，第354页。

向岳渎祈雨雪也是这一时期的普遍现象。唐庄宗天成元年（926）五月辛未，"以时雨稍愆，分命朝臣祷祠岳渎。八月，敕：久雨不晴，虑伤农稼，可申命祷萦，仍晓谕天下州府疏理系囚，无令冤滞！十月己丑，日月色皆赤。庚寅，日月尚赤，遣使祠五岳。丁酉，敕：自秋涉冬，稍愆雨雪，虑伤宿麦，宜令祷祠，分遣朝臣告祠群望，宜付所司"①。

天成四年（929）九月，太常寺奏："伏见大祠则差宰臣行事，中祠则差诸寺卿监行事，小祠则委太祝奉礼。今后凡小祠，请差五品官行事。"从之。②这说明当时作为中祀的岳镇海渎朝廷祭祀，是差"诸寺卿监行事"。

长兴三年（932）十二月庚戌，敕："祠祀祭器牲帛，务从精洁，斋宫坛埠，所司宜检举崇饰之。"③

后唐闵帝应顺元年（934）闰正月，诏："朕猥以冲人，获膺大宝，赖神祇之赞助，显天地之休祯，……谅由冥助之功，集是殊祥，敢不寅畏。赖阴阳之行运，致时雨以应期，稼穑顺成，得岁功而叶望，咸臻上瑞，普泰兆民。宜令三京诸道州府界内名山大川祠庙有益于民者，以时精虔祭祀，称朕意焉。"④

后唐末帝清泰元年（934）五月，"诏诸州神祠有破坏者，委所在给省钱补缉"。清泰二年（935）三月，诏："祠祭国家重事，功在精虔，若不提撕，渐成疏慢。今后监祭使，每祭亲视，酒馔币玉，不得令馔料失于蠲洁。如有所闻，罪在监祭使。其坛庙墙屋，勿令疏漏，本司常检举修葺以闻。"⑤

从唐庄宗到唐末帝一再颁布诏令强调要严肃祠祭，一方面说明皇帝对于祭祀的重视，另一方面也说明当时祭祀确实存在"疏慢"之处。

后晋高祖天福二年（937）八月，诏曰："负国者天地不容，为逆者人神共怒，永为恭飨，实有感通。昨出师之时，将帅虔祷，颇闻阴有祐，成此战功……五岳承天，四渎纪地，自正当阳之位，未申望秩之仪，宜令差官遍往告祭，兼下逐州府量事修崇。所有近庙山林，仍宜禁断樵牧。"⑥十月，"命使祠五

---

① 《册府元龟》（校订本）卷一四五，第2册，第1624页。
② 《旧五代史》卷一四三，第6册，第2229页。
③ 《册府元龟》（校订本）卷三四，第1册，第355页。
④ 《册府元龟》（校订本）卷三四，第1册，第355页。
⑤ 《册府元龟》（校订本）卷三四，第1册，第355页。
⑥ 《册府元龟》（校订本）卷三四，第1册，第355页。

岳四渎"①。

这道诏令说明，晋高祖即位后不仅并未祭祀五岳四渎（"未申望秩之仪"），还疏于对岳渎祠庙的管理，所以才要"下逐州府量事修崇"，表示朝廷重新重视岳渎的祭祀。

天福六年（941）正月，诏："岳镇司方，海渎纪地，载于祀典，咸福蒸民。将保丰穰，宜申虔敬，其岳镇海渎庙宇，宜各令修葺，仍禁樵采。"②说明后晋对岳渎的祭祀已经趋于制度化，但再次强调"宜各令修葺，仍禁樵采"，也反映了当时岳渎庙存在不同程度的损坏，周围环境遭到民众的破坏。

晋出帝天福七年（942）六月即位，十一月敕："天地宗庙社稷及诸祠祭等，访闻自前所司承管，多不精洁。宜令三司豫支一年诸司合请祠祭礼料物色等，于太庙置库，仍差宗正丞石载仁专主掌，监察御史宋彦升监库，兼差供奉官陈审璘往洛京，于太庙内隐便处擘画，修库屋五间候奉。修毕，催促所支礼料物色，监送到库，交付宋彦升、石载仁，并同检点。入库交付讫，供奉官陈审璘赍交，领文状归阙。每有祠祭，诸司各请礼料。至时委监库御史宋彦升、宗正丞石载仁旋给付逐司。其太祠、中祠兼令监察使检点馔造，一一须得精洁，如或更致慢易，本司当准格科罪。其祭服祭器未有者修制，已有者更仰雅饰。"③

后周太祖广顺元年（951）正月即位，制曰："国之大事，在祠为先，苟不洁蠲，深为渎慢。如闻自前祠祭牢馔，颇亏肃敬，今后委监察御史严加觉察，必须丰洁，庶达精诚，稍或不恭，国有常典。"二年（952）五月，"亲征兖州，遣枢密院直学士陈观祭尧庙，翰林学士窦仪祭东岳庙"。④

后周世宗显德三年（956）七月，"帝谓侍臣曰：朕闻国之大事，在祀与戎，近代以来，急于戎事，祭祀之礼，几如坠地。且牲牢之具，簠簋之数，盖主诚信，诚信不至，神何享焉？今后宜令所司，各举其职，务在丰洁"⑤。八月癸卯，"兵部尚书张昭、太常卿田敏等奏，议减祠祭所用牺牲之数，由是圜丘、方泽

---

① 《册府元龟》（校订本）卷三四，第1册，第356页。
② 《五代会要》卷三，第48页。此条诏令又见《册府元龟》（校订本）卷三四，第1册，第356页；《旧五代史》卷七九，第4册，第1215页。
③ 《册府元龟》（校订本）卷三四，第1册，第356页。
④ 《册府元龟》（校订本）卷三四，第1册，第356页。
⑤ 《册府元龟》（校订本）卷三四，第1册，第357页。

及太庙即用太牢，余皆以羊代之"。乙丑，诏："今后诸处祠祭，应有牲牢、香币、馔料、供具等，仰委本司官吏躬亲检校，务在精至。行事仪式，依附礼经，大祠祭合用乐者，仍须祀前教习。凡关祀事，宜令太常博士及监察御史用心点检，稍或因循，必行朝典。"①

综上所述，五代时期岳渎祭祀主要有以下特点：

第一，后晋规定地方五岳祭祀由本处观察使亲自奉御署祝文行礼祭祀，遇到观察使不方便执行祭祀时，也会由下属代为行礼祭祀。晋出帝天福八年（943）二月，"诏令复祭中岳，宜差河南少尹往彼行礼。故事，五岳皆本处观察使亲赍御降祝文行礼，顷因张全义为河南尹，以年德具高，遂令宾从摄祭，近日兼差府属卑官。至是用左补阙卢夏奏，故有是敕"②。

第二，东岳神之子"泰山三郎"接受朝廷的封爵。后唐明宗长兴四年（933）七月己卯，"东岳三郎神赠威雄大将军。初，帝不豫，前淄州刺史刘遂清荐泰山僧一人，云善医，及召见，乃庸僧耳。问方药，僧曰：'不工医，尝于泰山中亲睹岳神，谓僧曰："吾第三子威灵可爱，而未有爵秩，师为我请之。"'宫中神其事，故有是命，识者嫉遂清之妖佞焉"③。

第三，吴山加封王爵。"后唐末帝清泰元年（934）五月壬申，诏：'吴岳成德公，昨遇享期，克申幽赞，宜加王号，以表神功，可进封灵应王，其祠享官属仍旧同五岳，择日策命。'初，帝在凤翔，将有沉阕之衅，遣房暠祠之，有应。至是，欲加封爵。"④

第四，五代诸国君虽然享国日浅，均对恢复正常国家祀典格外重视，多次颁布诏令。

另外，从后唐开始，皇帝不断颁布诏令强调祭祀的严肃性，也从另一个侧面说明，这一时期国家祀典执行不力。

综观宋朝之前的五岳祭祀，经历了一个稳定中有变的过程。第一，作为国

---

① 《旧五代史》卷一一五，第5册，第1780页。
② 《五代会要》卷三，第49页。
③ 《旧五代史》卷四四，第2册，第695—696页。《五代会要》卷一一记载不同："时上不豫，刘遂清引泰山僧进风药，用之小康。其僧请封泰山三郎，遂从之。时以为妖惑之甚。"第192页。相比较而言，《五代会要》记载似乎更为可信。
④ 《册府元龟》（校订本）卷三四，第1册，第355页。

家祀典，岳神祭祀权虽然早期有所反复，但很快便基本上一直牢牢掌握在中央朝廷手中，由朝廷派遣（或指定）的礼官进行祭祀。第二，岳渎在国家祀典中的地位基本上没有发生变化，除了郊祀配祭外，岳渎还接受单独祭祀。另外，隋朝将国家祭祀分成大、中、小祀，岳渎属于中祀，这一定位为后代所沿用。第三，祈祷雨雪灾异是国家对岳渎赋予的主要职能。第四，隋唐时期，强化了国家对岳渎的控制，表现之一是为五岳设置庙令，并纳入国家官僚体系。之二是从唐代开始的对岳渎的封爵，减弱了岳渎神作为川岳原始神灵的神秘性和权威性，增加了神祠色彩；与此相伴随的，是帝王权威凌驾于岳渎神祇之上。

第二章

两宋时期的东岳祭祀

　　本章主要讨论两宋时期东岳祭祀情况。宋代建立后，在前代基础上对礼制进行了一番调整，延续了前代的一些做法，比如岳渎仍然属于中祀，并在北郊祭地时作为陪祀神享受祭祀。同时做了一些调整，如取消了五岳庙令，但继承了五岳庙中塑神像的做法。宋真宗时封禅泰山，提高了东岳的地位，并在唐代帝王基础上，加封五岳帝号，其中东岳神为"东岳天齐仁圣帝"，东岳神后为"淑明皇后"，使得东岳信仰达到一个新高度。南宋时，中原地区沦陷，东岳并不在其境内，朝廷由于时局动荡，一度停止了岳渎祭祀，但一旦时局稳定，便立即着手恢复岳渎祭祀在内的礼制建设，此时朝廷不得不采用望祭的方式祭祀东岳。宋代帝王除了在应对水旱等自然灾害时要向岳渎祈祷外，遇到疾病、强敌入侵等特殊情况时，也要向岳渎祭祀。两宋时期官方编修了大量礼书，这些礼书贯穿两宋，成为指导宋朝国家祀典的重要参考。在礼书中，官方对于东岳祭祀的时间、祭品、座次、用香、用酒等各方面都有详细的规定，而且不同时期多有调整，反映了宋代对于礼制的重视，总体来看，宋代东岳祭祀礼制由烦琐趋向简单实际。另外，唐朝祭祀东岳时，祝版书写经历了由既署又拜转变为只署不拜，规格由高向低的过程。宋朝建立后，开始继承了唐代东岳祭祀祝版书写既署又拜的做法，后来变为只署不拜，虽然宋真宗时尊崇东岳，曾经对祝版书写规格有所提高，但后来的皇帝基本上又恢复了只署不拜的做法，祝版书写的变化，反映了唐宋时期帝王对岳神态度的转变，由仰视岳神变为凌驾于岳神之上。

第一节　宋朝君臣与东岳祭祀

宋朝建立后，宋太祖、宋太宗朝通过军事征伐平定诸国，将岳渎重新纳入统治之下，并根据宋朝礼制进行祭祀。宋朝帝王将东岳视作国家保护神，因此历代帝王均重视祭祀东岳，祭祀十分频繁，遇到雨雪、河决、战争、帝王疾病等情况时，均要向包括东岳在内的岳渎积极祭祀。宋代还在都城开封设立五岳观，对五岳集中祭祀。南宋建立后，由于经常处于战争状态，南宋朝廷无暇顾及礼制恢复，包括岳渎祭祀在内的许多神祇祭祀被迫停止，一直到宋孝宗时才基本全面恢复。由于中原地区陷于金朝统治之下，东岳并不在南宋境内，南宋政权在祭祀中不得不对岳渎进行望祭，此时对东岳的祭祀，更带有一种恢复故土的强烈期盼。宋代地方上修建了许多东岳庙，地方官到任后，按照惯例要祭拜境内包括东岳庙在内的祠庙，官员们祭拜东岳庙，主要是代表朝廷向东岳祭祀，同时，由于他们对祭拜东岳庙主要是为了当地祈雨、祈雪等原因，这使得他们的做法带有为了地方利益的目的，而地方东岳庙的职能更多地体现为地方保护神。

一、两宋帝王与东岳祭祀

作为与政权合法性密切相关的神祇，宋朝皇帝从建国伊始便很重视祭祀岳渎，宋太祖、宋太宗在完成统一的过程中，及时将五代诸国的岳渎祭祀制度改成宋朝制度，以体现宋朝天命所归。宋真宗时，大肆封禅泰山，加封五岳帝号，推动了东岳信仰的深化。宋仁宗至宋哲宗诸位皇帝基本上在岳渎祭祀上并无大的动作，只是根据礼制进行祭祀，不过宋哲宗时加封东岳神诸子封号，促进了东岳信仰的发展。宋徽宗崇奉道教，在都城设置五岳坛，集中五岳进行祭祀。北宋时，对岳渎的祭祀采取就祭与望祭相结合的方式。南宋建立后，因为东岳沦陷在金朝境内，无法就祭，南宋皇帝一方面时刻不忘祭祀岳渎，另一方面又从现实出发，采用望祭的方式予以祭祀。

程民生指出，宋人不信佛、道者甚多，但上自皇帝，下至普通百姓，无一不信奉祠神。[①]对帝王来说，东岳有两重含义：国家祀典中享受祭祀的神祇，神圣与崇高象征的封禅圣地。作为一种非制度化的礼制，封禅代表了帝王对东岳的一种特殊心理，历史上真正在泰山举行封禅的只有少数帝王。相比之下，遵照国家礼制对东岳进行祭祀，是历代帝王更为普遍的做法，代表了帝王对东岳的常规态度。

宋人重视礼制，"五礼之序，以吉礼为首，主邦国神祇祭祀之事。凡祀典皆领于太常"[②]。"自祖宗以来登位、改名、上尊号、改元、立皇后、太子、皇子生、纳降、献俘、亲征、籍田、朝陵、肆赦、河平、大丧、上谥、山陵、园陵、祔庙，皆遣官奏告天地、宗庙、诸陵，及告社稷、岳渎、山川、宫观、在京十里内神祠。"[③]很显然，对于宋代君主而言，岳渎与天地、宗庙、诸陵、社稷等有着同样重要的地位，都是国家有大事时需要告祭的神祇。

宋代有众多国家规定的需要祭祀的神祇，根据《宋会要辑稿·礼》的记载，北宋太祖至英宗朝的群祀情况如下：

> 国朝凡大中小祠岁一百七，大祠十七，（昊天上帝、感生帝、五方上帝、九宫贵神、五福太一宫、皇地祇、神州地祇、太庙、皇后庙、景灵宫，朝日、高禖、夕月、社稷、蜡祭百神、五岳。）中祠十一，（风师、雨师、海渎、五镇、先农、先蚕、五龙、周六庙、先代帝王、至圣文宣王、昭烈武成王。）小祠十四。（司中、司命、司民、司禄、灵星、寿星、马祖、先牧、马社、马步、司寒、山林、川泽、中溜。）
>
> 著《礼令》，用日者五十九。（立春祀青帝于东郊，太一宫、东岳天齐仁圣帝、东镇东安公、东海渊圣广德王、东渎大淮长源王。上辛祈谷，祀昊天上帝于圜丘，前二日奏告太宗皇帝室；祀感生帝于南郊，前二日奏告僖祖皇帝室。吉亥飨先农于东郊，后甲祀风神。仲春上丁释奠至圣文宣

----

① 程民生：《论宋代神祠宗教》，《世界宗教研究》1992年第2期。

② 〔元〕脱脱等：《宋史》卷九八，北京：中华书局点校本，1985，第8册，第2425页。

③ 〔清〕徐松辑，刘琳等点校：《宋会要辑稿》，上海：上海古籍出版社点校本，2014，第2册，第744—745页。

王，上戊释奠昭烈武成王。春分朝日于东郊，祀高禖，开冰祭司寒。春分前后戊日祭太社、太稷。季春吉巳飨先蚕。

立夏祀赤帝于南郊，太一宫、南岳司天昭圣帝、南镇永兴公、南海洪圣广利王、南渎大江广源王。后申祀雨师、雷师。夏至祭皇地祇于方丘。前二日奏告太祖皇帝室。

季夏土王，祀黄帝于南郊，中溜、中岳中天崇圣帝、中镇应圣公。

立秋祀白帝于西郊，太一宫、西岳金天顺圣帝、西镇成德公、西海通圣广润王、西渎大河显圣灵源王，后辰祀灵星。

仲秋上丁释奠至圣文宣王，上戊释奠昭烈武成王。秋分夕月于西郊，飨寿星于南郊。秋分前后戊日祭太社、太稷。

立冬祀黑帝于北郊，太一宫、北岳安天元圣帝、北镇广宁公、北海冲圣广泽王、北渎大济清源王，后亥祀司中、司命、司民、司禄。十月十五日朝拜景灵宫。

冬至祀昊天上帝于圜丘，前二日奏告太祖皇帝室。上丁，贡举人谒至圣文宣王庙。腊日蜡祭百神于南郊，太社、太稷，腊飨太庙、皇后庙。）[1]

我们可以看出，宋朝祭祀礼仪十分严密与复杂，确保国家与各种神祇保持紧密关系，来保佑宋朝江山的稳固。宋朝延续唐代的做法，将各种祭祀对象进行规格划分，分为大、中、小祀：

表2-1　　　《政和五礼新仪》中对大祀、中祀、小祀的划分[2]

大祀	昊天上帝、上帝（祈穀、雩祀、明堂）、感生帝、五方帝、高禖、皇地祇、神州地祇、大社、大稷、朝日、夕月、荧惑、九宫贵神、太一宫、阳德观、帝鼐、太庙、别庙、东蜡、西蜡、坊州朝献圣祖、应天府祀大火
中祀	岳镇海渎、先农、先蚕、风师、雨师、雷神、南蜡、北蜡、文宣王、武成王、历代帝王、宝鼎、牡鼎、苍鼎、罡鼎、彤鼎、阜鼎、晶鼎、魁鼎、会应庙、庆成军祭后土
小祀	司中、司命、司民、司禄、司寒、灵星、寿星、马祖、先牧、马社、马步、七祀（司命、户、灶、中溜、门、厉、行）、山林川泽之属，州县祭社稷，祀风师、雨师、雷神

---

[1] 《宋会要辑稿》第2册，第743页。括号内文字原为小字注释，下同，不另出注。

[2] 〔宋〕郑居中等撰，汪潇晨、周佳点校：《中华礼藏·礼制卷·点制之属》第四册，杭州：浙江大学出版社点校本，2017，第57页。

表2-2　　　　　　　　《文昌杂录》中所记大祀、中祀、小祀①

大祀	大祠三十：正月上辛祈谷上帝，四月雩祀上帝，九月明堂祀上帝，冬至祭昊天上帝，夏至祭皇地祇，孟春孟夏孟秋孟冬腊，五享太庙。正月上辛祀感生帝，立春祀青帝，立夏祀赤帝，立秋祀白帝，立冬祀黑帝，土王祀黄帝，春分祀高禖，春分朝日、仲春仲秋腊祭太稷，仲春仲秋祀九宫贵神，孟冬祭神州地祇，秋分夕月，腊蜡百神，立春祭东太一宫，立夏立冬祭中太一宫，立秋祭西太一宫
中祀	中祠十有四：立春后亥祭先农，立春后丑祀风师，仲春祀五龙，季春享先蚕，立夏后申祀雨师雷师，四立井土王祭岳镇海渎，仲春、仲秋上戊释奠武成王
小祀	小祠十有三：立冬后亥祭司中、司命、司民、司禄，秋分享寿星，立秋后辰祀灵星，孟冬祭司寒，仲春祭马祖，仲夏享先牧，仲秋祭马社，仲冬祭马步，立春祭户司命，立夏祭灶，季夏土王祭中溜，立秋祭门及厉，立冬祭行，皆有司行事焉

表2-3　　　　　　　宋孝宗淳熙元年（1174）所定大祀、中祀、小祀②

大祀	诸祀天地、宗庙、神州地祇、大社、大稷、五方帝、日月、荧惑大神、太一、九宫贵神、蜡祭百神、太庙七奏告（孟春上辛祈谷祀上帝及祀感生帝，孟夏雩祀，夏至祭皇地祇，季秋大飨明堂祀上帝，孟冬祭神州地祇，冬至祀昊天上帝，各告配帝本室）、文宣王（州县释奠用中祀）
中祀	后土、岳、镇、海、渎、先蚕、风师、雨师、雷神、五龙、前代帝王、武成王
小祀	司中、司命、司禄、司寒、先牧、马祖、马社、马步、七祀（司命、户、灶、中溜、门、厉、行）诸星、山林川泽之属，及州县社稷、风师、雷神、雨师

　　通过上述表格可以看出，很显然，宋代各朝岁祀数量、名称并不一致，③如前面《宋会要辑稿》中所记载的北宋中前期的群祀情况，五岳属于大祀，但后来恢复为中祀。根据学者研究，北宋承唐之制，诸州岳镇海渎之祀大体未发生变化。北宋在东京修建五岳、四渎的望祭坛并定祭仪，唐朝并无此制。唐代山川封号之制在北宋亦有沿袭。唐宋时期，不断调整天人关系或者说人君与天神的关系，表现在岳镇海渎为代表的人格化倾向愈来愈浓郁，山川神地位越来越低，皇帝地位越来越高。

---

　　① 〔宋〕庞元英撰，金圆整理：《文昌杂录》卷四，《全宋笔记》第2编第4册，郑州：大象出版社点校本，2006，第155页。据本书跋，本书系作者在宋神宗元丰五年（1082）五月任礼部主客郎中，八年（1085）八月罢任期间，"每有所闻见，私用编录"。故其所记"祠部每岁祠祭"至晚应为神宗时之情况。

　　② 《宋会要辑稿》第2册，第795页。

　　③ 汤勤福、王志跃著：《宋史礼志辨证》，上海：上海三联书店，2011，第60—62页。

（一）宋太祖、宋太宗与东岳祭祀

公元960年，宋太祖赵匡胤经过多年精心谋划，通过陈桥兵变从孤儿寡妇手中夺取后周天下，建立了宋朝，这本来是中唐以来藩镇将领利用将士爱憎废立首脑事件之延续。赵匡胤登基后，为了证明自己皇位取得合法化，获得上天的认可，迅速举行了一系列祭拜天地诸神祇的礼仪。

建隆元年（960）正月五日，"太常礼院上言：皇帝登极，请差官告天地、社稷、群祀。从之。祝文曰：'维宋建隆元年岁次庚申，正月辛丑朔，某日，嗣天子臣御名，谨遣某官某，敢昭告于昊天上帝、皇地祇：天命不常，惟德是辅。神器大宝，猥集眇躬。钦眷命而不遑，励小心而昭事。灵贶下属，群情乐推。今月四日已即皇帝位，改国号为大宋，乃改元建隆元年，不敢不告。尚飨！'八日，遣宗正少卿郭玘以即位告周高祖、世宗庙。四月六日，太常礼院言：'车驾征潞州，出宫日，请遣官告天地、太庙、社稷。城门外被祭用羝羊一。所过州府河桥及名山大川、帝王名臣陵庙，去路十里内者，各令本州以香、酒、脯祭告。'从之。六月二十三日，平泽潞，及车驾还宫，皆遣官奏告天地、太庙、社稷，仍祭被庙、太山庙、城隍庙。十二月征扬州、太平兴国四年二月征河东，并用此礼"[1]。显然，赵匡胤称帝后，时刻不忘通过告祭诸神来祈求对赵宋王朝国祚的庇佑。

建隆四年（963）四月七日，诏曰："祠祀大事，居处必庄。如闻行礼之时，供帐不备。自今祠祭宿斋，并令仪鸾司陈设幄幕，务令严洁，称朕意焉。"[2]五月一日，"以旱，命近臣遍祷天地、社稷、宗庙、宫观、神祠、寺，遣中使驰驿祷于岳渎（自是凡水旱皆遣官祈祷，唯有变常礼则别录）"[3]。在国家祀典中，岳渎负责水旱灾害之职，为历代官方祭祀所遵从。此次北宋改变早先望祭的方式，官方派遣中使到岳渎所在地进行祈祷，并成为一种定例，表明北宋官方对岳渎的重视。

国初缘旧制，祭东岳泰山于兖州，西岳华山于华州，北岳恒山于定

---

① 《宋会要辑稿》第2册，第745页。

② 《宋会要辑稿》第2册，第744页。

③ 《宋会要辑稿》第2册，第950页。

州，中岳嵩山于河南府。于是，有司言："祠官所奉止四岳，今按祭典，请祭南岳衡山于衡州，东镇沂山于沂州，南镇稽山于越州，西镇吴山于陇州，中镇霍山于晋州；东海于莱州，南海于广州，西海、河渎并于河中府，北海济渎并于孟州，淮渎于唐州。其江渎，准显德五年敕，祭于扬州扬子江口，今请祭于成都府。北镇医巫闾山在营州界，未行祭享。"从之。其后望祭北镇于定州岳祠，既而五镇之祭复阙。①

北宋建立后，在一段时间内并未严格执行对岳渎的祭祀，主要原因是当时割据政权林立，岳镇海渎等神祇分属不同政权之下，而此时北宋帝王关注重心在于对内巩固统治，对外厉兵秣马，准备削平各地割据政权。割据政权一旦被消灭，北宋为消除原政权在当地影响力，确立宋政权统治的合法性，统一岳渎祭祀制度成为必要的选择。"太祖平湖南，命给事中李昉祭南岳，继令有司制诸岳神衣、冠、剑、履，遣使易之。"②开宝四年（971），南汉主刘𬬮降宋。开宝五年（972）七月丁卯，"诏五岳、四渎及东海等庙，并以本县令尉兼庙令、丞，掌祠事，常加案视，务在蠲洁，仍籍其庙宇祭器之数，受代日，交以相付，本州长吏，每月一谒庙检举焉"③。十一月，"诏翰林学士李昉及宗正丞洛阳赵孚等分撰岳渎并历代帝王新庙碑，遣使刻石庙中，凡五十二首"④。由于资料的缺失，我们现今已无法探寻开宝年间北宋官方所撰东岳神碑文的内容。不过，开宝六年（973）十月，裴丽泽撰写的《大宋新修南海广利王庙碑铭》保存了下来，我们可以从中揣测当时东岳庙碑铭的一些内容。

《大宋新修南海广利王庙碑铭》开篇介绍南海广大与前朝对南海王的封号、祭祀，其次描写南汉统治下岭南暗无天日的情况，宣扬北宋吊民伐罪的义举，然后叙述岭南纳入北宋版图后当地百姓安乐及皇帝下令新修南海神庙之事，最

---

① 〔宋〕李焘撰，上海师范大学古籍研究所、华东师范大学古籍研究所点校：《续资治通鉴长编》卷九，北京：中华书局点校本，2004，第1册，第209页。

② 《宋史》卷一〇二，第8册，第2485页。

③ 《续资治通鉴长编》卷一三，第1册，第285页。《宋大诏令集》卷一三七，北京：中华书局点校本，1962，第483页。系于开宝五年三月壬辰。按《长编》此条下李焘注"《新录》在六月壬辰。今从《旧录》及《本纪》"，第285—286页。故《宋大诏令集》三月或为六月之误。

④ 《续资治通鉴长编》卷一三，第1册，第292页。《宋史》卷一〇二，第8册，第2485页。

后用一段铭文颂扬南海王。①

　　总体看来，这篇铭文通过新修南海神庙，对北宋政权正统性大肆宣扬，同时极力抹杀当地原政权的合法性。当然，与南海神庙不同，北宋建立时，东岳神庙已经在其辖境内，所以，东岳神庙的碑铭更多是宣扬北宋政权的神圣性。

　　开宝九年（976）七月丁亥，"诏新修历代帝王及岳渎祠庙与县镇相近者移治所就之"②。十月，宋太祖驾崩，宋太宗继位。

　　宋太祖、宋太宗在消灭各地割据政权的过程中，积极推进岳渎祭祀。如成书于开宝四年（971）的《开宝通礼》中规定："五岳、四镇，每一祭，皆以五郊迎气日祭之，各于所属之地。"③"四海四渎，每一祭各以五郊迎气日祭之于所属之地。"④此时南唐、吴越、漳泉等割据势力尚在，岳镇海渎并未全部在北宋辖境之内，因此，所谓"祭之于所属之地"，只能是一句空话。宋太宗太平兴国三年（978），在北宋政权强大军事压力下，割据漳、泉的陈洪进，割据吴越的钱氏被迫纳土归降。次年，北宋攻灭北汉，至此，消灭了五代十国藩镇割据的局面，形式上完成了统一。岳渎既然已经都在宋朝疆域之内，之前的望祭自然便可改为就祭。淳化二年（991）二月十二日，礼院奏："谨按五郊迎气日，祠祭逐方岳镇海渎。自唐乱离之后，兵戈隔绝，不在封域者，遂阙其祭。太常寺承例不行祭礼。自国家克复僭伪，或差官就祭，则于学士院撰文进书。今乞依典礼，就迎气日祭五岳四渎，各于所属之州。"诏可。⑤至此，北宋岳渎均在五郊迎气日于所属州府进行祭祀。

　　淳化四年（993）太常寺上言："城东青帝、朝日二坛，城南黄帝、百神、灵星三坛，城西白帝、夕月、马祖三坛，城北皇地祇、黑帝、司中司命司人司禄

---

　　① 《金石续编》卷一三《大宋新修南海广利王庙碑铭》。

　　② 《续资治通鉴长编》卷一七，第1册，374页。

　　③ 〔宋〕欧阳修等：《太常因革礼》卷四九，宛委别藏本，第629页。按，此段文字，宛委别藏本《太常因革礼》残缺不全，兹据丛书集成初编本补。

　　④ 《太常因革礼》卷四九，第633页。

　　⑤ 《太常因革礼》卷四九，第630页，缺文据丛书集成本补。此段文字，《宋会要辑稿》有所不同。淳化二年二月十二日，"秘书监李至言：'按五郊迎气之日，皆祭逐方岳镇海渎。自唐乱离之后，有不在封域者，遂阙其祭。国家克复四方，间虽奉诏特祭，未著常祀。望遵旧礼，就迎气日各祭于所隶之州，长吏以次为献官。'从之"。（第2册，1079页）

三坛，并请移徙。准礼例，圜丘、方丘三壝，天地五郊，三百步内不得葬埋，壝外三十步不得耕种，壝内不许人行及樵牧。今详圜丘、方丘已有制度，及先农坛近准敕设两壝外，其余祠坛，礼文并无壝制步数。请大祠各设两壝，中小祠一壝，每壝二十五步，各于壝内安坛。"并从之。① 这说明宋初京城一些神祇的祭坛已经遭到破坏，所以为了保护祭坛，才规定大中小祠祭坛设不同的壝。

至道二年（996）三月十五日，"以岁［旱］宿戒，亲诣诸寺观祈雨，会大风，不果出，遣宣政使王继恩以下分祷，命有司讲求故实。太常礼院上言：'按典礼，凡京都旱，则祈岳、镇、海、渎及诸山川能兴云雨者，于北郊望而祭之。又祈宗庙、社稷。每七日一祈，不雨，还从北郊如初。旱甚则雩，雨足则报。祈用酒、脯、醢，报如常祀，皆有司行事。已斋及未祈而雨者，皆报祀。'"②

雍熙元年（984），宋太宗曾经一度打算去泰山封禅，并已经着手准备。四月己亥，"命南作坊副使李神祐等四人，修自京抵泰山道路"③。庚子，"以宰相宋琪为封禅大礼使，翰林学士宋白为卤簿使，贾黄中为仪仗使。宋琪等议所过备仪仗导驾，上曰：'朕此行盖为苍生祈福，过自严饬，非朕意也。'乃诏惟告庙及至泰山下用仪仗，所过不须陈设"④。结果还未成行，五月丁丑，乾元、文明二殿发生火灾，大臣上书反对，宋太宗只好宣布取消封禅。

总之，宋太祖、宋太宗两朝的祭祀活动是随着统一全国的脚步进行的，随着岳渎全部纳入宋朝版图，在继承前代基础上，对岳渎祭祀的礼制也有新的调整重新规定。

（二）宋真宗、宋仁宗与东岳祭祀

真宗朝是北宋历史上一个对礼仪要求特别严格的时期，宋真宗多次颁布诏令，对祭祀礼仪的一些细节问题进行规范。而这一时期也是东岳祭祀发展的重要时期，东岳神被加封帝号，而且其妻子、儿女都得到封号。同时，官方正式

---

① 《宋会要辑稿》第2册，第746页。
② 《宋会要辑稿》第2册，第950—951页。
③ 《续资治通鉴长编》卷二五，第2册，第576页。
④ 《续资治通鉴长编》卷二五，第2册，第577页。

下令，全国各地设置东岳庙，通过官方的行政命令，使东岳神影响力迅速在民间扩大。

宋太祖、宋太宗朝虽然多次颁布诏令，规范并严肃祭祀行为，但效果似乎不佳，所以宋真宗登基后，又多次颁布诏令，强调祭祀的严肃性。咸平二年（999）四月十一日，"诏遣中使检视诸祠祀祭器、礼料，务令精洁。自国初至是，每岁祠祭烦数，有司供办礼料或尚乖祗肃，非荐诚为民之意，故特诏检责之"①。十月二十八日，"监祭使张利涉请：'祠祭祝版，前三日致斋时，集众官看读。如有错误，可以改换，既无阙事，亦免饰非。'从之"②。景德四年（1007）七月，诏："自今祠祭，不以台官或余官监祭，其监祭司手分亦须致斋日赴祠所祗应。如监祭、监礼官或见违犯不能纠察，许摄祭公卿并以名闻。"③大中祥符元年（1008）六月二十二日，诏："闻遣使外州祠祭，而礼料皆无定式，州县因缘须索，颇致烦扰。宜令有司具数颁下。"④

大中祥符元年（1008），宋真宗在泰山举行声势浩大的封禅仪式，此后便开始对五岳的尊崇。首先是加封五岳帝号。大中祥符四年（1011）五月乙未，"诏加上东岳曰天齐仁圣帝，南岳曰司天昭圣帝，西岳曰金天顺圣帝，北岳曰安天元圣帝，中岳曰中天崇圣帝。命翰林学士李宗谔、龙图阁直学士陈彭年与礼官详定仪注。又作《奉神述》，备纪崇事之意"⑤。十月，五岳加帝号，祭告乐八首。自古以来，五岳比三公，唐代加封五岳王号，宋真宗进一步加封五岳帝号，使其成为地上最高级别的神祇。相应地，宋真宗还加封五岳神妻子后号。

其次，修五岳观，五岳在京城集中祭祀。大中祥符六年（1013）四月丙戌，宋真宗"幸新修五岳观，赐官吏器币、工徒缗钱有差"⑥。次年六月庚午夜，"京师新作五岳观东北，黑云中见星如昼，有灵祇、旌纛、甲仗之状，睹者喧怖，

---

①《宋会要辑稿》第2册，第747页。

②《宋会要辑稿》第2册，第747页。

③《宋会要辑稿》第2册，第749页。

④《宋会要辑稿》第2册，第749页。

⑤《续资治通鉴长编》卷七五，第3册，第1722页。《宋大诏令集》卷一三七，第484页。据《宋大诏令集》自注，《奉神述》作于大中祥符四年六月巳巳。

⑥《续资治通鉴长编》卷八〇，第3册，第1824页。

修观使丁谓以闻。诏建道场"①。九月辛丑,宋真宗"幸五岳观,宴从官,赐兵匠缗帛有差。翌日,上梁。又命宗室、辅臣往观,复赐宴。许百司休务,士庶行乐。赐观名曰会灵"②。

第三,宋真宗亲身作则,强调严肃祭祀。大中祥符七年(1014)正月十三日,礼仪院言:"南郊合祭天地,承前太府寺供到币七十八段,除正位十三段外,自余施于内官则有余,用于中外官、岳渎则不足。窃寻礼制,内外官、海岳币从方色。欲望皇帝亲祀昊天上帝、皇地祇,配祀五方帝、日、月、神州、天皇、北极,及内官五十四,中官百五十九,外官百六,岳、镇、海、渎十八。请并供制币,各如方色,著为定制。"从之。③二月己卯,"以恭谢礼毕,遣官祭告社稷、宗庙、灵山、圣迹、寺观五岳、海渎"④。五月甲寅,"诏自今祠祭酒,令有司别酿,务在严洁"⑤。

大中祥符八年(1015)三月甲午,"上又作诸岳祭告文,皆遣使刻石于庙中"⑥。

大中祥符九年(1016)六月己丑,诏:"自今遣官奉青词、祝版、御封香往诸处祭告,并令缄封护持,每至驿舍,安置静处,务极严肃,违者重科其罪。合遣使臣者,即选奉职已上赍送。"⑦"祀汾阴岁,加上五岳帝号,有册无宝",天禧元年(1017)"始诏刻玉"。十二月丁亥,"令会灵观使王钦若奉安于本殿"。⑧

天禧三年(1019)九月二十四日,"国子监言:'祠祭行事官条制:庙社不许致斋,止宿武成王庙。近以员多,分宿当监,灯烛非便,望令专宿武成王庙。'诏礼院与本监详定,复上言曰:'武成王庙斋厅位四十余间,今请不许官司拘占,悉留充斋宿之所。如发解锁宿庙内,即权徙尚书省。'从之"⑨。

---

① 《续资治通鉴长编》卷八二,第4册,第1881页。
② 《续资治通鉴长编》卷八三,第4册,第1896页。
③ 《宋会要辑稿》第2册,第750页。
④ 《续资治通鉴长编》卷八二,第4册,第1866页。
⑤ 《续资治通鉴长编》卷八二,第4册,第1878页。
⑥ 《续资治通鉴长编》卷八四,第4册,第1920页。
⑦ 《续资治通鉴长编》卷八七,第4册,第1996页。
⑧ 《续资治通鉴长编》卷九一,第4册,第2107页。
⑨ 《宋会要辑稿》第2册,第752页。

天禧四年（1020）二月丁酉，"滑州言河塞，诏奖之。已亥，命翰林学士承旨晁迥致祭。又遣官谢京城宫观、诸陵、岳渎、灵山胜境"①。五月四日，同判太常礼院杨峋言："祠祭摄官，旧礼躬亲涤爵酌酒。近来礼直官止引至罍洗，悦手讫，便赴神位前，未尝涤爵。所司已酌酒实爵，献官即取致奠，殊爽礼文。望自今依旧行事。"从之。②

总之，在整个宋代，宋真宗是对五岳祭祀最为热心的皇帝。

由于真宗封禅以及对东岳神加赐封号，在民间兴起了祭祀东岳神的热潮，这让官方感到有些不安，因此，宋仁宗即位不久，就对民间祭祀岳渎等神进行了限制。天圣五年（1027）八月甲戌，禁民间结社祠岳渎神、私置刀楯旗旛之属。③仁宗朝明显在五岳祭祀方面冷落了很多。宋仁宗在位四十余年，是宋朝享国最久的皇帝，但史书中见到的仅是一些依照惯例的水旱灾害祈祷，再也见不到宋真宗时的狂热。如庆历七年（1047）三月，"诏天下毋得擅毁诸祠庙，其载祀典者，官司以时兴葺之"④。皇祐三年（1051）八月，"诏岳镇海渎庙宇之隳圮者，亟修之"⑤。

（三）北宋后五朝皇帝与东岳祭祀

嘉祐八年（1063）三月，宋仁宗驾崩，宋英宗即位。英宗即位后身体一直不适，五岳此时更多体现了为皇帝祈福的功能。五月戊辰，"初御延和殿。上（指宋英宗）疾犹未平，命辅臣祈福于天地、宗庙、社稷及景灵宫、寺观，又遣使二十一人祷岳、渎、名山"⑥。治平二年（1065）三月六日，诏五岳四渎、名山大川处差知州、通判祈雨。⑦

宋英宗在位短短五年便驾崩，其子宋神宗（1067—1085年在位）即位，改元熙宁。经过宋真宗的泰山封禅，泰山神圣性进一步提高，朝廷特意在泰山周

---

① 《续资治通鉴长编》卷九五，第4册，第2182页。
② 《宋会要辑稿》第2册，第752页。
③ 《续资治通鉴长编》卷一〇五，第4册，第2445页。
④ 《续资治通鉴长编》卷一六〇，第7册，第3868页。
⑤ 《续资治通鉴长编》卷一七一，第7册，第4103页。
⑥ 《续资治通鉴长编》卷一九八，第8册，第4809页。
⑦ 《宋会要辑稿》第2册，第955页。

边设立禁地，加以保护，但随着时间推移，这些禁地逐渐受到周边民人侵占，并且情况越来越严重，宋神宗时，迫于这一现实情况，同时为了增加地租收入，朝廷正式颁布诏令，予以认可。熙宁六年（1071）十二月丁丑，"诏司农寺，齐、兖州民冒佃泰山禁地，量地肥瘠立租，令依旧居佃"[①]。

泰山东岳庙的禁地受到民人侵占，这一时期其他岳庙似乎也受到冷落，甚至日渐毁颓。如元丰五年（1082）二月戊午，宋神宗御批："方今西边用师未已，其境内灵祠宜谨修崇，以迎福佑。西岳庙疏弊，及熙州东岳庙昨官军之出，若有灵助，可下吕大防、苗授各选官增缮。"[②]可见，如果不是因为军事征伐乞灵的需要，西岳庙和熙州东岳庙虽然已经年久失修，恐怕仍然不会得到修缮。

当宋神宗晚年病重时，五岳四渎再次发挥了为帝王祈福的功能。元丰八年（1085）正月己亥，"诏不视事五日。三省、枢密院问疾于福宁殿东寝阁，宰臣……言：'六日欲于大庆殿设消灾祈福道场七昼夜，罢日，设大醮，启罢日，三省、枢密院官并宿斋，余日番宿。在京宫观寺院各道场七昼夜，差官启罢。五岳四渎，就遣所在长吏准此。'上不能言，首肯之。"[③]

虽然宋神宗朝在五岳四渎祭祀上并无大的举措，但祭祀之礼不废。《宋史·乐志十一》记载"熙宁望祭岳镇海渎十七首"，其中东岳神配乐如下：

　　东望迎神，《凝安》。盛德惟木，勾芒御神。沂、岱、淮、海，厥功在民。爰熙坛坎，衷对庶神。于以歆格，灵贶具臻。

　　升降，《同安》。绅韠罴襜兮，玉佩蕊兮。于我将事，神燕喜兮。帝命望祀，敢有不共。往返于位，肃肃雍雍。

　　奠玉币，《明安》。祀以崇德，币则有仪。肃我将事，登降孔时。精明纯洁，罔有弗祗。史辞无愧，神用来娱。

　　酌献，《成安》。肇兹东土，含润无疆。维时发春，喜荐令芳。祭用蒯蕑沈，顺性含藏。不涸不童，诞降祺祥。

---

①《续资治通鉴长编》卷二四八，第10册，第6055页。

②《续资治通鉴长编》卷三二三，第13册，第7781页。

③《续资治通鉴长编》卷三五一，第14册，第8403页。

送神，《凝安》。神之至止，熙坛为春。神之将归，旗服振振。欸兮回飙，睿兮旋云。佑于东方，永施厥仁。①

元丰八年（1085），宋神宗驾崩，年仅九岁的宋哲宗即位，祖母太皇太后高氏垂帘听政，改元元祐。宋哲宗朝经历了"元祐更化""绍圣绍述"，党争此起彼伏，无暇顾及岳渎祭祀，致使礼制有亏。元祐五年（1090）十月，太常博士王念言："近诣唐州淮渎长源王庙祭告，伏见本庙祭器，形仪不中制式，乃有阙数，及三献官无冠冕祭服，止用常服。乞诸岳渎见行仪制，诏有司议造祭器名数及三献奉礼太祝冠冕祭服，付本庙以备祭享。"从之。②

元符二年（1099）八月庚辰，"诏封东岳天齐仁圣帝长子为祐灵侯，第二子为惠灵侯，第四子为静鉴太师，第五子为宣灵侯。以本路言，父老相传岳帝有五子，惟第三子后唐封威雄大将军，皇朝封炳灵公，其余诸子并无名爵，故有是诏"③。此时距离宋哲宗去世仅仅数月，当时他疾病缠身，久治不愈，且并无子嗣，这一诏令很可能是他想借助东岳主生死的神力来为自己延寿祈福。另一方面，这也反映了东岳信仰在宋代的深化。因为古人虽然很早便相信东岳神有子女，但这些说法往往多见于笔记等资料中，流传于民间，在官方文献中几乎只字不提，表明官方只认可东岳神。五代后唐时，加封东岳神的儿子泰山三郎为威雄大将军，正式开启了官方加封岳神子女的先河，表明官方接受了民间的说法，正式承认东岳神子女的存在。因此，宋哲宗对东岳神多个儿子的加封，是对五代做法的延续。

可惜加封东岳诸子并未挽救宋哲宗的生命，元符三年（1100）正月，年仅二十五岁的宋哲宗驾崩，在宋神宗皇后向太后的坚持下，宋哲宗弟弟端王赵佶即位，是为宋徽宗。宋徽宗崇道抑佛，宠信术士，大肆推行神道设教。宋徽宗除了下令编写《五礼新仪》，希望成为一代大典，同时对祭祀礼制详加要求。崇宁四年（1105）八月二十一日，诏："天地、宗庙、社稷、百神之祠，所有御封香、青词、表祝，自来止使臣取降及执事人赍往，未至严洁。宜令有司制造

---

① 《宋史》卷一三六，第10册，第3193页。
② 《续资治通鉴长编》卷四四九，第18册，第10791页。
③ 《续资治通鉴长编》卷五一四，第20册，第12215页。

图2-1　宣和重修泰岳庙记碑

朱红匣并檐床共十二事，覆以黄钯、油钯，锦帽、锦络缝紫宽衫四十八事，均送入内内侍省、学士院、秘书省。仍造两幅黄绢袷钯五十，铜香合二百具，方二尺五寸，黄绢袷钯二百条，付入内内侍省。制朱红小匣二十，付学士院、秘书省。自今祝版及青词、表文既进，降出，即置于匣，亲事官四人服所给锦帽等奉至祠所。皇城司每半年差亲事十八人，内节级二人，分于学士院、入内内侍省担擎御封香、青词、表祝。"①

宋徽宗对东岳颇为重视，在位期间，他下令重修了泰山东岳庙，并命臣僚撰写庙记。宣和六年（1124），泰山东岳庙重修，宇文粹中奉敕撰写《宣和重修泰岳庙记》。此外，他还对地方上的东岳行宫赐庙额，如对山西解县的东岳别祠于宋徽宗大观二年（1108）十二月赐庙额"广佑"。②

宣和七年（1125）十二月，在金兵南下的威胁下，宋徽宗匆忙禅位太子赵桓，是为宋钦宗。宋钦宗即位后，仍然希望通过修缮祠庙来保佑赵宋江山。靖康元年（1126）二月十二日，在登基仅数月后，宋钦宗颁布赦文："应祠庙载于祀典，曾经焚毁者，候向去夏秋丰熟，量破系省钱修葺。"③可惜此时北宋朝廷一直忙于应对金人军事进攻，根本无暇他顾，且宋钦宗在位仅年余便亡国，这道赦令很可能无法落实。

---

① 《宋会要辑稿》第2册，第774页。
② 《宋会要辑稿》第2册，第996页。
③ 《宋会要辑稿》第2册，第988页。

（四）南宋诸帝与东岳祭祀

靖康二年（1127）二月，金人废黜宋钦宗，北宋灭亡。同年五月，宋徽宗之子、宋钦宗弟弟康王赵构在应天府（今河南商丘）称帝，重建宋朝，史称南宋，赵构为宋高宗（1127—1162年在位）。南宋建立前后，经历金兵南下与境内溃兵、流寇的四处烧杀抢掠，大批祠庙遭到严重破坏。因此，宋高宗多次下诏，要求地方官修缮祠庙，并进行祭祀。

建炎元年（1127）五月一日，宋高宗登基敕文指："五岳四渎、名山大川、历代圣帝明王、忠臣烈士，载于祀典者，委所在长吏精洁致祭，近祠庙处并禁樵采。如祠庙损坏，令本州支系省钱修葺，监司常切点检，毋致隳怀。"①建炎四年（1130）二月二十三日，宋高宗再次颁布德音："应金人焚烧前代帝王及五岳四渎、名山大川神祠庙宇，仰所在州县移那系省钱物，渐次修盖，如法崇奉。其不经焚烧，或有损坏去处，亦仰依此施行。"②此时南宋朝廷居无定所，朝不保夕，所谓的修缮祠庙，很难施行。不仅如此，朝廷的五岳四渎祭祀也被迫停止。

宋高宗政权非常重视祭祀，朝廷刚刚稳定，便恢复了一些重要的祭祀，如明堂礼、郊祀等。绍兴元年（1131）六月十一日，太常寺言："今来年九月，有事于明堂，依例合降御封香、祝祭告五岳四渎，系吏部差使臣管押香、祝至东岳兖州、东渎唐州、南岳潭州、南渎成都府、中岳河中府、西岳华州、西渎河州府、北岳中山府、北渎孟州。其逐州府，俟香、祝到日，本处排办告祭。今来道路未通，昨郊祀大礼毕，祭告五岳四渎，只就行在寺观设位望祭。今参酌，欲乞就越州天庆观设位望祭。"诏依。七月十一日，太常寺言："据太史局选定祭告五岳四渎日分，宜用七月十三日丁未吉，今参酌礼例下项：自来系差逐州府知、通行礼，今来设位望祭，欲乞今越州轮差知、通一员，前一日赴祠所致斋，唯告事得行，其余悉禁。一合用神位版并铺设学生乞下大史局差办。一每位各用酒二升、鹿脯一段，重四段（阙，以羊干肉代）鹿酱二合半（阙，以鲊酱代之）蜡烛二条，币帛一段（长一丈八，人小尺）并合用祭器等，并乞下越州应副排办。一合用祝文（并述以明堂大礼御札降祭告之意）乞令学士院预先修撰，

---

① 《宋会要辑稿》第2册，第988页。
② 《宋会要辑稿》第2册，第989页。

进书迄，降付本司供应。并合用御封降真香九合，乞下入内内侍省预先降。一合差奉礼郎、太祝太官令各一员（并以文臣充，内太祝差有出身）并乞下越州依例差官。"诏依。"（绍兴）四年用六月五日于临安涵惠寺设位，七年用五月二十八日于建康府保宁寺设位，并如元年之制。"①因为恢复明堂祭礼，同时恢复了作为从祀的岳渎祭祀，不过根据当时五岳四渎并不完全在南宋疆域内的事实，进行了灵活处理。

随着南宋统治渐趋稳定，朝廷开始恢复废弛已久的岳渎祭祀。绍兴七年（1137）五月十一日，太常博士黄积厚言："百神之祀，旷岁弗修。如中祀未举者，岳镇海渎中岳、中镇是也，望举而行之。从之。"②"每岁以四立日、季夏土王日设祭。其礼料初依奏告例，后比拟旧制。每岁以四立日、季夏土王日设祭。其礼料初依奏告例，后比拟旧制，用羊、豕各一口；笾十，菱、芡、栗、鹿脯、榛实、干桃、干蓤、干枣、形盐、鱼鱐；簠二，稻、粱；簋二，黍、稷；铏、鼎三，铏羹；登二，大羹；脂盘一，毛血；豆十，芹、笋、葵、菁、韭、鱼醢、兔醢、豚胉、鹿臡、酏醢；俎八，羊腥七体、羊熟十、羊腥肠胃、羊熟肠胃肺、豕腥七体、豕熟十一、豕腥肤、豕熟肤；尊罍二十四，实酒，并同皇地祇。"③

岳渎祭祀礼虽然恢复，但事实上，直到绍兴十三年（1143）时，岳渎等祭祀祭品仍然很简单。"（绍兴十三年）十一月二十一日，太常博士刘峼言：'昨自南渡草创，未能备物，凡遇大小祠祭，并权用奏告礼，一笾一豆，酒脯行事。今时方中兴，容典浸备，礼有大于此者，虽已毕备，唯兹常祀，因循未复其旧。甚者如日月、五帝，且不得血食；神州、感生，以祖宗配，亦削去牲牢。简神渎礼，于是为甚，厘而正之，其可缓邪！望明诏有司，讲求祀典。凡所谓大祀，与夫风、雨、雷神，岳、镇、海、渎、蚕、农之祭，不可阙者，并先次复旧，其他以次举行。所有牲牢、礼料、登歌之类，务令如礼，无或简略，实国家之先务。'从之。"④此时宋金绍兴和议已经签订，结束战事，南宋朝廷将注意力放

---

① 〔宋〕礼部太常寺纂修，〔清〕徐松辑：《中兴礼书》卷五二，《续修四库全书·史部·政书类》，上海：上海古籍出版社影印本，2002，第822册，第222页。

② 《宋会要辑稿》第2册，第1080页。

③ 《宋会要辑稿》第2册，第1080页。

④ 《宋会要辑稿》第2册，第785页。

在礼制建设方面。

绍兴十三年（1143），行郊祀大礼，岳渎诸神陪祀，"寅阶第二龛，帝座一位在前，东岳等八位在后，为一列，以北为上"①。六月十二日，礼部太常寺言：礼神真玉，"五岳两圭有邸"②。十月十三日，礼部太常寺言：修立郊祀礼仪前祀一日，太史设神位版……（配座）五岳神位六十有九于第二龛。③

绍兴十年（1140）五月二十四日，礼部太常寺言："准御札今年九月有事于明堂。契会绍兴四年并七年明堂大礼，并为道路未通，于行在设位祭告五岳四渎，行礼了当。今检照《皇祐明堂记》内该载，四海亦合一就祭告。寻批：会道都进奏院道路已、未通去处。一道路已通去处，潭州南岳司天昭圣帝、河南府中岳中天崇圣帝、华州西岳金天顺圣帝、广州南海洪圣广利昭顺威显王、孟州北海冲圣广泽王，并北渎大济清源王、广州东渎大淮长源王、益州南渎大江广源王。一道路未通去处，兖州东岳天齐仁圣帝、定州北岳安天元圣帝、莱州东海助顺渊圣广德王、河中府西海通圣广润王，并西渎大河显圣灵源王。一合相度欲将道路已通去处，依自来条例赍降香、祝前去逐处祭造。所有未通去处，乞依绍兴四年并七年礼例于行在设位祭造。"诏依。绍兴三十一年（1161）明堂礼，岳渎祭祀再次分"道路未通去处"与"路通去处"分别祭告。东岳作为"道路未通去处"，"合于行在设位祭告"。④这一岳渎分祀制度为南宋帝王沿袭。

南宋时，五岳中只有南岳在其辖境之内，绍兴十三年（1143）南郊，对于不在其辖境内的四岳三海三渎采取望祭的形式，祝文除了《五岳四海四渎祝文》，还有单独的《南岳南海祝文》。其中《五岳四海四渎祝文》祝文标题后注："系路未通去处，于行在设位，以后称呼遣官跋尾并仿此。"南宋之所以在岳渎祭祀中特外重视南岳海渎，与南宋偏安江南，南方为其龙兴吉位，有庇佑其江山社稷的作用有着密切关系。同年十一月八日，郊祭报谢岳渎。此后，每年两次祈祭、报谢岳渎成为定例。祝文除了五岳镇海渎外，南岳海渎单独列祝文，祝文基本上保持三年一换。

---

① 《中兴礼书》卷四，第22页。
② 《中兴礼书》卷六，第28页。
③ 《中兴礼书》卷四，第26页。
④ 《中兴礼书》卷五二，第223页。

绍兴三十二年（1162）六月十三日，宋孝宗即位。宋孝宗朝是南宋国力最强盛的时期，宋孝宗本人有着强烈的恢复意识，一方面厉兵秣马，同时不忘强调国家祀典。与宋高宗一样，宋孝宗甫一登基，便发布敕令："五岳四渎、名山大川、历代圣帝明王、忠臣烈士，载于祀典者，委所在长吏精洁致祭，近祠庙处并禁樵采。如祠庙损坏，令本州支系省钱修葺，监司常切点检，毋致隳坏。"①此后，他又多次利用郊祀的机会，诏令天下修缮祠庙，严肃祠祭。

乾道元年（1165）正月一日，郊祀赦："五岳四渎、名山大川、历代圣帝明王、忠臣烈士有功及民，载于祀典者，并委所在差官严洁致祭。（八月十二日册皇太子赦，并三年、六年郊祀赦，亦如之。六年赦内仍令神祠庙宇有损坏去处，逐州长吏以系省钱，限一月监修。七年册皇太子赦及三年九月郊赦并同六年之制。）"②乾道三年（1167）闰七月二十九日，太常寺状，"岁中每用祠祭合用礼料，除已遵依已降指挥外，内牲牢依条大祀九十日，中祀六十日，小祀三十日入涤"③。

据史料记载，岳渎祭祀至宋孝宗朝似乎仍未完全恢复"旧典"。乾道四年（1168）九月十九日，李焘上言"祠祀……但告以酒脯，恐于交神之道有所未备。访诸有司，岁用羊、豕共不过六十余。乞令有司并复旧典。"从之。"十月十一日，礼部太常寺言：'准已降旨复岳、镇、海、渎等祠，有合修换乐章、教习乐工、措画致斋设位。今立冬日逼，办集不逮，乞自十二月三十日立春祭东方岳、［镇］、海、渎为始。'从之。……十一月二十七日，太常少卿王瀹等言：'岁中祠祀礼料，临安府应办牲用、酰醢、酒齐，籍田司供备粢盛、蔬菜、果实。昨自籍田司权罢，并令本寺官掌之。所有种植供应礼料甲头元以十人为额，皆用仁和、钱塘县纳料谙练农事之人，免中下等行役差科，无他请给。既权罢籍田司，减甲头七人，而是年少卿王普请益粢盛礼料三倍，岁中九十余祭，近又复岳、镇、海、渎等九祭，所用礼料愈多，人力不胜。乞量增三人种植应办。'从之。"④

---

① 《宋会要辑稿》第2册，第989页。

② 《宋会要辑稿》第2册，第987页。

③ 《中兴礼书》卷八，第32页。

④ 《宋会要辑稿》第2册，第792—793页。

淳熙元年（1174）七月十八日，礼部言："（窃见）昊天上帝……与日月星辰、岳渎诸神重叠堆集于一小室间……造日月星辰、岳渎诸神等，黑漆匣二十个，各高一尺五寸，长二尺二寸，润二尺二寸，并用黑漆。"①

绍熙二年（1191）六月二十二日，太常少卿耿秉言："窃见祠祭祝文，自绍兴年间撰制，一向不曾改易，其间亦有不可用于今日者。乞委馆职重行分撰。"从之。既而著作郎黄艾等分撰进呈四孟荐飨祝文。……东岳（洪惟岱宗，作镇东土。朝隮寸云，夕冒方夏。王略未复，柴燎莫亲。肃瞻岩岩，神岂予远）东海（海奠四极，万折必东。民资鱼盐，舟达商贾。肆严春祀，思假灵休。涛波不惊，以时潮汝）。②

孝宗后，岳渎祭祀仪制基本上没有变化，一直到南宋灭亡。

南宋官方编纂的《中兴礼书》《中兴礼书续编》中载有南宋高宗、孝宗朝岳渎祭祀的祝文，虽然有残缺，但从中可见南宋帝王祭祀岳渎时的一些情况。

表2-4　　　　　　　　　南宋高宗、孝宗朝岳渎祭祀祝文

时间		祝文	存佚
绍兴十三年（1143）	八月［祈祭］	五岳四海四渎祝文	存
		南岳南海祝文	
	十一月八日［报谢］	五岳四海四渎祝文	
		南岳南海南渎祝文	阙
绍兴十六年（1146）	六月二十四日［祈祭］	五岳四海四渎祝文	存
	十一月十日［报谢］	五岳四海四渎祝文	阙
		南岳南海南渎祝文	存
绍兴十九年（1149）	祈祭、报谢	五岳四海四渎祝文	阙
		南岳南海南渎祝文	
绍兴二十二年（1152）	七月十日［祈祭］	五岳四海四渎祝文	存
	十一月十八日［报谢］	五岳四海四渎祝文	

① 《中兴礼书》卷四，第27页。
② 《宋会要辑稿》第2册，第797—798页。

续表

时间		祝文	存佚
绍兴二十五年（1155）	［祈祭］ ［报谢］	五岳四海四渎祝文	存
		五岳四海四渎祝文	
		南岳南海南渎祝文	
绍兴二十八年（1158）	［祈祭］	五岳四海四渎祝文	存
		南岳南海南渎祝文	
	［报谢］	五岳四海四渎祝文	阙
		南岳南海南渎祝文	存
绍兴三十二年（1162）	［祈祭］	五岳四海四渎祝文	阙
		南岳南海南渎祝文	存
乾道元年（1165）	［报谢］	五岳四海四渎祝文	存
		南岳南海南渎祝文	
乾道三年（1167）	［祈祭］	五岳四海四渎祝文	存
		南岳南海南渎祝文	
	［报谢］	五岳四海四渎祝文	存
乾道六年（1170）	［祈祭］	五岳四海四渎祝文	存
	十一月［报谢］	祭谢五岳四海四渎祝文	
乾道九年（1173）	［祈祭］	五岳四海四渎祝文	存
	［报谢］	五岳四海四渎祝文	
		南岳南海南渎祝文	
淳熙三年（1176）	三月［祈祭］	五岳四海四渎祝文	存
	［报谢］	五岳四海四渎祝文	
	十一月十二日［报谢］	郊祀大礼毕祭谢五岳四海四渎祝文（四首）	存
淳熙十二年（1185）	［祈祭］	五岳四海四渎祝文	存
		南岳南海南渎祝文	
	［报谢］	五岳四海四渎祝文	存
		南岳南海南渎祝文	

纵览南宋高、孝朝岳渎祝文，除了常见的形式化语言外，时事的变化也时常在祝文中有所流露。如绍兴三十二年（1162）南郊，此时宋金战争正酣，岳渎祝文中就有祈祷战事之言："会边顷之不宁，惧斋心之有阙。……觊乾坤之锡祉，备疆场之销兵。庶竭忱诚，遂成熙事。"[1]孝宗是南宋帝王中最想有所作为的一位皇帝，面对宋金对峙的现实，他也只能无奈地在岳渎祝文中说："慨疆域之未还，瞻山川之尚远。"[2]

《宋史·乐志十一》中收录了"绍兴祀岳镇海渎四十三首"，其中东岳神配乐如下：

> 东方迎神，《凝安》。帝奠九廛，孰匪我疆。系我东土，山川相望。祀事孔时，肃雍不忘。業峩蒙鸿，郁哉洋洋！
>
> 初献盥洗，《同安》。青阳肇开，祀事孔饬。郁人赞溉，其馨苾苾。敬尔威仪，亦孔之则。神之格思，无我有斁。
>
> 奠玉币，《明安》。司历告时，惟孟之春。爰举时祀，旅于有神。鼓钟既设，珪帛具陈。阜蕃庶物，以福我民。
>
> 东岳位酌献，《成安》。岩岩天齐，自古在昔。肤寸之云，四方其泽。惟时东作，祀事乃饬。惠我无疆，恩沾动植。[3]

王斯福（Stephan Feuchtwang）指出，宗教隐喻是权力拥有者用以使他们控制的合法化资源和通过象征掌握的资源与军事力量获得更大权力的表象手段。岳渎在古代中国不仅是名山大川，更是一种地区权力的象征，扮演沟通上天与帝王的重要角色。帝王通过一系列仪式对岳渎进行祭祀，重建上天与王宫之间的关系。南宋时，五岳四海四渎中只有南岳、南海、南渎在其封域之内。尽管政府可以望祭，但丧失了上述地区上天与朝廷的沟通，标志着南宋统治正统性的危机，这让南宋朝廷一直耿耿于怀。宋蒙联合灭金后，南宋官员真德秀为东岳重归南宋版图欣喜若狂，特意写下《题南岳》诗："百年五岳隔华戎，屏蔽皇

---

① 《中兴礼书》卷三二，第140页。

② 《中兴礼书》卷七七，第318页。

③ 《宋史》卷一三六，第10册，第3195页。

家独祝融。剩喜岳灵今有伴，岱宗今入版图中。"①昭示了南宋士人对于东岳作为国家政权象征的认可。

二、地方官祭祀东岳

宋代东岳神除了作为国家政权合法性的体现者受到朝廷的重视外，在其他方面的一些神力，同样受到朝廷的青睐。如遇到水旱灾害时，朝廷会向岳渎祈祷。遇到战争、黄河决口、皇帝太后等患病时，皇帝会亲自或者派遣臣僚到泰山岱庙进行祭祀，同时在都城采取望祭，以期禳除灾异。朝廷这些对待灾异或天变的方式同样影响到地方官。宋代地方官到任后，要例行拜祭境内诸神祠，当然地方官所代表的是朝廷对神祠进行祭祀，体现了朝廷对神祠的尊崇。地方官祭祀东岳一般也是在遇到水旱灾害或者盗贼侵袭等情况下，而且朝廷还特意颁发了祈祷文书，以指导地方官的祭祀行为。可以说，宋朝通过朝廷与地方双重祭祀，将东岳神牢牢地与政权联系在一起。

在宋代，东岳除了体现与国家政权的密切关系外，其他一些职能，同样受到朝廷的重视。

（一）水旱休咎祈雨祈晴

早在上古时期，人们便认为山岳可以兴云降雨。"山林、川谷、丘陵能出云，为风雨，见怪物，皆曰神。"②"曷为祭泰山河海？山川有能润于百里者，天子秩而祭之。触石而出，肤寸而合，不崇朝而遍雨乎天下者，唯泰山尔。"③这一说法在东汉时得到强化，"东方泰山，诗云：'泰山岩岩，鲁邦所瞻。'尊曰岱宗，岱者，长也，万物之始，阴阳交代，云触石而出，肤寸而合，不崇朝而遍雨天下，其惟泰山乎！故为五岳之长。王者受命易姓，改制应天，功成封禅，

---

① 北京大学古文献研究所编：《全宋诗》卷二九二二，北京：北京大学出版社，1998，第56册，第34857页。

② 《礼记正义》卷四六，第1296页。

③ 〔汉〕公羊寿传，何休解诂，〔唐〕徐彦疏：《十三经注疏·春秋公羊传注疏》卷一二，北京：北京大学出版社标点本，1999，第268—269页。

图2-2 "肤寸升云"石刻

以告天地"①。

东岳能调节气候的神秘力量对于以农业立国的中国古代王朝来说具有极大的吸引力，暗合了帝王期望自己治下境内风调雨顺的心理。于是在历代官方祀典中，每当遇到旱涝等自然灾害，东岳就成为帝王重要祈祷对象之一，宋代也不例外。

宋朝礼制规定："国朝凡水旱灾异，有祈报之礼。祈用酒、脯、醢，报如常祀。……［望祭］诸方岳镇海渎。（于南郊望祭）天齐仁圣帝庙。……以上并敕建，遣官。"②从北宋太祖、太宗两朝开始向岳渎祈雨。

宋太祖建隆二年（961）六月壬子，翰林学士王著言："时雨稍愆，请令近臣按旧礼告天地、宗庙、社稷，及望告岳镇海渎于北郊。"诏从之。"雨足，报祭如礼。"③建隆四年（963）五月一日，"以旱，命近臣遍祷天地、社稷、宗庙、宫观、神祠、寺，遣中使驰驿祷于岳渎。（自是凡水旱皆遣官祈祷，唯有变常礼则别录。）"④

宋太宗至道二年（996）三月十五日，"太常礼院上言：'按典礼，凡京都旱，则祈岳、镇、海、渎及诸山川能兴云雨者，于北郊望而祭之。'"⑤两宋

---

① 《风俗通义校注》卷一〇，第447页。
② 《宋会要辑稿》第2册，第949页。
③ 《续资治通鉴长编》卷二，第1册，第47页。《宋会要辑稿》第2册，第950页。
④ 《宋会要辑稿》第2册，第950页。
⑤ 《宋会要辑稿》第2册，第951页。

三百二十年，历朝皇帝多次因旱涝雨雪灾害等向岳渎祈祷。

表2-5　　　　　　　　　　　宋代帝王岳渎祈雨祈晴表

时间	内容	出处
宋太祖乾德二年（964）	二月丁酉，遣左拾遗梁周翰等驰驿分诣五岳祈雨	《长编》卷五
	三月十一日，遣左拾遗梁周翰等驰驿分诣五岳祈雨	《宋会要》礼一八
宋太宗太平兴国七年（982）	三月乙巳，以旱分遣中黄门遍祷方岳	《宋史》卷四
雍熙三年（986）	八月丁未，大雨，遣使祷岳渎，至夕雨止	《宋史》卷五
淳化元年（990）	夏四月庚戌，遣中使诣五岳祷雨	同上
至道元年（995）	二月十三日，命中使分诣五岳祈雨	《宋会要》礼一八
宋真宗咸平四年（1001）	二月丁未，兵部郎中、直昭文馆韩援等八人分诣岳渎祈雨	《长编》卷四八
景德元年（1004）	五月甲午，遣常参官诣五岳四渎祈雨。是日大雨，遂留不遣	《长编》卷五六
大中祥符八年（1015）	二月十七日，命宰臣以下分诣寺观祈雨，遣官祷岳渎，仍命参知政事丁谓建道场于五岳观	《宋会要》礼一八
宋仁宗天圣二年（1024）	三月二十三日，诏以中春农事兴，畿甸久无雨泽，遣官诣五岳四渎祈求，仍诣会灵观池上塑龙。翌日雨足。诏在京宫观、祠庙择日赛谢。岳、渎在外者，止就会灵观望祭，更不差官	《宋会要》礼一八，《长编》卷一〇二
庆历三年（1043）	四月十七日，遣官诣五岳四渎祈雨	《宋会要》礼一八
庆历七年（1047）	二月丙寅，遣官五岳、四渎祈雨	《长编》卷一六〇
皇祐二年（1050）	三月己亥，分迁朝臣诣天下名山大川祠庙祈雨	《长编》卷一六八
嘉祐二年（1057）	十二月乙丑，命近臣分祷天地、宗庙、社稷及遣官诣五岳、四渎祈雪	《长编》卷一八六
宋英宗治平元年（1064）	四月十九日，命辅臣祷雨于天地、宗庙、社稷及遣使祷五岳四渎、名山大川、诸祠庙	《宋会要》礼一八
治平二年（1065）	三月六日，诏五岳四渎、名山大川处差知州、通判祈雨	《宋会要》礼一八
治平四年（1067）	五月十三日，诏差朝臣五岳四渎、诸水府祈雨	《宋会要》礼一八
治平二年（1065）	九月乙酉，以久雨，遣使祈于岳渎名山大川	《宋史》卷一三

时间	内容	出处
宋神宗熙宁元年（1068）	七月二十八日，以霖雨未至，遣官祈天地及宗庙、社稷、五岳四渎，仍令辅郡长吏斋洁祈祭所在名山、灵祠，开在京寺观纵士庶焚香五日	《宋会要》礼一八
熙宁六年（1073）	（十月）诏五岳、四渎所在长吏祈雪	《长编》卷二四七
熙宁七年（1074）	三月十三日，以旱，遣官分祷京城、畿内诸祠，五岳四渎各委长吏致祭	《宋会要》礼一八
	八月十一日，诏久旱，祷雨未应，其令长吏躬祷岳渎	
	九月丙申朔，遣官谢雨，命守臣谢岳渎	《长编》卷二五六
	九月三日，命辅臣分诣天地、社稷、宫司等处谢雨，五岳四渎仰逐处长吏虔行祠赛	《宋会要》礼一八
元丰二年（1079）	四月庚戌，上批："闻兖、郓、徐、济等州久无雨，谷麦失望，人情不安，虽已遣内臣往东岳建道场，可更遣礼官祈祷。"	《长编》卷二九七
	十月庚戌，诏太皇太后违豫日久，命辅臣等入祷天地、宗庙、社稷及都内神祠，仍于宫观寺院建道场七昼夜，五岳、四渎并诸灵迹处，令通判准此。仍令开封府访善治风虚疾者，以名闻	《长编》卷三〇〇
	十二月癸卯，遣官分诣近京岳、渎神祠祈雪	《长编》卷三〇一
元丰三年（1080）	四月庚子，诏西北诸路愆雨，北岳令知定州韩绛，东、西、中岳令所在知州躬往祈祷	《长编》卷三〇三，《宋会要》礼一八
宋哲宗元祐五年（1090）	二月癸卯，诏时雨稍愆，应五岳、四渎州军令长吏祈祷	《长编》卷四三八《宋史》卷一七
元祐八年（1093）	八月壬戌，遣使按视京东西、河南北、淮南水灾。丁卯，祷于岳渎、宫观、祠庙	《宋史》卷一七
绍圣元年（1094）	（四月）十八日，诏诸州长吏躬诣五岳四渎祈祷	
绍圣四年（1097）	五月三日，诏令陕西、河东、京东路阙雨州军，应管下岳渎及名山大川并诸祠庙，自来祈祷感应之处，并令长吏精虔祈求。其合用祝文，令学士院依例修撰	《宋会要》礼一八
元符二年（1099）	（三月）二十二日，诏辅臣分诣天地、宗庙、社稷、宫观、寺院等处祈雨。诸路阙雨州军，令长吏于管下岳渎名山并诸祠庙自来祈祷感应之处，选日精虔祈求。其合用祝文，令学士院依例修撰	

续表

时间	内容	出处
宋高宗绍兴五年（1135）	（六月）二十二日，中书门下省言："昨日稍愆雨泽，祈祷天地、宗庙、社稷、岳渎、四海、雨师、雷师，应临安府界载在祀典及名山大川、神祠、龙洞。今已获感应，望并令元差官各诣逐处报谢。"从之。自是每祈晴雨有应，并依此礼	《宋会要》礼一八
绍兴七年（1137）	（七月）十三日，诏："稍愆雨泽，恐伤禾稼，可差官祈祷。"天地差参知政事陈与义，宗庙差宣州观察使仲鸷，社稷差户部侍郎王俣，五岳、五镇差礼部侍郎吴表臣，四海、四渎差礼部侍郎陈公辅，雨师、雷师差太府少卿郑作肃	《宋会要》礼一八
绍兴十一年（1141）	十二月，尚书省言：旱暵为灾，深恐害稼，依礼例合差官祈祷天地、宗庙、社稷、岳镇海渎、雨师、雷神。从之	《宋史》卷九一
宋孝宗淳熙十三年（1186）	七月十日，太常寺言："亢阳为沴。检照国朝典礼，凡京都旱，则祈岳、镇、海、渎及诸山川能兴云雨者，于北郊望告；又祈宗庙、社稷，及雩祀上帝、皇地祇。"诏命宰臣已下分诣祭告。八月三日，已获感应，复命报谢	《宋会要》礼一八
宋宁宗庆元三年（1197）	四月九日，诏：雨泽稍愆，令宰执、侍从分诣祈祷天地、宗庙、社稷、岳镇海渎、群神。（嘉泰元年五月，开禧三年五月、嘉定八年四月亦如之。）	《宋会要》礼一八
庆元六年（1200）	（五月）十四日，都省言："亢阳为沴，祈祷未获感应。检照典礼，凡京都旱，则再祈岳镇海渎，及诸山川能兴云雨者，于北郊望告，又祈宗庙、社稷，及雩祀于圜坛。"诏命宰臣以下分诣祭告。（嘉泰元年五月、嘉定八年四月亦如之。）	《宋会要》礼一八，《宋史》卷二七
嘉泰元年（1201）	五月七日，诏："雨泽稍愆，分差卿监、郎官诣临安府东岳天齐仁圣帝、吴山忠武英烈威显灵佑王、天王神、城隍庙、福顺王庙、旌忠观祈祷。"（开禧元年六月、三年五月、嘉定八年三月、十年六月、十四年正月亦如之。）	《宋会要》礼一八
嘉泰三年（1203）	九月二十日，诏："雨泽稍多，分遣卿监诣东岳天齐仁圣帝、吴山忠武英烈威灵显佑王、天王神、城隍庙、旌忠观祈祷。"（开禧三年五月、嘉定五年九月、六年正月、十年四月亦如之。）	《宋会要》礼一八
开禧三年（1207）	五月二十九日，以雨泽稍多，诏令执政、侍从分诣祈祷天地、宗庙、社稷、宫观、岳镇海渎、风雷雨师	《宋会要》礼一八

续表

时间	内容	出处
嘉定六年（1213）	五月庚申，大雩于园丘，有事于岳、渎、海、至于八月乃雨	《宋史》卷九一
宋理宗端平三年（1236）	七月乙巳，以霖雨害稼，命近臣祷于天地、宗庙、社稷及宫观、岳渎等处	《宋史全文》卷三二
开庆元年（1259）	九月丁卯，以边事孔棘，命群臣奏告天地、宗庙、社稷及宫观、岳渎、诸陵	《宋史全文》卷三六

从表中可以看出，宋代官方多数是对岳渎整体进行祈祷，较少单独祈祷东岳。这是因为在历代官方祀典中，岳渎（或五岳）通常都是作为一个整体享受国家祭祀，宋代也是如此。另一方面说明在应对旱涝雨雪等自然灾害方面，岳渎诸神地位是同等的。

除了应对各类自然灾害时皇帝向岳渎祈祷，遇到其他一些突发事件时，岳渎同样是帝王祈祷对象之一。

（二）河决时祈祷

宋真宗天禧四年（1020）二月丁酉，"滑州言河塞，诏奖之。己亥，命翰林学士承旨晁迥致祭。又遣官谢京城宫观、诸陵、岳渎、灵山胜境"[1]。

（三）皇帝、太后患病时祈福

嘉祐元年（1056）春正月甲寅朔，宋仁宗"御大庆殿受朝。是日，不豫。辛酉，辅臣祷祠于大庆殿，斋宿殿庑。近臣祷于寺观，及遣诸州长吏祷于岳渎诸祠"。"二月甲辰，帝疾愈，御延和殿。""（三月）壬申，遣官谢天地、宗庙、社稷、寺观、诸祠。"[2]

嘉祐八年（1063）三月，宋仁宗驾崩，宋英宗即位。"五月戊辰，初御延和殿。上疾犹未平，命辅臣祈福于天地、宗庙、社稷及景灵宫、寺观，又遣使二十一人祷岳、渎、名山。"[3]

宋神宗元丰二年（1079）十月庚戌，"以太皇太后服药，德音降死罪囚，流

① 《续资治通鉴长编》卷九五，第4册，第2182页。
② 《宋史》卷一二，第1册，第239页。
③ 《续资治通鉴长编》卷一九八，第8册，第4809页。

以下释之。诏太皇太后违豫日久，命辅臣等入祷天地、宗庙、社稷及都内神祠，仍于宫观寺院建道场七昼夜，五岳、四渎并诸灵迹处，令通判准此"①。

元符三年（1100）十二月甲午，"以皇太后不豫，祷于宫观、祠庙、岳渎"②。

（四）强敌入侵，祈福保佑

宋高宗绍兴三十一年（1161），金主完颜亮挥师南下，宋金再次爆发战争。"十月十九日，诏：'金人败盟，朝廷不得已而兴师，合奏告天地、宗庙、社稷等，令太常寺条具。'寻具到，合奏告天地、社稷、九宫贵神、五福十神、太一差宰执，宗庙差亲王，诸陵、攒宫差宗室节度使及正任以上，行奏告礼；及遣官祭告蚩尤、马祖、北方天王、五岳、四渎、名山大川；并令招讨使行祃祭之礼。并从之。"③十一月三日，南宋臣僚言："窃谓陛下饬躬修德，可胜强暴，望差拨使人降祝文、御香告祭沿江祠庙威灵显著、血食庙庭、载于祀典者。令州府分诣致祷。四镇、五岳之神，于宫观设位祈祷。冀蒙阴助，以速万全。"从之。④

孝宗隆兴二年（1164），宋金战争仍在进行。同年闰十一月六日，"太常寺言：'准已降旨，依绍兴三十一年指挥礼例，致祷于四渎、五岳、显应观、旌忠观、祚德庙、忠清庙，其行礼官各一员，乞降敕差侍从官充；如阙，于卿监内差官施行。'从之。八日，致祷于天地、宗庙、社稷、诸陵、两攒宫、太一宫、九宫贵神、风伯、雨师、五岳、四渎、四海、马祖、蚩尤、北方天王"⑤。

从以上帝王祈祷岳渎的情况来看，祈祷雨雪最为常见，国家安危与个人生死是帝王最关心的问题。

按照王铭铭的解释，天子在一定时间向名山献祭，是为了重建王宫与天之间的等级关系。地方官员举行类似的仪式，为的是在地方体现国家的在场。⑥宋

---

① 《续资治通鉴长编》卷三〇〇，第12册，第7312页。

② 《宋史》卷一九，第2册，第361页。

③ 《宋会要辑稿》第2册，第789页。

④ 《宋会要辑稿》第2册，第969页。

⑤ 《宋会要辑稿》第2册，第969页。

⑥ 王铭铭：《"朝圣"——历史中的文化翻译》，收入氏著《走在乡土上：历史人类学札记》，北京：中国人民大学出版社，2003，第191页。

代规定："其诸州奉祀，则五郊迎气日祭岳、镇、海、渎，春秋二仲享先代帝王及周六庙，并如中祀。"[1]宋代地方政府祭祀岳渎，从规格与形式上，基本上模拟朝廷祭祀，实际上是地方政府代表朝廷对岳渎进行祭祀，目的是显示国家在场。

宋代新任地方官到任后，按照惯例拜祭当地神庙，东岳庙属于拜祭之列。如曾在泉州（两任）、潭州、福州等地任地方官的南宋大臣真德秀，每次到任后都要拜祭当地众多神祠，除了潭州（拜祭南岳神庙）外，在泉州、福州等地拜祭的神庙中都包含东岳庙。除真德秀外，现存宋人文集中，保留了一些地方官到任后拜谒东岳庙的文字。这些谒庙文大致可分为两种类型：

第一种类型，文字内容完全形式化，除了表明按照礼制对东岳神进行祭祀外，没有其他内容。说明拜谒者仅将上任拜谒岳神视作一种惯例，没有其他含义，比如北宋官员刘敞（1019—1068）的谒庙文：

> 维年月日，起居舍人、知制诰、知郓州军州兼劝农群牧使、京东西路按抚使刘某，谨以清酌庶羞，祭于天齐仁圣帝。某受朝命，来守兹土。四履之内，山林川泽，苟民所瞻仰者，皆得以礼秩祭，而况岱宗乎？故躬执豆笾，进见庙貌。神亦昭于厥诚，大庇下民。尚享！[2]

身为国家官员，到任后要拜谒国家祀典中的神祇，表面上是对神祇的尊崇，实际上仍然是因为岳神体现的国家在场象征，上任拜谒岳神，相当于向朝廷履职。

另外，岳神作为地方保护神的形象在宋人脑海中已经形成。谒庙文中经常可以看到"宅神岱宗，阴陟寰宇，爰有肖像，此邦所钦"[3]"惟神受职岱宗，庙食于荆，虽非其地之山川，守所得祠者，然神之庇民，民之敬神，无远迥一也"[4]之类文字。说明作为国家祀典中的岳神，已经开始走下国家象征的神坛，

---

①〔元〕脱脱等：《宋史》卷九八，北京：中华书局点校本，1985，第8册，第2425页。

②　曾枣庄、刘琳主编：《全宋文》卷一二九八，上海：上海辞书出版社，2006，第60册，第24页。

③《全宋文》卷三〇七八，第143册，第115页。

④《全宋文》卷六三〇九，第278册，第346—347页。

逐渐融入地方社会，成为地方保护神。

第二种类型，表达自己从政为民的决心，以及希望岳神监督等内容，下面两篇谒庙文可为例证：

> 维神以灵惠垂庇一方，民所瞻仰，其亦久矣。某被命守土，爰初视事，赖神之休，自今其始，惟神鉴之，敢忘昭告。[①]

> 某昔者守泉，首末三年，年谷洊登，寇攘寝息，公私少事，远近晏然，岂某之智力能致是哉，实神大芘斯民而锡之福也！今复被命此来，惟廉惟仁，惟公惟勤，所以自勉者不敢不用其至。若乃人力所不及，神其嘿佑之，俾二气均调，百嘉咸遂，田野安妥，纤尘不惊，岂惟某之疏拙获免厥愆，斯民实被如天之施。[②]

地方官的权力来自朝廷，通过拜谒岳庙，地方官表达了个人施政于民的决心，并愿意接受岳神的监督，模拟了朝廷授权的过程，表现了国家在场。

除了惯例性祭拜，地方官对岳庙拜祭最多的原因是祈雨（雪）、祈晴等。这一点，是得到官方认可的，如王得臣曾见过安陆郡"朝廷颁《祈雨雪文》三卷，藏于郡县"[③]。

表2-6　　　　　《全宋文》中所见部分宋代地方官东岳祝文

篇名	作者	时间	出处
《祭东岳文》	欧阳修		《全宋文》卷七六一
《岳祠祈雨祝文》	张方平		《全宋文》卷八三一
《祭天齐仁圣帝文》一、二	黄庶		《全宋文》卷一一一三
《泰山祈雨文》一、二，《泰山谢雨文》	曾巩	熙宁五年四月	《全宋文》卷一二七二
《祷庙文》	刘敞		《全宋文》卷一二九八
《郓州祷雨文》			

---

① 《全宋文》卷二九六八，第138册，第8页。

② 《全宋文》卷七二〇一，第314册，第281页。

③ 〔宋〕王得臣撰，黄纯艳整理：《麈史》卷下，《全宋笔记》第1编第10册，郑州：大象出版社点校本，2003，第85页。

续表

篇名	作者	时间	出处
《齐州祈雨雪祷泰山文》	苏辙		《全宋文》卷二一〇四
《代蔡州太守谒岳庙文》	秦观		《全宋文》卷二五九〇
《代高邮县祈晴祭东岳文》	华镇		《全宋文》卷二六五七
《祭天齐仁圣帝并城隍祈雨文》	张耒		《全宋文》卷二七七一
《祭天齐庙文》	刘安上		《全宋文》卷二九六八
《天齐神仁圣帝祝文》	葛胜仲		《全宋文》卷三〇七八
《岳殿祈晴文》	张嵲		《全宋文》卷四一一九
《东岳清源洞祈晴青词》	真德秀		《全宋文》卷七二〇五
《东岳清源洞祈晴疏》			
《东岳祈雨疏》			《全宋文》卷七二〇九
《东岳清源洞寺观祈晴疏》			
《东岳疏语》			
《东岳祝文》	杜范		《全宋文》卷七三五四
《岳庙祝文》	黄震		《全宋文》卷八〇五九
《岳庙祈晴祝文》	姚勉		《全宋文》卷八一四四
《福州城隍昭利东岳庙祈雨文》	陆游		《全宋文》卷四九五五
《东岳清源洞祈晴疏》	文天祥		《全宋文》卷八三二二

　　两宋时期，无论帝王还是地方官，都特别重视岳神祈雨雪，这与宋代自然灾害频发有着密切的关系。邓云特经过研究后指出："两宋灾害频度之密，盖与唐代相若，而其强度与广度则更过之。"[1]其中旱灾数量从10世纪开始明显增多，到11世纪上升到每百年21次的水平。[2]据统计，两宋时期，水灾、旱灾、蝗灾、地震、疫疾、风灾、雹灾、霜灾等灾害共发生1219次。其中水灾465次，占38%；旱灾382次，占31%；风、雹、霜灾142次，占12%。[3]

　　以上所列灾害中，水灾、旱灾、风灾、雹灾、霜灾就占了整个灾害的81%，这对于以农业立国的宋朝来说无疑是极大的灾难。为了应对灾害，宋政府除了兴修水利，调整各项政策，在都城修建五方岳镇海渎坛，强化祭祀，就显得十

---

[1]　邓云特：《中国救荒史》，上海：上海书店影印本，1984，第22页。

[2]　樊志民、冯风：《关于历史上的旱灾与农业问题研究》，《中国农史》1988年第1期。

[3]　康弘：《宋代灾害与荒政述论》，《中州学刊》1994年第5期。

分有必要了。

　　总之，两宋时期，通过皇帝祭祀与地方官祭祀，展现了宋代朝廷对东岳的重视。

第二节　宋代东岳祭祀仪制的变化

　　本节主要讨论宋代东岳祭祀仪制的变化。有宋一代官方编修了许多礼书，这些礼书规范了宋代祭祀制度，也体现了不同时期礼制的变化。宋代东岳祭祀仪制，从总体发展趋势而言，是在继承前代祭祀仪制的基础上，根据宋儒的理解与实际情况，将一些不符合实际或者过于烦琐的礼制加以删除或者简化，从而更好地体现宋人的东岳祭祀观。比如祭祀东岳时祝版书写情况，唐代开始时采取署版必拜，后来改为只署不拜。宋朝建立后，一开始采取了署版必拜的礼制，后来祝版署名发生变化，由称嗣皇帝臣某改称皇帝，并取消了再拜的礼制，相比唐代，对岳渎祭祀的礼制规格更低，表明宋代皇帝虽然将岳渎视作政权的保护神与正统的象征加以尊崇，但这种尊崇并非将其视作高于皇帝之上的神祇，而是体现了皇权凌驾于神权之上的观念。

一、官修礼书中的祭仪变化

　　有宋一代，官方编纂了许多礼书，对国家礼制加以规范，这些礼书多半散佚不存，现存《太常因革礼》《政和五礼新仪》《中兴礼书》(含续编) 等少数几部，虽然数量不多，但基本展现了整个宋代礼制变化的情况。从礼书中所载内容可以看出，宋代对礼高度重视，表现在不同皇帝在位期间不断调整礼制，比如大中小祀所祭祀神祇的数目与具体神祇，不同时期有所不同。关于东岳祭祀方面，在诸如祭祀时间、祭祀用酒、用香、用乐、扫除、斋宿等方面都有所变化，从总的发展趋势来看，是减轻一些繁文缛节，更趋于简便易操作。

　　元人在《宋史·礼志》中对北宋初至宋神宗朝官方礼制变化作了一个大致

总结：

> 五礼之序，以吉礼为首，主邦国神祇祭祀之事。凡祀典皆领于太常。
> 岁之大祀三十：正月上辛祈谷，孟夏雩祀，季秋大享明堂，冬至圜丘祭昊
> 天上帝，正月上辛又祀感生帝，四立及土王日祀五方帝，春分朝日，秋分
> 夕月，东西太一，腊日大蜡祭百神，夏至祭皇地祇，孟冬祭神州地祇，四
> 孟、季冬荐享太庙、后庙，春秋二仲及腊日祭太社、太稷，二仲九宫贵神。
> 中祀九：仲春祭五龙，立春后丑日祀风师、亥日享先农，季春巳日享先蚕，
> 立夏后申日祀雨师，春秋二仲上丁释奠文宣王、上戊释奠武成王。小祀九：
> 仲春祀马祖，仲夏享先牧，仲秋祭马社，仲冬祭马步，季夏土王日祀中溜，
> 立秋后辰日祀灵星，秋分享寿星，立冬后亥日祠司中、司命、司人、司禄，
> 孟冬祭司寒。
>
> 　其诸州奉祀，则五郊迎气日祭岳、镇、海、渎，春秋二仲享先代帝王
> 及周六庙，并如中祀。州县祭社稷，奠文宣王，祀风雨，并如小祀。凡有
> 大赦，则令诸州祭岳、渎、名山、大川在境内者，及历代帝王、忠臣、烈
> 士载祀典者，仍禁近祠庙咸加祭。有不克定时日者，太卜署预择一季祠祭
> 之日，谓之"画日"。凡坛壝、牲器、玉帛、馔具、斋戒之制，皆具《通
> 礼》。后复有高禖、大小酺神之属，增大祀为四十二焉。[①]

从元人总结可以看出：（1）宋代太常寺负责管理国家祀典事务；（2）宋代官
方祭祀分大祀、中祀、小祀，各祀数目并非一成不变；（3）宋代官方祀典有着
清晰、明确的制度性规定；（4）隋唐时期岳渎属于中祀，北宋初年中祀中却并
未有岳渎，根据前面引用的《宋会要辑稿》记载，北宋前期一段时间内，五岳
曾经一度被列为大祀，神宗朝中祀增加了四望；（5）地方祭祀岳渎除了在五郊
迎气日，国家大赦时亦须祭祀；（6）具体礼制内容，《开宝通礼》中有详细记载。
　为了比较清晰地看出宋代官方祀典的发展轨迹，下文以礼书为中心，对宋
代官方礼制进行分析：

[①] 《宋史》卷九八，第8册，第2425页。

（一）宋代官修礼书概述

两宋三百二十年间，官方多次编修礼书："国朝典礼，初循用唐《开元礼》，旧书一百五十卷。太祖开宝中，始命刘温叟、卢多逊、扈蒙三人，补缉遗逸，通以今事，为《开宝通礼》二百卷，又《义纂》一百卷，以发明其旨；且依《开元礼》，设科取士。嘉祐初，欧阳文忠公知太常礼院，复请续编，以姚辟、苏洵掌其事，为《太常因革礼》一百卷，议者病其太简。元丰中，苏子容复议，以《开宝通礼》及近岁详定礼文，分有司、仪注、沿革为三门，为《元丰新礼》，不及行。至大观中始修之，郑达夫主其事。然时无知礼旧人，书成颇多抵牾，后亦废。"①"南渡中兴，锐意修复"，南宋高宗、孝宗朝曾下诏编纂礼书，后成《中兴礼书》《中兴礼书续编》诸书。"理宗四十年间，屡有意乎礼文之事，虽曰崇尚理学，所谓'礼云礼云，玉帛云乎哉'，盖可三叹。咸淳以降，无足言者。"②现据《宋史》卷九八《礼一》、卷二〇四《艺文志三》与《玉海》卷六九《礼仪·礼制》等书，将宋代官方编修的礼书情况列表如下：

表2-7　　　　　　　　　　宋代官方编修礼书

	时间	上书者	书名	内容
太祖朝	建隆二年（961）	聂崇义	《重集三礼图》	
	开宝四年（971）六月	刘温叟、李昉等	《开宝通礼》二百卷	本朝沿革制度，损益《开元礼》为之
	开宝六年（973）四月	卢多逊	《新修开宝通礼义纂》一百卷	
太宗朝	淳化四年（993）六月	尚书省	《内外官仪制》	
真宗朝	景德元年（1004）二月	梁灏、李宗谔等	《阁门仪制》六卷	
	大中祥符五年（1012）十月	陈彭年等	《新订阁门仪制》十卷、《客省事例》六卷、《四方馆仪制》一卷	
	祥符中	张知白等	《御史台仪制》六卷	

---

① 〔宋〕叶梦得著，徐时仪整理：《石林燕语》卷一，《全宋笔记》第2编第10册，郑州：大象出版社，2006，第14页。

② 《宋史》卷九八，第8册，第2424页。

续表

	时间	上书者	书名	内容
仁宗朝	天圣五年（1027）十月	王皞	《礼阁新编》六十卷［一作五十卷］	取国初至乾兴所下诏敕，删去重复，类以五礼之目成书。
	天圣九年（1031）六月	宋绶等	《内东门仪制》五卷	原名《新编皇太后仪制》
	宝元二年（1039）	详定合门客省四方馆仪制所	《新编仪制》十三卷	
	康定元年（1040）四月	章得象、李淑	《阁门仪制》十二卷、《四方馆条例》一卷、《客省条例》七卷	
	庆历四年（1044）正月	贾昌朝等	《太常新礼》四十卷、《庆历祀仪》六十三卷	
	皇祐中	文彦博	《大享明堂记》	
	嘉祐中	宋咸	《朝制要览》十五卷	凡四十门，朝廷制作，有司仪式
英宗朝	治平二年（1065）	欧阳修	《太常因革礼》百卷	以《开宝通礼》为之主而记其变，自建隆迄嘉祐
神宗朝	熙宁七年（1074）八月	宋敏求	《编修阁门仪制》十册	
	熙宁十年（1077）	礼院	《祀仪》	
		宋敏求	《朝会仪注》《祭祀》《祈禳》《蕃国》《丧葬》	
	元丰五年（1082）	陈襄等	《郊庙奉祀礼文》三十卷，目录一卷	每篇先叙历代沿革，次以议奏以见其施行与否
哲宗朝	元祐五年（1090）	陈祥道	《礼书》一百五十卷	
徽宗朝	政和三年（1113）	郑居中等	《五礼新仪》二百四十卷	御制序一卷，指挥九卷，御制冠礼十卷，又目录六卷在外
	政和四年（1114）	葛胜仲	《续因革礼》三百卷	自治平迄政和四年，部居、条目皆视欧阳修之旧

续表

	时间	上书者	书名	内容
高宗朝	绍兴六年（1136）五月	李文易	《皇宋大典》三卷	以皇朝所定班序图次礼容仪式、衮冕、车辂、旗章、册命之制与夫民兵、吏禄、祠祭、户口之数，凡四门
	绍兴中	太常所定		明堂、郊祀大礼、大礼前朝献景灵宫、朝飨太庙、四孟朝献、亲飨太庙、藉田、亲祠高禖、上皇太后册宝、中宫受册宝、正旦大朝会仪注、行宫门肆赦仪注、天申节紫辰殿上寿仪注
孝宗朝	淳熙十二年（1185）	太常寺进	《中兴礼书》三百卷	八十门
宁宗朝	嘉泰二年（1202）	礼寺	《续纂中兴礼书》八十卷	孝宗一朝典礼
	嘉定六年（1213）	李埴	《通礼》三十卷	取开宝、政和凡通行者分别五礼，类为一编

　　杨建宏将北宋礼书制作分为三个阶段：北宋前期礼书制作和礼制活动的主要政治诉求是从精神上确立赵宋王朝合法性；北宋中期礼书制作的政治诉求则在于从制度上防范女主专权，并确立一代政权的规范典则，同时也具有巩固社会全面改革后的成果之政治目的；北宋后期的礼书制作，其政治诉求则在于"崇宁"，即贯彻神宗以来的政治改革路线，同时规范失范的社会秩序。①吴羽从礼书撰写角度将宋代礼书分为三类：第一类是《开宝通礼》《政和五礼新仪》，旨在奠定规制，让后世遵行；第二类是《太常因革礼》及其历代的续编，首列《开宝通礼》内容，次记之后的沿革，附与废而不行之礼；第三类是《礼阁新编》《太常新礼》《中兴礼书》《中兴礼书续编》，系对已行

---

① 杨建宏：《礼制背后的政治诉求解读——以北宋官方礼书制作为中心》，《船山学刊》2009年第1期。

之礼的编集。[①]

　　宋人虽然编写了大量礼制方面的著作，比较完整流传至今的只有四部：《太常因革礼》《政和五礼新仪》《中兴礼书》《中兴礼书续编》。宋代礼书虽然存世数量少、内容存在残缺，但作为特定时期官方礼制的载体，礼书在国家祀典上的指导地位不容忽视，特别是宋代礼书注重"沿革性"与"修正性"，[②]可以让人比较清晰地看出宋代官方礼制的变化轨迹。

　　《开宝通礼》是北宋太祖朝颁布的一部礼书。"开宝四年五月，命中丞刘温叟、中书舍人李昉、知制诰卢多逊、扈蒙、詹事杨昭俭、补阙贾黄中、司勋郎和岘、中舍陈鄂，以本朝沿革制度损益《开元礼》为之。（刘温叟卒，又以知制诰张澹参其事。）其年六月丙子，书成，上之，凡二百卷，目录二卷，号曰《开宝通礼》，藏于书府。六年四月十八日，翰林学士卢多逊又上《新修开宝通礼义纂》百卷，诏付礼院。（是日行《通礼》。）"[③]作为"全体是《开元礼》，但略改动"[④]的《开宝通礼》，北宋人欧阳修评价极高，称为"一代之成法"[⑤]。与欧阳修观点不同，楼劲经过研究，认为《开宝通礼》多不行之礼，实施中已经走样，怀疑其实用性。[⑥]其实，抛开《开宝通礼》本身地位的争议，作为官方颁布的一部礼书，至少可以从中看出北宋初年官方礼制方面的一些变化轨迹。

　　《太常因革礼》编于北宋仁宗、英宗朝，据该书编者之一欧阳修称，该书是鉴于之前编纂的《礼阁新编》"止于天禧之五年，《太常新礼》止于庆历之三年，又多遗略，不能兼收博采，以示后世。而二书之外，存于简牍者尚不可胜数，

---

　　① 吴羽：《论中晚唐国家礼书编撰的新动向对宋代的影响——以〈元和曲台新礼〉、〈中兴礼书〉为中心》，《学术研究》2008年第6期。

　　② 张文昌：《制礼以教天下——唐宋礼书与国家社会》第三章《宋代国家礼典之修撰》，台北：台大出版中心，2012。

　　③ 〔宋〕王应麟辑：《玉海》卷六九，扬州：广陵书社影印本，2003，第2册，第1304—1305页。

　　④ 〔宋〕黎靖德辑，郑明等校点：《朱子语类》卷八四，《朱子全书》第17册，上海：上海古籍出版社，合肥：安徽教育出版社点校本，2010，第2883页。

　　⑤ 〔宋〕欧阳修著，李逸安点校：《欧阳修全集》卷一五五，北京：中华书局点校本，2001，第6册，第2577页。

　　⑥ 楼劲：《关于〈开宝通礼〉若干问题的考察》，《中国社会科学院历史研究所学刊》第4集，北京：商务印书馆，2007。

付之胥史，日以残脱。故嘉祐中臣修以为言，而先帝以属修与凡礼官，命臣辟、臣洵专领其局。始自建隆以来，讫于嘉祐，巨细必载，罔罗殆尽。以为《开宝通礼》者，一代之成法，故以《通礼》为主而记其变，其不变者则有《通礼》存焉。凡变者皆有所沿于《通礼》也，其无所沿者谓之新礼，《通礼》之所有而建隆以来不复举者谓之废礼。凡始立庙皆有议论，不可以不特见，谓之庙议，其余皆即用《通礼》条目。为一百篇以闻，赐名曰《太常因革礼》"①。

既名"因革礼"，《太常因革礼》特别注意礼制的前后变化。《太常因革礼》征引了自北宋初年至当时几乎所有重要的礼书。"其书所采择者自《开宝通礼》《礼阁新编》《太常新礼》三书之外，复有《会要》《实录》《礼院仪注》《礼院例册》《封禅记》《明堂记》《庆历祀仪》等书，至为赅备。"②而这些著作现今几乎都散佚不存，只有借《太常因革礼》才得以稍窥吉光片羽。遗憾的是，《太常因革礼》卷五一《时旱祈报太庙、社稷、岳镇海渎》已经阙失，我们无法得见北宋前期岳渎祭祀仪制。

《太常因革礼》的记载内容"始于建隆，迄于嘉祐"，"嘉祐以后阙而不录"。③从宋神宗朝开始，朝廷多次对其重修。神宗元丰七年（1084）六月，尚书礼部上奏：宜下太常，委博士接续修纂，以备讨阅。从之。九月二十三日，诏礼官续编，讫于元祐初。此后，北宋官方又多次续编。"绍圣三年，礼部尚书林希言：'近年缺而不续。四月己巳，诏复编。'政和三年二月，中书舍人蒋献请续修之。宣和三年四月二十六日，臣僚请五年一修。从之。"④

《政和五礼新仪》二百二十卷，成书于宋徽宗政和三年（1113），由当时知枢密院事郑居中、尚书白时中、慕容彦逢，学士强渊明等人奉敕编撰，宋徽宗亲自作序。本书目的是"讨论古今沿革，以成一代之典"⑤，却因为编纂者郑居中等不被后人认可，因人废言，使得《政和五礼新仪》颇遭后人诟病。如南宋理学大师朱熹便对此书颇为贬斥，称"唐有《开元》《显庆》二《礼》，《显庆》

---

① 《欧阳修全集》卷一五五，第6册，第2577页。标题显示，此序作于宋英宗治平三年。
② 〔清〕阮元：《研经室外集》卷二，〔清〕永瑢、纪昀主编：《四库全书总目提要》附，海口：海南出版社点校本，1999，第1110页。
③ 《玉海》卷六九，第2册，第1307页。
④ 《玉海》卷六九，第2册，第1307页。
⑤ 《玉海》卷六九，第2册，第1308页。

已亡，《开元》袭隋旧为之。本朝修《开宝礼》，多本《开元》，而颇加详备。及政和间修《五礼》，一时奸邪以私智损益，疏略抵牾，更没理会，又不如《开宝礼》"①。"自《中兴礼书》出，遂格不行，故流传绝少"②，"宣和初，有言其烦扰者，遂罢之"③。

　　《政和五礼新仪》作为官方礼书使用时间并不是很长，因此在北宋礼制实际操作上影响有限。但它毕竟是一定时期内北宋官方礼仪的标准。此外，《政和五礼新仪》卷九五《吉礼·祭五方岳镇海渎仪》、卷九六《吉礼·诸州祭岳镇海渎仪》记载了中央与地方祭祀岳镇海渎的仪制。鉴于《太常因革礼》《中兴礼书》等礼书相关内容均缺失，《政和五礼新仪》保存的这部分内容就显得格外珍贵。

　　与北宋初年礼书《开宝通礼》相比，《政和五礼新仪》在岳渎祭祀方面变化并不是很大。关于岳渎祭祀最大的变化是在都城修建了五方岳镇海渎坛。

　　徽宗朝为岳镇海渎修建祭坛，并非突发奇想，而是当时朝廷酝酿已久之事。早在宋神宗朝，已经有人提议在京城修建五方岳镇海渎坛。宋神宗元丰三年（1080）八月，详定礼文所言："魏立四望位于祭地坛。隋史官《南郊图》有东、西、南、北望之位，各居其方。唐《开元礼》：祈岳、镇、四渎于郊四方，山川各附岳渎下。请兆四望于四郊，每方岳、镇共为一坛，海、渎共为一坎望祭。（以五时迎气日祭之，用血祭，瘗埋。）"④

　　元丰三年（1080）九月庚午，太常博士、集贤校理、新权知湖州陈侗言："伏见陛下若稽古先，修饰万事，而崇奉郊庙百神之祀，考求典礼，尤为严备。惟五岳、四渎之兆未设，……今四郊有五帝及日、月、星、辰之坛，而独四望之坛不建，或遇朝廷有祈焉，则设位皇地祇坛下，甚非古制。欲乞依《周礼》建四望坛于四郊，以祭五岳、四镇、四渎，庶合于经，而且以称陛下奉祀之意。"诏送详定礼文所。详定所"请以国朝《祠令》所载岳、镇、海、渎兆四望于四郊。岱山、沂山、东海、大淮于东郊，衡山、会稽山、南海、大江、嵩山、

------

　　① 《朱子语类》卷八四，《朱子全书》第17册，第2882页。

　　② 《四库全书总目提要》卷八二，第432页。

　　③ 《宋史》卷九八，第8册，第2423页。

　　④ 《宋会要辑稿》第2册，第983页。

霍山于南郊，华山、吴山、西海、大河于西郊，常山、医巫闾山、北海、大济于北郊。每方岳镇则共为一坛，海渎则共为一坎，以五时迎气日祭之，皆用血祭瘗埋，有事则请祷之。又以四方山川各附于当方岳、镇、海、渎之下，别为一坛一坎。山共一坛，川共一坎，水旱则祷之。其北郊从祀及诸州县就祭如故"。诏四方岳镇共为一坛望祭，余依奏。元丰三年九月十一日庚午依奏。①

宋徽宗继承了宋神宗朝的做法，在《政和五礼新仪》中规定："凡祀有常日者，立春日，祀青帝，祀东太一宫，祭东方岳镇海渎、牡鼎，祀司命、户。立夏日，祀赤帝、荧惑，祀中太一宫，祀阳德观，祭南方岳镇海渎、罂鼎、祀灶。季夏土王日，祀黄帝，祀中太一宫、帝鼐，祭中岳、中镇，祀中溜。立秋日，祀白帝、祀西太一宫，祭西方岳镇海渎、阜鼎，祀门、厉。立冬日，祀黑帝，祀中太一宫，祭北方岳镇海渎、魁鼎，祀行。"②

其实，将五岳集中在京城统一祭祀由来已久，南北朝时期北魏修建五岳四渎庙，隋唐时期的五岳观，宋真宗时期重新修建的五岳观等，目的都是将分散于天下四方的岳渎集中在京城统一祭祀，这样一方面便于操作，另一方面，也昭示了皇帝拥有天下四方。宋徽宗修建五方岳镇海渎坛，就是在这些前人的基础上对五岳四渎集中祭祀礼制进一步完善而成的。

《中兴礼书》《中兴礼书续编》是南宋孝宗、宁宗时期编写的两部礼书，也是目前流传下来的唯一的南宋官修礼书。据吴羽分析，该书编纂是承袭了唐代王彦威编纂《元和曲台新礼》的"国家礼书案牍化"的传统。③该书编纂经历了相当长的一段时间。

> 绍兴元年七月七日，章效上欧阳修编纂《太常因革礼》一百卷，诏付太常。是年十一月八日辛丑，太常少卿赵子昼言："政和、宣和续编《因革礼》，渡江皆散失。欲自渡江以后修纂成书，目为《绍兴续编太常因革礼》。"诏可。其后（明年）太常以总例及吉凶嘉新四礼凡八十六篇二十七

---

①《续资治通鉴长编》卷三〇八，第13册，第7481—7482页。《文献通考》卷八三，第14册，第2558—2559页。

②《政和五礼新仪》卷一，第57—59页。

③ 吴羽：《论中晚唐国家礼书编撰的新动向对宋代的影响——以〈元和曲台新礼〉、〈中兴礼书〉为中心》，《学术研究》2008年第6期。

卷（或云三十卷），始于建炎，至绍兴二年编类粗成，未以进御。

九年，太常丞梁仲敏言："绍圣三年以后，修纂尚缺，请委官编类。"诏本寺续修。不克成书。[1]

淳熙七年七月十一日，礼部郎范仲艺言："太祖立经陈纪，为万世规。首命大臣约唐礼书著为《通礼》，列圣相承，有《礼阁新编》《太常新礼》《因革礼》，五礼分门，各以类举。自时厥后，继纂续编。中兴以来，久缺不录。望命太常编次，大臣兼领其事，以著一代弥文，考百世损益。"诏趣成书。

八年三月七日，太常簿陈贾奏："自绍兴初载首行明堂，至今五十余年，大典礼制作总为目者百一十四，分门第卷不知其几，太常编类，惧难辨集。"诏礼部长贰同删修。初，绍兴间太常少卿赵子昼为《续因革礼》三十卷，其后礼官踵为之，书成，未得进御。

十二年三月二十七日，权礼部侍郎史弥大言："太上再造，讲明典礼。陛下绍统，如内禅、庆寿之类，亘古所无。宜宣取以进，略经乙览，付之有司，俾常遵守，不必备仪卫、施爵赏。"诏礼部太常寺缴进。四月十七日上之，凡三百卷，赐名《中兴礼书》，总六百八十门。

嘉泰二年八月十七日，礼部尚书费士寅等言："礼寺以孝宗一朝典礼，续纂《中兴礼书》八十卷。"诏令缴进。[2]

《中兴礼书》《中兴礼书续编》两书均已散佚，现存为清人徐松的辑佚本，中间颇有残缺，其中卷一四七《吉礼·岳镇海渎》阙失，使我们无法窥见当时岳镇海渎祭祀的具体礼制。不过书中比较完整地保存了南宋高宗、孝宗两朝岳渎祭祀祝文，为考察南宋初年官方岳神祭祀提供了很好的资料。

（二）礼书中关于大中小祀的变化

下面将《太常因革礼》中所记载的大祀、中祀的相关内容进行摘录排比，以展现北宋前期官方礼制的变化（其中封禅礼制另行介绍）：

---

[1] 《玉海》卷六九，第2册，第1307页。
[2] 《玉海》卷六九，第2册，第1311页。

1. 择日

《通礼》："凡大祀、中祀及大事，并前七日卜日。小祀及小事，并前五日筮日，皆于太庙南门之外，今仪皆废。国朝之制，岁之常祀有定日者，无定日而择日者，司天监前一季具画日牒礼院，礼院看详无妨碍，回牒本监，本监牒尚书祠部施行。其余非常祀及大事，皆司天监择日。"①

2. 坛壝

《开宝通礼》："诸祠皆不著坛壝制度。"②

太宗淳化四年（993）五月，"太常寺奏定大小祠神坛设壝步数：'准礼例，圆邱、方邱坛设三壝。又据令文：天地、五郊三百步内不得葬埋，壝外三十步不得耕种。壝内断行牲及樵牧。今详圆邱、方邱已有制度，先农坛准敕已设两壝，其余祠坛，礼文悉无壝制，今欲系大祠处各设两壝，中、小祠设一壝，壝二十五步，各于壝内安坛。'诏可"③。淳化五年（994）五月敕："天地神坛依典礼坛外设壝，所有诸郊大中小祠神坛，并于壝外安坛。"④

仁宗皇祐二年（1050）十月六日，同知礼院邵必奏："乞天地、五郊坛依礼部式，三百步内止绝不得葬埋外，其诸大中小祠神坛，并依淳化四年敕节文，立定坛壝步数外，更依令文，壝外三十步不得耕种及有葬埋。"诏："天地、五郊坛依礼部式，三百步内今后止绝更不待葬埋，其已有坟茔者，许令依旧，余并依礼院所奏施行，仍令开封府遍行告谕，应系祠坛去处，三里内不得焚烧尸枢，如有违犯，并置刑典。"⑤

从以上记载可以看出，北宋初年，诸祠坛应该并无坛壝。太宗淳化年间，大中小祀开始设壝，但在"壝内安坛"抑或"壝外安坛"问题上，太宗想法似乎还比较混乱，这一点体现在淳化四年（993）、淳化五年（994）的诏令中。仁宗皇祐年间，诸大中小祠神坛确定了"壝内安坛"，并通过禁令确保坛壝的神圣性。

① 《太常因革礼》卷一，第1—2页。
② 《太常因革礼》卷五，第47页。
③ 《太常因革礼》卷五，第48页。
④ 《太常因革礼》卷五，第51页。
⑤ 《太常因革礼》卷五，第52—53页。

3.斋宿

《开宝通礼》："大祀散斋四日，致斋三日。二日三公宿于都省，余官于本司，无本司者宿于郊社太庙斋坊；一日于祠所。中祀散斋三日，致斋二日。一日三公宿于都省，余官于本司，无本司者宿于郊社太庙斋坊；一日于祠所。小祀散斋二日，一日于本司。"①

《庆历祀仪》："大祀散斋四日，致斋三日。二日于本司，无本司者于武成王庙；一日于祀所。中祀散斋二日，致斋一日于本司，无本司者于武成王庙；一日于祀所。"②

与《开宝通礼》相比较，《庆历祀仪》中中祀规定的斋宿的时间缩短了。

4.席褥

《通礼》："亲祀，凡大祀、中祠、小祀皆以槀秸莞为神座之席，不设褥位。《通礼序例》云：天地以下祀祭设神位，旧席以槀秸及席以莞者。今按《郊祀录》及近敕，相承并加裀褥，各如其坛币之色。"③从"不设褥位"到"加裀褥，各如其坛币之色"，可见祭祀更为庄重。

5.五齐三酒

《开宝通礼》："大祀、中祀、小祀皆用五齐三酒，今皆大（代？）以法酒。"④

太宗淳化三年（992）八月初七，殿中丞、秘阁校理吴淑转对，上言称："古之祭祀，并用五齐三酒以享鬼神，皆有常职。今齐酒法度不传，凡大中小祀三献，欲止用法酒以代，亦不失国家崇祀之意。"诏可。⑤康定二年（1041）十月，太常博士、直集贤院吕公绰上奏请恢复五齐三酒，但因为法酒库称"不晓会五齐三酒"，故最终祭祀仍然使用法酒。⑥

五齐三酒虽然号称传统祭祀时所用之酒，但宋代对其制法已经不能明了，故而从现实考虑出发，用法酒代替五齐三酒。

---

① 《太常因革礼》卷七，第77页。
② 《太常因革礼》卷七，第77—78页。
③ 《太常因革礼》卷一一，第123页
④ 《太常因革礼》卷一三，第143页。
⑤ 《太常因革礼》卷一三，第143页。
⑥ 《太常因革礼》卷一三，第143—149页。

6.香

嘉祐七年（1062）八月，知礼院裴煜奏："臣窃谓凡是大祀，宜悉令降御封香，如祀昊天上帝之礼，宣付摄太尉。其中祀、小祀令太府寺贡香，视大祀之半，小祀视中祀之半。前二日，本司长官封送监祭、监礼检视。"诏恭依。[①]

香作为祭祀时的重要用品，在不同等级的祭祀中依据使用数量被划分了等级。

7.进馔

《开宝通礼》："凡大祀、中祀，皆太官令出帅进馔者奉馔，陈于门外，谒者引司徒奉馔。（小祀只太官令奉馔。）太官令引馔初入门，乐作。馔至陛，乐止，各止其陛。升，诸太祝迎引于坛上，（庙则堂上）各设于神座前。"[②]

《庆历祀仪》："太尉既复位，礼生引司徒诣午阶下，西向，解剑脱履，升坛，乐作。（庙则堂［上］。）司徒搢笏捧俎诣神位跪奠，讫，乐止，降阶归位。中祀、小祀而下一切不行。"[③]

从大中小祀均进馔改为仅大祀进馔，减少了烦琐礼仪，同时体现出大祀与中小祀之间存在的明显地位差别。

8.祭器

《开宝通礼》："祈报岳镇海渎，山罍各二。"[④]

《庆历祀仪》："岳镇海渎不用山罍，用象樽各一。"[⑤]

9.扫除

《开宝通礼》："大祀、中祀，两行扫除，皆祀日未明二刻，赞引引御史、诸太祝诣坛东陛，升行扫除于上。令史、祝史降行扫除于下。未明一刻，谒者引司空诣坛东陛，升行扫除于上。除行乐悬于下。……祈报社稷、岳镇海渎，皆未明一刻。"[⑥]

---

① 《太常因革礼》卷一三，第155页。
② 《太常因革礼》卷一四，第165页。
③ 《太常因革礼》卷一四，第165—166页。
④ 《太常因革礼》卷一五，第172—173页。
⑤ 《太常因革礼》卷一五，第173页。
⑥ 《太常因革礼》卷一六，第188—189页。

《庆历祀仪》："自中祀、小祠而下，并不行扫除之礼。"①

10.饮福受胙

《开宝通礼》："中祀，如摄事大祀之仪。"

《庆历祀仪》："太尉再拜执爵饮福酒，降阶复位而已，不受胙，无太祝、斋郎登降之节，亦不行黍、稷一箞之仪。"

《开宝通礼》："小祠，饮福受胙，皆如中祀，惟不行稷、黍一箞之制。……祀岳镇海渎，用牲币，行饮福受胙之礼，祈则否。"

《庆历祀仪》："小祀并祈报等祭，福胙之仪一切不行。"②

11.乐

《开宝通礼》："亲祀、摄事之乐，凡大祀、中祀，皆前一日太乐令设宫悬之乐于坛南中壝之内。"③

《庆历祀仪》："大祀、中祀，有司摄事止设登歌仪。"④

12.祭五岳四镇

《开宝通礼》："□□□□□□□祭皆以五郊迎气日祭之，各于所属之地。"⑤

《国朝会要》："淳化二年二月十二日，礼院奏：'谨按五郊迎气日皆祭逐方岳镇□□（海渎？）。乱离之后，兵戈隔绝，不在封域者遂阙其祭。太常寺承例不行，祭礼□□自僭伪或差官就祭，则于学士院撰文进书。今乞依典礼，就迎气日致祭五岳四渎，□□各于所属之州。'诏可。"⑥

通过以上比较可以看出，《庆历祀仪》《礼阁新编》《礼院例册》诸礼书对于《开宝通礼》的变化主要在于：（1）礼制增加，主要体现在坛壝、祭五岳四镇诸内容；（2）礼制减少，主要体现在中祀礼制的删减，如斋宿、进馔、扫除、饮福受胙、乐等内容；（3）礼制改变，主要体现在祭器、酒等方面。总体看来，北宋建国至仁宗朝，包括岳渎祭祀在内的中祀礼制总体走势趋向简省、规格降

---

① 《太常因革礼》卷一六，第190页。
② 《太常因革礼》卷一六，第193页。
③ 《太常因革礼》卷一七，第199页。
④ 《太常因革礼》卷一七，第200页。
⑤ 《太常因革礼》卷四九，第629页。
⑥ 《太常因革礼》卷四九，第630页。

低。（封禅方面的礼制变化，见下章）

二、宋代东岳祭祀中祝版书写变化

宋代祭祀东岳祝版书写经历了一个变化过程，北宋建国初，沿袭唐制，东岳册祝御书再拜。太宗朝取消了祝册中全称尊号的做法，改称皇帝。真宗朝由于东封西祀，一方面将"进御书"的范围扩大至五岳四渎、东岳炳灵公，并一再强调御书的庄严性，体现出皇帝对岳渎之神的尊敬。但祝版署名"皇帝臣某"，而并非"嗣皇帝"，说明宋真宗仍然将岳渎视作臣下。宋仁宗朝的《庆历祀仪》中取消了皇帝"进书再拜之仪"，进一步降低了岳渎与皇帝之间的地位。这一系列变化，体现了宋代皇权与岳神的关系已经由人君对岳神由仰视变为俯视。

"五岳视三公，四渎视诸侯"，是古人将岳渎与国家官僚等级制度进行的类比。据郑玄的解释"视，视其牲器之数"①，说明岳渎祭祀时应该享受与三公、诸侯同等的待遇。虽然这只是一种形象化类比，却无形中将岳渎地位等同于人间臣子。而在古代祭祀思想中，神权一般总是至高无上超越王权的，因此，在实际祭祀过程中，帝王以何种姿态对待岳渎，成为显示皇权与神权孰高孰低的一个重要标志。

《新唐书·礼乐志》记载："凡大祀、中祀，署版必拜。皇帝亲祠，至大次，郊社令以祝版进署，受以出，奠于坫。宗庙则太庙令进之。若有司摄事，则进而御署，皇帝北向再拜，侍臣奉版，郊社令受以出。"②从皇帝对大祀、中祀"署版必拜"的态度来看，帝王对于官方祭祀中的重要神祇是十分恭敬的。这段记载没有标明具体时间，但应该是初唐的礼制，因为唐朝皇帝的这种谦卑态度在武则天证圣元年（695）发生了转变："旧仪：岳渎以上，祀版御署讫，北面再拜。证圣元年，有司上言曰：'伏以天子父天而母地，兄日而姊月，于祀应有再拜之仪。谨按"五岳视三公，四渎视诸侯"，天子无拜诸侯之礼，臣愚以为失

---

① 《礼记正义》卷一二，第385页。
② 《新唐书》卷一二，第2册，第332页。

尊卑之序。其日月以上，请依旧仪；五岳以下，署而不拜。’制可之。”①此后，皇帝在祭祀岳渎之时便只署不拜。

唐玄宗开元年间，帝王祭祀岳渎的署名也发生了变化。开元九年（721）六月五日，太常奏：“伏准唐礼，祭五岳四渎，皆称嗣天子，祝版皆进署。窃以祀典‘五岳视三公。四渎视诸侯’，则不合称嗣天子，及亲署其祝文。伏请称‘皇帝谨遣某官某敬致祭于岳渎之神’。”唐玄宗从之。②

有学者认为，皇帝在祭祀活动中的自称体现其与天地、诸神的关系，也昭示了皇权的来源。“天子”称号用于祭祀天地鬼神和处理外族事务，“皇帝”称呼则用于祭祀宗庙和处理内部事务。③官方岳渎祭祀从“署版必拜”到“署而不拜”，署名从“嗣天子”到“皇帝”，一方面昭示着皇帝对于岳渎祭祀恭敬程度的下降，另一方面，则是岳渎与皇帝关系的微妙改变，皇帝不再视岳渎为需要仰视的神祇，而是视作自己的臣下。

虽然有诏令规定，但在实际祭祀中，帝王似乎有自己的主张。如唐玄宗开元二十年（732）颁布的《开元礼》中，皇帝在岳渎祭祀祝文上的称呼仍然是“子嗣天子开元神武皇帝某谨遣具官某，敢昭告……”④。安史之乱爆发，朝廷忙于战乱，无暇顾及礼制，唐肃宗上元元年（760），暂停了中祀和小祀祭祀，祭祀岳渎时，并不御署。唐德宗贞元四年（788）五月，“复御署祭岳镇海渎，祝版准《开元礼》。每岁祭岳渎，祝版咸御署而遣之，自上元元年权亭中祀已下，由是因循不署。及是，太常卿董晋举奏之，帝方崇祀典，乃复旧制”⑤。虽然祭祀岳渎时恢复了御署，但受命祭祀的官员不拜岳渎，这引起了朝廷臣僚的争论，

①〔宋〕王溥：《唐会要》卷二二，北京：中华书局标点本，1955，上册，第427页。

②《唐会要》卷二三，第443页。五岳祭祀祝文中皇帝称“皇帝”，又见于〔宋〕洪遵编：《翰苑群书》卷五，载傅璇琮、施纯德编《翰学三书》，沈阳：辽宁教育出版社点校本，2003，第22页。

③〔日〕尾形勇著，张鹤泉译：《中国古代的“家”与国家》，北京：中华书局，2010，第229—231页。

④〔唐〕萧嵩等撰，周佳、祖慧点校：《大唐开元礼》卷三五，杭州：浙江大学出版社点校本，2016，第299页。《通典》卷一一二中，皇帝祝文自称也是“子嗣天子某”，第3册，第2899页。牛敬飞讨论了洪氏公善堂本与四库本《大唐开元礼》中皇帝祝文称呼。《五岳祭祀演变考论》，第123—125页。

⑤《册府元龟》（校订本）卷三四，第1册，第351页。

权德舆提出，"稽考今古，并无不拜之文"，"请依《开元礼》祭官再拜为定"，^①唐德宗接纳了这一建议。

五代情况不详。宋朝建立后，在岳渎册祝礼制上，也有所变化。

宋太祖乾德四年（966）八月十四日，太常寺言："祠祭祝文系礼院版，秘书省书版，当寺差郊社直官请赴祠所，文多差误。欲令礼官检详《开宝礼》《郊祀录》及诸礼例，定本录付秘书省。又准《开元礼》，祝文皇帝并全称尊号。旧祭四镇，唐天宝十载封霍山为应圣公，增为五镇。释奠文宣、武成王祝板皆不御书名。望遵此施行。"并从之。^②《开宝通礼》规定："皇帝亲祀用竹册，举册官二员对举册按，中书侍郎读。摄事用祝版，太祝读。凡御书祝版，应御书者进御书讫，皇帝北向再拜，侍臣奉祝版授郊社令。郊社令遂捧以出。"^③可见宋太祖时，东岳册祝采用御书再拜的形式。

宋太宗端拱元年（988）八月二十三日，秘书监李至言："著作局撰告飨宗庙及诸祠祭祝文称尊号，唐室已来，惟《开元礼》有之，稽古者以为非礼。会昌中从礼官议，但称'嗣皇帝臣某'，则是祝文久不称号明矣。且尊号起于近代，请举旧典，告飨宗庙称'嗣皇帝臣某'，诸祠祭称'皇帝'，斯为得礼。"从之。^④这说明太宗朝取消了祝册中全称尊号的做法。

宋真宗对礼制格外重视，为了表示虔敬之意，他一再颁布诏令，强调了祭祀祝版的神圣性与严肃性。景德四年（1007）八月十一日，诏："自今祠祭祝版，令秘书省官提举精谨书写校书，乃得进书御名。如有差谬，当重置其罪。"^⑤十月十四日，诏："自今御书名祠祭祝版自内中降出后，令秘阁却用木匣封锁，付吏人抬舁赴祠所。行事官看读讫，准前封锁给付，以至祠所。"^⑥

大中祥符元年（1008）十月辛亥，东岳加号仁圣天齐王。^⑦十二月二十一日，

　　① 〔唐〕权德舆撰，郭广伟校点：《权德舆诗文集》卷二九，上海：上海古籍出版社点校本，2008，第454页。

　　② 《宋会要辑稿》第2册，第744页。

　　③ 《太常因革礼》卷一一，第117页。

　　④ 《宋会要辑稿》第2册，第745页。

　　⑤ 《宋会要辑稿》第2册，第749页。

　　⑥ 《宋会要辑稿》第1册，第593页。

　　⑦ 《宋大诏令集》卷一三七，北京：中华书局点校本，1962，第483页。

诏："四渎祝文自今并进御书名。旧制，常祀祝文秘书省主之，特祭祝文学士院主之。而秘书省岳、渎并御书名，学士院惟五岳御书名，而四渎则否。故有是诏。"①

大中祥符二年（1009）四月，诏两制与秘书省、秘阁、龙图阁、太常礼院官同详定祝版。规定"太社、后土氏、五岳五镇四海四渎四方名山大川、文宣王、武成王、先农、先蚕、五龙、玄冥、周六庙，称'皇帝某敢昭荐于某神'，并进御书"。东岳炳灵公"亦进御书"。②

大中祥符五年（1012）八月丁酉，"诏学士院，青词、斋祝祭文，止称皇帝，无列尊号"③。九月辛卯，"诏岳、渎、四海诸祠庙，遇设醮，除青词外，本庙神位并增祝文。从学士院之请也"④。闰十月壬申，有司言："道场及奏告，自今用青词云'嗣皇帝臣署'。大事，祀官朝服。常时奏告，公服。荐献，则太祝读词。设醮，止命道士备香酒、时鲔、碧色币。"诏可。⑤

从上述文字可以看出，《开宝通礼》没有记载祝文皇帝自称，由于其内容损益《开元礼》而来，估计岳渎祭祀祝文皇帝自称应为"嗣天子某"，太宗朝改为"皇帝"，实际上压低了岳渎的地位，凸现皇帝身份的尊贵。真宗朝由于东封西祀，一方面将"进御书"的范围扩大至五岳四渎、东岳炳灵公，并一再强调御书的庄严性，体现出皇帝对岳渎之神的尊敬。但祝版署名"皇帝某"，而并非"嗣天子某"，说明宋真宗仍然将岳渎视作臣下。宋仁宗朝的《庆历祀仪》中取消了皇帝"进书再拜之仪"，进一步降低了岳渎与皇帝之间的地位。

宋徽宗朝时延续了岳渎祝册书御名，"亲祠用竹册，有司常祀用祝版，宫观用青词。册制，以竹为之。……祝版，以梓、楸木为之。……岳镇海渎称'皇帝（御书）谨遣某官臣姓名，敢昭荐'。……凡亲祠，前祀一日有司以祝册授通进司进御书降付尚书礼部。其常祀系进御书者，并前期进御书"⑥。

南宋郊祀礼、明堂大礼中对于岳渎的册祝有所区别，其中郊祀礼中高宗时

① 《宋会要辑稿》第2册，第749页。
② 《太常因革礼》卷一一，第121—122页。
③ 《续资治通鉴长编》卷七八，第3册，第1777页。
④ 《续资治通鉴长编》卷七八，第3册，第1788页。
⑤ 《续资治通鉴长编》卷七九，第3册，第1801页。
⑥ 《政和五礼新仪》卷四，第77—79页。

册祝称"皇帝"，孝宗时称"皇帝某"；而明堂礼中册祝则统称"皇帝"。

绍兴十三年（1143）南郊，《五岳四海四渎祝文》："维绍兴十三年岁次癸亥八月己酉朔八日壬辰，皇帝某伏为今年冬至有事南郊，谨遣某官姓名敢昭荐于东岳天齐仁圣帝。伏以诹日迎长，就阳肇祀。维兹海岳之望，昔在邦域之中，既戒前期，敢忘洁告。尚飨！"①

乾道六年（1170），《告谢五岳四渎祝文（天庆观）》曰："维乾道六年岁次庚寅十一月丁丑朔某日，皇帝某：伏为郊祀大礼礼毕告谢，谨遣入内内侍省西头供奉官李唐弼敢昭荐于五岳四渎。伏以祗绍鸿基，载登圆陛。盛仪丕就，浃于均欢。虽协气横流，本上帝博临之应；而美光参烛，亦百神阴相之休。昭谢有常，至诚无斁。"

孝宗乾道六年（1170），祈祭五岳四海四渎，告谢五岳四海四渎分路通去处与路未通去处，东岳属于路未通去处，祝文曰："维乾道六年岁次庚寅十一月丁丑朔某日，皇帝某：伏为郊祀大礼礼毕告谢，谨遣入内内侍省西头供奉官李唐弼敢昭荐于五岳四渎。伏以祗绍鸿基，载登圆陛。生仪丕就，浃于均欢。虽协气横流，本上帝博临之应；而美光参烛，亦百神阴相之休。昭谢有常，至诚无斁。"②

绍兴元年（1131），御札降奏告明堂，五岳四渎祝文："维绍兴元年岁次辛亥七月乙未朔十三日丁未，皇帝伏为御札降祭告，谨遣某官臣姓名，敢昭荐于东岳天齐仁圣帝。伏以自顷郊见复，兹岁临降。择季秋之辰，恭修重屋之祀。不敢不告。尚飨！"③根据祝文小字注释，绍兴十年以后明堂祭告才添祭四海。祭谢祝文："钦以承祀，方致飨于大示；遍于有神，遂兼修于群望。礼既具伤，灵来宴娱。昭告荐诚，敢祈垂鉴。"④

从宋代皇帝东岳祭祀中祝版署名变化可以看出，皇帝一方面对包括东岳神在内的五岳四渎诸神祇保有崇敬之意，将御书范围从五岳扩大到四渎，同时一再强调祝版的严肃性；但另一方面，尽管有宋真宗的泰山封禅，并对东岳神不

① 《中兴礼书》卷三〇，第129页。
② 《中兴礼书》卷三二，第145页。
③ 《中兴礼书》卷七七，第314页。按祝文中"东岳仁圣帝"下，"尚飨"前，小字标"词同前"。所补文字据《奏告昊天上帝祝文》。
④ 《中兴礼书》卷七七，第315—316页。

断加赐封号，但御书祝版中皇帝的称呼却由"嗣天子"变成"皇帝"，相沿不
改，而且在宋仁宗朝干脆取消了皇帝御书祝版后"进书再拜"之礼，体现了宋
代皇权与岳神的关系已经由地上人君仰望岳神时的战战兢兢，转变为以一种从
上而下的俯视态度注视着岳神。

第三章

宋真宗泰山封禅与东岳信仰

　　本章主要讨论宋真宗所举行的封禅仪式及其与东岳信仰的关系。封禅是中国古代的旷世大典，象征着帝王受命于天，代天治民，因此受到历代帝王的青睐。宋朝建立后，宋太宗曾经一度打算封禅泰山，但并未成行。宋真宗即位后，与辽朝签订澶渊之盟，国内外形势趋于平和，平庸的宋真宗既没有勇气通过收复燕云十六州来提高个人威望，又疏于治理国家成为贤君，反而希望通过举行封禅来重塑自身魅力。为此，在一些臣僚的支持下，宋真宗精心举行泰山封禅，他首先炮制了天书降临的人工祥瑞，接着，全国各地纷纷上疏称发现祥瑞，要求宋真宗封禅泰山，为泰山封禅制造出民意氛围。然后宋真宗响应臣民的呼声，颁布一系列诏旨，为泰山封禅做了大量准备工作，并最终在大中祥符元年（1008）完成了中国古代最大规模的封禅大典。通过泰山封禅，宋真宗成功地受命于天，此后在宋人的记载中，出现了宋真宗神圣形象的记载，这极大满足了宋真宗自我的心理需求。而宋真宗在封禅泰山后加封五岳帝后号，推动了东岳信仰在宋朝境内的传播，表现之一就是地方上东岳行宫的修建。其次，宋真宗封禅增加了泰山的神秘性与神圣性，影响到后世若干泰山神话的出现。

第一节　宋代之前的封禅

　　封禅作为一种国家祀典起源甚晚，是专为有盛大功业的帝王所设，事实上是适应战国以后国家大一统的趋势而逐渐形成和完善的一种思想潮流和利益文化的产物。封禅礼是秦汉时期的儒者为适应当时中央集权的大一统政治模式的需要而构拟的一套国家祀典和帝王礼仪。春秋战国时期，齐国是当时的强国之一，也有着统一全国的力量，而当时齐鲁是文化中心，齐鲁人把泰山看作全世界最高的山，并设想人间最高的帝王都应当到最高的山头去祭天上最高的上帝，于是便把这诸侯国之望扩大为帝国之望，定其祭名为"封禅"，而封禅的首选地便是泰山。齐鲁地区人们的这一说法逐渐向外扩展，并为其他地区人们所接受。秦朝统一全国后，秦始皇便接受了这一说法，并率先在泰山举行封禅。宋代之前的秦汉、唐朝时帝王均举行过封禅，这些封禅大多数都在泰山举行，此外，还有更多帝王打算封禅但由于种种原因未能成行，因此，封禅对中国古代帝王而言具有极强的吸引力。秦汉封禅相对比较简单，并未在礼制上做复杂的规定，目的更多是彰显皇帝权威与寻求长生不老。隋唐时期的封禅有了新的变化，首先是突破了封禅只能在泰山举行的惯例，在泰山之外的四岳举行封禅；其次是礼制相对复杂，并在封禅后加封五岳王号，开启了后世加封岳神封号的先河。可以说，封禅作为一种礼制，从一开始的因陋就简，理论粗糙到后来礼制日益严格复杂，体现了帝王的重视，也说明了封禅作为一种礼制日趋制度化、成熟化，这些都为日后宋真宗封禅奠定了基础。

一、封禅缘起与理论

关于封禅的定义，学术界仍然存在争议，大家一般认为封禅是从古代帝王的巡狩制度演变而来，体现王者受命于天，拥有天下四方而举行的典礼，一般分封泰山与禅梁父山两个部分。封禅理论的出现，是受战国时期大一统思想趋势的影响逐渐形成的，到了秦汉时期君主举行封禅仪式后，封禅才从理论走向实践。泰山成为封禅圣地与齐鲁地区文化的兴盛分不开。齐鲁地区是中国古代人类最早的居住地之一，春秋战国时期，齐鲁文化非常发达，齐国又是战国七雄之一，在当时有着统一全国的实力。齐鲁人将泰山视作世上最高的山，并将其作为封禅的圣地。随着齐鲁文化的向外传播，泰山作为封禅圣地的思想也为其他地区之人所熟知。秦始皇在泰山举行封禅，便是对这种思想的接受，也为后世君主封禅所沿用。

关于封禅的定义，学者们通常引用《史记·封禅书》中张守节《正义》的解释："泰山上筑土为坛以祭天，报天之功，故曰封。此泰山下小山上除地，报地之功，故曰禅。"①很多人也接受了这一说法，认为封禅是上祭天、下祀地的一种祭祀行为。比如汤贵仁便认为："封禅是一种祭祀仪式，是中国古代帝王在五岳中的中岳嵩山和东岳泰山上举行的祭祀天地神祇的一种宗教式的活动，其中以在泰山举行封禅仪式的次数最多，影响最大。"②

随着现代考古资料的增多，还有大量民俗资料的佐证，一些学者在传统封禅的定义基础上，对封禅提出新的看法。如孙作云认为封禅为一名词，封是动词，禅为名词。封就是添土，禅就是坛，封禅就是封坛。坛在其先是石坛，就是考古学上所说的"桌石坟"，那么封禅就是在桌石坟上添土。③

在前人封禅说基础上，邬可晶利用出土资料，结合文献，对"封""禅"本意进行考察。考定原始"封"礼的三大基本要素勘划疆域为告成内容、先祖葬所为向天告成的佑导、设坛为告成礼的形式，并据此在考古发掘的众多"祭坛"中找出可能属于原始"封"礼的遗迹。"禅"是由"墠"演化而来的，本指某一典礼前的一项除草广地的节目。从"禅"字在文献中出现的时间来看，大概与战国中晚期言谈禅让之风盛行有关。把由"墠"演化而来的向地告成之礼称为"禅"，也许是利用与"禅让"之"禅"同形的因素，赋予了传位受命的礼意，为与"封"礼的结合创造了条件。取"禅让"之禅义构成"禅"礼的内容，与"封"礼为受命定界以告天极其合拍，便可以水到渠成地把二者融合为全新的"封禅"大典了。

虽然关于封禅的定义、内容等由于资料的缺乏，学术界仍然存在分歧，但无论如何，封禅作为中国古代帝王举行的一种旷世大典是不可否认的。

作为古代中国一项重要的礼制，封禅是如何产生的？一些学者认为封禅与上古时期帝王巡狩四方有关。如詹鄞鑫认为，封禅礼从属于帝王巡守礼，而巡守制度早在帝舜时代已经产生，至迟在周代已有关于封禅之礼的记载。封禅乃是巡守过程中的具体礼仪，巡守与封禅的本质是一种政治制度。④

---

① 《史记》卷二八，第4册，第1623页。
② 汤贵仁：《泰山封禅与祭祀》，济南：齐鲁书社，2003，第2页。
③ 孙作云：《泰山礼俗研究上篇·封禅考》，《孙作云文集》卷三，开封：河南大学出版社，第691—692页。
④ 詹鄞鑫：《巡守与封禅：论封禅的性质及起源》，《华东师范大学学报（哲学社会科学版）》1990年第3期。

与詹鄞鑫的观点相似，刘慧同样认为封禅源于上古时期君王巡查各方诸侯的巡狩制度。他指出，巡狩是一代君王巡查各方诸侯的大礼。实际上是王者为了控制诸侯而采取的一种巡回视察制度。王者巡狩至一方，即登上域内之岳柴祭告天，并望祀天下名山大川，完全是为了表明王者禀受天命，拥有天下四土而举行的一种宗教典礼。随着社会发展，这种原来在自然崇拜基础上发展而来的大山祭祀，逐步集中于泰山，并趋向社会化、政治化，以至于成为帝王改朝换代必须实施的大礼。这就是中国历史上出现的一种大山崇拜的特殊现象——泰山封禅。①

在分析传统文献的基础上，孙作云考察了山东半岛和辽东半岛等地所遗留的石器时代的以"桌石坟""立褐""石环"为主要特征的巨石建筑物，对文献典籍做了全新解释，提出泰山为殷人故居，其上的桌石坟、立石、石环"为坟墓，为崇拜之中心，故于泰山上封石檀，祭先祖殆祖宗神演变而为天神，故祭太山又为郊天之祭，此即封禅泰山之原始及其意义之转变也"。又因为上古政祭合一，在每年的祀祖之时顺便选举新的酋长，"禅让在泰山，在二月，为舜，为娥皇女英，有祀祖之仪，有集群岳之事，与封禅之事一一相合，故知封禅禅让为一事盖封禅祀祖之后，乃举行禅让的政事也"②。孙作云的观点大胆新奇，但将泰山当作殷人故居等看法似乎有些牵强。

关于封禅的缘起，虽然中国古代很多典籍都记载上古三代的时候已经有封禅祀典的存在，但这种记载是否可信，从古至今，很多学者表示质疑，认为封禅典礼不会那么早出现。如顾颉刚认为封禅产生时间比较晚，战国时期邹衍等人利用五德转移说解释帝王易代时，提出五德转移时必须有祥瑞符应来表示新王的受命，于是产生了"封禅说"。③

与顾颉刚的观点相似，金霞通过梳理文献，认为儒家早期经典中并没有封禅礼仪的记载，《史记》和一些纬书中有关早期封禅礼仪的记载都是后起的，是受战国时期谶纬学说影响而产生的。封禅作为一种国家祀典起源甚晚，是专为有盛大功业的帝王所设，事实上是适应战国以后国家大一统的趋势而逐渐形成

---

① 《泰山宗教研究》，第60页。

② 孙作云：《中国古代神话研究》下，开封：河南大学出版社，2003，第836页。

③ 顾颉刚：《中国上古史研究讲义》，北京：中华书局，1988。

和完善的一种思想潮流和利益文化的产物。封禅礼是秦汉时期的儒者为适应当时中央集权的大一统政治模式的需要而构拟的一套国家祀典和帝王礼仪。史籍和儒家经典注疏中对秦汉以前封禅礼的种种追述和秦汉以后儒者对封禅礼的种种附益和增饰都是儒家学者自己的创作。

在上述学者的基础上，我们可以看出，根据后世的文献记载，早期封禅确实与帝王巡狩活动关系密切，体现了帝王代天治民。后来这种思想为后世所沿用，成了帝王的旷世大典。

在封禅理论中，泰山是封禅仪式举行的所在地，泰山如何从上古众多名山中脱颖而出，成为封禅选择？按照顾颉刚的说法，古代王者相信神权，在诸侯林立的年代，各国诸侯王只能祭祀本国境内的大山川。泰山原本只是齐鲁国的大山川，春秋战国时期，齐鲁是文化中心，由于交通不便，齐鲁人便把泰山看作全世界最高的山，并设想人间最高的帝王都应当到最高的山头去祭天上最高的上帝，于是便把这诸侯国之望扩大为帝国之望，定其祭名为"封禅"。与顾颉刚的观点类似，王青亦认为，泰山能在一统国家宗教大典中享有特殊地位，与齐国方士的鼓吹分不开。

虽然从一开始，泰山就是封禅的场所，但综观中国古代帝王封禅，并不全部在泰山举行，如武则天就曾经在西岳华山举行封禅。尽管如此，人们仍普遍认为，只有在泰山举行的封禅仪才算"正宗"，这究竟是什么原因？关于这个问题，刘成荣做了总结性探讨：

（1）天梯神话。上古先民以为神人居于天上，但都可以通过天梯往来其间。泰山是东方齐鲁地最高的山，所以它很早就成为时人仰慕的对象。

（2）东夷人的生命地。泰山在上古时就是东方神仙之地。泰山的神秘化由来已久，而这种状况的形成，同其为东方人的生命之地有关，而后之神仙鬼怪等都是导源于此。封禅的目的很大程度上在于求神仙。泰山的这种性质是其他名山所不具备的。

（3）东夷族的中心说。根据学者的研究，古代东夷族的文化是构成中华文化的一个重要组成部分。随着东夷文化的传播，泰山崇拜思想得以传播到各地。

总之，封禅理论为古代中国人所接受后，泰山最早成了封禅所作地，此后虽然有个别君主如武则天等在其他山岳举行封禅大典，但并未动摇泰山作为封禅圣地的地位，这从另一个角度说明，封禅理论最早提出时便已经与泰山紧密联系在一起。

战国时，随着列国经过不断吞并而数量大大减少，出现了几个实力强大的诸侯国，天下一统的观念已经深入人心，作为战国七雄的齐国是当时有可能实现统一天下的强国之一。在齐宣王设立的文化中心稷下，一批知识分子天天讨论各种学问和策略，他们讨论的重点之一就是建立统一帝国时代的新制度。在他们设想中的统一帝国的各项制度中，封禅就成为其中重要的宗教大典。

在封禅神话中，规定了作为宗教领袖的身份资格——受命于天的贤圣君王，规定了宗教统一的社会政治条件——政治清明、物产丰富、祥瑞毕至，规定了封禅的仪典与一系列祭物。由于封禅仪式明确规定了只有天子才享有祭祀权力，所以它就成为了统一国家的君权标志。这种观念经过齐国知识分子的鼓吹，广泛流播到全国各地，因此当全国统一成为现实之后，封禅之祭就被提到帝王的行事历程上来了。

二、先秦至唐五代的封禅

作为中国古代一种高度神圣化与神秘化的典礼，封禅一直以来对历代帝王们具有强大的吸引力，无数帝王跃跃欲试，试图举行这一旷世大典，但由于种种原因，真正成行的很少。秦始皇在泰山举行封禅，开启了历代帝王封禅的先河，但秦始皇的封禅无章可循，所以未能给后世以理论指导。汉武帝的封禅是为了追求长生不死，同时也有向臣民宣传皇帝权威的意味。到东汉光武帝举行封禅时，向天下告太平成为主要目的，这也基本上成为后世帝王封禅的主要功能。唐朝时封禅有了新的变化，突破了封禅只能在泰山举行的惯例，如武则天在嵩山封禅，唐高宗曾经打算遍封五岳。唐玄宗加封五岳王号，开启了后世帝王加封岳神封号的先河。唐代封禅影响深远，不仅影响到日后宋真宗封禅，还将东岳信仰传播到日本。

（一）秦汉时期泰山封禅

在中国古代，具有政治意义"领土型"崇拜的封禅，虽然始终未能成为国家常祀。但自从封禅神话产生之后，封禅就成为中国古代历代帝王梦寐以求实现的目标，只是由于各种原因，真正能够成行的只有少数，秦始皇、汉武帝、光武帝、唐高宗、唐玄宗、宋真宗成了中国古代帝王中有幸实现封禅梦想的幸运儿。

表 3-1　　　　　　　　　历代成行的泰山封禅①

朝代	皇帝	时间	出处
秦	秦始皇	始皇二十八年（前 219 ）	《史记》卷二八《封禅书》
西汉	汉武帝	元封元年（前 110 ）	《史记》卷二八《封禅书》
东汉	光武帝	建武三十二年（ 56 ）	《后汉书》卷一《光武帝纪》
唐	唐高宗	麟德二年（ 665 ）	《旧唐书》卷五《高宗纪下》
	唐玄宗	开元十三年（ 725 ）	《旧唐书》卷八《玄宗纪上》
宋	宋真宗	大中祥符元年（ 1008 ）	《宋史》卷七《真宗纪二》

纵观中国古代历次帝王泰山封禅礼仪，具体内容虽有所不同，但其中总有一些相同或相似之处，今人将其进行了总结，得出六条相似点：斋戒、先封后禅、金策玉牒、谢牛、燔柴瘗血、刻石记功、宣布改元。

封禅之礼虽然在秦统一天下之前已经出现，但真正将这一礼仪从理论变成现实还是由秦始皇实现的。

按照刘慧的说法，封禅是在五德终始说基础上产生的一种天人感应学说。帝王易姓换代既然是由于五德转移所致，转移时必然会有祥瑞出现，来显示该王受命于天。凡受命帝王也就必须去泰山筑坛祭天、除地祭地以答谢天地之恩。这是封禅论当初出现时具有的意思。它本是一种"真命天子"出来时神与人交通感应的仪式。当秦始皇将这一战国人的设想变成现实后，封禅也就有了新的内容。

秦始皇东巡和封禅都与其要解决的政治问题密切相关，目的是统一政权，当然也包含消除东方人民反抗情绪的动机，也有他个人求长寿成仙之请。

---

①　此表中所列帝王，为人们普遍公认完成了泰山封禅。汉武帝在位期间曾经多次到泰山封禅，并形成了五年一修复的制度。表中所列时间为其第一次封禅时间。此外，史书中记载还有一些帝王，也曾经到泰山举行祭天仪式，但似乎并不被人视作封禅。刘慧列举了东汉章帝、安帝作为例证。汉章帝于元和二年（ 85 ）二月，"幸太山，柴告岱宗"。（《后汉书》卷三，北京：中华书局点校本，1965，第 1 册，第 149 页）。汉安帝于延光三年（ 124 ），"幸太山，柴告岱宗"。（《后汉书》卷五，第 1 册，第 238 页）刘慧认为汉章帝与汉安帝的行为无疑也是泰山封禅，只是"均不曾言自己去泰山是封禅"。见《泰山宗教研究》，第 79 页。

　　在秦始皇所有的封禅动因之中，对于东岳神的信仰似乎并不是一条重要理由。（尽管我们有理由相信，这条理由应该存在）由此可以断定，秦始皇时，对泰山并没有后世的异常尊崇心理。

　　秦始皇东封泰山后，为了让自己的英名永垂万世，在泰山上刻石立功，其辞曰：

　　　　皇帝临位，作制明法，臣下修饬。二十有六年，初并天下，罔不宾服。亲巡远方黎民，登兹泰山，周览东极。从臣思迹，本原事业，祗诵功德。治道运行，诸产得宜，皆有法式。大义休明，垂于后世，顺承勿革。皇帝躬圣，既平天下，不懈于治。夙兴夜寐，建设长利，专隆教诲。训经宣达，远近毕理，咸承圣志。贵贱分明，男女礼顺，慎遵职事。昭隔内外，靡不清净，施于后嗣。化及无穷，遵奉遗诏，永承重戒。①

图3-1　秦泰山刻石残石拓片

————————

① 《史记》卷六，第1册，第309页。

　　除了此次封禅留下的泰山刻石，秦始皇在多次东巡时又留下了六七块刻石。这些刻石与泰山刻石主题大同小异，都是秦始皇的政治文告，无非是歌颂秦朝功德，声讨六国罪恶；秦朝统一天命所归，六国灭亡理所当然；极力推行秦朝法令，宣扬文化人伦；力求社会稳定，有序运转。其中体现了秦始皇个人的踌躇满志和对自己功德的自我欣赏，丝毫没有提及泰山崇拜与信仰。

　　秦始皇的封禅仪式由于无章可循，因此儒生争论不休，最后秦始皇采用了祭祀秦国上帝的方法来封禅泰山，意味着以秦国的上帝代替全国性的上帝。由于秦始皇封禅没有采纳儒生的建议，所以遭到他们的反对。因此，秦始皇封禅活动没有巩固其权力的合法性基础。尽管如此，在封禅史上，无论从祭祀的形式，还是祭祀的宗旨，秦始皇封禅祭祀均开历史的先河。

　　综上所述，与后代封禅相比，秦始皇的封禅与其说是"告天受命，勿宁说是巡抚东土，在政治、军事方面的意义要大于祭祀"①。虽然如此，秦代封禅，完成了最高统治者"受命于天""代天行道"的伟大创举，"使泰山自古以来向有的一般性天神祭祀，发展升华为与社稷息息相关的政治大典，泰山崇拜由此进入了一个新的历史阶段"②。

　　秦朝灭亡后，随之建立的西汉在经历了若干年的休养生息后，到汉武帝时国力大盛，在这一情况下，汉武帝决定举行封禅。汉武帝的封禅，虽然继承了封禅理论中随德应符衣钵，但已明显以成仙不死为主题，增加了"能仙登天""合不死之名"的意义，③封禅主要目的是求仙不死。汉武帝封禅的历史意义，一方面强化了皇帝权威，另一方面，在封禅过程中，汉武帝对封禅礼仪的规定，隐喻并象征着他向臣民宣布儒家思想在意识形态领域独占鳌头，已经正统化和制度化，这也与他"罢黜百家，独尊儒术"的思想相符合。在汉武帝封禅之前与封禅过程中，各种祥瑞现象频繁出现，增添了封禅本身的神秘性和象征性，也昭示着汉武帝受命于天。而封禅伴随着祥瑞的出现，也成为后世帝王举行封禅的样板。所有这些，都表现出汉武帝封禅与秦始皇封禅的不同。另外，

---

　　① 张书豪：《汉武帝的郊祀与封禅》，（台湾）《中国学术年刊》第32期（2010年6月），第56页。

　　② 《泰山宗教研究》，第77页。

　　③ 《泰山宗教研究》，第80页。

汉武帝在封禅后颁布的诏书中，流露出一种明显不同于秦始皇的口吻：

> 朕以眇眇之身承至尊，兢兢焉惧不任。维德菲薄，不明于礼乐。修祠太一，若有象景光，箓如有望，震于怪物，欲止不敢，遂登封太山，至于梁父，而后禅肃然。[①]

与秦始皇对自我功德的夸耀不同，汉武帝一幅战战兢兢的口吻。虽然诏书中也没有提及泰山本身的神性，但从行文中"若有象景光，箓如有望，震于怪物，欲止不敢"等词语透露出的信息来看，神性的力量是促使汉武帝封禅的重要原因。（尽管汉武帝封禅的原因很多，但至少从诏书的字面中透露出泰山神祇的威力在封禅活动中的重要力量。）

综上所述，汉武帝举行封禅仪式，其主要目的乃在于一己成仙。到了光武帝，封禅的主要功能演变为告太平。封禅自始至终都没有成为一种常祀，在以后的历朝历代，统治者也只是为了特殊的政治目的而举行封禅大典。

可以说，从光武帝开始的封禅目的，基本上成为以后各朝举行封禅仪式的主要目的，这已经明显脱离了封禅理论的原始含义。

唐之前封禅绝大多数选择在东岳泰山举行，提升了泰山在群岳中的地位，丰富了泰山文化。

（二）隋唐时期的封禅

到了唐代，封禅出现了新的内容。首先，秦汉以来，封禅必定于泰山的传统观念被打破。秦始皇、汉武帝、光武帝举行封禅的地点无一例外都选择了泰山，在唐代，唐高宗、唐玄宗虽然也将封禅首选之所定于泰山，但是，在泰山之外，唐高宗曾经想遍封五岳，武则天封禅嵩山，唐玄宗打算封禅华山。为何唐代封禅出现了多种选择地，据今人研究，主要有两个原因：一是魏晋以来，伴随佛教、道教进入儒学领地，思想界开始掀起一股对传统思想的批判之风，出现了要求打破泰山独享封禅特权的呼声，这种呼声到唐代已经形成了一股不容忽视的力量；二是唐代政治和文化中心发生了转移，"封禅大典由作镇齐鲁的泰山转向作镇三

[①] 《史记》卷二八，第4册，第1671页。

辅，保卫长安、洛阳两京的华山、嵩山，应是顺理成章的事情"①。

早期封禅充满了神话与谶纬色彩，对于泰山本身灵力宣扬不够，这一方面是因当时统治者关注重点不同，另一方面恰恰说明泰山当时在国家宗教中的地位远未达到后世那般尊崇。与秦汉时期封禅文中丝毫不提及泰山的情况相比，唐玄宗《纪太山铭》首次以官方口吻肯定了泰山在五岳中的崇高地位：

> 《尔雅》曰："泰山为东岳。"《周官》曰："兖州之镇山。"实万物之始，故称岱焉；其位居五岳之伯，故称宗焉。自昔王者受命易姓，于是乎启天地，荐成功，序图录，纪氏号。朕统承先王，兹率厥典，实欲报玄天之眷命，为苍生而祈福，岂敢高祝千古，自比九皇哉！故设坛场于山下，受群方之助祭；躬封燎于山上，冀一献之通神。斯亦因高崇天，就广增地之义也。
>
> 乃仲冬庚寅，有事东岳，类于上帝，配我高祖。在天之神，罔不毕降。粤翌日，禅于社首，佑我圣考，祀于皇祇。在地之神，罔不咸举。②

虽然在整个封禅文中，对泰山本身的描写并不很多，但以帝王的口吻公开宣称泰山"其位居五岳之伯"，说明了官方对泰山地位的认可，这对于提高泰山的地位，无疑具有相当重要的影响。

大约从唐代开始，封禅中开始宣扬泰山的神性，这可以从当时各种类型的封禅文中对于泰山本身描写增多看出来。而且，伴随着每一次封禅活动的举行，皇帝对泰山加封也在不断进行。这种加封不仅是针对东岳神本身，还扩大到它的家族，甚至还有想象中的东岳神的部下。也就是说，从唐代开始，封禅与东岳神信仰结合得紧密起来，每一次封禅，都增加了泰山的神性，提高了它在整个国家政治，特别是信仰中的地位。这种做法显示了官方对东岳神崇敬之意，同时也强化了对岳神的控制。

唐代泰山封禅产生的另一个影响就是使得泰山信仰传入日本。比如当时日本高僧圆仁，曾经跟随第十八次遣唐使来到中国寻求佛法。唐文宗开成四年（839），圆仁回国，途中遇风飘至登州文登县，暂时寄居于赤山（在今山东荣成

---

① 张敏：《唐代封禅研究》，山东师范大学专门史硕士学位论文，2007，第103页。
② 《旧唐书》卷二三，第3册，第902页。

图3-2　唐《纪泰山铭》摩崖石刻

海岸）法华院中。赤山院中供奉有东岳神像，圆仁誓于神前，曰："正法难逢，真师益难。山神愿加冥助，我归本土，当建禅宇，弘传心印。"八年之后，圆仁终于踏上东归的商舶。相伴他驶向故国的，除了其在唐土求得的大量佛经、仪轨、佛像和法器，还有一尊泰山府君的神像。从此，东岳神信仰开始了在日本国土的传播。

表3-2　　　　　　　　　　　历代东岳神封爵表[①]

时间		封号	出处
唐	唐玄宗开元十三年（725）	封泰山神为天齐王	《通典》卷四六《礼六·吉五》

---

① 邱淑惠：《唐代五岳神及其家族之故事研究》附录二"五岳之加封表"将武则天垂拱四年（686）中岳嵩山"天中王"封号误为东岳泰山封号，且增加了武则天万岁通天元年（696），封泰山天齐君的封号。（台湾）静宜大学中国文学系硕士学位论文，2000。按，该附录未列资料出处，似应据《绘图三教源流搜神大全》卷一"东岳"。

续表

	时间	封号	出处
宋	宋真宗大中祥符元年（1008）十月	诏天齐王加仁圣号	《长编》卷七〇，《宋大诏令集》卷一三七《加号仁圣天齐王诏》
	大中祥符四年（1011）五月乙未	诏加上东岳曰天齐仁圣帝	《长编》卷七五，《宋大诏令集》卷一三七《五岳升帝号诏》
	大中祥符四年（1011）十一月戊戌	诏加上东岳天齐仁圣帝淑明后	《长编》卷七六，《宋大诏令集》卷一三七《加上五岳后号诏》
元	元世祖至元二十八年（1291）二月	加上东岳为天齐大生仁圣帝	《元史》卷七六《祭祀志五》，《全元文》卷二九四《加封五岳四渎四海诏》
明	明太祖洪武三年（1370）	称东岳泰山之神	《明史》卷四九《礼志三》

　　唐玄宗加封东岳神"天齐王"，对于此举，清人赵翼殊不以为然，"天齐之名，盖本《史记·封禅书》'齐所以为齐，当天齐也'，故假借用之。以为峻急于天之意。然《封禅书》八神祠，一曰天主，祠天齐，居临淄南郊；二曰地主，祠泰山梁父。则泰山与天齐各为一祠，本不相涉。况天齐云者，谓当天之中，如天之脐也，今乃不顾其本义，但取其字之可通而剿剥附会之，盖出于张说之舞文也"①。赵翼关于"天齐"的说法聊备一说，但唐玄宗的做法开了帝王加封泰山的先河。

第二节　宋真宗泰山封禅

　　宋真宗在经历了强势的父皇、元老重臣压力下登基后，他不满足于做一个平庸的君主，但性格原因使他不敢通过军事征伐、开疆拓土提高自身威望，又不想殚精竭虑费心治国。在这种情况下，他为了满足重塑自身威望的想法，便

---

① 〔清〕赵翼著，栾保群、吕宗力点校：《陔余丛考》卷三五，石家庄：河北人民出版社点校本，1990，第717页。

希望通过举行封禅这样的捷径来达到这一目的。于是在大臣的配合下，宋真宗通过天书降临等人造祥瑞方式，营造出封禅的气氛，然后在心领神会的臣民的一致强烈请求下，宋真宗开始封禅。他首先颁布了大量诏令，为封禅做准备，然后从礼书中寻找封禅的相关礼制，并通过精心布置封禅礼仪等方式，在泰山举行了中国古代规模最大的封禅仪式。宋真宗通过泰山封禅，达到了体现君权神授，粉饰太平，自我陶醉的目的，却劳民伤财，对宋代政治、经济、文化、军事等诸多方面产生了不良影响，因此遭到世人的讥讽。但对东岳信仰而言，宋真宗封禅有着积极影响。泰山封禅后，宋真宗加封五岳帝号，又加封五岳神妻子后号，突破了"五岳视三公"的儒家传统说法，将岳神地位提高到一个新的高度。他下令在都城修建五岳观，全国各地修建东岳行宫，这些措施都极大地推动了东岳信仰在宋代的发展与深化。通过泰山封禅，尤其是围绕封禅所制造的祥瑞，泰山的神秘化色彩更为浓厚，形成了独具特色的泰山神话现象，泰山文化因此变得更为丰富多彩。而泰山影响力的扩大，也进一步吸引后世更多的人朝拜泰山。

大中祥符元年（1008），宋真宗与大臣王钦若等人精心策划了一场声势浩大的泰山封禅，此次封禅是中国古代最后一次成行的泰山封禅，计划周详，规模浩大，是北宋政治史、宗教史上的一件大事，对当时社会各方面都产生了深远的影响。

关于宋真宗封禅的原因、经过、影响等方面，学术界已经有很多相关研究成果，分析也很深入。人们一般认为，宋真宗时期，特别是澶渊之盟后，宋辽关系趋于和缓，真宗既厌战又好功，这是促使

图3-3　宋《登泰山谢天书述二圣功德之铭》摩崖刻石

其东封西祀的重要因素；当时宋朝国内矛盾重重，宋真宗无可奈何，又不肯振作，便希图通过封禅来掩盖其沉沉暮气；而朝廷大臣们为取宠固位，兴风作浪，人为制造迷信，是宋真宗东封西祀的重要外部条件。

按韦伯说法，世俗权威与宗教权威皆掌握于中国帝王一人之手，皇帝必须通过军事的胜利（至少得避免惨败）来证明他的巫术性卡理斯玛（Charisma）。据学者研究，宋真宗皇位继承并非一帆风顺，再加上强势父皇宋太宗的政治压力、手足兄弟的潜在威胁、宰辅大臣的政治压力，养成了宋真宗懦弱、压抑的君主性格。长期的自我压抑的心理，使身为帝王的宋真宗总是处于一种渴望宣泄释放内心压抑的现实寻求之中，为其日后"泰山封禅"埋下不可忽视的伏笔。

按照卡理斯玛支配原则，皇帝本身的卡理斯玛会衰竭，世袭性卡理斯玛有递减的趋势。作为在卡理斯玛支配下进行统治的皇帝，必须以其治理下的幸福来证明他乃是"天子"，是上天所确认的支配者。如果他做不到，那么他就是缺乏卡理斯玛。①

澶渊之盟结束了宋辽之间长期拉锯式战争，缓和了两国紧张的对峙局面。宋真宗原本对澶渊之盟比较满意，认为是自己掌控国家以来一次成功之作。但王钦若"城下之盟"的说法摧毁了宋真宗脆弱的心理防线，引爆了其长期压抑的内心。既然无法通过军事胜利来获得信心，困境中的宋真宗转而选择了具有重大象征意义且又毫无风险的封禅作为证明自身卡理斯玛资质，重塑自我形象的一种有效手段：

> 初，王钦若既以城下之盟毁寇准，上自是常怏怏。他日，问钦若曰："今将奈何？"钦若度上厌兵，即缪曰："陛下以兵取幽蓟，乃可刷此耻

---

① 〔德〕韦伯著：《中国的宗教——儒教与道教》，简惠美译，第一章（4）"中央君主的卡理斯玛祭司地位"，《韦伯作品集》，桂林：广西师范大学出版社，2004。卡理斯玛（Charisma）是指某种人格特质，某些人因具有这种特质而被认为是超凡的，具有超自然的、超人的或至少是特殊的力量或品质。它们具有神圣或至少是表率的特性。某些人因具有这些特质而被视作"领袖"。见《中国的宗教——儒教与道教》，第67页注释95。爱德华·希尔斯将卡理斯玛概念进一步引申，认为社会中的一系列行动模式、角色、制度、象征符号、思想观念和客观物质，只要人们相信它们与终极的、决定秩序的超凡力量相关联，就同样具有令人敬畏、使人依从的、神圣的卡理斯玛特质。见氏著《论传统》，上海：上海人民出版社，1991。转引自李向平《信仰、革命与权力秩序：中国宗教社会学研究》，上海：上海人民出版社，2006，第144页。

也。"上曰："河朔生灵，始得休息，吾不忍复驱之死地，卿盍思其次。"钦若曰："陛下苟不用兵，则当为大功业，庶可以镇服四海，夸示戎狄也。"上曰："何谓大功业？"钦若曰："封禅是已。然封禅当得天瑞，希世绝伦之事，乃可为。"既而又曰："天瑞安可必得，前代盖有以人力为之。若人主深信而崇奉焉，以明示天下，则与天瑞无异也。陛下谓河图、洛书果有此乎？圣人以神道设教耳。"上久之，乃可，独惮王旦，曰："王旦得无不可乎？"钦若曰："臣请以圣意谕旦，宜无不可。"乘闲为旦言之，旦勉而从。然上意犹未决，莫适与筹之者。它日晚，幸秘阁，惟杜镐方直宿，上骤问之曰："卿博达坟典，所谓河出图、洛出书，果何事耶？"镐老儒，不测上旨，漫应曰："此圣人以神道设教耳。"其言偶与钦若同。上由此意决，遂召王旦，饮于内中，欢甚，赐以尊酒曰："此酒极佳，归与妻孥共之。"既归，发视，乃珠子也，旦自是不复持异。天书、封禅等事始作。[①]

从上述所引文字来看，宋真宗封禅是在大臣王钦若的心理煽动、老儒杜镐的理论支持和宰臣王旦妥协的多方情况交织下决定的。其实，封禅并非宋真宗朝君臣的突发奇想，早在北宋初年的宋太宗朝时，当时的君臣们已经讨论过封禅，并且做了一定准备。最后由于当时尚未形成适合封禅的社会环境，虽然几经筹划，最终未能成行。

宋太宗封禅虽然夭折，并不表明封禅之事就此销声匿迹，宋真宗朝仍然有人上书建议封禅。"（景德四年十一月）庚辰，殿中侍御史赵湘上言请封禅，中书以闻，上拱揖不答。王旦等曰：'封禅之礼，旷废已久，若非圣朝承平，岂能振举？'上曰：'朕之不德，安能轻议。'"[②]宋真宗"拱揖不答"，说明其态度暧昧，并非坚决没有考虑过封禅之事，正是这种心理深处的暗潮涌动，促使宋真宗最终下定决心举行封禅。

为体现封禅的神圣性，历代准备封禅的帝王都会事先做周密的准备，包括舆论的宣传、封禅礼仪的讨论、封禅过程中的注意事项等。这些工作无疑是保

---

① 《续资治通鉴长编》卷六七，第3册，第1506—1507页。据文后注，此条文字据苏辙《龙川别志》及刘邠所作《寇准传》。说明北宋时人对宋真宗封禅缘起已经有着比较一致的认识。

② 《续资治通鉴长编》卷六七，第3册，第1506页。

证封禅能够顺利完成的重要保证。纵观中国古代历次泰山封禅，在封禅部署方面做得最细致、最充分的，首推宋真宗。从大中祥符元年（1008）四月开始，宋真宗陆续颁布了一系列诏令，确保封禅的正常进行：

表3-3　　　　　　　　　　　宋真宗封禅诏令[①]

时间	诏书名
大中祥符元年（1008）四月丙申	禁泰山樵采诏
	封禅泰山诸事诏
四月七日	封禅泰山经度费用诏
四月辛丑	封禅戒约京东州军刑狱务从宽恕诏
四月壬寅	东封戒约官吏诏
四月二十一日	封祀戒官诏
四月二十九日	定东封往返道路诏
五月六日	封祀褥位等事诏
五月八日	封禅出京具小驾仪仗诏
五月丙寅	缘封禅所经诸州权增屯兵诏
五月壬午	天书出京至岳下日用道门威仪百人诏
五月癸未	封禅离京日至封禅不举乐诏
五月二十六日	封祀勿广营造诏
六月庚寅	建灵液亭诏
六月五日	修完泰山前代封禅基址诏
六月七日	历代封禅帝王及所禅山于封祀前七日致祭诏
六月庚戌	泰山醴泉发敕兖州禁囚制
六月二十三日	改乐名诏
八月三日	东封道路军马毋犯民稼等事诏
八月四日	别建坛享九宫贵神诏
八月五日	天下及蕃国以东封遣使贡方物于东京进纳诏
	封祀令孔圣祐等陪位诏
八月十一日	东封扈从人加赐装钱诏

[①] 真宗诏书见《全宋文》第11册。杨晓芳在其学位论文《封禅文学研究》（四川师范大学中国古代文学硕士学位论文，2006，第27页）中统计真宗发布的针对封禅的诏书有27道。笔者在其基础上对《全宋文》相关篇目重新统计，共得42道诏书。

时间	诏书名
八月十三日	自九月一日后勿奏大辟案诏
八月乙巳	封禅禁屠宰诏
九月十二日	仪仗内导驾官从人数诏
九月辛未	精酿祀事所用醴酒诏
九月十六	令王钦若等察当升岳者所服诏
九月十七	东祀告庙进疏食从官至郓州禁荤茹诏
	封祀戒约中外诏
九月二十二	禁群臣丧服未除者预祭诏
九月癸未	于崇政殿习东封仪诏
十月庚寅	命考制度使诏
十月五日	山上圜台登歌亚献终献特令作乐诏
十月壬辰	东封日犯罪人令马知节等及枢密院区断诏
十月戊戌	令郓齐等州长吏赴泰山陪位诏
十月十六日	令马元方等赴泰山陪位诏
十月十七日	东封扈徒人毋坏民舍什物树木诏
十月十九日	刘谦等阅视升岳人诏
十月辛亥	上九天司命上卿保生天尊号诏
	加号仁圣天齐王诏
十月	登封泰山赦天下诏

通观这些诏令，既有对封禅地泰山的保护，也有关于封禅过程仪式的安排，以及保证封禅圣洁性的禁令，完整而细致地规划了封禅的每一个细节，向世人传达出宋真宗对此次封禅的虔诚态度与严肃恭敬。

封禅早期带有上天警示的意味，想要封禅成功，获得上天肯定是关键步骤，为此宋真宗与大臣联合炮制了天书降临的祥瑞。大中祥符元年（1008）春正月乙丑，宋真宗召集宰臣王旦、知枢密院事王钦若等于崇政殿之西序，称：

朕寝殿中帟幕，皆青缣为之，旦暮间，非张烛莫能辨色。去年十一月二十七日，夜将半，朕方就寝，忽一室明朗，惊视之次，俄见神人，星冠绛袍，告朕曰："宜于正殿建黄箓道场一月，当降天书《大中祥符》三篇，勿泄天机。"朕悚然起对，忽已不见，遽命笔志之。自十二月朔，即蔬食斋戒。于朝元殿建道场，结彩坛九级。又雕木为舆，饰以金宝，恭伫神贶。虽越月，未敢罢去。适睹皇城司奏，左承天门屋之南角，有黄帛曳于鸱吻之上。朕潜令中使往视之，回奏云："其帛长二丈许，缄一物如书卷，缠以青缕三周，封处隐隐有字。"朕细思之，盖神人所谓天降之书也。①

宋真宗的话马上得到心领神会的大臣们的附和，大规模祥瑞制造的声势顺利迈出第一步：

> （王）旦等曰："陛下以至诚事天地，仁孝奉祖宗，恭己爱人，凤夜求治，以至殊邻修睦，犷俗请吏，干戈偃戢，年谷屡丰，皆陛下兢兢业业，日谨一日之所致也。臣等尝谓天道不远，必有昭报。今者，神告先期，灵文果降，实彰上穹佑德之应。"皆再拜称万岁。又言："启封之际，宜屏左右。"上曰："天若谪示阙政，固宜与卿等祗畏改悔；若诚告朕躬，朕亦当侧身自修，岂宜隐之而使众不知也。"丙寅，群臣入贺于崇政殿，赐宴，上与辅臣皆蔬食。遣吏部尚书张齐贤等奏告天地、宗庙、社稷及京城祠庙。②

宋真宗导演的天书降临顺利获得了成功，心领神会的各级官员开始配合朝廷积极呈报各方源源不断出现的祥瑞：

表3-4　　　　　　　　宋真宗东封前后出现的祥瑞③

时间	祥瑞	出现地点	报告人	出处
大中祥符元年（1008）正月丁卯	瑞云覆宫殿	宫殿上	司天监	《长编》卷六八，《宋史》卷七《真宗纪二》
四月辛卯朔	天书	大内之功德阁		同上
五月壬戌	醴泉出	泰山下	王钦若	《长编》卷六九
乙丑	苍龙现	锡山	王钦若	同上

① 《续资治通鉴长编》卷六八，第3册，第1518页。
② 《续资治通鉴长编》卷六八，第3册，第1519页。
③ 宫磊：《宋真宗封禅探究》，山东师范大学专门史硕士学位论文，2007，列举了真宗封禅前出现的种种祥瑞，本表在其基础上有所增补。

续表

时间	祥瑞	出现地点	报告人	出处
癸未	虎屡见，未尝伤人，悉入徂徕山	泰山	中使	同上
	王母池水变紫色	泰山祠	王钦若	
六月甲午	天书降	醴泉亭北	木工董祚	同上
七月乙酉	修圜台、燎台，除道累石功毕，自兴役至是，未尝见蝼蚁等物	泰山东岳祠	王钦若	同上
八月庚寅	日生灵芝	泰山	王钦若等	同上
己酉	芝草八千一百三十九本	泰山（？）	王钦若献	同上
庚戌	梦神人以增筑庙亭为请	泰山威雄将军祠	王钦若	同上
九月庚申	有鹤十四来翔	崇政殿	丁谓	《长编》卷七〇
	玉女池水其流自广且清泚	泰山	王钦若	同上
甲子	白云如龙凤仙人，有鹤十四来翔	太庙南城内幄殿太祖、太宗室		同上
庚辰	五色金玉丹，紫芝八千七百十一本		赵安仁来朝献	同上
十月庚寅	五星顺行同色		司天言	同上
甲午	芝草再生者甚众	泰山	王钦若等	同上
壬寅	有神光起昊天玉册上	翔銮驿	知制诰朱巽	同上
丁未	献玉圭，长一尺二寸，自言五代祖得自西天屈长者，传云"谨守此，俟中国圣君行封禅礼，即驰贡之"		大食蕃客李麻勿	同上
戊申	泰山芝草三万八千二百五十本		王钦若等献	同上
己酉	五色云起岳顶	泰山		同上
庚戌	有黄云覆辇，前一夕，山上大风，裂帘幕，迟明未已。及上至，天气温和，纤罗不动，奉祀官、点馔习仪于圜台，祥光瑞云，交相辉映	泰山		同上

续表

时间	祥瑞	出现地点	报告人	出处
辛亥	庆云绕坛，月有黄辉气。日有冠戴，黄气纷郁	泰山	司天监	同上
壬子	前夕阴晦，风势劲猛，不能然烛。及行事，风顿止，天宇澄霁，烛焰凝然。封礭讫，紫气蒙坛，黄光如帛绕天书匣。悉纵四方所献珍禽奇兽于山下。法驾还奉高宫，日重轮，五色云见	社首山		同上
十一月庚寅	有金龟集游童衣袂，大如榆荚		丁谓献	同上
丁卯	有扈驾捧日卒彭攀，于社首庙前逢一叟，衣冠甚伟，曰："升山之路，异于往时，动至感应，皆圣德所致也。从臣皆昔陪唐帝祀岳者，唯八人非，然四存而四亡矣。"言讫西南行，不知所在		行宫司言	同上
丁丑	上之巡祭也，往还四十七日，未尝遇雨雪，严冬之候，景气恬和，祥应纷委，咸以为精诚昭格，天意助顺之致也			同上
丁酉	登州言东封以来，海不扬波			《长编》卷七一

从表中可以看出，一开始祥瑞出现的时间相隔较长，大中祥符元年（1008）五月壬戌，王钦若上奏泰山醴泉发，庚戌，"曲赦兖州系囚流罪以下"，赐文武百官泰山醴泉。在宋真宗支持下，各地祥瑞层出不穷，反映了朝野上下主动迎合宋真宗，大量制造祥瑞。祥瑞主要包括祥云、嘉禾、醴泉、神人、天书等。祥瑞出现的地点，大致围绕皇宫与封禅所在地泰山。真宗到达泰山后，几乎所有祥瑞都出现在泰山。呈报献祥瑞之人，上自宋真宗、朝廷大臣，下至普通民众、军士，几乎涵盖了宋代社会各阶层。

当时朝臣中积极呈报祥瑞之人除了被人称作"五鬼"之一的王钦若，一些名声颇佳的大臣也投身到鼓吹祥瑞的行列之中。如被同僚评价为"守道徇公，当官不挠"的张知白于大中祥符元年（1008）九月上书朝廷，要求把在泰山出现的祥瑞记录下来：

咸平中，天下多上祥瑞，当时河、湟未平，臣尝论奏请一切罢去。今天下无事，灵贶并至，望以泰山诸瑞，按品目模写，置正副二本，一藏秘阁，一纳中闱，俟昭应宫成，饰诸绘事，传之不朽。①

张知白的建议得到宋真宗的批准。皇帝的大力提倡、群臣的积极配合、舆论的有力导向，使得各地争献祥瑞。

宋真宗对自己营造出来的祥瑞氛围十分满意。大中祥符二年（1009）五月，宋真宗特意召集宰相王旦一同观看。"崇和殿瑞物凡四百余种，王旦曰：'祖宗以来，瑞应丛集，四方无不传闻，今获亲睹，实为神异。'上曰：'国家符命彰灼，盖祖宗积德所致。至于寰海混同，干戈不用，成封禅之礼，有由然也。朕每念前代，虽有德之君，能行封禅者盖寡，朕乃克行，此盖由雍熙中尝有经度，制度已备，朕何力之有！'旦曰：'非陛下励精善继，力致太平，则不能奉承先志。今又归美祖宗，实宗社无疆之休也。'"②祥瑞频繁、大量地出现，象征着宋真宗统治已经得到上天的肯定，同时暗示其治下社会的安定繁荣。

在大肆鼓吹祥瑞的同时，宋真宗密切操控祥瑞的发展趋势，严防民间假借祥瑞滋生任何危害政权的举动。"如闻宿州临涣县民托称神异，营建寺宇，远近奔集，颇为惑众，宜禁止之。"③

大中祥符年间的祥瑞之事在两宋始终未被人遗忘，百余年后，宋末元初人周密（1232—1298）在其笔记中仍不忘对此事进行揶揄：

真宗东封回，至兖州回銮驿覃庆桥酺，赐辅臣、亲王、百官宴于延寿寺。有金龟集游童衣袂，大如榆荚。丁谓以献，上命中使赍示群臣。余为儿童时，侍先大夫为建宁漕属，官廨后多草莽，其间多有此物，有甲能飞，其色如金，绝类小龟，小儿多取以为戏，初非难得之物也。鹤相善佞而欺

---

① 《续资治通鉴长编》卷七〇，第3册，第1566页。《宋史》卷三一〇，第29册，第10187页。

② 《续资治通鉴长编》卷七一，第3册，第1607页。

③ 《续资治通鉴长编》卷六九，第3册，第1546页。

君，乃遽指以为祥瑞，载之史册，真可发后世一笑也。①

除了通过祥瑞来烘托封禅，宋真宗在一些细节方面也做了特意安排。

北宋建立后，窦俨在宋太祖授意下，对北周礼乐进行改革，以适应新王朝的需要。"俨乃改周乐文舞《崇德》之舞为《文德》之舞，武舞《象成》之舞为《武功》之舞，改乐章十二'顺'为十二'安'，盖取'治世之音安以乐'之义。祭天为《高安》，祭地为《静安》，宗庙为《理安》，天地、宗庙登歌为《嘉安》，皇帝临轩为《隆安》，王公出入为《正安》，皇帝食饮为《和安》，皇帝受朝、皇后入宫为《顺安》，皇太子轩县出入为《良安》，正冬朝会为《永安》，郊庙俎豆入为《丰安》，祭享、酌献、饮福、受胙为《禧安》，祭文宣王、武成王同用《永安》，籍田、先农用《静安》。"②这成为北宋的朝廷礼乐。宋真宗为了封禅，在朝廷礼乐基础上，特意制定了封禅礼乐。

大中祥符元年（1008）四月戊戌，"详定所言封禅用乐章八首，命学士院撰。五月丁亥，晁迥上之。六月丙午，上奉天书入太庙、升泰山圜台、社首山，登歌瑞文曲、乐章二首。壬子，易乐章之名为《封安》《禅安》《祺安》。十月甲午，判太常李宗谔上圜台登歌亚、终献乐章二首"③。

宋真宗制造的泰山封禅乐章分好几部分内容，首先是封禅降神乐章：

山上圜台降神，《高安》岩岩泰山，配德于天。奉符展采，翼翼乾乾。涤濯静嘉，罔有弗蠲。上帝顾諟，泠风肃然。

接着是酌献昊天上帝以及配座宋太祖、宋太宗的乐章：

昊天上帝坐酌献，《奉安》皇天上帝，阴骘下民。道崇广覆，化洽鸿钧。灵文诞锡，宝命惟新。增高钦事，式奉严禋。

---

① 〔宋〕周密撰，范荧整理：《癸辛杂识》后集《金龟称瑞》，《全宋笔记》第8编第2册，郑州：大象出版社点校本，2017，第212页。
② 《宋史》卷一二六，第9册，第2939—2940页。
③ 《玉海》卷九八，第3册，第1793页。

太祖配坐酌献,《封安》于穆圣祖, 肇开鸿业。我武惟扬, 皇威有晔。四陲混同, 百灵震叠。陟配高穹, 明灵是接。

太宗配坐酌献,《封安》祗若封祀, 神宗配天。礼乐明备, 奠献精虔。景灵来格, 休祥蔼然。于昭垂庆, 亿万斯年。

然后是亚献、终献乐章:

亚献,《恭安》因高定位, 礼修物备。荐鬯卜牲, 虔恭寅畏。八音克谐, 天神咸暨。降福穰穰, 永锡尔类。

终献,《顺安》浩浩元精, 无臭无声。临下有赫, 得一以清。备物致享, 荐兹至诚。泰尊奠献, 夙夜齐明。

封泰山乐章后, 便是禅社首山乐章:

社首坛降神,《靖安》至哉坤元, 资生伊始。博厚称德, 沈潜柔止。降禅方位, 聿修明祀, 寅恭吉蠲, 永锡蕃祉。

皇地祇坐酌献,《禅安》坤德直方, 博厚无疆。秉阴得一, 静而有常。宝藏以发, 乃育百昌。肃祇禅祭, 锡祉穰穰。

太祖配坐酌献,《禅安》皇矣圣祖, 丕赫神武。秉运宅中, 威加九土。德厚功崇, 颂声载路。陟配方祇, 对天之祜。

太宗配坐酌献,《禅安》毖祀柔祇, 报功厚载。思文太宗, 侑神严配。钟石斯和, 笾豆咸在。永锡坤珍。资生为大。①

很显然, 宋真宗的泰山封禅乐章分封泰山与禅社首山两部分内容, 事实上, 宋真宗的泰山封禅也是分这两步进行的。大中祥符元年(1008)十月, 宋真宗在泰山举行封禅, 详细情况如下:

(十月)辛亥, 设昊天上帝位于圜台, 奉天书于坐左, 太祖、太宗并配

① 《宋史》卷一三五, 第10册, 第3183—3185页。

西北侧向，帝服衮冕，升台莫献，悉去侍卫，拂翟止于壝门，笼烛前导亦彻之。玉册文曰："嗣天子臣某，敢昭告于昊天上帝：臣嗣膺景命，昭事上穹。昔太祖揖让开基，太宗忧勤致治，廓清寰宇，混一车书，固抑升中，以延积庆。元符锡祚，众宝效祥，异域咸怀，丰年屡应。虔修封祀，祈福黎元。谨以玉帛、牺牲、粢盛、庶品，备兹禋燎，式荐至诚。皇伯考太祖皇帝、皇考太宗皇帝配神作主。尚飨。"玉牒文曰："有宋嗣天子臣某，敢昭告于昊天上帝：启运大同，惟宋受命，太祖肇基，功成治定；太宗膺图，重熙累盛。粤惟冲人，丕承列圣，寅恭奉天，忧勤听政。一纪于兹，四隩来暨，丕贶殊尤，元符章示，储庆发祥，清净可致，时和年丰，群生咸遂。仰荷顾怀，敢忘继志，佥议大封，聿申昭事。躬陟乔岳，对越上天，率礼祗肃，备物吉蠲，以仁守位，以孝奉先。祈福逮下，俾神昭德，惠绥黎元，懋建皇极，天禄无疆，灵休允迪，万叶其昌，永保纯锡。"命群官享五方帝及诸神于山下封祀坛。上饮福酒，摄中书令王旦跪称曰："天赐皇帝太一神策，周而复始，永绥兆人。"三献毕，封金、玉匮。王旦奉玉匮，置于石䃭，摄太尉冯拯奉金匮以降，将作监领徒封䃭。帝登圜台阅视讫，还御幄。宰臣率从官称贺，山下传呼万岁，声动山谷。即日仗还奉高宫，百官奉迎于谷口。帝复斋于穆清殿。

封完泰山后，宋真宗接着在社首山禅祭皇地祇：

壬子，禅祭皇地祇于社首山，奉天书升坛，以祖宗配。玉册文曰："嗣天子臣某，敢昭告于皇地祇：无私垂祐，有宋肇基，命惟天启，庆赖坤仪。太祖神武，威震万宇；太宗圣文，德绥九土。臣恭膺宝命，纂承丕绪，穹昊降祥，灵符下付，景祚延鸿，秘文昭著。八表以宁，五兵不试，九谷丰穰，百姓亲比，方舆所资，凉德是愧。溥率同词，搢绅协议，因以时巡，亦既肆类。躬陈典礼，祗事厚载，致孝祖宗，洁诚严配。以伸大报，聿修明祀，本支百世，黎元受祉。谨以玉帛、牺牲、粢盛、庶品，备兹禋瘗，式荐至诚。皇伯考太祖皇帝、皇考太宗皇帝配神作主。尚飨。"帝至山下，服靴袍，步出大次。

癸丑，有司设仗卫、宫县于坛下，帝服衮冕，御封禅坛上之寿昌殿受朝贺，大赦天下，文武递进官勋，减免赋税、工役各有差，改乾封县曰奉符县，宴百官卿监以上于穆清殿、泰山父老于殿门。甲寅，发奉符，始进常膳。①

大中祥符二年（1009）七月，封禅大礼使王旦奉敕撰《大宋封祀坛颂》，记录了此次封禅的全过程：

祀前一日，未质明，备法驾，至于山趾，更衣于帷殿。上乃乘轻舆，陟绝巘，跻日观，出天门。筑圆坛于山上，度地宜而循古制也。升山之前夕，层云蔚兴，严飙暴起，达曙振野而未已，有司失职而是忧。洎宝策先登，华盖徐至，焚轮止息，寥沈清霁，若胚浑之初判，状群灵之先置。辛亥，祀昊天上帝，设天书位于左次，登歌乐作，奉迎就位，显奉符而错事也；二圣严配，定位侧向，以申恭事，表继志而奉天也；亚献终献，作之乐章，以为礼节，一其仪而申昭事也；祝史正辞，秘刻勿用，黎元蒙福，孚佑是祈，克其己而厚勤恤也。裒冕俯偻，金石铿越，捧珪币，莫牺象，络金绳而斯毕，飞紫燎而上达。舒迟暨礼，陟降尽恭。明德之馨，至诚之感，苾芬以荐，肸蠁如答。通帝乡之岑寂，接云汉之昭回。协气上浮，纤罗不动，神策锡灵长之祚，日卿奏殊尤之瑞。垂绅委佩，蹈舞斋室之前；鳌忭山呼，响震层霄之外。山下设坛四成，如圆丘之制，乃命茂亲，以承大祭。崇牙树羽以斯具，洁粢丰盛而在列，万灵咸秩，四隩来同。九宫贵神，实司水旱，吾民是依，动系惨舒，厥职尤重。命筑坛于山下封祀坛东，率礼吉蠲，诏大僚以尸其事。壬子，祀后皇地祇于社首，百司承戒，慎之至也；三献尽诚，礼无违者。翌日，朝觐坛，觐群后，辑五瑞，千品成列，万国胥洎。②

据史书记载，王旦本人虽然附和宋真宗封禅，但其内心深处一直为此心存愧疚。王旦笔下封禅过程庄重而恭敬，对天象异常的描述并不多，仅提到封禅

---

① 《宋史》卷一〇四，第8册，第2532—2533页。
② 《泰山志校证》卷二，第197页。

时"严飚"转为风和日丽。到了宋代史书中，封禅中天象增加了很多新的祥瑞内容。如上山前真宗斋于穆清殿，"五色云起岳顶"。登山过程中，"有黄云覆辇"，"前一夕，山上大风，裂帘幕，迟明未已。及上至，天气温和，纤罗不动，奉祀官、点馔习仪于圜台，祥光瑞云，交相辉映"。于圜台享昊天上帝之时，"司天监奏庆云绕坛，月有黄辉气"。"上即日还奉高宫，百官奉迎于谷口，日有冠戴，黄气纷郁。"于社首山禅祭皇地祇，"前夕阴晦，风势劲猛，不能然烛。及行事，风顿止，天宇澄霁，烛焰凝然。封礥讫，紫气蒙坛，黄光如帛绕天书匣"。"法驾还奉高宫，日重轮，五色云见"。[①]天象记录由最初正常的风向变化，至后来凭空增添了大量神秘、祥瑞内容，再次强调了宋真宗封禅充分获得上天的肯定。

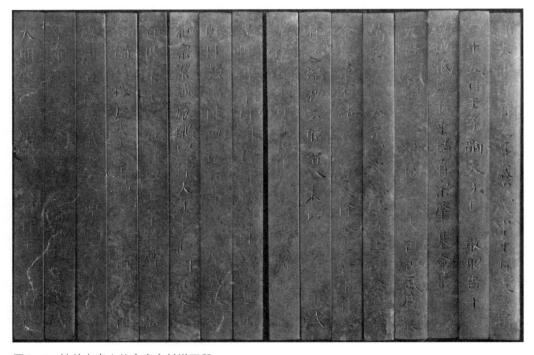

图3-4　社首山出土的宋真宗封禅玉册

　　对于封禅的礼制，北宋开国初年编修的礼书《开宝通礼》中有着详细规定，可以视作北宋官方封禅的"定规"。宋真宗泰山封禅，为了显示庄重，在《开宝通礼》封禅仪制基础上，对礼仪有所增减。

---

　　① 《续资治通鉴长编》卷七〇，第3册，第1571—1572页。

表3-5　　　　宋真宗封禅礼仪与《开宝通礼》封禅礼仪比较①

《开宝通礼》封禅礼仪	《封禅记》中宋真宗封禅礼仪
封禅承差五使	诏以工部尚书、平章事王旦充封禅大礼使、泰山经度制置使，尚书右丞、知枢密院事王钦若充封禅礼仪使，兵部侍郎、参知政事冯拯充封禅仪仗使，兵部侍郎、知枢密院事陈尧叟充封禅卤簿使、泰山封禅经度制置使，右谏议大夫、参知政事赵安仁充封禅桥道顿递使。其仪仗使、桥道顿递使公事，仍令冯拯、陈尧叟分知，俟逐使回日依旧
鸾驾未发前，告昊天上帝、太庙、太社，如巡狩之礼	是岁初，诏封禅，遣官告天地、太庙、社稷、太乙宫，又遍在京祠庙及岳渎。将行，一再祭告京东历代帝王庙，及告河中后土、四海
皇帝告庙前一日，清斋文明（或在他殿，临时取一日）。凡预祭官，清斋于庙所。近侍之官应从升者及群客使等，各于本司及公馆清斋一宿	详定所上言："准《通礼》，皇帝告庙前一日致斋于乾元殿，预告之官供斋一宿。"……先是，九月甲戌，上谓陈尧叟等曰："封禅之日，天下并禁屠宰。朕自告庙，即已斋戒不茹荤，扈从臣僚及诸班诸军即给肉食，至郊给蔬素。"
鸾驾出宫，乘黄，令进玉辂	详定所上言："……今缘奉安天书于玉辂，欲请皇帝赴太庙往来并乘金辂。"诏可
皇帝服衮冕出	是岁仪注，服通天冠、绛纱袍
享日，知庙少卿以册文进书如常	是岁仪注，享日不进书册文
无此仪	皇帝告庙裸讫，祝史奉毛血及肝膋之豆立于东门外，斋郎奉炉炭萧蒿稷黍者以次入，自正门升自泰阶。诸太祝各迎取毛血肝膋于阶上，俱入奠于神座前。斋郎奉炉炭皆置于室户外之左，其萧蒿稷黍各置于炉炭，降下自阼阶以出。诸太祝取肝膋出户，燔于炉炭，各还樽所。至馈食馔入门，祝史撤毛血之豆，降自阼阶以出。诸太祝取萧蒿稷黍擩于脂燔于炉炭，各还樽所
朝庙还，驾入朝，太乐令令撞蕤宾之钟，左五种皆应。鼓柷奏《采茨之乐》。至乾元门，戛敔乐止。即入门，鼓柷奏《隆安之乐》	无此制
皇帝出宫，备大驾卤簿	是岁，备鸾驾，卤簿所司又进辇于乾元殿外。详定所上言："……欲望依玄宗故事，将来告享太庙，乘舆入京，封泰山，禅社首，赴朝觐坛并用法驾。"诏可。详定所又上言："皇帝出京，欲具小驾仪仗。太常寺三百二十六人，兵部五百六十六人，殿中省九十一人，太仆寺二百九十九人，六军诸卫四百六十八人，左右金吾仗各一百七十六人，司天监三十七人，已上总二千一百二十八人。"诏可。初详定所言车驾告庙，封禅泰山、社首山并用法驾，上览之谓宰臣等曰："……今欲只用小驾，更令参定可否。侍臣称可。"

① 《太常因革礼》卷四三，第567—575页。

续表

《开宝通礼》封禅礼仪	《封禅记》中宋真宗封禅礼仪
无皇帝习仪之事	是岁，上谓宰臣王旦曰："东封礼久废，今举而行之，虽详定仪注典礼明焕，从祀之官咸曾通习，朕恐至时有差失，并封固之际，有所未便。朕欲习先之。"王旦等曰："凡祀事无帝王习仪之礼。"上曰："朕之奉天，犹子之事父，臣之事君，可亲习封禅之仪。"诏出，详定官翰林学士晁迥等复入□□□升降之节在于有司，岂劳君上亲习？上曰："寅恭之志，岂惮于劳？"寻行亲习之礼。封禅、奉祀官并习封祀坛、社首坛仪于东都驿亭
前祀七日，受誓戒	是岁，太尉誓百官于行在尚书省，放朝参。其先在泰山下臣僚行事官等，亦须受誓戒，欲望就差官高臣僚一员摄太尉，择严静公宇，受誓戒日，行事官依常祀立班，从祀官依常朝立班，未升朝官及诸司职官掌并陪位，亚献、终献于行在中书受誓戒，及诸王皇亲并陪位，太尉读誓文。致斋日，泰山下县镇皆禁凶秽，不得哭泣之声。诏可
皇帝致斋，服衮冕、结佩，出自西方房就斋室	是岁，服通天冠、绛纱袍，乘舆出自西房
皇帝致斋如常仪，近侍之官应升者及从祀群官、诸方客使，各于本司及公馆清斋一日	王旦等奏："自今素食，盖陛下特于封祀备尽严恭。然日月尚远，将涉长途，冲冒寒沍。况南郊亦祀天地，无所预绝荤茹，乞于致斋及或散斋后方进素膳。"上曰："封禅泰山，故非常祀，先期斋洁，冀表志诚也。"详定所又上言："准仪注，凡升山预祀之官，并先赴山上祠所设斋。今参详，欲取二十一日百官于行宫，朝服奏请皇帝赴前殿斋室。二十四日封祀毕，车驾还行宫，复斋于前殿。二十五日，禅社首山。"诏并可。王旦又上言："准仪注，从祀文武百官并预祀之官致斋二日于本司，一日于祀所，其无本司者于祀所。又准礼例，皇帝宿斋于正殿，百官致斋于朝堂。今参详，欲望行事官及从祀官除已有公馆就以斋，其余即分于封祀、禅社首坛、朝觐坛幕次宿斋，仍令据品位陈设供给。"诏可
泰山立圜台，广五尺，高九尺，土色各依其方。于圜台上立方坛，广一丈二尺，高九尺，其台坛四面各为一阶	详定所上言："……欲望依故事，山上立封祀坛五尺，高九尺，四出陛，坛上饰以青，四面依方色，壝广丈之仪。"诏可
山下封祀坛三成十二阶，如圆邱之制。四方依色坛。外为三壝	详定所上言："……今请依郊祀录所载圜丘坛及丈尺之制，其坛下饰以方，及四面方色，即依通礼所载。"诏可
配帝玉牒长一尺二寸，广五寸，厚三分，刻牒为字，以金填之，金匮盛封	详定所奏："……今望每牒各长一尺二寸，广五寸，厚一寸，刻牒为字，以金填之，联以金绳，盛以玉匮。"其文中书门下奏取进止，所司承旨请内镌。诏可

续表

《开宝通礼》封禅礼仪	《封禅记》中宋真宗封禅礼仪
封祀泰山前，所司以太牢祭于泰山神庙，如式封祀。泰山正座，苍牲一，居前。配帝，苍牲一；五方帝，方色牲各一；大明，青牲一；夜明，白牲一；禅社首山正座，黄牲一，居前。配帝，黄牲一，在北；神州，黝牲一，在南	详定所言："……乞正用太牢。"详定所又言："今常祭五方帝并以羊豕代犊，今乞正用方色特，若无方色，即以纯色代之。"诏可。详定所又言："神州特准礼元用黝犊，后来亦代以羊豕，今请正用黝犊。"诏可
设宣祖皇帝位，东方西向	设太祖、太宗位望，昊天上帝西北侧向，盖特出宸旨，以表祖宗恭事上天之意
山之上下神座，皆席以藁秸并莞	增以褥，详定所上言。诏昊天上帝、皇地祇褥位用黄罗，太祖、太宗配座褥位用绯罗
无此制	诏泰山、社首山皇帝行礼褥位宜并用紫
省牲，日晡后二刻，赞引引御史、诸太祝诣坛东陛升行，扫除于上；太祝降行，扫除于下	不著扫除之节
前祀一日，未明五刻，陈大驾卤簿	陈法驾卤簿
采□□□□□□宫门外	进金辂
侍郎奏请登山，皇帝服冕乘舆以出	服通天冠、绛纱袍以出
无	车驾至山下幄次，皇帝改服靴袍，侍中奏升舆登山
山上太乐，设《登歌之乐》。正位奠爵，作《禧安之乐》。（每酌献及饮福皆奏此）禅社首山酌献皇地祇，亦依《禧安之乐》	礼仪使等奏："……今以封禅之意改定乐章，其'安'字依旧外，欲昊天上帝酌献，'禧安'为'封安'；酌献皇地祇，'禧安'为'禅安'；皇帝，'禧安'为'祺安'。"特降手诏许之，候禅毕仍旧。又诏泰山上亚献、终献并特令用《登歌》
山下设正配位，山下坛设五帝、日月位，社首坛设皇地祇、神州地祇、岳镇海渎位，不著币帛之数	用冬至圜邱神位详定所言："今准太府寺牒，南郊用币帛之段七十有八，黝坛上昊天用苍币一，皇地祇用黄币一，配帝用白币四，其余币帛只设于等第二等太祖、太宗之□。今详定礼文，圆邱内宫以下方邱、岳镇以下并有币。今太府寺请币四十八段。通□□天上帝、皇地祇、配帝、日月、五方帝、神州共一十二段，余六十六段，用于内官则有余，用于中宫、岳渎则不足。况礼文既言内宫、外宫、岳镇、海渎币各从方色，即明皆有制币。除昊天上帝苍币一，皇地祇黄币一，配帝白币共四,五方色币共五。日赤币一，月白币一，天皇大帝□□□□方色币一，神州元币一，外其封祀坛内宫五十四座，中宫一百五十八座，外宫一百六座，社□□记增置之，岳渎已上八十一座，欲望并依方色用币。"诏可

《开宝通礼》封禅礼仪	《封禅记》中宋真宗封禅礼仪
未明一刻，侍中奏外办行事，皇帝服大裘而冕出次	服衮冕以出
其日封祀坛，奠玉币，自山上五步立一人，直□□□以呼万岁为节	车驾将出大次，前四刻，传牌仍量地势高下远近量加□□以为节候，传牌及权大举。至山下，献官各就位，相次行礼。皇帝就位燎，礼毕，亦传呼与燎相应。归版位，如山下。祀毕，山上传呼，未至献，先就望燎位以俟皇帝还大次。传呼至山下，群官方退。皇帝出还行宫，群官公服，诸行宫奉迎车驾
献官奉封祀坛玉币，各奠于神座。将进奠，登歌做嘉安乐	用县乐
不著读玉牒之文	详定礼文所奏："……今玉牒不读，封以玉匮，承之以案（其案一同册案），置于昊天上帝神座侧，俟皇帝封玉册毕，太尉又跪取玉牒进皇帝封如玉册之仪。"有诏："玉牒亦读于昊天上帝神座前，余依奏。"是岁仪注，读玉册讫，捧玉牒官举玉牒进神座之右，中书侍郎东向跪读玉牒文讫，俯伏兴，礼仪使奏请皇帝再拜讫，乐作，中书侍郎进跪奠于神座前
无此二节	奠玉册讫，捧玉牒官进神座之右，中书侍郎跪读玉牒。至饮福受胙讫，中书令一员诣皇帝前跪称曰："天赐皇帝太乙神策，周而复始，永绥兆民。"
无此	礼仪使上言："准典礼，皇帝饮福酒以上樽，太尉以罍。今参详告庙及封禅日皇帝所饮福酒，盖上灵降祚，以交神明之福。欲差尚食奉御一员俟皇帝诣饮福酒位，令亲于上樽内酌酒以进，庶叶礼文。所有祀酒，仍令太常礼院、光禄寺与尚食奉御同开封置于上樽。"诏可
不举权火	详定所上言："准少府监状：封禅日欲依南郊设燔燎楔橧，今参详泰山上及禅社首山行礼将毕，燔燎之时，合与权火相应，用为节制。今少府监所设燔燎楔橧，盖权火之遗制也。欲望每坛各设楔橧座以为燔瘗之节。"
燔燎讫，封玉册	是岁仪注，封玉册讫，始行燔燎
封禅还，以配帝金匮藏太庙皇帝之石室	详定所上言："□□□□□□□日正座玉册玉牒、配座玉册并安如舁，以金吾街仗街内官设次于行宫，册□□□□□当一如去日之仪。归京日，先设次序于太庙。次日，藏于庙堂如别仪。"诏可。详定所上言："通礼毕，太祖、太宗配座玉册、金匮二还京日，准仪文藏于太庙祫室，今参详若□□□以为祫室，伏缘神道贵在安静，不欲施工，望还京日先设次于太庙，次日依遵□册之于神座之侧。"诏可

续表

《开宝通礼》封禅礼仪	《封禅记》中宋真宗封禅礼仪
皇帝行礼毕，还大次，服通天冠、绛纱袍。诸祀官服朝服，奉迎皇帝至圆坛所。乘黄令进玉辂	还次，服靴袍，群官服公服，奉迎车驾至山下幄次，改服通天冠、绛纱袍，金辂归行宫
宫县设雷鼓于坛下，设歌钟歌磬于坛下	设灵鼓于坛，设特悬磬十于坛上
正座席以藁秸，配座席以莞，第一等以藁秸。又设岳镇以下于内壝之内，席以莞	自第一等以上席皆加褥
皇帝降辂至大次，郊社令以玉册进，御书讫，近臣捧出，郊社令受，各奠于案	无此
望瘗，然后奉玉册	封玉册后行望瘗
朝觐群臣后，诸方册使入就位，典仪曰："再拜。"赞者传承，执赞者俱奠赞。侍中前承制，降诣刺史，东北面陈有制（蕃客有舍人承制宣制）。刺史以下皆再拜宣制讫，户部引诣州贡物两□东入于刺史位前，东西陈之，龟为前列，金次之，丹漆绮纩，四海九州之美物，重行量陈于后讫，执物者各退立于东西厢，文武前侧立，通事舍人引刺史为首一人，执赞升坛，诣御座跪奏："臣等敢献壤奠。"遂受有司，以次奠赞于位前。户部尚书具官某言："诸州贡物，请付所司。"称曰："制可。"	是岁仪注，虽有诸方贡物，无次第陈设之仪
赦	就朝觐坛立金鸡肆赦，不用仙鹤、童子为饰

从上表可以看出，宋真宗封禅仪制基本依据《开宝通礼》而有所损益，因为宋真宗号称封禅从简，故而《通礼》中一些烦琐的内容在实际封禅过程中被简省，但为了表示他对封禅的重视，宋真宗又增加了一些新的仪制。其中增加了读玉册文，在泰山上，"至饮福受胙讫，中书令一员诣皇帝前跪称曰：'天赐皇帝太乙神策，周而复始，永绥兆民'"。很明显，这是中书令模拟上天的口吻授予宋真宗至高无上之皇权，通过封禅，进一步强调真宗皇位的君权神授。

今山东泰山岱庙天贶殿内东、西、北墙内壁上绘制着精美的壁画《泰山神启跸回銮图》，全长62米，高3.3米。整幅壁画人物繁多、场面浩大、气势恢宏，描绘了泰山神出巡和回宫的场面，实则"表现宋真宗东封泰山的豪华威

图3-5　《泰山神启跸回銮图》局部

严气派"①。

　　从唐代开始，帝王封禅后，对岳神加封爵号。宋真宗遵循唐例。"封禅毕，加号泰山为仁圣天齐王，遣职方郎中沈维宗致告。又封威雄将军为炳灵公，通泉庙为灵派侯，亭山神庙为广禅侯，峄山神庙为灵岩侯，各遣官致告。诏泰山四面七里禁樵采，给近山二十户以奉神祠，社首、徂徕山并禁樵采。"②泰山加号诏书曰：

> 节彼岱宗，载乎祀典，列九州之镇，冠五岳之雄。眷言封勒之区，允谓神灵之府。朕肃承景贶，恭展上仪，惟胪蠲之垂休，乃纷纶而荐瑞。宜增美号，以报神功。泰山天齐王宜加号仁圣天齐王，修饬庙宇祭器；又封咸灵将军为炳灵公，令兖州加葺祠庙；封泰山涌泉庙为灵派侯，亭亭庙为广禅侯，兖州邹县峄山庙为灵岩侯，各遣官致告祭。③

　　诏书首先指明东岳"载乎祀典"的国家公共宗教地位，然后提出加号"仁圣"的原因："胪蠲之垂休，纷纶而荐瑞"，为了"报神功"，"宜增美号"。透

---

① 丛树敏：《岱庙壁画仪仗乐队图析——兼评岱庙壁画的艺术特色》，载戴有奎、张杰主编《泰山研究论丛》第5辑，青岛：青岛海洋大学出版社，1992，第156页。

② 《宋史》卷一〇二，第8册，第2486页。东岳神加号仁圣时间，《续资治通鉴长编》卷七〇作壬子，《宋大诏令集》卷一三七作辛亥，待考。

③ 《宋大诏令集》卷一三七，第483页。

过诏书措辞可以看出，帝王因岳神配合封禅，作为功劳奖赏而对其加封，帝王与岳神之间是一种君臣式关系。

泰山封禅后，真宗对东岳仍然保持极高的关注。大中祥符三年（1010）六月庚申，"诏泰山修崇宫庙，有辇取土石伤践民田者，并加给赐"①。大中祥符四年（1011）五月乙未，诏加上五岳帝号，东岳为天齐仁圣帝，"命翰林学士李宗谔、龙图阁直学士陈彭年与礼官详定仪注"②。加号诏书曰：

> 峻极之岳，上配于圆穹；聪直之神，助司于元化。缅惟前代，并建王封。奉祈报以惟寅，蕴休祥而匪测。顾惟凉德，久荷蕃厘．自祗陟于神房，洎亲祠于吉壤。造发生之宇，获荐明馨；款削成之峰，载瞻庙貌。精一之心克协，肸蠁之应沓臻。惟彼嵩高，超于衡服，爰暨朔巡之镇，实临代北之区，咸茂粹灵，以绥黎献。是用昭升帝箓，允答神功，永增徽册之华，益厚群元之祉。今加上东岳曰天齐仁圣帝，南岳曰司天昭圣帝，西岳曰金天顺圣帝，北岳曰安天元圣帝，中岳曰中天崇圣帝。仍各遣官诣岳祠致告，择日备礼奉册。命翰林学士李宗谔、龙图阁直学士陈彭年与礼官详定仪注。③

宋代之前，五岳加封王号，突破了"五岳视三公"的传统定位。宋真宗加封五岳帝号，将五岳地位推崇到一个新的高度。

六月，宋真宗作《奉神述》中，细叙其推崇五岳的原因：

> 朕还衡汾壤，舍爵太室，鸿仪毕举，庆赐大行。历代之文，靡有不讲；百神之祭，靡有不崇。上以答纯禧，下以扬盛则，庶元休之昭降，俾黔民之和乐也。睠惟列岳，实辅柔祇，设固一方，盘根千里，云雾之所滋，泉源之所吐，草木之所殖，鸟兽之所蕃，故明神攸居，阴陟斯显。察群生之善恶，司庶汇之祸福，至若百谷之丰俭，兆人之寿夭，虽云命历仰制于天心，然而政令下属于神道。经典之所载，史氏之所传，或加其珪弊，或

---

① 《续资治通鉴长编》卷七三，第3册，第1674页。
② 《续资治通鉴长编》卷七五，第3册，第1722页。
③ 《宋大诏令集》卷一三七，第484页。

禁其樵采，或增其奉邑，或尊其名称，罔不寅畏则嘉应昭格，怠惰则咎征咸作。暨乎琅函之闼籍，金简之隐书，并著微言，具存妙迹，虽幽显而莫测，故影响而可知。向者裸岂寝园，望崧邱之峻极；奉符邹鲁，登云岱之郁苍。祈谷魏脽，涉太华之灵异，睹流形之为大，知降福之无方，由是中心愈增祇肃。复念获以凉薄，嗣临区宇，五兵倒载，万国来同，稼穑保于顺成，蒸黎息于疵疠，苟非两仪之垂贶，万灵之幽赞，何以彰兹交感，成其永图？今乃备邦国之徽章，极方册之令范，恭以彝号，荐于岳神，岂独断自朕怀，抑亦参之古义。夫域中之大，其名有二，唐、虞谓之帝，商、周谓之王。奚必商周之崇名，可以施于臣下；唐虞之尊称，莫得奉于明灵。每夙夜而靖思，实癏寐而罔措，以兹折中，亮为至当。加以车服之制，羽卫之容，夙以同符，今复何避？况惟此举，本用庇民，在乎眇躬，且绝私祷。倘使神锡其祐，民获其惠，溥天之下，靡有后艰，含生之流，荐膺多福，予之愿也，人其鉴焉。则前代所无，后王所建，详观旧史，实繁有徒，但询厥意何如？岂惮事有改作，尚虞率土，未照此诚，乃率尔成文，亦庶几言志云尔。[①]

从《奉神述》中可知，宋真宗加封五岳帝号主要有三个理由：一是岳神无边之神力，震慑人心；二是国泰民安，赖神灵保佑；三是为民祈福，勇于打破传统观念，加五岳帝号。

为了显示庄重，宋真宗亲自安排并导演了五岳加帝号仪式。七月庚辰，"详定所言皇帝临轩册五岳，参详册文，无作乐之仪。上曰：'凡大朝会，公卿出入尚作乐，且礼缘人情，宜令有司别撰乐章。'王旦曰：'册案当于门外设次，俟入，则乐作。'从之。诏丁谓、李宗谔与礼官详定五岳衣冠制度及崇饰神像之礼"[②]。

九月辛卯，"命资政殿大学士、刑部尚书向敏中为东岳奉册使，兵部郎中、龙图阁待制孙奭副之。工部侍郎、集贤院学士薛映为南岳奉册使，给事中钱惟演副之。翰林学士、工部侍郎、知制诰晁迥为西岳奉册使，刑部侍郎、龙图阁

---

① 《宋大诏令集》卷一三七，第484页。
② 《续资治通鉴长编》卷七六，第3册，第1728—1729页。

待制查道副之。礼部侍郎冯起为北岳奉册使，太仆寺少卿裴庄副之。右谏议大夫、龙图阁直学士陈彭年为中岳奉册使，光禄少卿沈继宗副之。其玉册，如宗庙谥册之制"[1]。

十月戊申，"有司设五岳册使一品卤簿及授册黄麾仗、载册辂、衮冕舆于乾元门外，各依方所。群臣朝服序班、仗卫如元会仪。上服衮冕，御乾元殿。中书侍郎引五岳玉册，尚衣奉衮冕升殿，上为之兴。奉册使副班于香案前，侍中宣制曰：'今加上五岳帝号，遣卿等持节奉册展礼。'咸承制再拜。奉册使以次升自东阶，受册御坐前，降西阶；副使受衮冕舆于丹墀，随册使降立丹墀西。玉册发，至于朝元门外，帝复坐。册使奉册升辂，鼓吹振作而行。东岳、北岳册次于瑞圣园，南岳册次于玉津园，西岳、中岳册次于琼林苑。及庙，内外列黄麾仗，设登歌。奉册于车，奉衮冕于舆，使、副袴褶骑从，遣官三十员前导。及门，奉置幄次，以州长吏以下充祀官，致祭毕，奉玉册、衮冕置殿内。……诏岳、渎、四海诸庙，遇设醮，除青词外，增正神位祝文。又改唐州上源桐柏庙为淮渎长源公，加守护者。帝自制五岳醮告文，遣使醮告。即建坛之地构亭立石柱，刻文其上"[2]。

十一月戊戌，宋真宗加上五岳帝后号。诏曰：

> 朕以列岳奠方，配天作镇。粹灵所宅，百代仰其聪明；云雨所滋，万物承其化育。寔凭幽赞，思极钦崇，由是昭备物仪，推尊帝号。矧柔灵之作合，俨象服而有容，载举徽章，式光内位。其加上东岳天齐仁圣帝淑明后、南岳司天昭圣帝景明后、西岳金天顺圣帝肃明后、北岳安天元圣帝靖明后、中岳中天崇圣帝正明后之号，仍遣官祭告。[3]

封号从王到帝，标志着五岳在神界地位的提升。宋真宗出席岳神册封全过程，既显示对岳神的尊重，又体现了帝王权威凌驾于岳神之上。

大中祥符六年（1013）七月甲午，宋真宗加上东岳司命上卿佑圣真君。诏曰：

---

① 《续资治通鉴长编》卷七六，第3册，第1736页。
② 《宋史》卷一〇二，第8册，第2487页。
③ 《宋大诏令集》卷一三七，第484—485页。

郁苍之岳，实主于发生；惚恍之灵，盖司于统治。夙昭善应，常佑
丕图。顷属升中之仪，时申旌德之命。近者钦闻宝诲，逖示鸿源。恭念
发祥，早承于茂绪；永惟尊祖，增荐于徽称。瞻彼介邱，纪兹仙籍，宜
别崇于嘉号，庶益洽于纯禧。谨加上九天司命上卿保生天尊曰东岳司命
上卿佑圣真君。①

大中祥符六年（1013），晁迥奉命撰写《天齐仁圣帝碑铭》，可以视作宋真
宗封禅活动的某种总结。该文篇幅很长，可分成几部分内容，首先是对泰山神
圣地位的铺陈，并特别强调泰山作为封禅圣地受到历代帝王的青睐，以及五代
诸君对于泰山祭祀的忽视，凸显宋代君主重视泰山：

图3-6　宋天齐仁圣帝碑

臣闻结萃为山，丽无疆
之厚载；升名曰岳，表莫服之
崇丘。至若根一气以混成，媲
四峙而首出，作镇东夏，实惟
岱宗。辨乎五方，投位冠配天
之大；画为八卦，建标出震之
区。邃深连空洞之官，翕习号
神灵之府。夫其魁甲艮象，枢
制坤轴，嶻嶭碕礒，穹崇岌
嶤。天门路界于郁苍，日观势
临于杲曜。列仙遁迹，存栖真
之间；永命储休，闶与龄之金
箧。滋殖百卉，函育庶类。畜
泄雷雨，吐纳风云。封之所以
合元符，登之所以小天下。近
缀梁社，远瞩秦吴。控压海
沂，襟带洙泗。邹人所仰，鲁

---

① 《宋大诏令集》卷一三五，第475页。

邦是瞻。肇生物之化权，盖颐贞之斋寿域也。古先哲后，诞膺骏命，披皇图，稽帝文，告成功，申大报，昭姓考瑞，刻石纪号，自无怀氏迄唐明皇，登封展采，布在方册者，罔不于兹矣。开元十三年始封神曰天齐王，礼秩加三公一等。绵历五代，寂寥无闻。

接着是对宋朝开国之君宋太祖、宋太宗功绩的褒扬，强调宋朝皇帝受命于天，统一全国，符合举行封禅的条件，但"未暇"封禅。而宋真宗朝天下太平，民心所向，表明宋真宗举行封禅是顺其自然，并非突发奇想：

爰暨皇朝，勃兴嘉运，叶百姓与能之望，应真人革命之秋。太祖皇帝总揽英雄，鞭挞宇宙，勤劳四征，削平多垒，方混一于寰中；太宗皇帝纂隆洪绪，懋建皇极，斟酌道德，统和天人，乃绥怀于海外。然而艰难创业，蕴畜贻谋。勤崇奋炎，将底绩而未暇；开先遗大，知奕世而有归。粤惟崇文广武感天尊道应真佑德钦明上圣仁孝皇帝陛下，承鼎定之基，格盂安之世，显仁以育物，广孝以奉先。宣洽重熙，财成庶政，弭息戎旅，抚柔要荒。乘国步之密清，宅天衷于醇粹。因之以丰懋，加之以阜康。席庆宗庙之重，游心帝王之术。长辔远御，大道坦夷。天衢于是乎嘉亨，德教于是乎渐被。戴日戴斗，聿遵朝聘之期；太平太蒙，尽入车书之域。垂衣在上，击壤在下。得以畴咨俊茂，博访幽隐。讲求典礼，包举艺文。接千岁之统，可炳仪于封祀；当万物之盛，宜昭告于神明。然犹务谦尊而益光，体健行而不息。冲晦藏用，渊默思道。俄而天休震动，上帝顾怀，真篆沛臻，灵心有怿，总集峻命，觉悟烝黎。逾金简玉字之文，等河图洛书之宝。承是秘检，发为蕃厘，霈泽开荣，普天受赐。新建元之号，易通邑之名。茂昭降祥，耸动群听。是时东土耆老，凑阙廷以上书，南司宰辅，率官师以抗表，愿循考古之道，焕发升中之仪。弗获固辞，乃徇勤请，且以增覆载之高厚，扬祖宗之纯懿也。储峙供亿，悉出于县官；经启营缮，不烦于民力。

然后是对宋真宗泰山封禅的生动描述，反复强调宋真宗封禅顺天应人，为国祈福：

　　大中祥符元年冬十月，具仪制，严仗卫，陈属御，隋介丘，斋心服形，奉符行事。群司奔走，百礼修明。集巉岩之巅，凌颢英之气。坛壝清肃，牲器纯备，玉币式叙，樽彝在列。奠献克谨，皎绎用张。晏媲交三神之欢，陟配崇二圣之位。举橤火，升高烟，示瑶牒以环观，建云台而特起。社首之礼，抑又次焉。咸秩无文，奉行故事。朝会赦宥，涵濡荡涤。采舆诵，求民瘼，旌前列，衍徽章。参用王制，著明皇绩。大猷克集，神实幽赞。故自始及末，见象日昭，史氏之笔，殆不停缀。则有非烟纷郁，太阳晏温。仙芝无根，菌蠢以舍秀；醴泉无源，熻涌而善利。灵辉休气，嘉谷奇木，麟介之宗长，翔游之品类，表异骈出，旷代绝伦。岂非受职修贡，发祥介福之征乎？人谓是山崇冠群岳，功侔造化，斯不诬矣。国家稽《虞书》四巡之首，原汉氏五祠之重，述宣邦典，申严祭法。奉正直聪明之德，馨精虔嘉栗之诚，为民祈福，与国均庆。

接下来叙述了宋真宗增封东岳神王号，并大力修缮泰山东岳庙的情形：

　　封峦之后，复增懿号曰仁圣天齐王，盖以形容灵造，举褒崇之礼也，名称之义大矣哉！化工生物之谓仁，至神妙用之谓圣，登隆显赫，亦云至矣。复思严饬庙貌，彰灼威灵，责大匠之职，议维新之制。于是命使属役，协辰偾功。庀卒徒，给材用，兴云锸，运风斤。程土物以致期，分国工而骋艺。规画尽妙，乐劝忘劳。逾年而成，不愆于素。栋宇加宏丽之状，像设贲端庄之容。凡所对越，肃恭逾至。

然后描述了宋真宗在汾阴祭祀后土，并加封东岳神帝号的过程：

　　四年春，举汾阴后土之祀，成天地合答之礼。宪章明备，上下交感。纯嘏既锡，大赍施及。圆首方足，式歌且舞。猗欤！间岁顺动，焜煌景烁，而皆拟圣明之述作，从英茂以飞腾。灼叙庆灵，奉扬殊贶。纪诸盛节，悉以命篇。布尔日星之华，配云雨之润。并刊凤藻，散畤龟趺。播洋溢之颂声，垂极蟠之能事。而志求象罔，顺拜崆峒。辟众妙之门，广列真之宇。非止卜永年于郏鄏，是将纳雅俗于华胥者也。又以太一五佐本乎天，太宁五镇本平地，其位参两，鸿名可齐，特尊列岳，咸加帝号。由是奉升泰山之神曰天齐仁圣帝。乃命案驰道之东偏，直宸居之巽位，辟地经始，别建五岳帝宫，以申崇尚之礼焉。

最后是讲述撰写《奉神述》的意图：

御制《奉神述》，诏中书召侍从之臣，谕以制作之本意。观夫圣文之梗概，以为岱镇之大，辅于柔祇，动植之所蕃息，泉源之所滋液，至灵允宅，阴骘攸司。钟戬谷而有征，系黎元之是赖。旧史具载，前王式瞻。着册封之典，严祀祠之礼，增奉邑之数，申樵苏之禁，皆以仰不测之明威，显无方之妙迹也。方今兵革偃戢，华夷会同，岁获顺成，物无疵疠，率由丕应，冥助永图，固当稽彼前闻，进其尊称。谓乎唐虞曰帝，商周曰王。夫商周之王，爵人臣而有素；唐虞之帝，奉神道而何疑？况其容卫等威，冠裳制度，极徽数以宿备，宜明体以相符。因而成之，礼无逮者。顾延景佑，普及含生。至乎哉！声动睿辞，无私广大。坦然明白之理，沛然利泽之德。曲成司牧，俾臻富寿，有以见圣人之情矣。遂志勒石，遍立于五岳庙庭，从近臣之议也。是岁冬并命使介，分诣诸岳，定吉日，饬有司。皇帝被法服，御朝元殿，礼行乐作，而临遣之。持节受册，衮冕相继，次叙而出，观者如堵，且叹文物声明之盛，未尝有也。使者奉诏讫事，率叶素期，于穆宏观，琼超千古矣。越明年，诏五臣撰辞，各建碑于岳庙。而臣浸渍皇泽，涵泳清徽，偶集凫雁之行，遂尘龙凤之署。预承纶旨，强叩芜音，曷胜眷奖？上以庆幸，宣明盛礼，叨奉册于秦城；润色贞珉，玷弥文于鲁岳。荷辉容之稠叠，愧才学之空虚。燥吻濡毫，谨为铭曰：

节彼泰山？蟠亘大东。一气凝神，五岳推雄。势并凫绎，秀出龟蒙。崛起海表。目为天中。高摩霄极，俯瞰旸谷。神策斯秘，昌图可卜。物性钟仁，民居获福。鲁邦是常，盛德在木。百灵渊府，三宫洞天。稷丘真隐，芝童列仙。白鹿方驾，飞龙命篇。宅其胜境，几乎大年。岳长曰宗，岁交曰岱。仰止巉岩，莫兹持载。寿域既优，神聪有赉。祷祀诞隆，寅威如在，千载兴运，八纮开基。武功荡定，文教缉熙。封禅褥典，祖宗制宜。逮夫圣嗣，方毕宏规。惟帝奉符，惟神佑德。茂绩其凝，皇猷允塞。嘉应沓臻，鸿祯靡测。芃芃丰衍，元元滋息。于赫灵庙，控带名区。有诏改作，俾受全模，协心董役，丰资庀徒。技殚功倍，雷动星敷。大厦咸新，群黎改观。窈窕靓深，峥嵘轮奂。肃穆威容，洁清几案。钦修允宜，肸蚃攸赞。功懋天作，泽从云游。式谐民望，昭报神休。殊号斯荐，前古匪俦。庶安亿兆，岂止怀柔？天帝之孙，复升以帝。出乎震宫，临乎日际。事固莫京，理亦潜契。树此幸碑，腾芳百世。①

　　李向平认为，天命赋予帝王政治的合法性，而帝王政治的合法性，也强化了天命的神圣功能。人们真实地信奉它，同时也虔诚地服从帝王政治。宋真宗制造祥瑞是为封禅造势，增加天命的可信性，同时间接增强了泰山神秘性。封禅后，宋真宗一系列尊崇措施，将东岳神地位推崇至前所未有的高度。其实，无论是大规模制造祥瑞，还是有意识地加封岳神，目的都是为了彰显帝王的权威。事实证明，宋真宗的精心措置取得了预期的效果。封禅后，社会上出现了关于宋真宗与封禅各类神化的内容：

　　　　真宗东巡，告功泰岳，驾行有日。一日，泰山耕者俱见熊虎豺豹，莫知其数，累累入于徂徕山，后有百余人驱之。耕者询其人："兽将安往？"应曰："圣主东巡，异物远避。至于蛇虺，亦皆潜伏。岳灵敕五百里内，蜂蝎蚕毒之微，亦不得见。"夫圣人行幸，肃清如此。②

　　封禅使泰山成为一座圣山，附近的野兽全部蛰伏，衬托出真宗封禅的神圣性。其实这篇故事的原型来自大中祥符元年（1008）五月癸未记载的一次祥瑞：

　　　　中使自兖州至，言泰山素多虎，自兴功以来，虽屡见，未尝伤人，悉相率入徂徕山，众皆异之。诏王钦若就岳祠祭谢，仍禁其伤捕。"③

---

① 《泰山志校证》卷一，第16—19页。
② 〔宋〕刘斧：《青琐高议》前集卷一，《全宋笔记》第2编第2册，郑州：大象出版社点校本，2006，第9—10页。
③ 《续资治通鉴长编》卷六九，第3册，第1546页。

据学者考证，《青琐高议》最后定稿时间大约在北宋哲宗元祐（1086—1094）年间。故而《青琐高议》中故事原型不可能来自南宋人李焘所撰写的《续资治通鉴长编》，极可能是根据当时社会上流传的祥瑞传说铺陈而成。

宋真宗封禅使泰山附近的野兽驯服，在《青琐高议》另一个与宋真宗封禅有关的文本中，岳神恭敬地向宋真宗行礼：

> 真庙大驾东封，万官随仗，仰登封告成之美功，陈金泥玉检之盛事。发明绝古之光华，敷绎无前之伟绩。驾将至泰岳，有冠剑伏道左右，趋谒甚恭。帝知岳灵，顾左右莫有见者。帝功成礼毕，又赐岳之徽号焉，封天齐仁圣帝。夫至诚之动天地、感鬼神也如此。①

从一般的飞禽走兽到法力无边的岳神，无不匍匐于人间帝王脚下，帝王权威在这一刻得到最充分的体现。值得注意的是，文本叙述的是宋真宗封禅折服天地万物，最后的评论却将宋真宗与东岳神的位置进行了颠倒：东岳神的恭顺态度是因为宋真宗的至诚封禅之心，岳神地位似乎高于帝王。作为一部非主流的通俗性质的作品集，《青琐高议》文本主题与结论的悖论，体现了叙述者在处理人神（帝王与神祇）关系时的矛盾心理。

宋徽宗大观二年（1108）三月，循州州学教授吴可在撰写临川县（今江西抚州市临川区）东岳行宫记时，宋真宗与东岳神关系的话语再次出现：

> 临川子城之东，有阜岿然而高，广袤百余步，林木森翳，民居数家，每不宁其处。昼冥夕阴，狐鸣鸱笑，怪谲之物，行者目瞠，非见而见，寝者梦愕，耆老厌之，童稚震骇。一日，相与谋曰："此地非灵神莫能镇莫。尝闻之，真皇登封，有冠剑伏道趋谒，左右皆莫睹，唯上见为灵岳也。礼毕，增以徽号，为天齐仁圣帝，与民祈福。今当启诚，像天齐于其上，为东岳行宫。②

---

① 《青琐高议》后集卷三，第131页。
② 《全宋文》卷二八六七，第133册，第78页。

　　根据吴可记述，临川修建东岳庙是希望借东岳神力来"镇奠"当地"怪谲之物"，而东岳神力来自宋真宗的加封。如果说，《青琐高议》中帝王与东岳神地位高下还存在微妙的纷争，到了北宋末年，帝王权威凌驾于岳神之上的观念已经为普通民众所接受。

　　综观大中祥符年间的祥瑞、封禅与岳神加封，无一不是宋真宗为了重塑自身卡理斯玛采取的手段。通过一系列精心的仪式，宋真宗成功地重建了与上天的联系，恢复了帝王权威：

> 　祥符中，封禅事竣，宰执对于后殿。真宗曰："治平无事，久欲与卿等至一二处未能，今日可矣。"遂引群公及内侍数人入一小殿。殿后有假山甚高，而山面有洞。上既先入，复招群公从行。初觉暗甚，行数十步则天宇豁然，千峰百嶂，杂花流水，尽天下之伟观。少焉，至一所，重楼复阁，金碧照辉。有二道士，貌亦奇古，来揖上，执礼甚恭，上亦答之良厚。邀上主席，上再三逊让，然后坐。群臣再拜，居道士之次。所论皆玄妙之旨，而肴醴之属又非人间所见也。鸾鹄舞于堂，笙箫振林木，至夕而罢。道士送上出门而别，曰："万机之暇，毋惜与诸公频见过也。"复由旧路以归。臣下因以请于上，上曰："此道家所谓蓬莱三山者。"群臣惘然自失者累日，后亦不复再往，不知何术以致之。（祖父闻于欧阳文忠公。）①

　　王明清在文末称此事为祖父闻自欧阳修，一方面宣扬文本的真实性，同时暗示了这个故事流传的持久性。故事发生背景在封禅之后，文中宋真宗优游自得的神情跃然纸上，蓬莱三山道士的恭敬与之前文本中东岳神态度如出一辙。从北宋至南宋，宋真宗卡理斯玛禀赋在封禅后日渐增强，其个人权威影响力从飞禽走兽、东岳神，一直渗透至道家神仙，几乎涵盖了人间与天界。

　　宋真宗尊礼并加封东岳，推动了民间东岳庙的广泛修建。如大中祥符三年（1110），宋真宗针对原北汉统治地区颁敕："爰自并门僭号，不归正朔，作梗仅三纪。太宗皇帝奋赫斯之怒，行吊伐之恩，拯民之涂炭，跻民之富寿。越以

---

① 〔宋〕王明清撰，燕永成整理：《投辖录·蓬莱三山》，《全宋笔记》第6编第2册，郑州：大象出版社点校本，2013，第79页。

东岳地遥，晋人然备蒸尝，难得躬祈介福。今敕下，从民所欲，任建祠祀。"忻州定襄县蒙山乡于大中祥符九年（1017）兴建了东岳庙。①

宋徽宗政和七年（1117）魏邦哲在所撰写的《岳庙记》中称："维我宋真宗皇帝东幸泰山，告功于天，大修封禅，礼泰山之神，显册褒嘉，位号崇隆，得非卫社稷，福生灵，运功烈于冥冥之际，宜有所报称欤？是故四方万里，不以道途为劳，往奉祠事，往往规模岱岳，立为别庙，多矣。"②

元人方德麟将地方岳庙修建与真宗加封东岳帝号联系起来："唐开元始建天齐王之号，宋（景德）〔祥符〕遂帝岳，郡邑皆筑宫祀之。"③元人王通叟、王揆在撰写东岳庙记时明确提到真宗曾下诏天下各地祠东岳："宋真宗祥符（九）〔元〕年，有事泰山，岳神显异。诏天下郡县悉建东岳行宫，人始得以庙而作敬所。"④"闻诸故老：宋真宗封泰山，诏天下县邑皆祠东岳，东岳之有行宫自此始。"⑤

这一说法甚至一直影响到近代。1928年南京国民政府颁布《神祠存废之标准》时，认为民众奉祀东岳大帝的原因也在于此："盖由于宋真宗祥符九年，有事泰山，相传岳神显异，诏天下郡县，悉建东岳行宫，人始得以庙而作敬神之所。"⑥

蒋建忠认为，北宋真宗亲自策划了天书迷信的造神活动，为粉饰太平、掩盖社会矛盾制造借口，这种自欺欺人的活动开创了北宋历史上的先例，使人们丧失了进取精神，消磨了人们的意志，助长了迷信之风在社会上的流行，产生了深远的不良影响。宋真宗封禅给泰山文化带来巨大的影响，隋唐五代，也有神话传说，但多是由佛教、道教的援引而产生，且隋唐五代的神话传说范围较小，依然固定在统治者上层、先古圣人、神灵仙辈之中。而宋代以后，关于泰

---

①　《全宋文》卷三一七，第15册，第336页。

②　〔宋〕范成大撰，陆振岳点校：《吴郡志》卷一三，南京：江苏古籍出版社点校本，1999，第180页。

③　李修生主编：《全元文》卷一五七四，南京：凤凰出版社，2004，第51册，第420页。

④　《全元文》卷一二二一，第39册，第117页。

⑤　《全元文》卷一六一一，第52册，第447页。

⑥　中国第二历史档案馆编：《中华民国史档案资料汇编》第5辑第1编，南京：江苏古籍出版社，1994，第502页。

山的神话传说迅速增多，且故事中的人物多为人间清官循吏、普通百姓，仙界各种神仙、灵物，以及泰山上有悠久历史的古物、草木等。毋庸讳言，这些神话的产生与真宗封禅泰山有着重大联系。真宗为封禅大肆制造舆论导向，捏造出各种天书、祥瑞等灵物，不断强化世间神灵、天意的存在。这种万物有灵、天意无所不存的信念，波及民间就形成了一种新的、独特的泰山神话现象。泰山迅速被一种天意、神秘的迷信气氛笼罩，泰山文化因此而丰富，但是由此而带来的消极影响也是十分普遍的：后来的士大夫们开始为求神而登览泰山，意境有所下降，这与隋唐时期李白、杜甫等人为畅神而游泰山的意境相比已有所不及。另外民间百姓为敬神求仙而不断集资修庙、朝拜，劳民伤财的情况也非常严重。

　　自宋真宗泰山封禅后，封禅礼绝迹。但是泰山的独尊地位依然没有改变，明清帝王数次到泰山祭祀、登览。宋金元明清时期，历代有大典礼、大政务，或征伐、祈雨、祈雪、祈年，或新君即位、巡守经过等均遣官致祭泰山。

第四章

宋代东岳庙记研究

　　两宋时期，宋朝境内各地修建了许多东岳庙，根据流传下来的宋人撰写的东岳庙记，我们可以从中看出宋人关于东岳信仰的一些观念。首先，宋代东岳庙的修建得到了朝廷与地方的支持，修建者包括官员、地方士人与普通民众甚至僧道等方外之人，可以说涵盖了宋代社会各个阶层的男性（在现存史料中，我们并未发现女性修建者的名字，但考虑到宋代女性对于寺观修建的积极热情，不排除女性为东岳庙修建捐钱捐物的可能性），反映了东岳信仰已经成为一种受到社会各阶层普遍接受的信仰。其次，除去皇帝敕修的泰山东岳庙外，地方上修建的东岳庙更多是一种地方政府与当地民众集体出资兴建的方式，体现了良好的官民合作，甚至在很多情况下，完全是由地方民众自发出资兴建（或者修缮）东岳庙。正是在这种情况下，东岳庙记的撰写者很多是地方人士，而且身份地位并不高。第三，作为一种得到国家推崇的神祇信仰，东岳庙的修建得到宋朝廷的认可，因此在东岳庙修建中，庙记文经常出现为国家祈福，保佑赵宋王朝江山永固等文字。与此同时，随着地方上大量东岳庙的修建，强化了东岳神作为一方地方神祇的重要功能，于是在一些宋代东岳庙记中，东岳庙的修建也带有一种作为地方保护神的目的。另外，在撰写东岳庙记时，作者时常从儒家经典出发，从儒家话语中寻求修建东岳庙的理论支撑。这三种现象在宋代东岳庙记中的出现，反映了宋代东岳信仰发展的实际情况：一方面东岳信仰发展十分普遍，为社会各阶层所接受；另一方面，东岳神除了作为国家正统性的保护神，还成为地方保护神。

第一节　东岳庙记中的国家与地方意识

本节主要讨论宋代东岳庙记文中的国家与地方意识。自古以来，东岳神便与帝王紧密相连，体现了强烈的国家意识。宋朝建立后，历代君主尊崇岳神，东岳庙记中经常有为国家祈福、为帝王祈福的各种话语，这些话语与东岳庙的修建或者重修联系在一起，表明时人已经完全接受了东岳神与帝王的紧密关系。宋代是东岳信仰发展的一个重要时期，特别是宋真宗朝，通过举行泰山封禅，加封东岳神帝号，下令在全国修建东岳庙等措施，极大地推动了东岳信仰在宋朝社会的盛行，于是宋朝境内各地普建东岳庙，而这些东岳庙逐渐成为地方上的重要祠庙，除了满足人们日常进香祈求保佑个人或者家庭福祉外，遇到水旱灾害、战争等特殊情况时，东岳神往往成为当地官员和士庶祈祷的对象。可以说，在地方官员与士庶眼中，地方上的东岳神已经成为地方神祇，其职能由作为国家政权与皇帝的保护神逐渐向地方保护神倾斜，更多体现了一种地方价值观与地方利益。

一、东岳庙记中的国家意识

东岳自古以来便与政权的合法性与象征性紧密相连，因此受到历代帝王的高度重视。宋真宗封禅泰山，为五岳加封帝号，并制造衣冠服制等，自此之后，东岳庙中岳神塑像便采取帝王服制，相应地，东岳庙的规格也是雄伟壮丽、富丽堂皇，展现了神祇的庄严、神圣，而这一切背后，都是国家权力的体现。而在宋代东岳庙记中，特别是那些奉命敕建的东岳庙记文中，我们经常会发现里面提到宋代帝王与东岳神的亲密关系，包括帝王如何应天顺人，天下大治，东岳神灵力无边，帝王虔诚修建岳庙，为国家社稷祈福等话语，这种观念也影响到宋代士庶。除了敕建的东岳庙，由地方民众发起兴建的东岳庙，在其庙记中我们仍然能经常看到类似的表达。

作为国家公共利用的神庙修建，绝对是一件不容忽视的事情。古罗马奥古斯都时期人们在选择神庙地址时，已经有很多考究。比如朱庇特、朱诺和弥涅瓦神庙，特别是对于城市似乎在诸神祇保佑之下的神庙，用地要布置在极高的土地上，从那里可以眺望城市的大部分。掌管通讯、商业、道路等的墨尔库里俄斯神庙，要建在广场或商场；为了避免市民之间引起武装械斗，能从敌人中，从战争危机中保护城市，战争、复仇神祇玛尔斯神庙要建在城外。[①]除了选址，不同的神庙有各种类型的建筑模式可供选择。[②]在

图4-1　泰山下岱庙全景

古代官方的祭祀中，岳渎扮演着沟通天——君王——天下的重要角色，因此岳庙修建有着强烈的象征意义。

东岳庙建于何时？学术界目前有两种观点，一种认为始建于秦汉，另一种观点则认为始建于唐代。前一种观点的主要依据是东汉人应劭所撰的《风俗通义》记载，当时的"岱宗庙在博县西北三十里"，可惜书中并未描述岱庙的具体形制。北朝人郦道元所撰《水经注》中征引《从征记》中泰山庙的记载："太山有下、中、上三庙，墙阙严整，庙中柏树夹两阶，大二十余围，盖汉武所植也。"[③]还有就是北宋时的《大宋天贶殿碑铭》，其中提道："讨论前载，追求遗范。辉景下烛，秦既作畤；真瑞云获，汉亦起宫。其后因轨迹而增崇，

---

① 〔意〕维特鲁威著，高履泰译：《建筑十书》，北京：中国建筑工业出版社，1986，第27—28页。

② 关于奥古斯都时期神庙建筑，见《建筑十书》第三书、第四书。

③ 〔北魏〕郦道元著，陈桥驿校证：《水经注校证》卷二四，北京：中华书局校证本，2007，第580页。

图4-2 《大宋天贶殿碑铭》

建名称而不朽者，非可以悉数也。"① 后一种观点主要依据是清人《泰山志》中所引《旧州志》："庙创始于唐，恢拓于宋，重修于金、元、明。"

从史料传承情况来看，前一种说法无论是《风俗通义》《水经注》还是《大宋天贶殿碑铭》，时间沿革有序且史料来源明确，而第二种说法所引《旧州志》无法判断其真实性与撰写时间。另外，第二种说法明显出现时间较晚（清代才被人征引）。因此，两相比较，第一种说法相对更为可信。

刘慧认为要分析考辨岱庙的渊源，必须首先明确岱庙的基本概念，"所谓的岱庙应有两个最基本的要素：一是因泰山之谓而名；二是泰山神灵是其供奉的主要对象，且不必管它是否有神像存在"②。在此基础上，刘慧指出，岱庙在汉代确已"起宫"，并有"泰山庙""泰山宫""岱宗庙"之称。今存岱庙是宋代于唐址又南移所建的庙宇，现存的建筑形制大致与宋时相同。③

据由于时间推移，宋代东岳庙实物已经不存，从一些资料记载来看，宋代东岳庙多位于某一地方的南面或北面的显著位置，折射出其地位的重要性。

刘慧对今日泰山岱庙的建筑形式作了细致的叙述：岱庙是按照帝王所居宫

---

① 《泰山石刻大全》第1册，第55页。
② 刘慧：《泰山宗教研究》，第214页。
③ 刘慧：《泰山宗教研究》，第215页。

城形制营造的。以一条南北向轴线为中心，把众多的重要建筑依次排列在轴线上，及其左右两侧。其空间序列是按照轴线的纵深发展逐一展开的。在通天街的北端为岱庙的第一门遥参亭。出遥参亭经岱庙正门（正阳门）入内，配天门、仁安门、仁安殿（天贶殿）、后寝宫、厚宰门依次坐落在纵轴线上。同时在轴线上的两侧分别对称有炳灵殿院、延禧殿院、鼓楼、钟楼、东寝宫、西寝宫、斋房等。岱庙的主体建筑——天贶殿（仁安殿）坐落在庙正中偏后的高大台基上。大殿采用面阔九间，进深五间的"九五之制"，四坡五脊庑殿顶。大殿东西两侧引出环廊，合围于仁安门之两山，组成一个主体建筑突出、前后呼应又相对独立的方正廊院。对岱庙布局形制进行分析，有如下几个特征很明显。

首先，择中立宫。沿中轴布置建筑是中国传统建筑的习惯手法。中国古代建筑的组合布局原则，等级分明，便于使尊卑、长幼、男女之间有明显的区别。岱庙从正阳门到厚宰门，南北纵列为一直线。在这一中轴线上，有建在三层台基之上的九间重檐正殿，等级最高；后寝宫低于大殿一层台基，五间单檐等级次之；配天门、仁安门虽也有五间，但仅有一层台基，又低一个等级。轴线两侧的辅助建筑相应更次之，如炳灵门等只有三间，中寝宫的东、西两宫仅有一个台基，也是三开间等。这种布局突出了主体建筑天贶殿——泰山神东岳大帝的神殿，并借助两翼次要建筑的对比、衬托，形成了一个既统一又主从关系分明的整体。值得注意的是，岱庙的中轴安排，是因山就势的设计，这一轴线，恰巧正对着登山的中路，并与泰山极顶大致在一条直线上。

其次，岱庙主体建筑——天贶殿是采用"九五"之制的庑殿顶建筑形式。所谓九五之制，就是大殿开间为九、进深为五的形制。所谓庑殿顶，即殿顶前后左右四面都有斜坡，前后坡相交于正脊，左右两坡同前后坡相交成四垂脊，具有四坡五脊的特征，又称为四阿五脊殿。这种形制，一直到清代，仍为建筑中最高等级的屋顶，只有宫殿正殿才能使用。身为东岳大帝居所——泰山神宫大殿采用九五之制及庑殿顶都是中国历代最高形制的建筑，这是符合五岳独尊之神的身份而名正言顺的。东岳大帝这种独尊于天下的威势，正是传统礼制的结果。

再次，岱庙继承了前为朝堂后为寝宫的制度。这又称为前堂后寝，是传统宫城设计的重要制度。

此外，在岱庙建筑群中，建筑的命名、色彩的运用等同样体现出对传统礼

图4-3　岱庙主体建筑——天贶殿

制的标榜。其主体建筑天贶殿又称"仁安殿"，就体现了营造者尊崇儒学，提倡"仁德"的用心。红墙黄瓦在中国古代建筑中，是权力的象征。尤其是金黄色，几乎成为皇家宫殿、陵寝的专用色，里面都包含着严格的等级制度。岱庙中轴线上的建筑，都是覆以黄色琉璃瓦墙面涂以红色，显示出东岳神宫至尊的形制。

　　综上所述，岱庙被认为是泰山神灵赖以栖身的地方，是人们祭拜神灵与神沟通的场所。历代帝王以建筑的最高规格来营造泰山神祠，并将其祭祀列入国之定制，这在中国的宗教史上恐怕是绝无仅有的。可以说，泰山神是帝王化的神，岱庙则是皇宫威仪化的庙。

　　古典小说《水浒传》第74回中，对东岳庙进行了一番艺术描写，可以让我们想象一下宋元时期泰山东岳庙的情况：

　　　庙居岱岳，山镇乾坤。为山岳之至尊，乃万神之领袖。山头伏槛，直望见弱水蓬莱。绝顶攀松，尽都是密云薄雾。楼台森耸，疑是金乌展翅飞来。殿阁棱层，定觉玉兔腾身走到。雕梁画栋，碧瓦朱檐。凤扉亮槅映黄纱，龟背绣帘垂锦带。遥观圣象，九旒冕舜目尧眉。近睹神颜，衮龙袍汤肩禹背。九天司命，芙蓉冠掩映绛绡衣。炳灵圣公，赭黄袍偏称蓝田带。左侍下玉簪珠履，右侍下紫绶金章。阊殿威严，护驾三千金甲将。两廊猛勇，勤王十万铁衣兵。五岳楼相接东宫，仁安殿紧连北阙。蒿里山下，判官分七十二司。白骡庙中，土神按二十四气。管火池铁面太尉，月月通灵；掌生死五道将军，年年显圣。御香不断，天神飞马报丹书；祭祀依时，老幼望风皆获福。嘉宁殿祥云杳霭，正阳门瑞气盘旋。万民朝拜碧霞君，四远归依仁圣帝。①

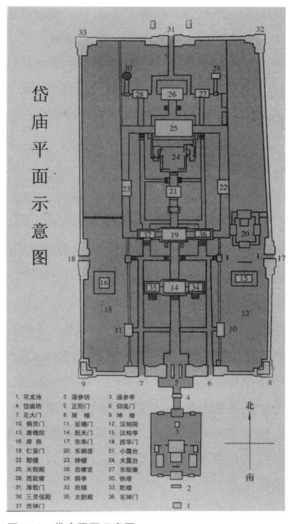

图4-4　岱庙平面示意图

文中对东岳庙具体形制没有详细叙述，但从透露的信息来看，东岳庙昭示出一种权威制度。这种权威体现在身着衮冕的东岳神与帝王一样，坐北朝南，端坐于正中，神情庄严的附祀之神如同朝堂之上的臣僚，形成左右拥护主神的格局。整个东岳庙充满了人间帝位气息，是人间帝王的神化版。

《水浒传》描写的是山东泰山东岳庙。与之相似，宋代各地东岳庙修建中，东岳神帝王化趋势都十分明显。如湖州新市东岳行宫，经过五年修缮一新。"帝者居中，被衮而端拱；从者在列，执兵而司卫。圣后深居于内殿，而宫嫔婉容以侍随；诸司分布于周庑，而狱吏瞋目以讯罪。使人有肃心焉，使人有畏心焉。

---

① 施耐庵集撰，罗贯中纂修，王利器校注：《水浒全传校注》，石家庄：河北教育出版社，2009，第8册，第2782—2783页。

其庙像之严，有若是者。"① 临川子城之东岳行宫，"堂殿门庑，总三百楹。神之像有冕弁其首，紫朱服饰，佩环带鞸，与夫剑牙突目，狞嚬万状，傍七十四位，皆以岱岳规制为稽。设地狱变相于北隅，过视者汗背慄股"②。王铭铭认为，在乡土社会中，人们之所以模仿一种帝国仪式，正是因为正式的权威和公正为他们所不及，因而他们创造出能够与自己交流的想象性的权威与公正。③

两宋期间，各地修建了大量东岳庙。修建东岳庙的人有官方、士人，也有普通民众。透过留存下来的东岳庙记中官方、士人与普通民众对东岳神象征意义评判的话语，可以窥见地方社会中的国家意识、经典话语与地方观念的纠葛。

在中国古代，东岳泰山很早便与王朝兴衰紧密联系在一起，东岳与其他四岳合在一起，经常以五岳的身份（或者连同一些大江大河，以岳渎的身份）受到帝王的祭祀。每当天气异常，出现水旱灾害时，帝王便会向岳渎祈祷。遇到战争、帝王患病、天象异常等情况时，岳渎也是帝王经常祈祷的对象。因此，在中国古代历朝历代，帝王都对岳渎十分尊崇，将其视作国家的保护神。

宋朝建立后，不仅积极沿袭了历代王朝尊崇岳渎的做法，还将这种尊崇进一步推进。特别是宋真宗时举行泰山封禅，加封东岳神帝号，推动地方上修建东岳庙等措施，一方面将东岳信仰推向社会大众，另一方面，让越来越多的宋人接受东岳庙与赵宋王朝的紧密关系。正是在这种情况下，宋代东岳庙记文中，经常出现祈福君主福寿延年、祝福国家"历数绵远"等文字，体现了宋人强烈的国家意识。

现存的宋代东岳庙记文可分成两种类型，一种是奉敕撰写的庙记，这种庙记往往叙述的是朝廷敕建的东岳庙，因为东岳庙由朝廷出资修建，目的是为朝廷或者帝王祈福，所以这种记文中充满了强烈的国家意识。如宋哲宗绍圣四年（1097）六月，朝廷在泰山当地民众修缮基础上下令进一步修缮东岳庙，"诏京东路转运司给其工费，以转运使若判官一员护作"，"因旧益新，南为台门一，曰太岳；为掖门二，曰锡符、锡羡；直太岳为重门二，曰镇安、灵贶；东西北

---

① 《全宋文》卷三八〇五，第174册，第221页。

② 《全宋文》卷二八六七，第133册，第78页。

③　王铭铭：《民间权威、生活史与群体动力——台湾省石碇村的信仰与人生》，载王铭铭、王斯福主编《乡土社会的秩序、公正与权威》，北京：中国政法大学出版社，1997，第263页。

为门各一，曰青阳、素景、鲁瞻；中为殿三，曰嘉宁、蕃祉、储佑；旁为殿堂二十有三，为碑楼四；后为殿亭五，以临池籞，殿曰神游。飞观列峙，修廊周施，总为屋七百九十有三区。缭以崇墉，表以双阙。积工五十四万有奇，用钱六千八百万有奇"。[1]至宋徽宗建中靖国元年（1101）十月完成。翰林学士曾肇奉敕撰写《东岳庙碑》。

庙记首先叙述宋朝历代君主对东岳神的尊崇，大力兴修东岳庙：

> 本朝自太祖、太宗继诏有司增大神宇，逮真宗朝，修饰礼乐，怀柔百祥，而山为效符命、出醴泉，神芝仙禽，前后万计。天子亲奉玉检登封，降禅礼成，临拜岳祠，犹以为未足，又加天齐王以帝号，庙制祠具，与次俱升。厥后三宗崇奉祗恪，不懈益虔。而于斯宫，则先皇帝经其始，今皇帝发其成。土木采章，极其轮奂，以重神威，以壮东夏，可谓盛矣。

接着强调皇帝敕建东岳庙并非"专以神事"，当今天子圣明，"薄海内外，无思不服"，俨然四海升平，于是"象舆丹甑、昭华延喜之珍不求而自至"，各种祥瑞出现，皇帝顺应天象，"驻跸新宫，以答神贶"：

> 虽然祖宗所以绥万邦、和兆民，国家所以安富尊荣、蕃衍盛大者，岂专以神事为哉？盖出于己者尽其宜，施于人者致其厚，然后接于神者无所不用其极。故声色所向，号令所加，天且不违，而况于人乎？况于鬼神乎？
>
> 今皇帝仁孝聪明，格于上下，薄海内外，无思不服。方且严恭寅畏，以交神祇，卑宫菲食，以崇庙祀。率是道也，行之不已，德日新又日新，则岂惟草木虫鱼，罔不咸若，雨旸寒燠，各以序至哉？将有贯胸跂踵之长不约而咸宾，象舆丹甑、昭华延喜之珍不求而自至。然后增封广禅，以侈先烈，驻跸新宫，以答神贶。

最后，曾肇说明自己奉敕撰写东岳庙记就是为了歌颂宋朝历代君主，特别

---

[1]　〔宋〕曾肇：《曲阜集》卷三《东岳庙碑》，影印文渊阁四库全书本。

是宋徽宗的功德。而皇帝敕修东岳庙一方面是为了福泽四海人民，"神既安止，人斯受祉。岂惟一方，燕及四海"；另一方面希望借修建东岳庙来保佑赵宋王朝世代统治下去，"俾我子孙，本支百世。延及动植，有生咸遂。授我神策，周而复始。神亦万年，为宋望祀"：

> 于斯时也，则有儒学宗工，作为声诗，如吉甫颂周，史克颂鲁，被之弦歌，勒之金石，昭示万世，与《诗》《书》俱传。顾如臣者，乌足以与此哉？若夫今日之事，臣职也，不敢以浅陋辞。谨为铭曰：
>
> ……谁帝其号，自我真宗。维我真宗，乘时治平。櫜弓束矢，莫枕于京。雨旸以时，百谷用成。航浮索引，万国来廷。仁兽一角，灵芝九茎。应图合谍，不可殚名。天子曰嘻，维天锡予。何以报之，封禅是图。升中告成，幽显来相。回舆庙廷，以答神贶。备物典册，往崇号谥。栋宇衣冠，罔非帝制。焕乎文章，愈久益备。成此新宫，维今天子。百常之观，万雉之墉。黻宬龙章，巍然殿中。神既安止，人斯受祉。岂惟一方，燕及四海。维今天子，仁孝俭勤。缉熙光明，德艺日新。荒遐暴骜，奔走来臣。上帝所怙，匪惟尔神。俾寿而臧，俾昌而炽。俾我子孙，本支百世。延及动植，有生咸遂。授我神策，周而复始。神亦万年，为宋望祀。①

因此，在曾肇奉敕撰写的东岳庙记中，我们看到的是碑铭中大肆宣扬北宋历代帝王对东岳神的崇祀，将岳神与政权紧密联系起来。而"俾我子孙，本支百世""授我神策，周而复始。神亦万年，为宋望视"等话语，则凸现了东岳神作为赵宋政权保护神的鲜明国家意识。

宋徽宗对于泰山岱庙比较重视，仅仅过了十余年，又一次下诏重修泰山岱庙。宣和四年（1122），学士承旨宇文粹中奉敕撰《宣和重修泰岳庙记》。

庙记首先叙述了宋徽宗尊崇神祇，因此下令修缮泰山岱庙，修缮后的岱庙气势雄伟：

> 皇帝聪明仁孝，光于天下，神动天随，德施周溥。既已跻斯民于

---

① 《曲阜集》卷三《东岳庙碑》，影印文渊阁四库全书本。

福寿，乃申敕中外，凡所以礼神祇、崇显祀，尽志备物，毕用其至。岁在辛巳，迄于壬寅，诏命屡降，增治宫宇。缭墙外周，采翼分翼，肖然如清都紫极，望之者知其为神灵所宅。凡为殿寝、堂阁、门亭、库馆、楼观、廊庑，合八百一十有三楹，财不取于赋调，役不假于追呼，而屹然崇成，若天造地设，灵祇燕豫，福应如响。呜呼，真盛德之事也！

在描述宋徽宗赫赫功绩时，宇文粹中强调东岳神经由宋真宗加封帝号，已经与赵宋政权紧密相连，"施于子孙，格是神保"。宋徽宗英明神武，同样受益于东岳神"神予其义，助之安强"，所以为了报答东岳神，才重修岱庙，并期待赵宋政权"亿载万年，惟神是依"：

臣窃伏睹皇帝陛下临御以来，凤宵之念，无一不在于民者。发号出令，以诚以告；颁恩施惠，以生以育；设官择人，以长以治；制法垂宪，以道以翼，以训以齐。政成化孚，中外宁谧。于是国有暇日，以修典礼，民有余力，以事神祇。咸秩无文，周遍群祀，自古所建，上下远迩，灵祠吉祝，于今莫不毕举。观是宫庙，土木文采，轮焕崇丽，则知郡邑之富庶；帷帐荧煌，衮冕璀璨，则知丝枲之盈溢；牲牷充庭，醪醴日御，则知耕牧之登衍；箫鼓填咽，歌呼系道，则知气俗之和平。神之听之，乃底陈于上，帝用降鉴，锡兹祉福，则社稷之安固，历数之绵远，盖方兴而未艾也。臣既书其事，又再拜稽首而献颂曰：

于皇上帝，监观九有。孰赞天綍？山川封守。帝欲富民，俾阜货财。溥润泽之，俾司风雷。东方岱宗，是为天孙。体仁乘震，生化之门。昔在章圣，崇以帝号。发册大庭，五云前导。施于子孙，格是神保。岁在摄提，新宫载考。皇帝慈俭，爱民自衷。不侮鳏寡，不废困穷。神鉴其仁，锡之（娄）[屡]丰。皇帝神武，赫然外攘。驯服悍戾，以蓄善良。神予其义，助之安强。仁义既洽，民有余力。还以报神，神居是饬。峨峨神居，作镇于东。有来毕作，庶民所同。惟此庶民，惟皇作极。丕应俣志，遍为尔德。祝皇之寿，泰山同久，握图秉箓，历箕旋斗；祝皇之祚，泰山等固，镇安二仪，混同万宇。下逮群黎，遍敷锡之。亿载万年，惟神是依。匪神独依，惟天无私。有谣康衢，述是声诗。①

在庙记文末的颂文中，宇文粹中更是直接将东岳与赵宋王朝紧密联系在一起：

> 敢献善祝，神之听之。圣人之德，圣人之寿，泰山之高，泰山之久；圣人之业，圣人之基，泰山之固，泰山之维。神居孔安，有飨是格。生甫及申，藩宣方国。礼无不答，神罔时恫。于万斯年，福禄来崇。②

在这篇庙记中，东岳庙不再是一个单纯的供人祭祀的场所，它既是帝王体恤下民的仁政之举，也是考察地方经济、社会等状况的一个角度。

不仅北宋时奉敕撰写的东岳庙记中充满了浓厚的国家意识，南宋时奉敕撰写的东岳庙记情况同样如此。建炎元年（1127）五月，宋高宗在应天府即位称帝，建立南宋。南宋建立后，局势不断恶化，伴随金军日趋南下，宋高宗到处颠沛流离，疲于奔命。但即便在这种情况下，宋高宗仍然不忘向东岳神祈求社稷稳固。南宋建炎三年（1129），高宗驻跸松陵，建东岳庙，大臣赵开奉命撰写庙记：

> 群工告成，皇上喜，率百僚诣殿庭，载瞻载拜，莫以玉币。精虔有加，而神亦恍若降临于采云杳霭间。灵旗缤綵，鸾鹤迥旋，风日交畅，而焄蒿悽怆之天，悉万姓崩角稽首之地。神人协庆，福有攸归。……而系之以颂曰：
>
> 于赫有宋，享有中国。河岳效灵，翼我皇极。泰山有神，永奠东土。兹翼圣驾，陟降斯所。……磐石宗社，万古弗沸。佑我生民，岁蕃黍稷。③

此时宋高宗尚处于逃亡途中，仍然不忘修建岳庙。宋高宗在祭祀岳神时，东岳神恍惚降临，无疑向世人宣布，高宗政权虽然处于风雨飘摇之中，却并未

---

① 《全宋文》卷三一二九，第145册，第254—255页。
② 《全宋文》卷三一二九，第145册，第256页。
③ 《全宋文》卷二九二〇，第135册，第258页。

失去上天的眷顾。"于赫有宋，享有中国。诃岳效灵，翼我皇极。"赵宋仍然是"中国"的正统统治者，岳神也一如既往地庇佑着赵宋政权。

通观以上奉敕撰写的东岳庙记，无论撰写于北宋、南宋，时局是太平无事还是危机四伏，无一例外凸现了强烈的国家意识。庙记中反复出现的如"祝皇之寿，泰山同久""祝皇之祚，泰山等固"之类话语，将东岳神作为国家政权保护神的象征形象展现得淋漓尽致。

二、东岳庙记中的地方观念

东岳信仰原本是一种地方山川信仰，后来随着其影响力的扩大，最终中央朝廷将岳渎祭祀权牢牢控制在手中，并通过祭祀礼制，将其作为国家政权的保护神。宋真宗举行泰山封禅，加封东岳帝号，推动东岳庙在宋朝境内各地修建，一方面扩大了东岳信仰的影响力，另一方面不可避免地将东岳信仰推广到地方，使之由一种王朝帝王保护神逐渐带有地方保护神的特点。在地方上，随着东岳庙的修建，当地人将东岳神视作一种地方神祇，保护当地的安危。于是，在宋代，随着东岳信仰的日益深化，东岳信仰也逐渐呈现地方化信仰的趋势，最大的特点是，地方上的东岳神不再体现强烈的国家意识与君主意识，而是更多地着眼于当地的水旱灾害祈福，"雨旸疾病之祈，应答如响"，庇佑当地百姓生死安危，"阴福吾人"。可以说，地方上的东岳神最终蜕变为一种地方神祇。

在国家祀典中，代表上天的东岳神是国家政权有力的保护者，并有调节气候的神职。随着宋代东岳信仰的深入，地方上大量修建东岳庙，由于远离了政权核心，这些地方上的东岳庙逐渐褪去了国家政权与帝王保护者的神圣职能，向地方社会的利益靠拢。对于以农耕为生的宋代民众来说，"雨旸疾病之祈，应答如响"[1]的东岳神与自己的生活更为密切。此外，战乱期间能够免于兵火焚毁的东岳庙，更增添了几分神秘感。如周紫芝（1082—1155）笔下的东岳庙："往岁寇攘充斥须江，旧垒鞠为盗区。凶焰所至，万室一空，惟是祠宇，岿然独存。虽长蛇丰豕，犹胥顾忌，罔敢肆其毒焉，则神威灵所暨远矣。"[2]与周紫芝所述

———————————

[1] 《全宋文》卷六八八〇，第301册，第347页。
[2] 〔宋〕周紫芝：《太仓稊米集》卷六八《奉安天齐仁圣帝神像》，影印文渊阁四库全书本。

类似，应武笔下的高沙城东岳庙也因其幸免战火涂炭而被视为有神灵保佑：

> 当建炎、绍兴间，干戈俶扰，戎马践蹂，两淮城阛寺观化为灰埃，而此庙岿然独存，岂非神灵显著，默有以阴驱而潜摄之者与？……雨旸休咎，有祷辄应，士民信向，远近若一。岁时朝献，盖自浙江以西，淮堧以东，来者肩摩袂接，旁午道途，而此邦岳庙之盛甲于天下。①

南宋初年战乱频仍，附近寺观多遭破坏情况下，高沙城东岳庙岿然独存，这对于战乱期间渴望生命保障的民众来说无疑具有极大的吸引力。"雨旸休咎，有祷辄应"，更增添了东岳庙保境安民的神性。这种对于神秘性的崇拜和强烈关注个人生活的观念，与国家意识没有关联，纯粹是一种个人意识的流露。

宋代江南地区军事力量原本薄弱，靖康之难后，金兵屡次南下，流寇、盗贼蜂起，江南各地惨遭蹂躏。面对朝不保夕、生死未卜的苦难现实，宋人不得不祈求神灵，保佑自己能在乱世中苟全性命、家乡免遭劫难。在这种心理催化下，南宋时的东岳庙记中，东岳神"地方保护神"的象征性得到加强：

> 靖康二年，金人犯阙。建炎改元，乃深入于浙西。天下郡邑狃于太平之日久，无高城深池，坚甲利兵，以为攻守之具，群盗乘之，而蜂屯蚁集，狼贪羊很，莫能蔇遏。于是萧艾并焚，玉石俱碎，可为太息。而吾乡削小，危若缀旒，士民计无所出，乃相于祷于行宫。既而神明默佑，盗不犯境，得免祸难。因言曰："当干戈扰攘之际，而蕞尔偏地，无寇盗麕至之虞，骨肉星离之祸，实圣帝隐相之力，将何以报之哉？行宫之作，才一殿耳，岁月浸久，而墙壁颓毁，丹青凋落，其可坐视耶？"保义郎孙珣、扬州助教朱义，一乡之善士也，遂从众议，与进士太史玉、承信郎薛理、迪功郎孙彦璋协力而营治焉。②

姚毂记载中，战乱期间乡里得以幸免兵火凭借的是东岳神的庇佑，不仅是

---

① 《全宋文》卷六六七一，第293册，第150页。
② 《全宋文》卷三八〇五，第174册，第221页。

当地普通民众的认识，连当地士人（文中提及的保义郎、扬州助教、进士、承信郎、迪功郎）亦认同这种观点，并成为东岳庙修建的积极倡导者与发起人。

战争的威胁不仅改变了士人的看法，身为朝廷代表的地方官，也坦然接受了东岳神作为地方保护神的观念：

> （晋康东岳庙）历年既久，随葺随坏，无所考识。隆兴甲申夏，莆阳吴公来镇是邦，下车未几，百废具举，独东岳祠土木浩繁，方候农隙。无何，郴洞贼起，明年春，犯晋康，至城下。父老士民北向焚香再拜，祝曰："以神之灵，俾贼退却，愿修祠宇，以答神贶。"七日围解。是秋贼平，公独念曰："祷而应，神之赐大矣。祈而弗报，非所以事神也。"询之父老，得旧献香社余财百二十缗。乃度财鸠徒，揆日庀事。百姓愿助者日以数十计，……（告成后）公乃率僚属，大合乐以享焉。郡之士女来观者千百人，无不以手加额，德神之赐，而乐公之不扰也。①

黄适记载中提到的"郴洞贼"，是南宋孝宗乾道元年（1165）五月，郴州人李金为首的短期作乱。②晋康当地之所以迅速地将废弃多年的东岳庙修缮一新，完全是因为当地人相信东岳神保护了本地未受盗贼的破坏。身为官方代表的吴公，顺应民意，成为此次岳庙修建的主持者，而当地百姓则成为岳庙修建积极参与者。

与晋康东岳庙相似，常熟东岳庙也被认为拥有灵性、能庇佑地方，因而受到当地士庶的高度重视：

> 平江盖吴都会，而重兵所守也，一日奸人欺卖蜕去，无户限之托，一夫一妇，一丝一粒，荡然为空。常熟距城百里，扬鞭可至，而敌人逡巡遁去，不敢回顾，神相之矣。何以知其然？常熟于县为望，富家润屋，百货之所藏；平原沃野，九谷之所利。达官贵士，远商大贾，乐寓其境，殆危

---

① 《全宋文》卷四九九五，第225册，第148—149页。
② 关于李金作乱情况可参看何竹淇主编《两宋农民战争史料汇编》下编卷七，北京：中华书局，1976，第4册，第343—352页。

时险途，盗贼之所垂涎者，今舍弗取。又地当南北之冲，俯瞰长江，对峙通泰，于是大军旁午，悉仰是为传舍，络绎不断，累年于兹，无或间言。脱有奸人暴客包藏祸心，荐为不利，既而弥缝调伏，奸宄自销，欢然请行，莫敢窃发者。以故齐民安堵，居不告扰，耕食凿饮，往往滋盛囊时，岂尽天幸哉？神相之也。东岳离宫……岿然神居，高明靖深，洞洞属属，应如影响，以福一方，盖未艾也。西成有祈，耆老将率邑之子弟庆于祠下，命予记其事，因为之歌以侑酒，且致所欲祷者。词曰：妖氛塞路兮乾端坤倪，独保兹土兮初如弗知。念我福兮惟神其依，欲报之德兮曷知其归。用宏兹贲兮聊伸我私，神其昭假兮克大灵威。恢清宇宙兮太平以基，与国咸休兮振古如兹。①

李薰热情洋溢地称赞东岳神在兵荒马乱情况下对常熟的保护，尽管这种看法可能根本找不到现实的确切证据。但在东岳庙完工后，当地人仍然虔诚地祝愿东岳神"独保兹土""我福惟神其依"，说明当地人已经完全视东岳神为地方保护神。

南宋以来的频繁战乱使士人接受了东岳神成为地方保护神的观念，南宋后期人袁甫在撰写东岳庙记时，尽管当时并无战争威胁，在庙记文中仍然重复着这种话语："凡我邦人得以仰父俯子，秋毫皆帝力也。"②

东岳神被视作地方保护神，其部属在宋人心目中自然也具有如此神力。如东岳神部属康王，在杨长孺《吉水县康王庙记》中，地方保护神色彩十分鲜明：

圣天子即阼之六年，有盗弄兵，骚江、湖、瓯、闽间，郡邑民罹豩突蛋蛋，翕忽罔攸御，荼毒肆矣。睨吉水、永丰、安福三邑者不一一，将甘心焉。然及境弗能入，望郭弗能迩，盗每怪之。或诹其故，盗曰："吾欲屠三邑甚，而行辄尼之。旌旗缤纷，戈甲布列，士马阗溢，威风震叠。吾前弗可，故溃故逃。徐而谍之，野旷师寂。"孰为此者？盖威显灵应英烈王之神为国为民，遂踬登兹。王之神灵大矣哉！王之功德庶矣哉！惟王之神，

---

① 《全宋文》卷四〇六九，第185册，第271—272页。
② 〔宋〕袁甫：《蒙斋集》卷一二《衢州重修岳帝殿记》，影印文渊阁四库全书本。

东岳之毗，……凡水旱，凡盗寇，凡札瘥，凡祷祈，拜叩未终，心口相语，诚之所发，神已响答。能使死者生，疾者安，凶者丰，谒者遂。王之神灵大矣哉！王之功德庶矣哉！……岳祐之，王辅之；岳甄之，王宣之。[①]

这段带有鲜明灵异色彩的记载显然出自民间传说，与提倡"不语怪力乱神"的儒家经典话语大相径庭。作为东岳辅神的康元帅（康王）之所以受到吉水县民众的热烈追捧，与其保境安民的神力有着密切关系。这种思想，与东岳神所代表的国家意识和经典话语中东岳神兴云布雨的职能没有任何联系，完全是民间社会的话语。

第二节　儒家祭祀理论的妥协与坚持

本节主要讨论宋代士人如何在坚持儒家经典理论与现实之间的妥协与抗争。在宋代，传统儒家经典理论在面对现实神祇信仰问题时，往往遇到理论与现实脱节甚至矛盾的困境。东岳神作为地方神，很早便超越了齐鲁当地成为跨区域神祇。而宋真宗封禅泰山，加封东岳神帝号，极大推动了东岳庙在齐鲁之外地区的修建，这已经与"五岳视三公""祭不越望"等儒家经典话语严重相违背。面对这种神祇越界与封号超越"三公"的现象，接受儒家经典学习的士人们一方面努力试图在两者之间寻求一种平衡，尝试调解朝廷允许甚至鼓励地方修建东岳庙的行为并不违反儒家经典话语的说法。另一方面，他们又极力试图限制东岳神成为地方神祇的趋势，强调其作为国家保护神的职能。大多数宋代士人始终徘徊在这种两难之间，默认神祇的越界。但也有少数士人如陈淳始终坚持儒家经典话语不肯放松，作为态度坚决的理学家，陈淳恪守传统儒家理论，强烈反对神祇越界。虽然陈淳是一位有影响力的理学家，他恪守儒家传统理论的态度很坚决，但面对日益深入的东岳信仰现实，他的说法注定无法得到大多数人的支持。

[①] 《全宋文》卷六七六四，第297册，第64—65页。

一、理论与现实矛盾的调和

在儒家经典话语中，关于祭祀有着比较明确的说法，如"五岳视三公，四渎视诸侯。诸侯祭名山大川之在其地者""祭不越望"等，这些说法成为中国古代士人在讨论祭祀时被频繁引用的经典话语。但这些理论在宋代无法解释神祇越界的现实，而且宋真宗加封五岳帝号，还突破了"五岳视三公"的传统看法。如何用传统理论解决现实困境，成为宋儒不得不面对的问题。对于这种情况，宋儒一般会采取折中的方式，首先征引儒家关于祭祀的理论，强调有功于民众者得以享受祭祀，然后强调东岳神造福一方，东岳庙的修建又得到朝廷的推崇，如此来化解东岳庙修建越界的现象。对于地方民众将东岳神视作地方保护神的做法，士人一般强调东岳神对于国家政权的裨益，淡化其作为地方保护神的色彩。

东岳庙记撰写者多数属于中国传统文化中的士，对他们而言，经典话语对山川祭祀的论述是其立论的理论依据：

> 夫圣王之制祭祀也，法施于民则祀之，以死勤事则祀之，以劳定国则祀之，能御大菑则祀之，能捍大患则祀之。①
>
> 天子祭天下名山大川，五岳视三公，四渎视诸侯。诸侯祭名山大川之在其地者。②
>
> 山林、川谷、丘陵能出云，为风雨，见怪物，皆曰神。有天下者祭百神。诸侯在其地则祭之，亡其地则不祭。③
>
> 天子有方望之事，无所不通。诸侯山川有不在其封内者，则不祭也。……三望者何？望祭也。然则曷祭？祭泰山河海。曷为祭泰山河海？山川有能润于百里者，天子秩而祭之。④

---

① 《礼记正义》卷四六，第1307页。
② 《礼记正义》卷一二，第385页。
③ 《礼记正义》卷四六，第1296页。
④ 《春秋公羊传注疏》卷一二，第267—268页。

　　儒家经典话语勾勒了享受祭祀的标准：法施于民、以死勤事、以劳定国、能御大菑、能捍大患。祭祀的原则：天子祭天下名山大川，诸侯在其地则祭之，亡其地则不祭。按照杨庆堃的分析，官方祭仪表现为两种信仰类型：一是与政治领袖和公民德行相关，一是象征重要的自然力和自然世界。[①]李向平指出，世俗权力的等第成为宗教神权等级的分割基础，而宗教神权则适应了国家世俗权力的表达形式构成了祭祀等级。在此前提之下，对于宗教祭祀权的掌握，同时就意味着对于世俗权力的把握，而手中掌握的世俗权力则往往需要宗教神权对它们的神化乃至合法化。[②]

　　作为载在祀典的东岳神，士人普遍态度是："敢不钦奉之乎！"[③]但在面对全国各地广建东岳庙、祭祀东岳神时，士人面临着经典话语（"祭不越望"）与地方现实（神灵越界）之间的矛盾。这种矛盾在其撰写的东岳庙记中得到鲜明的体现。

　　表面看来，每篇东岳庙记长短不一，格式、内容并不完全一致，似乎彼此之间没有任何关联。通过比对，我们可以发现，士人在撰写东岳庙记时仍然存在一定范式。这种范式不一定是士人刻意遵守的准则，应是一种常年浸润于经典话语中固定思维的表露。下面以南宋人韩元吉（1118—1187）所撰《东岳庙碑》为例，分析宋代东岳庙记中隐含的写作范式。

　　一般来说，一篇普通的东岳庙记大概包括三部分内容，第一部分是儒家经典话语对东岳祭祀的论述：

　　　　岳之莅中国五，惟岱宗位东，其德在仁，其职生养，以应夫出乎震者。三代命祀，齐、鲁大邦，得以望而致祭，非其地也。他诸侯虽礼备，莫敢越焉。自秦、汉一四海，无有远迩，毕为郡县，凡山川不在其境，祷祠之盛，犹或举之，而阴骘降监庙而遍天下者，亦惟是东岳为然。宋兴三叶，升中告成，册以帝号，由是冠服、宫室，率用王者之制。盖古者以神

---

　　① 〔美〕杨庆堃著，范丽珠等译：《中国社会中的宗教——宗教的现代社会功能与其历史因素之研究》，上海：上海人民出版社，2007，第145页。

　　② 《信仰、革命与权力秩序：中国宗教社会学研究》，第343页。

　　③ 〔宋〕张邦基撰，孔凡礼点校：《墨庄漫录》卷八，北京：中华书局点校本，2002，第224页。

事山川，以鬼事宗庙。其曰岳渎视公侯者，特其牲牢豆笾等用而已。坛壝有地，非必庙为也。去古既远，事神之仪，悉务鬼享，故虽山川，而筑宫肖像，动与人埒，土木崇丽，至拟于明堂太室，无甚愧者。将礼与时变，其致力于神，当如是耶？

第二部分是地方东岳庙的修建过程（包括修建原因、经过等）：

泉州故有东岳庙，附于开元观之侧，规制狭陋。绍兴二十一年，郡人相与谋曰，吾州在闽越东南，负山濒海，自五季而后未尝见兵火，虽列圣临御，泽潝而德洽，岂繄明神实阴相之，其曷以报，宜庙之宇一新焉。乃卜地于城东之山。是土也，潫而甚黄，俗号黄山。或曰皇者，黄也。而麓有大石，高且百尺，相地者言去此则可以庙矣。民趋之，劂锄划夷，老稚奋力，不日而坦焉平壤。遂以为前殿基，刌高培薄，顺其形势，以楹计之，屋且百区。山灵渎鬼，俨列异状，社公土母，拱挹后先，祈年有方，司命有属，巍坛中峙，六庙外辟，璇题丹碧，趐翼焕烂，使望而进者，肃然慑惧，如有执死生祸福之籍在左右，遂为一邦神祠之冠。经始于是年四月，而休工于二十七年八月之望，縻缗钱十有四万，阅岁而后成。噫，亦勤矣！先是右朝请大夫张君汝锡首施钱五千缗，以唱郡人。施者既集，而张君即世，其子婿右朝奉大夫韩君习实始终之。凡庙之位置高下，与夫费用之出纳，工役之巨细，皆韩君力也。逮兹二十年，海无飘风，里无鸣桴，粳稌露委，疫疠不作，而泉之俗利贾而业儒，蛮艘獠舶，岁以时蓺。既富而安，野有弦歌，士皆诗书文雅是厉，踵属通显。民之幸神赐者，不惮益虔，于是请书其事于石，因为作祀神之章，俾声于庙而碑焉。

第三部分是对东岳神的颂扬：

其辞曰：神之徕兮自东，驱列缺兮驭霳霳。玉策照耀兮，石磴穹崇。岩岩在望兮，粤与鲁同。若木出日兮，丹崖火融。嗟泉之阳兮，既新我宫。钧天兮帝所，百祇卫兮万灵从。坎鼓兮镗钟，蔚馨白兮荔红。蚝羞于镂兮，菫荐于瓮。山无毒螫兮，海无飓风。蛮宾委路兮，卉衣蒙茸。盅消厉息兮岁仍屡丰，发德大兮靡有不通。民趋于宫兮惟成在中，猗千万岁兮神施亡穷。[①]

这三部分内容构成了宋代东岳庙记的基本写作范式。于是，围绕地方东岳庙的修建，庙记中形成了经典话语（理论依据）与地方观念（现实依据）互动的三角形关系。

这不是一个稳定的等边三角形，而是一个存在不稳定因素的模型。士人接受的经典话语中，对神灵的要求是恪守各自领地，不能越界；对祭祀者的要求是不能僭越自己身份来祭祀（"祭不越望"）。在宋代，包括东岳神在内各类神灵越界现象十分普遍。作为庙记撰写者的士人或亲身参与了地方东岳庙修建，对岳庙修建过程有着比较详细的了解，或者纯粹是受人之托撰写庙记，无论哪一种情况，在撰写庙记时，士人都无法抛开现实因素（地方修建岳庙的热情与人情）对他们的影响，单纯从经典话语出发表达个人看法。于是他们在阐述东岳庙修建象征意义的过程中，一方面引用经典话语，强调东岳神在国家祀典中的地位；另一方面，他们不得不正视地方观念，陈述地方民众崇祀东岳神、修建东岳庙的正当性。

宋仁宗庆历六年（1046）二月，隐居于汝州龙兴县（今河南宝丰）的孔旼为当地重新修建的东岳行宫撰写庙记，开头是对儒家经典话语中关于"祭不望越"的祭祀理论与地方上普遍修建东岳庙的现实矛盾进行调和：

> 泰山于天下海岳之祀，其序为大。历代盛德之事，虽哲王犹谦让若不足，此其所以为岱宗也。若乃时巡狩，省方岳，必先致礼于其神，然是秩止于公爵，所以表尊骏钦景之意，可谓崇且极矣。《礼》经名山大川在诸侯封内者，则祀之。天子祝官或不领陪臣，虽其国犹不得以祭也，盖重慎其事，不敢以非祝渎尊神。今天下有泰山庙，非特一郡一县而已，齐民咸得通祀，不与常、衡诸岳等。其出周、郑之郊者，号为行宫庙，岂习故之俗，亦有所自哉？世或未谕。得非古之王者，巡其诸侯，朝于方岳，与助祭者尝有赐邑，以致蠲洁奉祀事。时将有事于方岳也，其出宿次舍，亦当除馆

---

① 《全宋文》卷四八〇〇，第216册，246—247页。

设位于所经之途，遗迹可寻，后代因之，遂立别庙，亦若郑以汤沐纪泰山于费南，鲁以朝宿祀周公于许田，宋元嘉中因巡狩飨父老勋旧于行宫，若此之例，乃知其必有所自也。虽然，周德下衰，天子不复巡狩，而别庙之名尚有存者，以民到于今咸得通祀，亦非礼之訾也。

接着叙述临汝地区东岳庙的修建情况，说明当地修建东岳庙合情合理：

> 临汝之东，距郡郛一舍而近，有古泰山行宫庙，实周、郑之交界，都城列国之会，盖古诸侯经途于舍，斋宫别庙之谓乎？故老所传，可得而记。自有宋国初以来，迨兹百年之间，风俗相承，未始乏祀。其栋梁之兴，历五代衰季之俗，规制隘陋，寝就焚毁，众力不支，庙将遂废。……当朝廷崇极之制，有惠民里农许允恭者谋于乡，率己之力，因其旧而新之。……山川照映，妖厉不作，俨然威灵，下临人世，由是知岳镇之为尊矣。

最后再度从理论上申明地方上修建东岳庙并不违反儒家经典话语：

> 夫明有礼乐、圣贤谟训教之，诲人犹有弗率者，而神灵默定于下。当其祸福影响之际，若震隐匿。然有不威而惩，不劝而化，蹈身敛迹，知有修省，善者益以善，恶者亦辄为衰止。是有德形之助，于国家之治大矣。……若夫五岳之祀，典祀也。黔首之类，举天下知所奉非此祀者，不在祀典，谓之淫祀，淫祀无福。吁！安可妄祀也。上之人方崇终世之训，宜有以正之，而著于令。余恐后世其弊也，失于妖妄，因纪庙实，是以及之。"①

在这篇文字中，面对"今天下有泰山庙，非特一郡一县而已，齐民咸得通祀"的现实，孔旼自身经典话语与地方观念的矛盾表现得十分明显。他一方面试图从经典话语中寻找答案，为当地东岳庙修建寻找理论依据："其出周、郑之郊者，号为行宫庙，岂习故之俗，亦有所自哉，世或未谕。""临汝之东，距郡

---

① 《全宋文》卷四〇九，第20册，第18—20页。

郛一舍而近，有古泰山行宫庙，实周、郑之交界，都城列国之会，盖古诸侯经途于舍，斋宫别庙之谓乎？故老所传，可得而记。"同时他又不肯放弃经典话语权，在肯定临汝东岳庙合法性后，孔旼紧接着说："虽然，周德下衰，天子不复巡狩，而别庙之名尚有存者，以民到于今咸得通祀，以非礼之訾也。"并在庙记最后，发表了一通关于淫祀的感慨。孔旼在文中默认了地方民众对东岳神的认识："山川照映，妖厉不作，俨然威灵，下临人世。"同时，他努力将国家意识灌输给地方民众："是有德形之助，于国家之治大矣。"

用国家意识改造地方观念，是士人在撰写东岳庙记时惯用手法。"临川子城之东，有阜岿然而高，广袤百余步，林木森翳，民居数家，每不宁其处。昼冥夕阴，狐鸣鸱笑，怪谲之物，行者目瞠，非见而见，寝者梦愕，耆老厌之，童稚震骇。一日，相与谋曰：'此地非灵神莫能镇奠。'"于是众人合力修建东岳庙。大观二年（1108）二月，临川士人吴可受邀撰写庙记，面对这个明显带有民间神秘文化的建庙观点，吴可巧妙地用经典话语进行了解构：

> 予考于古，则襄文以西畤为僭，差季氏旅于泰山为不如林放。今环天下莫不建天齐行宫，而法不禁。求之于理，则将启人从善而窒其暴愚者乎？视其神位，有发意司者。人固有两相同事，其甲则正心皎皎，指天日誓不背负；其乙则显为名高，而实为利私，自计曰："将徇甲之所为，则拂吾欲，直我之所实，则盖吾名，宁污彼皎皎，以混吾迹。"毁誉自分矣。故同甘苦于小者，以示其信，在利害大者，得失止毫末，而伺隙抵蠘，肝胆胡越，甚则谋己自安，而置人死地，顾其发意如何哉。人自以为胜，而神岂私其恶。然则神之司此，岂非谓为不善，于幽阴之中者鬼得而诛之耶？夫王法之所加，唯加于众人耳目之同恶。若中昧方寸，外欺覆载，为人所不为，则临戮鞭黥虽严，不能加之矣。是则不善而偷安，虽可逃于世间，而不能逭于冥冥之间，此亦制所不禁天齐行宫之祠之意欤？是有助圣人化民之术，余故叙其理，使锲诸石。①

吴可并没有正面回答东岳神镇妖的问题，反而大力宣扬东岳神惩恶扬善的

---

① 《全宋文》卷二八六七，第133册，第78—79页。

威力来"启人从善而窒其暴愚者","是则不善而偷安,虽可逃于世间,而不能
遁于冥冥之间","是有助圣人化民之术"。最终,东岳辅助国家的教化功能跃
然纸上。

对绝大多数士人来说,东岳神"越界"已经成为不可逆转的现实,他们
无法也无力改变这种趋势,他们能做的就是努力用经典话语与国家意识来影
响、引导地方民众的东岳神信仰观念,使之更加符合正统思想。南宋绍兴三年
(1133)五月,峡州军事推官张禄在海盐东岳庙记中体现了这种思路:

> 夫山岳渊海之神,古唯天子望而祭之,诸侯则祭在其境者。齐人将有
> 事于泰山,必先有事于配林,不敢遽也如此。季氏旅于泰山,宣圣责冉有
> 弗救,而有"谁谓泰山不如林放"之叹,不可僭也又如此。今士民欲事乎
> 岳帝,而协力葺其来假来享之宫,若有相之者,知繇乎令君成民之政,有
> 以动之可也。或各自谓吾足以享之,欲神之格思,岂不难哉![1]

地方修建东岳庙是为了祈福,张禄却警告怀有这种想法的民众:"或各自
谓吾足以享之,欲神之格思,岂不难哉!世之为不善者,薄有荐于神,往往不
唯觊幸其皇,即涣若冰释,抑又过望乎神降之福。殊不知聪明正直之神,执福
善祸淫之权,公而行之,无毫厘私,而不可夺移。凡不应庇贶者,虽丰洁其粢,
豪盛肥腯其牲牷,旨且多其酒,加之以玉帛,三日斋、七日戒以祭之,犹不可
觊其略如风马之下,况希其转祸为福乎!"张禄希望民众能够将个人道德自我
约束与岳神信仰联系起来,"如欲福之转移,迁善可也"。

杨庆堃认为在所有地方,"泰山神都具有保护社区免遭危难,带来平安祥
和的功能。当然这种保护功能绝不仅仅局限于泰山信仰,其他的山川之神也都
普遍有保护一方的功能"[2]。作为国家在场象征的东岳神,在南宋战乱不断的年
代,逐渐变得日益乡土化。民众关心东岳神在保障乡土利益与安全方面显现出
的神力。在民间话语中,东岳神作为地方保护神的形象被大肆渲染。这一时
期,作为国家代表的地方官与经典话语掌握者士人,竭力维护东岳"有助于圣

---

① 《全宋文》卷四○七二,第185册,第314页。
② 《中国社会中的宗教——宗教的现代社会功能及其历史因素之研究》,第152页。

人化民"的国家祀典形象，并不断引证经典话语，试图改变东岳信仰的地方话语形式。但在乡土社会中生长起来的人们似乎不太追求笼罩万有的真理，"他只要在接触所及的范围之中知道从手段到目的间的个别关联"①。而宗教信仰不像科学假设，因为宗教信仰不可能通过物质世界的观察进行检验，而是靠某种权威，或约定俗成的认同，靠信仰的要求，也许还靠信仰者区别于非信仰者的那种心理平和或信心来确认的。因此，地方民众对于东岳神有助于国家教化的形象并不太敏感，他们更关心东岳神是否能"雨旸休咎，有祷辄应"，能"阴福吾人"，给自己与地方带来好处。于是，士人便提出东岳神对于人性教化的益处："大抵岳祠遍天下，民之迁善悔恶者趋焉。"地方岳庙修建，"可以坚人向善之心，可以答神庇民之贶"②。这种说法既符合国家教化宗旨，也容易被民众接受，并与东岳原始神秘性没有关联。

事实证明，士人的努力取得了一定效果。徽宗大观元年（1107），昌国修建东岳庙，郡人蒋安义记载其事：

> 年谷告丰，邑遂大治。邑之老聚族而谋曰："我曹生长太平，不见兵革，幸值明天子惠我以贤令、佐，矜老而恤孤，养病而葬死，虽父母之恩，不厚于此。我闻东岳之神，实祐我宋，阴福吾人，盍相与尸而祝之，以祈吾令佐富寿康宁乎！"于是翕就应者如响。父老占之，少壮营之。③

文中修建东岳庙时提到"东岳之神，实祐我宋"，显示地方民众接受了国家意识对东岳神形象的塑造。"阴福吾人""以祈吾令佐富寿康宁"作为岳庙修建的另外原因，说明民众并没有完全抛弃个人意识与地方观念，而是将国家意识与其糅合。

---

① 费孝通：《乡土中国　生育制度》，北京：北京大学出版社，1998，第11页。
② 〔宋〕崔与之著，张其凡、孙志章整理：《宋丞相崔清献公全录》卷八，广州：广东人民出版社点校本，2008，第91页。
③ 《全宋文》卷三三四七，第156册，第29页。

二、陈淳的复古山川祭祀观

作为南宋中前期的理学家，陈淳恪守传统儒家理论，强烈反对现实中不符合儒家传统祭祀理论的做法，比如他反对在祠庙中给东岳神塑像，反对地方上举行盛大的东岳庙会，要求采用儒家传统山川祈雨方式来祈雨，为此他撰写了多篇文章来阐释自己的观点，并积极向地方官兜售自己的看法，试图改变人们的信仰观念。虽然陈淳是一位有影响力的理学家，他恪守儒家传统理论的态度很坚决，他的说法也得到一些人的认同，但面对社会上影响日益深入的东岳信仰，尤其是面对全国各地普遍修建东岳庙，东岳神得到宋真宗加封帝号等无法改变的现实时，他主张回归传统儒家祭祀礼制的要求显得非常苍白无力，因此始终无法得到大多数人的支持。

宋代神灵越界现象引起恪守经典话语士人的焦虑。在他们看来，神灵越界不仅是一种信仰现象，更是一种权力的僭越。据皮庆生总结，宋代知识阶级对神灵越界的回应十分理性。围绕神灵越界展开的讨论核心在对传统经典的重新解释，使现实的民众神祠信仰获得理论支持。经典文本的开放性在这里得到充分体现，传统的"祭不越望"原则重心从祭祀主体的权力位秩转变成祭祀对象的功能灵应，技术的解释解决了权力问题，有效性的论证得出了合法性的结论。[1]通观以上东岳庙记，绝大多数士人采取积极回应的态度，试图解决这一话语与现实需要之间的冲突。但也有一部分士人坚决不肯与之妥协，他们强烈反对神灵越界，要求回归经典话语，陈淳是此类士人中的代表人物。

陈淳，字安卿，漳州龙溪（今福建龙海市）人，学者称北溪先生，生于南宋高宗绍兴二十九年（1159），卒于宋宁宗嘉定十六年（1223）享年六十五岁。

陈淳"少习举子业"，"乡之先儒"林宗臣见而奇之，"授以《近思录》，淳退而读之，遂尽弃其业焉"。[2]陈淳是朱熹晚年的高足，曾经两度问学于朱熹。宋光宗绍熙元年（1190）年十一月，陈淳第一次问学朱熹。"冬至以书及

---

①　皮庆生：《经典的重新解释：从合法性到有效性——宋人对神灵越界现象的回应》，《中华文史论丛》第82辑（2006年第2期）。

②　《宋史》卷四三〇，第36册，第12788页。

自警诗为贽见，翌日入郡斋，问功夫大要。（朱子）曰：'学固在乎读书，而亦不专在乎读书。公诗甚好，可见亦曾用工夫。然以何为要？有要则三十五章可以一贯。若皆以为要，又成许多头绪，便如东南西北御寇一般。'曰：'晚生妄意未知折衷，惟先生教之。'先生问：'平日如何用工夫？'曰：'只就已上用工夫。'……曰：'然则紧要着力在何处？'扣之再三，淳思未答。先生缕缕言曰：'凡看道理，须要穷个根原来处。……凡道理皆从根原来处穷究，方见得确定，不可只道我操修践履便了。'"①问学后，陈淳"闻而为学益力，日求其所未至"。朱熹多次对人称赞说："南来，吾道喜得陈淳。"宋宁宗庆元五年（1199），陈淳在考亭第二次向朱熹问学。"时熹已寝疾，语之曰：'如公所学，已见本原，所阙者下学之功尔。'自是所闻皆要切语，凡三月而熹卒。"②

　　学界对陈淳生平、著作版本、哲学思想等都有所研究，但对其鬼神观念与祭祀思想关注不多。③本书此处着重讨论陈淳的鬼神观念与山川祭祀观。

　　对于鬼神，一般理学家如朱熹恪守儒家"未能事人，焉能事鬼。未知生，焉知死"的传统，对鬼神不予重视。"鬼神事自是第二著。那个无形影，是难理会底，未消去理会，且就日用紧切处做工夫。"④陈淳生活在民间祀神活动兴盛的福建地区，唐宋时期，这一地区掀起声势浩大的造神运动，加剧了当地的神秘风气。⑤陈淳在问学朱熹时，对鬼神问题格外关注。其著作《北溪字义》中专列《鬼神》章节，讨论鬼神本意、儒家传统祭祀与祭典、世俗淫祀等内容。

---

① 《朱子语类》卷一一七，《朱子全书》第18册，第3685页。

② 《宋史》卷四三〇，第36册，第12788页。

③ 邱汉生：《陈淳的理学思想》，《中国哲学》第3辑，北京：三联书店，1980。〔日〕井上进：《〈北溪字义〉版本考》，〔日〕《东方学》第80集，1990。余崇生：《陈淳"北溪字义"中"理一分殊"之考察》，台湾《鹅湖》1992年第9期。张加才：《〈北溪字义〉版本新考》，《中国哲学史》1998年第2期，张加才：《关于北溪生平研究的几个问题》，《北方工业大学学报》2002年第14卷第2期。陈金生：《〈宋史·陈淳传〉勘误》，《文史》第21辑。戴莹：《〈宋史·陈淳传〉考辨》，《北京大学学报》（哲学社会科学版）2000年第3期。朱理鸿：《陈淳哲学思想研究》，湘潭大学中国古代哲学硕士学位论文，2004。李蕙如：《陈淳研究》，（台湾）东吴大学中国文学系硕博士班硕士学位论文，2006。林佳靖：《陈淳〈北溪字义〉研究——性理之学的建构及其发展》，台湾大学中国文学研究所硕士学位论文，2007。

④ 《朱子语类》卷三，《朱子全书》第14册，第153页。

⑤ 冯大北：《唐宋福建民间祀神活动之研究》结论，福建师范大学宗教学硕士学位论文，2004。

对鬼神的本意，陈淳坚持理学家认识，不承认鬼神的神秘性。"程子曰：'鬼神者，造化之迹也。'张子曰：'鬼神者，二气之良能也。'说得皆精切。……大抵鬼神只是阴阳二气之屈伸往来。"①既然鬼神是"阴阳二气之屈伸往来"，而"天地间无物不具阴阳，阴阳无所不在，则鬼神亦无所不在"。阴阳二气无所不在导致鬼神无所不在，因此对待鬼神应该敬而远之。②"'敬鬼神而远之'，此一语极说得圆而尽。如正神，能知敬矣，又易失之不能远；邪神，能知远矣，又易失之不能敬。须是都要敬而远，远而敬，始两尽幽明之义。"③

对于祭祀，陈淳十分欣赏"古人祭祀，各随其分之所至"的做法，要求不得超越个人身份来祭祀，否则，便是淫祀：

> 天子祭天地，诸侯祭社稷及其境内之名山大川，大夫祭五祀，士庶祭其先。古人祀典，品节一定，不容紊乱。在诸侯，不敢僭天子而祭天地；在大夫，亦不敢僭诸侯而祭社稷山川。如季氏旅泰山便不是礼。……淫祀不必皆是不正之鬼。假如正当鬼神，自家不应祀而祀他，便是淫祀。如诸侯祭天地，大夫祭社稷，季氏旅泰山，便是淫祀了。④

陈淳这一观点与老师朱熹十分相似。朱熹在回答学生"何谓'祖考来格'"提问时说："此以感而言。所谓来格，亦略有些神底意思。以我之精神感彼之精神，盖谓此也。祭祀之礼全是如此。且'天子祭天地，诸侯祭山川，大夫祭五祀'，皆是自家精神抵当得他过，方能感召得他来。如诸侯祭天地，大夫祭山川，便没有意思了。"⑤

从"祭祀，各随其分之所至"原则出发，陈淳对山川之祀提出自己的看法：

> 天子是天地之主，天地大气关系于一身，极尽其诚敬，则天地之气关

---

① 《北溪字义》卷下，第56页。
② 《北溪字义》卷下，第57页。
③ 《北溪字义》卷下，第67页。
④ 《北溪字义》卷下，第60—61页。
⑤ 《朱子语类》卷三，《朱子全书》第14册，第171页。

聚，便有感应处。诸侯只是一国之主，只是境内之名山大川，极尽其诚敬，则山川之气便聚于此而有感召。皆是各随其分限大小如此。①

天子祭天下山川，诸侯祭境内山川，是儒家传统学说。陈淳观点并未超越古人，只不过从"气"的角度为这种祭祀原则进行了解释。

除了要求地方祭祀山川时遵循"祭不越望"原则，陈淳坚持认为本地山川为地方求雨"正宗"所在，社会上流行的巫觋、僧道、斋醮等各式求雨方式统统不符合经典思想。在给当地傅寺丞的请祷山川祈雨札子中，陈淳论述了自己的山川祈雨思想：

> 窃按之《礼经》曰："天降时雨，山川出云。"言雨之所从出者，在于山川也。又曰："山林川谷丘陵，能出云为风雨者，皆曰神。非此族也，不在祀典。"言山川神灵为祀典之正者也。又曰："诸侯祭名山大川之在其地者，亡其地则不祭。"言诸侯所当祭者，惟境内山川诸神，而不可以他求者也。……今漳之望，其山则天宝、圆峤，雄据西隅，天将雨则云气先冒于颠；其川则西、北二江，发源汀、潮，夹绕州治，而合归于海。此正吾州阴阳融结之会，宜于城西五里内，度高爽之地，筑坛墠，载祀典。但今仓卒未暇，姑席地望祷，亦合礼典之正。其次则有社稷、风雷雨师之坛在焉。……天人一气，幽明一机，本相与流通无间，而郡侯者又千里山川社稷之主，而万户生灵之命系焉，其所感格为尤切而甚易，惟患诚之不至尔。有其诚则有其神，无其诚则无其神。诚者，心与理真实无妄之谓。在山川社稷，有是真实无妄之理矣，若又加之真实无妄之心，以萃集其神灵，则必能实感而实应。不于此致极精专，乃杂焉外求之异端淫祀，彼土木偶何从而有雨露邪？既无是理而强为之，心虽虔，于造化乎何关？至如舞师巫、绕僧道、设斋醮、禁腥臊等类，又皆循俗之常仪，非所以交神明之要。虽圆山尝致祷矣，然所主乃山下寓居之鬼，而本山之神未之及也。惟龙潭祈祭，亦此州山川之一者，但恐文具而往，初无所补。况因而图利，抑又甚邪。今若扫去流俗一切冗杂之说，而专一致吾精意于山川社稷正神之前，

---

① 《北溪字义》卷下，第61页。

则脉络贯通，无有不感格者。设若至是犹未获大应，则更退而求之政事之间。若刑赏，若财赋，恐或微有召天意之悭，是亦汤自责己，吾夫子素行合神明，所以为祷之实也。①

在代替傅寺丞祷山川、社稷祈雨时，陈淳按照自己的想法撰写了祈雨文：

> 具位敢以酒果脯醢之奠，昭告于天宝山之神。《礼》：诸侯祭境内之名山大川，以其能兴云致雨而润泽群生，有神灵在焉。惟本山发脉行龙，结为州治，实郡宗祖，为漳之望。合筑坛壝，编诸祀典，而阙然未有举之。今春序过半，雨意甚悭。群民告病，日甚一日。某膺民命之寄，惕不皇宁。敢席地望拜，虔精以祷。迫于仓卒，鲜克如仪。惟尔山灵垂闵，大蒸云气，沛为三日之霖，以慰我民来苏之望。俾四境均洽，无失岁事。有以生生，实赖我神无疆之休。谨告。②

陈淳祈雨文首先引用经典话语为自己向境内山川祈雨寻找理论依据，然后论证境内山川所负降雨职责，最后表达求雨的心情。与他人同类文字相比，陈淳祈雨文并无特殊之处。唯一不同在于陈淳按照所谓古礼（席地望拜）对山川进行祭祀。

陈淳按照经典话语，结合当地实情，对山川祭祀提出一套具体仪制：

> 一、就西门外五里内，择高陵平旷四达无壅之地，见天宝、圆山呈露分晓，划草为坛场，设为四席位。每位各以幕围三面，其上露天，幕不必高，恐遮蔽，只平胸，乃须上下缚定。其天宝山神席位，直向天宝山；圆山神席位，直向圆山；西江神席位，向圆山、天宝二山之间，正平匀对中，是西江上源来处。九龙江远不可见水，其神席位只向梁冈、天宝二山之间，正对缝中是九龙江上源来处。每位前留空地稍宽，度可展拜褥及陪位官列班。

---

① 《全宋文》卷六七二四，第295册，第190—192页。
② 《全宋文》卷六七四二，第296册，第88—89页。

一、每位各用牌子以纸粘，上书曰"天宝山神座"、曰"圆山神座"、曰"西江神座"、曰"九龙江神座"。

一、行礼之序，先天宝，次圆山，次西江，次九龙江。每一位，脯一盘，用猪肉三斤；醢一盘，用鱼三斤作鲊，果子三盘，并列作一行。其余茶盏、酒盏、香桌、香炉，如常仪。或用牲牢，随意。

一、祭馔多是庖卒无知，易至窃食，须令监官，务极精洁。

一、差官出门做事，多是影下假托科配，乃其常态。须严行约束，无骚扰村民，以动其怨叹之声，反亏祈祷之敬。

一、祷名山大川，事体之重，须三日斋戒，致极精虔。则精神所注，神灵必集，有感格之理。

一、山头帆屋幕次，恐难宿斋，只宿斋于郡馆。四更命驾，到幕次少静坐，澄息思虑，凝定精神。至五更行礼。

一、逐位各一祝版。

一、读祝宜差官。

一、祝版之文，须识本州山川来历，说及相关系处，方切事情，有通神意。如天宝山，发脉行龙，涌为州治，实郡之宗祖。如圆山，雄据西隅，镇翼右臂，实郡之藩屏。如西江，发源汀潮，绕抱州治，实为郡右襟带。如九龙江，发源汀赣，绕郡东臂，与西江汇归于海，实为郡左襟带。四者皆漳之望，恐撰祝文官外州人，未谙悉此，不可不报知。①

可见，陈淳山川祭祀礼仪基本包括以下几点：第一，山川祭祀采用设坛、露天祭祀；第二，不设山神像，只设山神席位，望席位祭拜；第三，祭祀时强调精虔；第四，祝文要贴合地方现实，不用形式化语言。

唐代帝王加封东岳王爵，并为其塑像。北宋真宗时，加封五岳帝号，东岳行祠在朝廷支持下逐渐遍布宋境，受到各地宋人的崇祀。面对这种明显的神灵越界，宋代一些恪守经典话语的学者提出尖锐批评。如吕居仁自道其表姑"尝供岳神，用王者冠冕，予时尚幼，以为非礼。陈姑问何谓非礼？予曰：'五岳视三公，何为僭用天子礼也？'"①与吕居仁观点类似，陈淳也极力反对为岳神塑像、加封帝号等：

自圣学不明于世，鬼神情状都不晓，如画星辰都画个人，以星君目之，如泰山曰天齐仁圣帝，在唐封为天齐王，到本朝以东方主生，加"仁圣"二字封帝。帝只是一上帝而已，安有五帝？岂不僭乱！况泰山只是个山，安有人形貌？今立庙，俨然垂旒端冕，衣裳而坐。又立后殿于其后，不知又是何山可以当其配，而为夫妇耶？人心迷惑，一至于此。据泰山在鲁封内，惟鲁公可以祭。今隔一江一淮，与南方地脉全不相交涉，而在在诸州县皆有东岳行祠。此亦朝廷礼官失讲明，而为州县者不之禁。蚩蚩愚民，本不明理，亦何足怪。

南岳庙向者回禄，太尉欲再造，问于五峰先生，先生答以："天道与人事本一理，在天为皇天上帝，在人为大君。大君有二，则人事乱矣。五岳视三公，与皇天上帝并为帝，则天道乱矣。而世俗为塑像，为立配，为置男女，屋而贮之，亵渎神示之甚。"后南轩又详之曰："川流山峙，是其形也，而人之也，何居？其气之流通可以相接也，而字之也，何居？"皆可为正大之论，甚发愚蒙，破聋瞽。②

农历三月二十八为东岳神诞辰，去东岳庙祈福还愿、游览庙会，已经成为宋代社会流行的活动，陈淳对此严厉批评：

按古经书本无生日之礼。伊川先生已说破："人无父母，生日当倍悲痛，安忍置酒张乐以为乐？若具庆者可也。"以李世民之忍，犹能于是日感泣，思慕其亲，亦以天理之不容泯处。故在人讲此礼，以为非礼之礼。然于人之生存而祝其寿，犹有说；鬼已死矣，而曰"生朝""献寿"者，何为乎？③

---

① 〔宋〕吕居仁撰，查清华、胡俭整理：《师友杂志》，《全宋笔记》第3编第6册，郑州：大象出版社点校本，2008，第5页。
② 《北溪字义》卷下，第62—63页。
③ 《北溪字义》卷下，第63—64页。

综观陈淳的祭祀理论，是以上古儒家经典话语中的礼制为标准，结合个人理学观点，来改造当下社会的祭祀。陈淳认为人因受天命而出生在世界上，天之心即是人之心。方寸之心所动，上天便会有所回应。[1]正是在这种理论支持下，陈淳特别强调山川祭祀时的"精虔"态度。

葛兆光提出，宋代在国家与士绅双重支持下，"文明从城市到乡村的扩张，道德与理性的生活秩序从上层向下层的渗透，社会规则从外在向内在的被认同，逐渐建构起来一套生活习俗"[2]。身为理学家的陈淳强烈要求山川祭祀回归经典话语，并对民间岳神祭祀风俗大加指责，无疑就是为了清理社会秩序，将民间祭祀活动纳入国家规定范围之内。陈淳反对东岳神塑像的观点在后世得到响应。如元人俞琰也认为："山川之神与天地神祇，本皆无形，今塑东岳神为帝者像，又塑后夫人像以为之妻妾，则不知其娶何氏为妻，买何氏为妾也。"[3]清代乾隆年间，四川彭县前知县谢生晋在为彭县东岳庙撰写庙记时，再次肯定了陈淳等人复古山岳祭祀观，认为是"剀切言之"[4]，说明士人对"一道德，同风俗"的追求始终存在。

但我们要注意到的是，东岳信仰的发展在宋代时已经完全变成一种全国性的、社会各阶层普遍接受的信仰，而且得到国家的认可。所以无论是地方上修建东岳庙，还是举行东岳庙会等活动，无一例外并没有受到来自官方的打压（除了对于庙会上一些可能危及社会安全、僭越帝王的仪式活动等进行限制外），甚至官方乐于推动这些行为。因此，像陈淳这样的恪守儒家经典祭祀理论的士人，虽然他们有着强烈的儒学复古意识和精深的理论修养，但东岳信仰在全国各地兴盛的社会现实注定他们的呼吁只能是一家之言，并不为广大士庶所接受，也不能阻挡历史发展的滚滚潮流。

---

[1]　朱理鸿：《陈淳哲学思想研究》，湘潭大学中国古代哲学硕士学位论文，2004。

[2]　葛兆光：《中国思想史》第二卷，上海：复旦大学出版社，2001，第255页。

[3]　〔元〕俞琰撰，李珍、王继训整理：《席上腐谈》卷上，济南：泰山出版社点校本，2000，第774页。

[4]　龙显昭、黄海德主编：《巴蜀道教碑文集成·东岳庙碑》，成都：四川大学出版社点校本，1997，第379页。

第五章

宋人东岳祠神活动

　　本章主要讨论宋人平日里的东岳信仰表现情况。东岳信仰是宋代一种比较重要的信仰，受到上自君主、各级官僚，下至普通民庶的普遍欢迎。与帝王复杂、刻板的东岳祭祀礼制不同，宋代民众的东岳信仰呈现出一种多元化、丰富性的特征。宋人日常的东岳信仰表现形式，主要是通过参加东岳庙会与日常进香朝献表现出来的。东岳庙会是东岳信仰的一种重要展现形式，庙会最初是每年农历三月二十八日前后在山东泰山举行，后来，随着地方上东岳行宫的大量修建，各地的东岳庙也会在三月二十八日东岳诞辰之日举行庙会，如此一来，便可以满足各地民众的东岳信仰，尤其是那些路途遥遥，根本不可能亲自赶到山东泰山岱庙参加庙会之人的心愿。宋代东岳庙会已经比较成熟，规模庞大，庙会上除了人们朝山进香外，最受欢迎的是酬神赛社，主要是相扑比赛。古典小说《水浒传》中描述的燕青打擂，给我们留下了关于宋元时期泰山东岳庙会相扑比赛的精彩描写。相扑比赛有官府出面维持秩序，有比赛规则，参加的人员很多。除了酬神赛社外，宋代已经形成了泰山香社，以一个集体的形式向东岳大帝献祭。这种香社有一定规模，有社首、社员等成员，负责组织在泰山庙会期间向东岳大帝献祭，献祭的礼物可以是以个人名义献祭，也可以是以香社的名义献祭。除了在东岳庙会期间人们积极向东岳神表达敬意、祈福外，在平常生活中，宋人也会经常去东岳庙中烧香，表达自己的虔诚之意。可以说，东岳庙会和日常入庙烧香祈祷，构成了一般宋人东岳信仰的主要表现形式。

第一节　宋代东岳庙会与泰山香社

庙会是以庙宇为依托，在特定日期举行的祭祀神灵、交易货物、娱乐身心的集会。东岳庙会是指以东岳神为主要信仰对象、平民百姓广泛参与、在特定日期举行的融神灵祭祀、商品贸易、娱乐于一体的综合性活动。东岳庙会有狭义、广义之分，狭义的东岳庙会似应专指在山东泰安泰山举行的庙会（亦可称作"泰山庙会"）。广义的东岳庙会则指在全国各地东岳庙举行的庙会。宋代东岳信仰遍布全国，宋朝境内到处修建东岳庙，所以每年三月二十八日东岳诞辰，各地东岳庙均举行庙会，以满足信众的精神需求。宋代东岳庙会非常兴盛，除了朝山进香外，庙会上的酬神赛社也非常吸引人，特别是相扑比赛，由官府出面主持，社会各界人士普遍参与。除了相扑比赛，宋代东岳庙会还有香社，宋代泰山香社已经比较成熟，有社首、成员等组成，香社负责组织每年东岳庙会上的朝山进香。宋代的香社有两种形式，一种是有固定组织、活动项目的稳定型香社，还有一种是临时性组织的香社。

一、宋代东岳庙会

东岳庙会是指以东岳神为主要信仰对象，士庶广泛参与的，在特定时间举行的集神祇祭祀、商品贸易、娱乐等为一体的综合性活动。宋代是东岳庙会发展的一个重要阶段。与明清时期成熟的东岳庙会相比，宋代东岳庙会还处于发展完善阶段，不过已经非常兴旺。宋代确定了东岳的诞辰是每年三月二十八日，这一点得到士庶的广泛认同。就在东岳诞辰前后，各地东岳庙举行盛大的庙会进行庆祝。每到庙会日，四面八方的人来到东岳庙，做生意或者游玩，非常热闹。宋代东岳庙会上有各种活动与表演，其中非常受大家欢迎的是酬神赛社，主要有相扑和棍棒比赛，这两种比赛以打擂形式呈现出现，由官府出面维持秩序并制定规则，面向广大民众，并且还有不菲的奖品，所以受到宋人的欢迎。

209

何谓"庙会"？目前学界尚无统一定义。民国时期王宜昌等人在调查北京庙会时，对北京人口中"庙会"的含义进行了总结：北京人口头上之"庙会"一词，包含"香火""香会"或"香市""春场""庙市""市集"等几种含义。①此后学者们对"庙会"的定义往往强调其中某一方面，也有一些学者试图进行综合性概括。比如，《辞海》将庙会视作一种集市形式，《辞源》与《辞海》解释类似。一些学者认为《辞源》《辞海》解释存在问题，从各种角度对庙会概念进行界定。如朱越利在总结他人庙会定义基础上，对《辞海》"庙会"条进行新的改写："庙会是我国传统的民众节日形式之一。它是由宗教节日的宗教活动引起并包括这些内容在内的在寺庙内或其附近举行酬神、娱神、求神、娱乐、游冶、集市等活动的群众集会。被引起的活动可能只有一项，也可能有两项或多项。这种庙会可称为节日型庙会。在规定的日期内在寺庙内或其附近举行的集市是庙市，庙市也被称为庙会。节日型庙会上的集市，也可称为庙市。应当说，节日型庙会才是民众心目中真正的庙会，从科学研究的严格意义上讲也才是名副其实的庙会。庙会继承了我国古老的社祭，吸收了儒释道三教的某些思想和礼仪，继承了我国古代的集市和庙市，表现为传统的民众节日活动。"②

图5-1　仿古代东岳庙会开庙仪式表演

---

①　王宜昌等：《北平庙会调查报告（侧重其经济方面）》，北平：民国学院，1937，第3页。
②　朱越利：《何谓庙会——〈辞海〉"庙会"条释文辩证》，载刘锡诚主编《妙峰山·世纪之交的中国民俗流变》，北京：中国城市出版社，1996，第128页。

与王宜昌的"庙会"定义类似，赵世瑜也是通过区分不同性质庙会特点来定义："庙会或称香会，或称庙市；或因特定的庙或特定的神而称某某会，如大王会、夫人会等，或因从事交易的内容而称之为骡马会、皮袄会、农器会等；或有特定的历史原因如天津之皇会等，也有个别地方呼为神集，与庙市一词意颇类似；还有的地方并无庙而也称庙会，如北京清季之厂甸和天桥。总之，一般统称之为庙会。"①

除了区分庙会的不同性质，还有人强调庙会的宗教功能，如高占祥将庙会视作一种"以寺庙为最初依托，以宗教活动为最初动因，以集市活动为表现形式，融合艺术、游乐、经贸等活动为一体的社会文化现象"②。

陈致的"庙会"定义同样凸显了宗教因素在庙会中的影响："庙会，亦称'庙市'，即于年节或神佛诞辰在寺庙内或寺庙附近定期集市。流行于全国大部分地区。此俗渊源已久，初为纯粹的民间宗教活动，自南北朝佛教在中国广泛流行以后，各地大兴庙宇，活佛升天、菩萨生日之类的大会应运而生，信佛者纷至沓来，会集观礼膜拜。商贾乘机渔利，招揽生意，遂成'庙市'。昔日庙会带有较浓厚的迷信色彩，庙会的场所或为佛教寺院和圣地，或为民间神祇庙宇。民间在此时则有许愿还愿、求神问医、祈雨祈福、驱傩修德等宗教活动，同时也掺杂着文娱活动。"③

还有学者强调了庙会的集会特点，如刘慧认为庙会"是指在寺庙或其周围所举行的一种集宗教、娱乐、贸易为一体的群众性集会活动，具有集市的某些特点"④。小田认为庙会是"以庙宇为依托，在特定日期举行的，祭祀神灵、交易货物、娱乐身心的集会"⑤。

除了以上学者总结，学术界还有一些学者对庙会定义提出个人看法，限于篇幅，此处不一一征引。笔者看来，高占祥的庙会定义不失为一个简明扼要的

　①　赵世瑜：《明清时期华北庙会研究》，《历史研究》1992年第5期。

　②　高占祥：《民俗民风的缩影》，载高占祥主编《论庙会文化》，北京：文化艺术出版社，1992。

　③　王景琳、徐匋主编：《中国民间信仰风俗辞典》，北京：中国文联出版公司，1997，第530页。

　④　刘慧：《泰山庙会》，济南：山东教育出版社，1999，第3页。

　⑤　小田：《"庙会"界说》，《史学月刊》2000年第3期。

概括。

关于庙会起源，学界亦有不同看法。如席军强调古代祭神活动之重要，认为庙会的出现，与古代的祭神活动有密切关系。神的产生，促使了祭祀活动的产生，祭祀活动又促进了庙会文化现象的出现。[①]赵世瑜强调宗教因素与商品经济的重要性，指出庙会的出现必须具备两个条件：一是宗教繁荣，寺庙广建，而且宗教活动日益丰富多彩；二是商品货币经济的发展使商业活动增加，城镇墟集增加。实际上庙会之发展也有赖于这两个条件。[②]

此外，有学者从庙会的组成要素出发进行探讨，如刘慧认为庙会应该包含四个必要因素：一是具备一定的宗教信仰以及相应的仪式活动；二是有其所依托的空间场所，也就是说要有活动所凭据的"庙"；三是要具有广泛的群众基础，其参与性和自发性是必不可少的；四是具有相对稳定的季节时令或固定的日期。[③]小田对庙会共同特点进行了总结，提出了三点：空间的结节性，主要强调庙会对寺庙的依托性；主体的广泛性；庙会内容的复合性。[④]虽然与刘慧的总结有所不同，但二人都强调了寺庙和广泛参与在庙会中的重要性。

综合上述学者观点，庙会产生不外乎宗教因素、经济因素、群众因素、寺庙因素，至于何为侧重点，诸家说法不一。民国时期王义昌等综合了诸家意见，并参照北京庙会具体情况，总结了庙会起源的五种说法：宗教原因、娱乐原因、租税原因、商业原因、地理原因，然后指出："庙会之起源，不能固执一种原因，便以为是绝对的原因。实际上是数种原因混合作用，或与不同的时期中，不同的原因交替起着作用的。"[⑤]王宜昌等的说法可谓精辟。

庙会具有的文化娱乐、商业贸易功能与扮演的中心角色，以及庙会表现出的狂欢精神，使其在中国古代人民生活中占有重要的一席之地。庙会内容十分丰富，根据其内容，可大致分为纯集市型庙会、宗教型庙会（或祭祀型庙会）、娱乐型庙会等。宗教型庙会是为了宗教节日开庙，开庙的日期随着宗教节日日期而定。朱越利将宗教型庙会称之为"内涵型庙会"。按照学术界对庙会类型

①　席军：《神与庙会文化》，《延安大学学报（社会科学版）》1992年第1期。
②　赵世瑜：《明清时期华北庙会研究》，《历史研究》1992年第5期。
③　刘慧：《泰山庙会》，济南：山东教育出版社，1999，第29页。
④　小田：《"庙会"界说》，《史学月刊》2000年第3期。
⑤　王宜昌等：《北平庙会调查报告（侧重其经济方面）》，北平：民国学院，1937，第7页。

的分析，东岳庙会应该属于宗教性庙会（或"内涵型庙会"）。①

何谓东岳庙会？比较笼统的说法是指以东岳神为主要信仰对象、平民百姓广泛参与、在特定日期举行的融神灵祭祀、商品贸易、娱乐于一体的综合性活动。②崔耕虎认为东岳庙会有广义与狭义两种概念。其一就是指泰山庙会。所谓泰山庙会，就是指以泰山为中心，在其周围寺庙或民间指定、民俗约定的特定地点所举行的一种集宗教、娱乐、贸易为一体的群众性集会活动，因有集市的某些特点，故而又被称为庙市。这一意义上的东岳庙会，实质上就是泰山庙会的概称或别称，是一种广义的称谓。其二就是单指东岳庙庙会。这是指以泰山脚下的东岳庙为集合地所进行的一种集宗教、娱乐、贸易为一体的群众性集会活动。这是一个狭义的概念。③

崔耕虎注意到东岳庙会有广义、狭义之分是正确的，但他的区分并不明晰。狭义的东岳庙会似应专指在山东泰安泰山岱庙举行的庙会（亦可称作"泰山庙会"）。广义的东岳庙会则指在全国各地东岳庙举行的庙会。为何会产生这种区别，其实原因很简单：东岳信仰发源于山东泰山，最早的东岳庙也是建于泰山，因此东岳庙会最初便在山东的泰山东岳庙举行，称作泰山庙会。随着东岳信仰的深入发展，宋朝全国各地纷纷修建了东岳庙（或称东岳行祠、东岳行宫），东岳庙会逐渐由在山东泰山东岳庙举行，推广到在各地东岳庙举行，当然庙会的时间是相同的，都是在东岳神诞辰之日。

每年东岳神诞辰日，各地举行东岳庙会，适应了广大信仰东岳神却不能亲自到泰山参加东岳庙会人的心理。而南宋与金对峙时期，泰山及其周边地区完全处于金朝政权统治之下，南宋士庶到山东泰山参加东岳庙会几乎不可能，在这种情况下，南宋境内各地的东岳庙会自然兴盛起来。

东岳庙会何时出现？袁爱国认为南北朝至隋唐时期，逐渐形成了初具雏形的道教性质的东岳庙会。唐高宗显庆六年（661）二月二十日，朝廷敕使东岳先生郭行真、弟子陈兰茂、杜知古、马知止，奉为皇帝皇后，七日行道，造塑像

① 朱越利：《何谓庙会——〈辞海〉"庙会"条释文辩证》，载刘锡诚主编：《妙峰山·世纪之交的中国民俗流变》，北京：中国城市出版社，1996。
② 张敏：《唐代封禅研究》，山东师范大学专门史硕士学位论文，2007，第94页。
③ 崔耕虎：《东岳庙会研究》，山东大学中国古代史硕士学位论文，2008，第22页。

213

一躯，二真人夹侍，像成之后斋醮七日，善男信女云集庆贺。"可以说，道教的泰山庙会至此正式出现了。"宋代开始，东岳庙会成为庆祝东岳神生日的专题活动，形成惯例得以延续。①袁爱国后来在《泰山风俗》一书中对自己的观点进行了部分修订。除了列举唐显庆六年（661）的斋醮活动外，还增加了武周长安四年（704）、唐中宗神龙元年（705）、景龙三年（709）的斋醮活动，并指出这些皇家在泰山举行的斋醮活动规模大、历时久，还有众多善男信女云集庆贺。因此下结论："这些活动开泰山庙会的先河，为后来的大庙会打下了基础。"②

对于袁爱国的认识，张敏持不同看法，认为"这并不能称之为泰山庙会正式出现的标志，仅能视之为萌芽"，因为"虽然有大量善男信女云集而来，但它并不是以泰山神为主要信仰对象的，且日期也不固定，只是随斋醮活动而成会。另外，限于是皇家之事，平民百姓最多只是翘首观望，并未能真正参与其中"。张敏认为在秦汉之前，由于最高统治者对泰山祭祀的垄断，限制了群众的参与，不可能出现庙会。秦汉以后，泰山信仰逐渐渗透到社会各阶层，全国各地偶尔有百姓到泰山朝拜，但没有形成规模。魏晋至唐，群众的参与活动逐渐增加。尤其在唐代，唐高宗、唐玄宗先后赴泰山举行封禅大典，加封东岳神为王，无疑扩大了泰山信仰和影响，激发了民众对泰山的向往。在封禅过程中，皇室频繁遣员到泰山修斋建醮。这种皇家斋醮时间长、内容丰富，"对平民百姓来说无疑具有莫大的吸引力。众多善男信女从四方而来，云集庆贺，泰山庙会雏形初现"③。很显然，张敏的说法更加可靠。

事实上，东岳庙会形成除了需要"具备一定的宗教信仰以及相应的仪式活动""广泛的群众基础"外，还需要"有其所依托的空间场所"，也就是泰山庙，

---

① 袁爱国：《泰山东岳庙会考识》，《民俗研究》1988年第4期。吕继祥认为袁爱国将唐朝显庆六年（661）泰山岱岳观造像事成而七日斋醮活动视为泰山庙会正式出现的标志"应该说是有道理的"。但同时也提出个人看法：庆贺岱岳观造成神像不大可能年年都庆贺一番，因此唐代的泰山庙会应是随斋醮活动而成会，也就是说泰山庙会尚无定制，庙会的规模也不会太大。只是到了宋代，把庆贺东岳大帝的诞辰（三月二十八日）作为泰山庙会的主要内容，明代又增加了庆贺碧霞元君诞辰（四月十八日）的活动，这样就大体界定了一年一度的泰山庙会的会期时间。见吕继祥：《泰山庙会论述》，《民俗研究》1994年第1期。

② 袁爱国：《泰山风俗》，济南：济南出版社，2001，第67—69页。

③ 张敏：《唐代封禅研究》，山东师范大学专门史硕士学位论文，2007，第94页。

和举行庙会的"相对稳定的季节时令或固定的日期"。①

东岳信仰虽然在中国古代起源很早，受到各阶层民众的信奉，但除了官方祭祀时有着完整的仪式外，一般士庶在祭拜东岳神时是否已经形成一整套相应的仪式，这在早期的史料中尚未发现。而东岳庙会依托的空间——东岳庙的出现，目前学术界还存在不同的说法。②

东岳庙会举行的时间，从后世记载来看，一般是在每年春季末，这可能与古代人的五行观念有联系。东方属木，季节主春，其精为青龙，其帝苍帝，其色为青，因此将东岳神诞辰选定在春季。③针对中国古代为何将东岳神诞辰定于三月二十八日、何时选定的，一些学者提出个人见解。如袁爱国认为真宗在封禅泰山后，重修东岳庙，建起天贶殿，塑起东岳神像，按照真宗封禅仪仗，创作巨幅壁画《泰山神回銮起跸图》。"这位尊神不仅有帝王的殊荣，还要享受人间乐趣，于是又定出三月二十八日的生日，每年都要热闹庆贺一番。"④袁爱国虽然叙述得十分生动，却并未指明史料来源，而且在现存宋代史料中，也找不到宋真宗定东岳神诞辰之事的记载，因此他的说法并不可靠。

叶涛指出，关于东岳大帝"诞辰"最早的记载，是在北宋治平四年（1067年），刻于泰山西溪白龙池玄圭石上的摩崖刻石记文，题记写道："入内供奉官李舜举被命祷祀帝岳，奉香胜概于寿圣节日，先款青帝宫，次谒白龙潭，治平四年题，书吏李恭从行。"其中的"寿圣节日"是何月何日，记文没有说明。⑤

很明显，叶涛将"寿圣节日"视作东岳大帝之诞辰。其实仔细分析宋代史料，就会发现二人的立论存在问题，因为"寿圣节"其实是北宋英宗的诞辰，这一点，史书中有明确记载："英宗正月三日生，为寿圣节。"⑥

---

① 刘慧：《泰山庙会》，济南：山东教育出版社，1999，第60—61页。

② 米运昌：《岱庙创建溯源》，载李正明、张杰主编《泰山研究论丛》（一），青岛：青岛海洋大学出版社，1989。

③〔德〕吴森吉：《五岳与五行及昆弋脸谱关系的探讨》，载游琪、刘锡诚主编《山岳与象征》，北京：商务印书馆，2004。

④ 袁爱国：《泰山东岳庙会考识》，《民俗研究》1988年第4期。吕继祥亦持宋真宗封禅泰山时，定东岳大帝生日的说法。见吕继祥：《泰山庙会述论》，《民俗研究》1994年第1期。

⑤ 叶涛：《泰山香社研究》，上海：上海古籍出版社，2009，第73—74页。

⑥〔宋〕王明清著，燕永成整理：《挥麈前录》卷一，《全宋笔记》第6编第1册，郑州：大象出版社点校本，2013，第9页。又见《玉海》卷一九五，第5册，第3592页。

虽然叶涛对于东岳诞辰的认识有错误，但他对于东岳诞辰意义的论述还是正确的。他认为东岳有诞辰，说明他与人之间的亲密程度又得以加深，进一步拉近了与民众的距离，人格化色彩更浓重。诞辰时间的确定，更有利于香社活动的开展。①

根据现存史料，至少在北宋仁宗朝，东岳神诞辰日期已经固定化并被人们所接受。

> 尝闻祖父言，每岁三月二十八日，四方之人集于泰山东岳祠下，谓之朝拜。嘉祐八年，祖父适以是日至祠下，言其日风寒已如深冬时。②

此外，北宋前期官员胡宿撰写的东岳生辰祝词中，透露了一些时人对东岳诞辰认识：

> 伏以乔岳配天，灵祠在国，大东作镇，生气是司。相沿季春，奉词诞日，寅修嘉荐，祗率旧章。惟冀居歆，益祈降福。
> 伏以岱宗肖象，祠馆御神。时惟暮春，旧云诞日，祗寻彝范，申命近珰，往荐涓诚，冀蒙孚鉴。
> 伏以群岳之长，实惟天孙，时于大东，主兹生物。季春斯届，诞日相沿，祗率彝仪，用修常享。冀垂孚鉴，用锡灵休。③

胡宿贺词中虽然没有说明东岳神诞辰日的具体时间，但从其话语中反复出现"季春""暮春"等时间词来判断，东岳神诞辰日一定在春季末，这与三月二十八日诞辰从季节上来说十分吻合。另外，贺词中屡屡提及东岳神诞辰日为"相

---

① 《泰山香社研究》，第74页。

② 〔宋〕佚名撰，赵维国整理：《道山清话》，《全宋笔记》第2编第1册，郑州：大象出版社点校本，2006，第104页。据学者考证，此书约成于北宋徽宗朝。

③ 〔宋〕胡宿：《文恭集》卷三四"东岳生辰贺词一、二、三"，影印文渊阁四库全书本。胡宿（996—1067），字武平，常州晋陵（今江苏常州）人，天圣二年（1024）进士。嘉祐六年（1061），任枢密副使，《宋史》卷三一八有传。胡宿大致生活在北宋前中期（宋真宗、宋仁宗、宋英宗朝）。

沿""旧云"。可见在胡宿生活的时代,东岳神诞辰日已经固定化(时间在暮春),并为人们所接受。而贺词中"祗寻彝范,申命近珰,往荐涓诚"等话语,明显是官方甚至皇帝口吻,表明北宋官方对于相沿成俗的东岳神诞辰日是认可的。

既然东岳庙修建时间与东岳神诞辰日都存在一些尚未搞清楚的细节,东岳庙会产生应该是伴随着东岳信仰在民间渐趋普及而出现的一个自然而然的过程。具体将某个事件作为其产生的标志,恐怕都不合适。但至晚在宋代,东岳庙会已经出现并且十分流行。宋元时期一些日用百科全书型的民间类书中均记载农历三月二十八日为东岳神诞辰,说明这种认识已经成为社会上人们普遍接受的一个常识。如成书于南宋理宗朝的《淳祐玉峰志》中记载宋代昆山地区"自三月旦,争往岳祠拜祈祷赛"[1]。这一风俗在元代仍然延续,成书于元顺帝至正年间的《至正昆山郡志》记载当地"自三月旦,争朝岳祠"[2]。明代许州,"(三月二十八日)旧传东岳神诞,皆诣庙祭祝"[3]。清代娄县(今江苏昆山东北)"(三月)二十六日,舁东岳庙神像出巡,至二十八日还庙,导从极盛"[4]。

三月二十八日是东岳神诞辰,但士庶对东岳神的朝拜并不仅限于这一天。比如元代北京,"(三月)二十八日,乃岳帝王生辰,自二月起,倾城士庶官员、诸色妇人,酬还步拜与烧香者不绝,尤莫盛于是三日。道途买卖,诸般花果、饼食、酒饭、香纸填塞街道,亦盛会也"[5]。

元明清时期,除了都城东岳庙,各地东岳庙在东岳诞辰之日,都有丰富多彩的活动。

明代萧山(今杭州市萧山区),"三月二十八日,俗传为东岳神诞辰,萧山有东岳行祠,先数日,长幼男女楼船载箫鼓至祠拜祷,归船游饮,至二十八日

---

① 〔宋〕边实纂修:《淳祐玉峰志》卷上,《宋元方志丛刊》第1册,北京:中华书局影印本,1990,第1061页。

② 〔元〕杨谦纂修:《至正昆山郡志》卷一,《宋元方志丛刊》第1册,北京:中华书局影印本,1990,第1113页。

③ 〔明〕张良知纂修:《(嘉靖)许州志》卷七,《天一阁藏明代方志选刊》,上海:上海古籍出版社,1981。

④ 〔清〕谢庭熏修,陆锡熊纂:《(乾隆)娄县志》卷三,《中国方志丛书·华中地方》第137号,台北:成文出版社有限公司,1974,第174—175页。

⑤ 〔元〕熊梦祥:《析津志辑佚》,北京:北京古籍出版社点校本,1983,第217页。《析津志》是元末人记述元大都的著作。

乃止"①。

明代松江（今上海松江区），"旧志载歌咢游山迎会。先时，巫者舁神偶沿门互唱索钱，结彩成幡胜，以奉岳神为'钱幡会'，至今有之。自茶笋之候，九峰惟佘山、神山、干山，画舫鳞次，征歌载酒，游者无虚日。二十八日，东岳帝诞辰，里人聚鼓乐、旗幡、旗盖，迎神于东岳庙"②。

清代北京，"东岳庙在朝阳门外二里许。除朔、望外，每至三月，自十五日起开庙半月，士女云集，至二十八日为尤胜。俗谓之掸尘会。其实乃东岳大帝诞辰也"③。"岁之三月朔至廿八日设庙，为帝庆诞辰。都人陈鼓乐旌旗，结彩亭乘舆，导驾出游，观者塞路。进香赛愿者络绎不绝。"④

晚清来华的传教士卢公明（1824—1880）描绘了福州东岳庙会的盛况："每年农历三月二十四日'迎泰山'，他的神像被放进八抬大轿巡游福州城内的主要大街，第二天出南门巡游南台地区。大量市民在这两天穿节日盛装上街向他膜拜，感谢他在种种祈求事项中满足了他们的心愿。这样的日子里，街上非常热闹，人们普遍地感到兴奋。三月二十八是泰山诞辰，许多家庭庆祝这个日子。有人上大供，用全猪、全羊和鸡、鸭、鹅来祭供，有些人用猪头、羊头代替全猪、全羊。还有丰盛的菜肴、许多香烛、冥钱等等。"⑤

可见，元明清时期东岳庙会时间并不限于三月二十八日当天，而是近一个月的时间段。其实不仅北京东岳庙会，山东的泰山庙会也持续很长一段时间。

关于东岳庙会会期，刘慧曾经特意向一些老人做过调查，据老人说，到东岳庙会朝山进香，当时叫作"万古常春会"，庙会从大年初一到四月初八。正月里淄博、临沂、德州的从山后来。阴历二月，南边的徐州、滕县的也来了。三月是

---

① 〔明〕林策修，张烛纂，魏堂续增：《（嘉靖）萧山县志》卷一，《天一阁藏明代方志选刊续编》第29册，上海：上海书店影印本，1990，第69页。

② 〔明〕方岳贡等纂修：《（崇祯）松江府志》卷七，《日本藏中国罕见地方志丛刊》第21册，北京：书目文献出版社，1991，第177页。

③ 〔清〕潘荣陛、富察敦崇：《帝京岁时纪胜　燕京岁时纪胜》，北京：北京古籍出版社点校本，1981，第58页。

④ 〔清〕潘荣陛、富察敦崇：《帝京岁时纪胜　燕京岁时纪胜》，北京：北京古籍出版社点校本，1981，第17页。

⑤ 〔美〕卢公明著，陈泽平译：《中国人的社会生活》，福州：福建人民出版社，2009，第137—138页。

当地及附近的来。其中"万古"是若干代就这么流传下来的，"长春"说的是持续一个春季，所以叫作长春会。到了四月初八就结束了，来的人就少了。[1]庙会时间有意识拉长，顺应了地理远近的需要，方便了更多的人来参加东岳庙会。

　　其实，各地东岳庙会时间往往不固定，庙会举行地点也不一定非要在东岳庙，这一点在后世记载比较明显。如近代浙江余姚地区东岳庙会举行的时间、地点就呈现一种发散形式。

表5-1　　浙江余姚地区东岳庙会举行时间、地点、参加村落[2]

地区	庙会名	庙会时间	庙会地点	村
姚西北地区	岳帝会	二月三十至三月初一	旺家孙庵	泗门塘后
	东岳大帝会	三月初五至初七	皇封桥	朗霞明朗村
	东岳会	三月十五至十七	新岳殿	泗门镇
	岳帝会	三月廿六至廿八	岳庙	临山
	岳帝会	三月廿六至廿八	大圩新庙	临山
姚西地区	岳帝会	三月初二、初三	八楞寺	马渚开元八楞柱村
	岳帝会	三月初十至十二	童家山庙	青港狮山黄家
姚城、环城地区	东岳会	三月十二至二十	东岳庙	余姚大黄山
	东岳会	三月十二至二十	高庙	肖东高庙山
	东岳会	三月十一至十六	同仁观	丈亭渔溪
	东岳会	三月十六至十八	永镇观（老岳殿）	陆埠镇
	东岳会	三月十六至十八	明德观	车厩
四明山地区	东岳会	三月十八	岳殿	晓云、白鹿、中村、李家塔
	东岳会	三月十八	竹桥社	兰山石门、下鲁、干溪至陆埠
	东岳会	三月		梁弄

从表中可以看出，余姚地区对东岳庙会称呼并不完全相同，有"东岳

① 《泰山庙会》，第61页。
② 据邹松寿：《余姚庙会调查》，载上海民间文艺家协会编《中国民间文化》第5集《稻作文化与民间信仰调查》，上海：学林出版社，1992。

会""岳帝会""东岳大帝会";庙会举行时间不固定,大致从二月末(二月三十)至三月中旬(十八),其间都可以举行庙会,最晚结束时间为三月末(廿八),时间跨度约一个月;庙会举行地点,除了东岳庙(岳庙、岳殿),还有一些其他地点,如庵、寺、观等;参加庙会的村落,数量不一,少则一村,多则数村。

关于两宋时期东岳庙会的情况,现存史料记载比较零散。如南宋人陈淳(1484—1543)描述时人参加东岳庙会的虔诚态度:

> 世俗鄙俚,以三月二十八日为东岳圣帝生朝,阖郡男女于前期,彻昼夜就通衢礼拜,会于岳庙,谓之朝岳,为父母亡人拔罪。及至是日,必献香烛上寿。①

陈淳是一位恪守儒家经典学说的理学家,他认为时人对包括东岳在内山川神祇的祭祀不符合传统礼制。陈淳是从批判的角度来看待时人于东岳神诞辰朝献的活动,却从侧面反映出南宋时民间东岳神诞辰日兴盛的祭祀活动。

与陈淳的简要描述相比,宋人吴自牧《梦粱录》对南宋都城临安士民于三月二十八日东岳神诞辰庙会记载要详细生动得多:

> 三月二十八日乃东岳天齐仁圣帝圣诞之日。其神掌天下人民之生死,诸郡邑皆有行宫奉香火。杭州有行宫者五,如吴山、临平、汤镇、西溪、昙山奉其香火。惟汤镇、临平殿庑广阔,司案俱全。吴山庙居辇毂之下,人烟稠密,难以开拓,亦胜。昙山,梵宫内一小殿耳。都城士庶自仲春下浣,答赛心愿,或专献信香者,或答重囚带枷者,或诸行铺户献异果名花、精巧面食呈献者,或僧道诵经者,或就殿庑举法音而上寿者,舟车道路络绎往来,无日无之。又有丐者于吴山行宫献彩画钱幡,张挂殿前。其社尤盛。闻之此幡钱属后殿充脂粉局收管,其殿下有佐神,敕封美号曰"协英灵显安镇忠惠王",其神姓刘,父子俱为神,灵显感应,人皆皈依。五月

---

① 〔宋〕陈淳撰,熊国桢点校:《北溪字义》卷下,北京:中华书局点校本,1983,第63页。

220

二十九日诞日，诸社献送亦复如是。姑书以记之耳。①

从吴自牧记述中可以看出，三月二十八日东岳神诞辰日，临安士庶大批涌到东岳神庙，通过进香（献信香）、献供品（异果名花、精巧面食）、自我折磨（重囚带枷）、诵经等不同方式，祭享东岳神。除了东岳神，其部属（佐神）忠惠王也有自己的诞辰日（五月二十九），并受到时人同样热情的祭拜。另外，吴自牧还提到在东岳神诞辰日活动中的"社"也向东岳神"献送"。可惜他没有明确指出这是何种类型的"社"，是否就是后世流行的泰山香社。

除了陈淳与吴自牧的记载，在一些宋元方志中，同样有对当时各地东岳庙会热闹情景的记述：

"越民沈氏，世居山阴道旁。郡人奉诸暨东岳庙甚谨，每三月二十八日，天齐帝生朝，合数郡伎术人毕集祠下。"②

"东岳行祠在（琴川）县北四十里福山。……经始于至和之初，每岁季春岳灵诞日，旁郡人不远数百里结社火、具舟车、赍香信诣祠下致礼敬者，吹箫、击鼓、揭号华旗，相属于道。"③ "岁率以暮春大会四方来者于庙之廷，祈者禳者、诉者谢者、献技能者、输工力者，若富若贱，若小若大，咸各有施。投簪珥、荐深贝，辇货泉，筐布帛，庭实充塞。"④

（湖州新市）："每岁孟春之节，数百里之内，赍金帛而庙献者，肩相摩也。呜呼盛哉！"⑤

东岳行祠在（澉水）镇市东北，"每岁暮春，诸乡民社祈求丰稔，感应

① 〔南宋〕吴自牧撰、黄纯艳整理：《梦粱录》卷二，《全宋笔记》第8编第5册，郑州：大象出版社点校本，2017，第107页。据学者考证，吴自牧原籍新安，为唐代文学家吴少微的后裔，后迁居钱塘。见官桂铨：《吴自牧小考》，《学术研究》1985年第2期。《梦粱录》为作者入元后追忆之作，素材多来自眼见耳闻，或摘自他书。

② 《夷坚丙志》卷一七，《全宋笔记》第9编第4册，第169页。

③ 〔宋〕孙应时纂修：《琴川志》卷一〇，北京：中华书局影印本，1990，《宋元方志丛刊》第2册，第1244页。

④ 《琴川志》卷一三《重修福山岳庙记》。

⑤ 〔清〕姚毅：《湖州府志》卷五三《东岳行宫记》，《宋元方志丛刊》，北京：中华书局，1990。

如响"①。

"三月二十八：东岳焚香。(州民以是日为岳帝生日，结社荐福，观者如堵。俚诗有'三月二十八出郭东'之句，盖其来旧矣。)"②

从这些记载可以看出，宋代东岳庙会在民间获得了广泛的市场，得到各阶层民众的支持与喜爱。

仪式通常被界定为象征性、表演性、由文化传统所规定的一整套行为方式。仪式不仅可以展示观念的、心智的内在逻辑，也可以是展示和建立权威的权力技术。③宋代之前东岳神的封号为王，北宋真宗加封其为东岳天齐仁圣帝。封号从王到帝，标志着东岳神身份由臣向君的转变，反映在东岳庙会祭祀仪式上，各类帝王象征的符号纷纷出现。由普通民众参与的带有帝王仪式的表演，让宋朝官方觉得这是一种权力的僭越。

按照法国学者贝尔赛(Yves-Marie Berce)的说法，祭祀典礼与叛乱骚动相伴相生，在历史上是常见的事情。持续的平凡生活，产生了欲求难以满足与精神压抑的倾向，在这一瞬间，社会处于它的休息状态，但是在这两者的结合中，总会有喷出火种引出破坏性结果的时候。东岳庙会期间形成的短时间人流高度集中，在官方看来极容易滋生危害政权的不法行为，于是两宋皇帝多次颁布诏令对民间祠东岳活动进行限制。

北宋真宗咸平六年(1003)四月丙寅，"诏民祠岳者自今无得造舆辇、黄缨伞、茜鞍帕及纠社众执兵，违者论如律"④。

宋仁宗天圣五年(1027)八月甲戌，"禁民间结社祠岳渎神、私置刀楯旗旛之属"⑤。

宋徽宗崇宁元年(1102)正月二十五日，"诏：'应民庶朝岳献神之类，不

---

①〔宋〕罗叔韶修，常棠纂：《澉水志》，北京：中华书局影印本，1990，《宋元方志丛刊》第5册，第4664页。

②〔宋〕梁克家纂修：《淳熙三山志》卷四〇，成都：四川大学出版社点校本，2007，《宋元珍稀地方志丛刊》甲编第7册，第1646页。

③　郭于华：《仪式——社会生活及其变迁的文化人类学视角》，载郭于华主编《仪式与社会变迁》导论，北京：社会科学文献出版社，2000。

④　《续资治通鉴长编》卷五四，第2册，第1188页。

⑤　《续资治通鉴长编》卷一〇五，第4册，第2445页。

得仿效乘舆服玩制造真物，只得图画焚献。余依旧条。及令开封府并诸路监司逐季举行晓示，仍严切觉察施行。'先是，侍御史彭汝霖言：'元符敕：诸司因祠赛社会，执引兵杖旗帜，或仿乘舆器服者，造意及首领之人徒二年，余各杖一百。满百人者，造意及首领人仍不刺面配本城，并许人告。乞下府界及诸路，近年逐季举行，粉壁晓示。'又夔州路转运判官王遽言：'应民庶朝岳献神之类，只得图画焚献，不得置造真物，类乘舆服用，仍仰州县立赏告捕。'故有是诏"①。

南宋高宗绍兴三年（1133）七月，浙东福建路宣谕朱异上奏："衢州所盖东岳神祠气象雄伟，州人每遇岳神生日，人户连日聚集，百戏迎引，其服饰仪物大段僭侈。窃虑所在崇奉淫祠之人递相仿效，别致生事。应州县奉祀神祠，设祭迎引，辄以旗锣、兵仗、僭拟服饰为仪物者，令提刑司行下诸州县，严行禁止。"诏坐条行下。②

东岳庙会期间，参加民众模拟帝王为东岳神举行各类仪式，满足了民众无法直接与人间帝王交流的愿望，因此，尽管官方多次强行禁止，效果似乎并不明显。后世东岳庙会，各种帝王仪式仍然照常举行。"昆山东岳庙并自宋乾道癸巳，迨今三百余岁矣。岳神具帝王冕服，仪卫甚都，两庑肖俗，所谓地狱、鬼物，狞狰可怖，民甚惑焉。每岁春三月，愚夫妇投业奉香火者累旬，街巷填委，至不能行。有司者莫之谁何。"③

古典小说《水浒传》第74回《燕青智扑擎天柱》用艺术的手法描写了北宋时期泰山东岳庙会，虽然其中存在艺术描写的成分，仍不失为古人对宋代庙会最生动的描述。④

东岳庙会期间，四面八方之人来到泰山，庞大的人流自然带来了诱人的商

---

① 《宋会要辑稿》第2册，第990页。

② 《宋会要辑稿》第14册，第8375页。

③ 〔明〕杨逢春修，方鹏纂：《（嘉靖）昆山县志》卷一五，《天一阁藏明代方志丛刊》第9册，上海：上海古籍书店影印本，1981。

④ 刘慧：《泰山庙会》，济南：山东教育出版社，1999，第107—108页，简单提及泰山庙会上的相扑比赛和《水浒传》。袁爱国：《泰山风俗》，济南：济南出版社，2001，第81—84页，主要引用《水浒全传校注》74回《燕青智扑擎天柱　李逵寿张乔坐衙》中燕青打擂的描述。本段写作，参考了袁爱国的论述。

机，于是各地商人便趁着东岳神诞辰赶赴泰山庙，寻找商机：

> 原来庙上好生热闹！不算一百二十行经商买卖，只客店也有一千四五百家，延接天下香官，到菩萨圣节之时，也没安着人处。许多客店都歇满了。燕青、李逵只得就市梢头赁一所客店安下。①

梁山好汉燕青为了掩人耳目，"打扮得村村朴朴，将一身花绣，把衲袄包得不见。扮作山东货郎，腰里插着一把串鼓儿，挑一条高肩杂货担子"②。当他来到泰山脚下找客店安歇时，被店小二想当然认作是来庙会做生意的。话本小说《杨温拦路虎传》中也提到泰山庙会这天是贸易的好机会。东京人杨温与妻子一同去泰山东岳庙烧香还愿，不料在快到泰山之际碰到强盗，妻子与盘缠都被强盗掳走，杨温身无分文，病困于店中，杨员外得知他的情况后劝杨温：

> 明日是岳帝生辰，你每是东京人，何不去做些杂手艺？明日也去朝神，也叫我那相识们大家周全你，撰二三十贯钱归去。③

东岳庙会期间，做些杂手艺就可以赚二三十贯钱，足见庙会规模之大，才有如此高的利润。

由于东岳神诞辰这一天来岳庙做生意和进香的人很多，客店人满为患，店家便有意提高房钱，谋取高利。燕青和李逵住店时，店小二就告诉他们庙会期间客店房屋比较紧张：

> 店小二来问道："大哥是山东货郎来庙上赶趁？怕敢出房钱不起。"燕青打着乡谈说道："你好小觑人！一间小房，值得多少？便比一间大房钱，没处去了。别人出多少房钱，我也出多少还你。"店小二道："大哥休怪！

---

① 《水浒全传校注》第74回，第8册，第2780页。
② 《水浒全传校注》第74回，第8册，第2777—2778页。
③ 程毅中辑注：《宋元小说家话本集》，济南：齐鲁书社，2000，第116页。

正是要紧的日脚，先说得明白最好。"①

除了做生意，庙会上还有一项重要的内容，就是娱乐，宋代庙会上流行打擂献神。

东岳庙会上面的打擂，本来是一种向东岳神"献圣"的仪式，目的是娱神，随着打擂中掺杂了比赛的内容，逐渐演变成一种大众竞技活动。②从现存文献资料来看，两宋时期东岳庙会上的打擂大致有徒手相搏与器械对打两种形式。小说《水浒传》与话本《杨温拦路虎传》中比较详细生动地描写了这两种类型的打擂。

（一）相扑

徒手相搏，就是相扑。宋代相扑是一项在士庶之间十分盛行的体育娱乐活动。相扑表演大体上可以分成三类。一类是军士因朝廷举行重大活动而进行的表演性节目。比如大朝会、圣节，甚至在宴请外交使节的宴会上，往往都有相扑表演。另一类是军队中出于锻炼、选拔士兵目的举行相扑。第三类是民间带有商业性质的相扑表演。当时的瓦子中，就有很多相扑表演。宋代不仅有男子相扑，还有女子相扑，并且一直延续到南宋末。

每年东岳神诞辰庙会上，相扑都是一项重要的娱乐活动。古典小说《水浒传》第73回中记载梁山好汉在三月份拿住一伙从陕西凤翔府到泰山东岳庙参加东岳大帝诞辰的香客，他们自称："目今三月二十八日，天齐圣帝降诞之日辰，我每都去台上使棒，一连三日，何止有千百对在那里。今年有个扑手好汉，是太原府人氏，姓任名原，身长一丈，自号擎天柱。口出大言，说道：'相扑世间无对手，争交天下我为魁。'闻他两年，曾在庙上争交，不曾有对手，白白地拿了若干利物。今年又贴招儿，单搦天下人相扑。小人等因这个人来。一者烧香，二乃为看任原本事，三来也要偷学他几路好棒。"③可见，观看打擂成为时人朝

① 《水浒全传校注》第74回，第8册，第2780页。
② 〔英〕查·索·博尔尼著，程德祺等译：《民俗学手册》，上海：上海文艺出版社，1995，第206页。
③ 《水浒全传校注》第73回，第8册，第2769页。

山进香重要目的之一。

因此，燕青便打算趁东岳庙会去参加相扑来展露一下个人的不凡身手：

> 当日燕青禀宋江道："小乙自幼跟着卢员外，学得这身相扑，江湖上不曾逢着对手。今日幸遇此机会，三月二十八日又近了，小乙并不要带一人，自去献台上，好歹攀他擷一交。若是输了，擷死永无怨心。倘或赢时，也与哥哥增些光彩。这日必然有一场好闹。哥哥却使人救应。"①

打擂之前，一般是擂主设立名牌，挑战者先报名。如果没有挑战者，那么比赛所设奖品就自动归属擂主。打擂是一项技击性项目，无论是擂主还是挑战者，往往都有意显露出强烈的挑战意识，来增加比赛的火药味，刺激观众的欣赏欲望。如《水浒传》中擂主任原的牌子故意将自己的武功吹嘘十分了得，而挑战者燕青报名时直接将对手粉牌打得粉碎，用行动直接昭示了比赛将会是一场激烈对决：

> 那条路上，只见烧香的人来往不绝。多有讲说任原的本事，"两年在泰岳无对。今年又经三年了"。燕青听得，有在心里。申牌时候，将近庙上傍边，众人都立定脚，仰面在那里看。燕青歇下担儿，分开人丛，也挨向前看时，只见两条红标柱，恰似坊巷牌额一般相似。上立一面粉牌，写道："太原相扑擎天柱任原。"旁边两行小字道："拳打南山猛虎，脚踢北海苍龙。"燕青看了，便扯匾担，将牌打得粉碎，也不说甚么。再挑了担儿，望庙上去了。看的众人，多有好事的，飞报任原："说今年有劈牌放对的。"②

打擂本身具有极强的观赏性和刺激性，擂主任原在泰山庙会两年无人能敌，

---

① 《水浒全传校注》第74回，第8册，第2777页。

② 《水浒全传校注》第74回，第8册，第2779—2780页。袁爱国认为打擂挑战的信号是"劈牌"，上场比赛叫作"放对"。见《泰山风俗》，济南：济南出版社，2001，第84页。龙潜庵解释："劈牌"指"劈破擂台上的粉牌"；"放对"即"定对"，指"相斗、角力"。"劈牌放对"指"打擂台比武"。见龙潜庵编著：《宋元语言词典》，上海：上海辞书出版社，1985，第1002页。

226

自身的强势，挑战者燕青的毫不畏惧，极大激发了观擂者的好奇心理，使得这场竞技在开始前已经相当引人注意：

> 没多时候，只听得店门外热闹。二三十条大汉，走入店里来，问小二哥道："劈牌定对的好汉在那房里安歇？"店小二道："我这里没有。"那伙人道："都说在你店中。"小二哥道："只有两眼房，空着一眼。一眼是个山东货郎，扶着一个病汉赁了。"那一伙人道："正是那个货郎儿劈牌定对。"店小二道："休道别人取笑！那货郎儿是一个小小后生，做得甚用！"那伙人齐道："你只引我们去张一张。"店小二指道："那隔落头房里便是。"众人来看时，见紧闭着房门。都去窗子眼里张时，见里面床上两个人，脚厮抵睡着。众人寻思不下，数内有一个道："既是敢来劈牌，要做天下对手，不是小可的人。怕人算他，以定是假装做害病的。"众人道："正是了。都不要猜，临期便见。"不到黄昏前后，店里何止三二十伙人来打听。分说得店小二口唇也破了。①

到了比赛日，观看打擂之人，人山人海："那日烧香的人，真乃亚肩叠背。偌大一个东岳庙，一涌便满了。屋脊梁上，都是看的人。……知州禁住烧香的人，看这当年相扑献圣。"②

对于观擂者来说，打擂具有极强的视觉刺激；对于参赛者来说，除了可以借机展示个人精湛的技击水平，胜者还可以获得丰厚的奖品——利物。如燕青打擂时的利物就十分丰厚："朝着嘉宁殿，扎缚起山棚。棚上都是金银器皿，锦绣段匹。门外拴着五头骏马，全付鞍辔。"③这些"利物"都是参加庙会的人提供的。任原提到自己这两年来通过相扑赚得的"利物"，是"四百座军州，七千余县治，好事香客，恭敬圣帝，都助将利物来"④。"助将利物"之人，除了普通百姓，还包括朝廷官员。如负责"弹压"的本州太守就对燕青说："前面那

---

① 《水浒全传校注》第74回，第8册，第2781页。
② 《水浒全传校注》第74回，第8册，第2785页。
③ 《水浒全传校注》第74回，第8册，第2785页。
④ 《水浒全传校注》第74回，第8册，第2786页。

匹全副鞍马，是我出的利物。"①因此，东岳庙会上的打擂，已经演变成为一种各阶层广泛参与的活动。

东岳庙会打擂原本是为了娱神，后来娱人的倾向越来越多，但仍然保持了一些传统的向东岳神"献圣"的仪式。如燕青打擂前要先参神："一个年老的部署，拿着竹批，上得献台，参神已罢，便请今年相扑的对手出马争交。"②

打擂是一种带有挑战性与危险性的竞技比赛，为了保证比赛的顺利进行，形成了一套比较完善的程序。

要有保人担保。打擂中难免出现伤亡等意外，为避免纠纷，参赛者比赛前要有保人担保。因此燕青打擂前，部署就问燕青道："'汉子，性命只在眼前，你省得么？你有保人也无？'燕青道：'我是保人，死了要谁偿命？'"③从这番对话可以看出，按照正常的程序，参加相扑打擂是必须有保人的，一方面可以确保参加者身份符合打擂要求（不是规定不准参加之人），另一方面也暗示相扑打擂具有一定风险性，参加打擂之人可能会受伤甚至有生命危险，有保人在便可免去很多不必要的麻烦。

设有"相扑社条"的比赛规则。部署"怀中取出相扑社条，读了一遍。对燕青道：'你省得么？不许暗算。'燕青冷笑道：'他身上都有准备，我单单只这个水裈儿，暗算他甚么？'"④

官方维持秩序。由于相扑本身带有一种武力色彩，为了应付相扑比赛中突发事故，地方官担任了打擂秩序的维护者和见证人："殿门外月台上，本州太守坐在那里弹压，前后皂衣公吏环立七八十对。"⑤

比赛时参赛者的衣着方面似乎并没有统一要求，完全根据个人喜好。如作为连续两年庙会擂主的任原，打擂时穿着十分讲究："见一个拿水桶的上来。任原的徒弟，都在献台边，一周遭都密密地立着。且说任原先解了搭膊，除了巾帻，虚笼着蜀锦袄子，喝了一声参神喏，受了两口神水，脱下锦袄。百十万人齐喝一声采。看那任原时，怎生打扮？头绾一窝穿心红角子，腰系一条绛罗翠

---

① 《水浒全传校注》第74回，第8册，第2787页。
② 《水浒全传校注》第74回，第8册，第2785页。
③ 《水浒全传校注》第74回，第8册，第2787页。
④ 《水浒全传校注》第74回，第8册，第2787—2788页。
⑤ 《水浒全传校注》第74回，第8册，第2787页。

袖。三串带儿拴十二个玉蝴蝶牙子扣儿，主腰上排数对金鸳鸯趌褶衬衣。护膝中有铜裆铜裤，缴臁内有铁片铁环。扎腕牢拴，踢鞋紧系。世间驾海擎天柱，岳下降魔斩将人。"①相比于任原的精心打扮，燕青要随意得多："除了头巾，光光的梳着个角儿，脱下草鞋，赤了双脚，蹲在献台一边。解了腿绷护膝，跳将起来，把布衫脱将下来，吐个架子。"②

等一切都安排停当，在"裁判"部署的号令下，相扑正式开始：

> 部署道："既然你两个要相扑，今年且赛这对献圣，都要小心着，各各在意。"净净地献台上只三个人。
>
> 此时宿雾尽收，旭日初起。部署拿着竹批，两边分付已了，叫声："看扑！"这个相扑，一来一往，最要说得分明。说时迟，那时疾，正如空中星移电掣相似，些儿迟慢不得。③

虽然打擂现场有都署、知州太守弹压，但毕竟不是正规的比赛，所以当燕青将任原掀下献台，赢得比赛后，任原的徒弟们"见撅翻了他师父，先把山棚拽倒，乱抢了利物。众人乱喝打时，那二三十徒弟抢入献台来。知州那里治押得住"④。

梁山好汉燕青参加东岳庙会打擂的目的并不是为了争夺利物，他的此次参赛，带有一些非常规的性质。相比之下，宋元话本小说《杨温拦路虎传》为我们提供了一场"常规性"的打擂。有意思的是，燕青打擂是参加的相扑比赛，而杨温却是参加的棍棒较量。

（二）棍棒较量

东京人杨温携同妻子一起去泰山庙烧香还愿，不料在接近泰山之际碰到强盗，妻子与盘缠都被强盗掳走，杨温身无分文，病困于店中，十分窘迫。恰值

---

① 《水浒全传校注》第74回，第8册，第2785—2786页。
② 《水浒全传校注》第74回，第8册，第2787页。
③ 《水浒全传校注》第74回，第8册，第2788页。
④ 《水浒全传校注》第74回，第8册，第2789页。

东岳神诞辰，庙会设擂台，擂主是一个浑名叫作山东夜叉的善于使棒之人李贵。"这汉上岳十年，打尽天下使棒的，一连三年无对；今年又是没对，那利物有一千贯钱，都属他。对面壁上贴的是没对牓子。"

杨温擅长使棒，便打算趁机上台一展武艺。与燕青不同，杨温想要参加比赛，似乎事先需要得到社头批准，为此，他不得不求助杨员外：

> 那杨温道："复员外，温在家世事不会，只会使棒。告员外，周全杨温则个，肯共社头说了，交杨温与他使棒，赢得他后，这一千贯钱，出赐员外。"①

除了要有"社头"批准外，一些地方低级军吏，似乎也有权力干涉参加东岳使棒的人选。如马都头得知杨温要与山东夜叉李贵使棒，看不起杨温，道：

> 我乃使棒部署，你敢共我使一合棒？你赢得我时，我却交你共山东夜叉李贵使棒；如赢不得我，你便离了我这里去休！②

杨温战胜了马都头后，取得了马都头和杨员外的信任，于是同社的二十人都来看杨温，一致认可后，"众社官把出三伯贯钱来，道：'杨三哥，你把来将息。'杨官人谢了，众人都去"③。从这里来看，参加比赛者，需要交纳一定的比赛费，这笔费用最后归属胜者。

至于使棒的具体过程，书中有详细的描写，最后的胜负，以击倒对方为标准：

> 杨三官把一条棒，李贵把一条棒，两个放对使一合。杨三是行家，使棒的叫做腾倒，见了冷破，再使一合。那杨承局一棒，劈头便打下来，唤做大捷。李贵使一扛隔，杨官人棒待落，却不打头，入一步则半步一棒，

---

① 《宋元小说家话本集》，第116页。
② 《宋元小说家话本集》，第118页。
③ 《宋元小说家话本集》，第119页。

望小腿上打着，李贵叫一声，辟然倒地。①

宋代官府对民间武器管辖十分严格，因此这一时期在广大民间流行的武器不再是前代的兵刃，而是朴刀、杆棒之类极其简陋，不登大雅之堂的兵器。②相比于朴刀，杆棒杀伤力更小，因此，东岳庙会上进行的器械对决，才选择了棒。

东岳庙会上打擂活动在元代仍然很盛行，如元杂剧《刘千病打独角牛》中，独角牛就吹嘘自己在庙会擂台上所向无敌：

> 我在这泰安州东岳庙上，每年三月二十八日东岳圣诞之辰，我在这露台上，跌打相博，争交赌筹。二年无对手了，今年是第三年也。③

而刘太公的兄弟折拆驴，有些膂力，便去"争交赌筹"，结果被独角牛打得一败涂地：

> 三月二十八日东岳泰安神州，我和独角牛劈排定对，争交赌筹，部署扯开藤棒，被那独角牛则一拳打了我两个牙。二年打了我四个牙。今年是第三年，唬的我就不敢去了。④

这一活动在明朝末年仍然存在，到了清代，东岳庙会上就不再举行相扑活动了。

宋代东岳庙会处处体现着国家在场，从岳会上模拟帝王的各种仪式，到迎神赛会上官府以弹压使命在场，主要是个人信仰宣泄的东岳庙会上到处可见到国家的影子。如东岳庙会打擂本来是一项民间娱神活动，作为朝廷符号代表的官府虽然并未走向前台，但自始至终监督着整个打擂过程。以《水浒传》燕青

① 《宋元小说家话本集》，第121页。
② 王学泰：《游民文化与中国社会》，北京：同心出版社，2007。
③ 王季思主编：《全元戏曲》第六卷，北京：人民文学出版社，1999，第6册，第790页。
④ 《全元戏曲》第六卷，第6册，第779页。

打擂为例，本地知州太守在打擂当日带领七八十对皂衣公吏来现场弹压，本身就是将打擂这一民间活动纳入国家秩序的规范之内。同时知州太守在打擂整个过程中权力极大。燕青上台打擂前脱了衣服，"太守见了他这身花绣，一似玉亭柱上铺着软翠，心中大喜"，道："前面那匹全副鞍马，是我出的利物，把与任原。山棚上应有物件，我主张分一半与你。你两个分了罢。我自抬举你在我身边。"燕青道："相公，这利物到不打紧，只要擿翻他，教众人取笑，图一声喝彩。"①正式动手前，"知州又叫部署来分付道：'这般一个汉子，俊俏后生，可惜了。你去与他分了这扑。'部署随即上献台，又对燕青道：'汉子，你留了性命还乡去。我与你分了这扑。'"②很明显，负责弹压的知州太守有权力处理利物的分配，可以直接干涉打擂的整个进程。

两宋时期的东岳庙会，主要是庆贺东岳神诞辰。随着时间推移，东岳庙会逐渐出现新的特点，庙会的主角由东岳神让位给其他神祇，如碧霞元君、温元帅等。当然，这些神祇都与东岳神有着密切的关系，或为其家族成员，或为其部属。③

二、宋代泰山香社

泰山香社是以东岳神为奉祀主神，并到泰山朝拜为目的的民间结社组织。泰山香社在明清时期臻于顶峰，宋代泰山香社虽然没有明清时期那么完善，但仍然比较成熟。当时大概有两种形式的香社，一种是固定型的香社组织，有固定的人数、组织、规则，每年在东岳诞辰前后，以香社形式组织前往泰山参加东岳庙会。另一种是临时性香社组织，这种香社只是在东岳庙会期间临时组织起来，成员并不固定。一般来说，每个香社都会有社首、社头等首领，社员主要是附近地区之人，且成员之间往往职业相同。

---

① 《水浒全传校注》第74回，第8册，第2787页。
② 《水浒全传校注》第74回，第8册，第2787页。
③ 叶大兵：《温州东岳庙会剖析》，载上海民间文艺家协会编《中国民间文化》第5集《稻作文化与民间信仰调查》，上海：学林出版社，1992。刘霞：《明清时期山东庙会研究》，山东师范大学专门史硕士学位论文，2006。

图5-2　红门香社小碑林

　　香社或香会是指"旧时民间朝山进香之盛会"[1]。香社属于文化社的范畴，是基于共同的神灵信仰结成的团体，是百姓文化生活的重要组成部分。与民间宗教结社团体相比，它的组织结构较为松散。[2]

　　有学者对泰山香社类型进行了细分，认为存在广义的泰山香社和狭义的泰山香社两种。广义的泰山香社是以东岳神为奉祀主神的所有民间信仰组织，狭义的泰山香社是以东岳神为奉祀主神，同时还有到泰山朝拜为目的的民间结社组织，这是一批必须直接到泰山朝山进香的香社，其信仰中心就是五岳之首的泰山。[3]

　　泰山香社明清时期进入全盛，对其起源，则存在分歧。周谦认为民间泰山香社源于汉唐，兴于宋中期。[4]叶涛对唐代泰山香社发展情况比较谨慎，指出：我们还没有发现有唐一代泰山及其周边地区民间香社活动的直接史料，但以当时泰山北麓灵岩寺位居全国"域内四绝"之首的显赫地位，其间的民间佛事活

　　① 《辞源》(修订本) "香会"条，北京：商务印书馆，1988，第1873页。
　　② 李伟峰：《泰山香社民俗文化研究：以泰山现存社石碑为例》，山东大学民俗学硕士学位论文，2003，第9页。
　　③ 《泰山香社研究》，第62页。
　　④ 周谦：《民间泰山香社初探》，《民俗研究》1989年第4期。

动应该是十分活跃的。"最晚至五代的后晋时期，以泰山神灵为奉祀主神的香社组织已经发展到比较成熟阶段。"①

《山左金石志》中收有一篇《奈（漆？）河将军庙碑》，记述了后晋时期一个香社的活动，应该是目前我们能够看到比较早的关于香社的记载：

> 《诗》云："太山岩岩，惟鲁所瞻。"摽群岳之首，隐众灵之府。灵者，神也。神生于无神之神。阴阳不测而为神，日月照耀而为明。无神之神者，至道也。《道德经》云："杳杳冥冥，于中有精；恍恍惚惚，于中有物。"此之谓也。

> 天福六年三月十七日，新澶州岳社头郭肇专智以金门贡艺玉署呈才风云，于龙奋跃，素高于双骥。副社头郭肇□情涵珠海，鉴澈冰潭。贮茂异以盈怀，抱才识而镍志，因乘暇预同募胜游，陟彼□原，共观桥舸，饮酒酣畅而相与言："胡不闻贾谊云：'生［之］也，若浮生；死之也，若休。'庄周云：'生之也，道行；死之也，物化。'人□短分定，岂不在乎神明哉？"遂乃拱志修崇，归心祀享，结集岳社，化彼邑人。不暮月间，总四十户。至天福元年三月十日，社众西自新州，东之太□（岳）。远备牢醴，克置羞荐。无愧叨僭，惟竭至诚。但有遗旷，庶几增建。

> 窃见宫宇炳幔，峰峦回合。□□□□□□尊神像列，侍者星繁。唯奈河□，元非灵庙，是以历览林薮，履蹈河堠，东望则天之坛，西临鬼仙之洞，叠嶂重岩倚其后，飞云流水枕其前。得此一方，实为殊胜。是以擘画砂砾，□□□□任便裁基，随宜创迹。召公输于鲁甸，招匠石于郢郊。截徂徕之花松，断新□（甫）之文柏。奇材异石，穷神役思以蕴崇；碧瓦铜砖，尽心毕力以骈集。□□□秉斫争工，不异于雷震；劇木飞绳，竞巧可同于电捷。

> 天福三年五月十日，建就堂一所三间，四下椽周回行墙二十四堵，门楼一所，悉以粉饰藻绘。秀丽精华，取金碧于十洲；运丹青三岛，香窦绮井，返植运苛，画栋雕梁，高撗蟠蛛。翠栏朱纲，亭亭而日立九天；复道

---

① 叶涛：《泰山香社起源略考》，《东岳论丛》2004年第3期。

重阶，落落而露凝五色。

　　天福五年三月九日，迎入将军、夫人真形两座，厮儿、妮子两人，夜叉一对。郭肇等命以□者告厥成功，酾酒焚香，虔诚启仰。欣然应变，但觉酡颜。回风绕坛，实谓神降此，则天意、人事，圣道合苻，体乎元元，不可穷纪。光度学输钟会，才谢邱迟，坚让不从，辄敢承请。是以凝元扣□简□毫力课短怀用旌刊饰铭曰：

　　瞻彼奈何，泉流清清。噫！彼逝人魂飞，冥冥善恶；斯作祸福，随情应业。受兮靡迹厥灵。将军英灵，祠堂窈窕。一气散化万神，应兆事有克彰。物无不照，辅赞天孙。□室嵒峭□□□优游高士，放旷清人，预构阴德，思振芳尘。物景代谢，事迹相仍。成此庙貌，永司其津。

　　天福六年岁次辛丑三月辛酉朔十七日己丑□□。①

　　毕阮在碑文后注明："'奈河'，今作'漯河'，在泰安城西南二里。《县志》载灵派侯庙在迎旭观西，其神旧称漯河将军，宋真宗东封，赐封灵派侯。庙创于后晋天福六年，即此碑所记也。"

　　刘慧在《关于宋代泰山香会》一文中引用此条资料后认为，漯河将军"即东岳大帝的辅臣，社众是将漯河将军作为'辅赞天孙'的辅神来看待的"。从郭肇等人结社之时，"不暮月间"，就有四十户人社，可见泰山信仰影响之大。其组织形式是以"户"为单位的，其领导者称之为"社头"，并有"副社头""纠首""头副样""勾当人""勾当副样"之分。这些信息表明，宋代的香社活动具有一定的继承性。

　　据明人汪子卿记载，在兖州城西南有灵派侯庙，"其神旧名曰漯河将军，后曰通泉侯。……宋真宗东封，拓庙，封灵派侯"②。因此，刘慧对漯河将军的身份判断是正确的。

　　宋代泰山香社的发展程度由于资料缺乏，难以遽下论断。有学者认为已经

① 〔清〕毕沅辑：《山左金石志》卷一四，《石刻史料新编》第1辑第19册，台北：新文丰出版股份有限公司，1982，第605—606页。刘慧、陶莉在《关于宋代泰山香会》中亦引用此条资料，利用的是泰安市博物馆藏拓片，题为《太岳漯河将军庙堂记铭并序》。
② 《泰山志校证》卷二，第244页。

比较成熟，但从当时一些记载来看，恐怕不能估计过高。^①不过从宋代官方颁布限制民间祠岳活动诏令中，屡屡提及"社众""结社"等话语判断，即便不能完全确定诏令中提及的"社"就是香社，可以肯定，至少在北宋前期，民间结社祭祀岳神行为已经出现，而且十分流行，以至于引起官方的注意。^②

现今我们所见到较早的宋代泰山香会资料，是在泰山庙西高里山相公庙大门左壁的石碑。碑面分上下两部分，上半部刻有北宋神宗元丰三年（1080）的《东岳高里山相公庙新创长脚竿记》：

> 兖之奉高北有岱山焉，乃天下之巨镇也。尊之曰东岳，即天齐仁圣帝也。自秦汉而下，沿巨唐逮本朝，封禅之礼备焉。庙貌威崇，殿宇显敞，一如上方制度。俾至者加其恭肃。噫！聪明正直，神之德也。福善祸淫，神之职也。幽而罔测，显而有灵，则四方之民咸归仰之。在帝庙之西，有高里山之祠，即圣帝辅相之神也。其庙号本汉封爵也。领袖群司，掌判阴籍，光载祀典，灵威不泯。
>
> 今有古沛张平者，即长河之舟贾也，乃集社聚缗，岁赛于祠下，睹其神像，虔启愿心，立长竿于庙廷。由是选梓木以为之材，咨翠□以为之硖。耸而上直，表著其坛。功毕告成，故书其始，刻之于石，以永其传。
>
> 时大宋元丰三年庚申岁。泗州船户同纠首王政男钦、徐州沛县留城镇都纠首张平立石□。东平进士胡元资撰。徐民裴耸书。将仕郎、守东岳令□守德篆额。张希白刻。^③

下半部刻有《东岳永安香纸经文醮会社建之记》：

> 奉为当社，每岁须是社首亲诣东都买衡金钱纸三百万贯，绢画马三匹及兜橝七事，悬挂献□等整匹，幡五条及造□盘果木诸般之物，打造银

---

① 成书于宋理宗端平二年（1235）耐得翁所撰的《都城纪胜·社会》（汤勤福整理，《全宋笔记》第8编第5册，郑州：大象出版社点校本，2017，第15—16页），列举了当时都城临安很多著名的"社会"，却未提及泰山香社。

② 《续资治通鉴长编》卷五四，第2册，第1188页。同书卷一〇五，第4册，第2445页。

③ 《全宋文》卷二一〇七，第97册，第18页。前揭刘慧、叶涛文都已引用此资料。

楪花胜。至清明日，社众开启，鼓乐闻作，□东西二庙，沿路□圣帝及□殿呈戏献□。此社自景祐乙亥□□案起社，每年一会，诣金山朝拜，至今□□□，故□□相公庙无竿，因遂启愿，社众闻之，□而共成，于是召良工，往龟蒙山采石□砆，雇车□□庙及亲□。

右平等共题名同祠神。建立竿悬幡之后，普愿幽冥一切若□众生咸得免难，及诸人等□□□□□保康泰。

元丰庚申季春日。前充船客社头，今充献竿社首王政男钦朝拜；东岳永安香纸经文醮会前社头，今长脚竿都会首张平，妻宋氏三娘，侄男。[①]

这两块碑文文字虽然有所残缺，仍然保存了宋代泰山香社的一些珍贵内容。从碑文中我们可以看出：

第一，社发起很早，存在时间很长，有着比较明确的活动安排和简单的组织机构。这个东岳永安香会起社于宋仁宗景祐二年（1035），"每年一会"，由社首出面购买金钱纸、绢画马、兜檐、幡、银楪花胜等物，清明日，社中击鼓鸣乐，朝拜东岳庙。这个有固定时间的周期性活动到宋神宗元丰三年（1080）创"长脚竿"时，已经持续了近五十年。

第二，社的组织首领称作"社首""社头""会首"等，并不一致。

第三，从立石者的身份来看，"泗州船户同纠首王政男钦、徐州沛县留城镇都纠首张平立石"，这种社当时不止一个，而且似乎有地域划分。不同社之间可以因共同目标联合组社（是否从此合并，碑文中没有提及，估计可能性不大）。这次献长脚竿似乎是由两个社联手组织的。一个是泗州船户，社首是王钦；另一个是徐州沛县"舟贾"张平。张平创立的社名"东岳永安香纸经文醮会"，他是社头。此次创立长脚竿，双方似乎临时组成了一个"献竿社"（或"长脚竿会"），王钦任"同社首"（献竿社社首），张平任"都社首"（长脚竿会都首）。从《东岳高里山相公庙新创长脚竿记》正文中仅提及张平，同时比较张平与王钦的"头衔"，在这个长脚竿社中，张平"职位"似乎要高于王钦。

第四，社中成员职业身份似乎是相同的。王钦是"泗州船户同纠首"，张平是"长河之舟贾"，社中是否还有其他行业成员参与，文中没有提及。估计

---

① 转引自刘慧、陶莉：《关于宋代的泰山香会》，《民俗研究》2004年第1期。

这极有可能是以职业为核心组织的社。

第五，从碑文题记"将仕郎、守东岳令□守德篆额"来看，如果不是因为私人关系，这个长脚杆社此次立杆似乎还得到了当地官方的支持。

《东岳高里山相公庙新创长脚竿记》中的社存在职业和区域特点，这点话本小说《红白蜘蛛》中也有所透露：

> 只听得街上锣声响，一个小节级，同个茶酒，把着团书，来请张员外团社。原来大张员外在日，起这个社会，朋友十人，近来死了一两人，不成社会。如今这几位小员外，学前辈做作，约十个朋友起社。却是二月半，便来团社。①

大张员外这个社，规模并不很大，只有"朋友十人"，虽然也有会首（大张员外），但似乎比较松散，"近来死了一两人，不成社会"。其次，从文中可以推知，大张员外的这个社的成员都是他的朋友，也都是员外，说明这些人身份、地位相当。另外，虽然文中没有提及，估计这些人住得不会很远，至少应该是同一地区的人，否则在古代交通条件下，距离过远会影响到人们之间的交流。第三，社有连续性和间断性。大张员外时，曾经因为"死了一两人，不成社会"，说明这个社的规模小，结构松散。但到了小张员外时，仍然有人重新组织，"学前辈做作，约十个朋友起社"，说明结社这种活动有一定连续性。

小张员外组织的"社"并没有在当年泰山庙会结束后解散，而是变成一个较为固定的组织活动："但见时光如箭，日月如梭，不觉又是二月半间。那众员外便商量来请张员外同去出郊，一则团社，二则赏春。"②小张员外因为丢失了父亲大张员外生前留下的五百香罗木，无法替父亲还愿，便不想去，后来在母亲劝说下，"留了请书，团了社，安排上庙。那九个员外，也准备行李，随行人从"，算是结社成功。从大张员外、小张员外的结社可以看出，比起上面张平的"东岳永安香纸经文醮会"，他们的社更为松散，组织性较差。

比较上面两个不同类型的社，我们可以看出，在宋代，以朝拜东岳神为目

---

① 《宋元小说家话本集》，第5页。
② 《宋元小说家话本集》，第9页。

的的香社在当时至少存在两种形式：一种是张平类型的"稳定性"香社，有固定的活动项目、活动时间，组织比较严格；另一类是大（小）张员外类型的"临时性"香社，这种社虽然目的也很明确，为了朝拜东岳神而结，但平时似乎没有更多的活动，时间时断时续。

明清时，东岳泰山脚下已经有了专门负责接待朝山进香社的机构，但在宋代，这种机构似乎还没有出现，如小张员外等人组成的社到泰山朝献时，便直接住到了客店：

> 员外同几个社友，离了家中，迤逦前去。饥餐渴饮，夜住晓行。不则一日，到得东岳，就客店歇了。至日，十个员外都上庙来烧香，各自答还心愿。员外便把玉结连绦环，舍入炳灵公殿内。还愿都了，别无甚事，便在廊下看社火酌献。这几个都是后生家，乘兴去游山。

文中提到客店，应该是与燕青、杨温等人在泰山脚下住宿的同一类型客店，并非专为接待朝山进香而设。宋代之后，东岳庙香会组织进入一个新的发展阶段。

关于宋代东岳信仰的发展程度，日本学者水越知运用信仰圈理论分析宋元时代东岳信仰与地域社会的关系，认为宋元时期江南、华北等地区东岳神信仰有着比较固定的组织、信仰群体、节日，东岳神成为地域社会中的核心信仰。[1] "祭祀圈"是指一个以主祭神为中心，共同举行祭祀的信徒所属的地域单位。其成员则以主祭神名义下之财产所属的地域范围内之住民为限。按照林美容的总结，满足以下一个以上的指标才有祭祀圈可言：（1）建庙或修庙居民共同出资；（2）有收丁钱或募捐；（3）有头家炉主；（4）有巡境；（5）有其他共同的祭祀活动。在祭祀圈基础之上，林美容把超越地方小区范围，并以某尊神或是其分身为中心形成的组织的自愿参加者的分布范围区别开来，称其为"信仰圈"。程民生在研究宋代地域文化时，总结宋代神祠分布存在信仰圈，并提出

---

① 〔日〕水越知：《宋代社会と祠庙信仰の展开——地域核としての祠庙の出现》，〔日〕《东洋史研究》第60卷第4号，《宋元时代の东岳庙：地域社会中の核的信仰として》，〔日〕《史林》第86卷第5号。

神祠信仰圈存在的原因是由于相同或相近的地理、社会环境与文化类型。人们精神上存在共鸣之处。水越知的文章引用了丰富的方志资料，为考察宋元时期祠神信仰与地域社会关系提供了有益的思路。虽然后世东岳信仰中确实存在这种现象，但众所周知，中国古代史特别是明清之前时段，由于存世资料的限制，很多区域问题的研究面临着没有足够资料支撑的窘迫现实，而且宋代东岳庙会与明清东岳庙会还是有一定差距。[1]对于宋代东岳信仰是否存在"信仰圈"这个问题，尚需挖掘更多资料来进行验证。

第二节　日常进香与朝献岳神

本节主要讨论宋人的日常进香与朝献岳神。宋人日常东岳信仰表现形式，除了个人或者多人以社的形式参加东岳庙会外，还有一种更普遍的表达虔诚的方式，就是日常进香与朝献。在宋人的日常生活中，经常会碰到一些无法解决的问题，特别是关乎个人休咎，在这种情况下，在宋人眼中，去东岳庙烧香许愿则成为化解凶险，解决麻烦的一个有效方法。除此之外，在日常生活中，出于对神祇的信仰，宋人也会经常去岳庙祈祷进香，为个人乃至全家祈求平安，因此，宋代东岳庙的香火非常兴旺，祭拜之人络绎不绝。宋人在进香时，还会向岳神进献礼物，礼物通常包括香炉、铁桶等岳庙常用之物，借以表达虔诚之意。除了进香、进献一般性的礼物，宋人还会通过修建庙宇、塑神像等方式向东岳神表达虔诚的敬意。在今天重庆大足石刻中，尚存在宋人出资开凿的东岳大帝、炳灵公等雕塑，生动展现了宋人的东岳信仰。

在讨论古代中国人民间信仰活动时，蒲慕州认为"中国古代民间信仰的一项特色，即在相当程度之内，一般人在日常生活的信仰中主要关注的是一己

---

① 赵世瑜对明清时期华北庙会与江南庙会进行了比较研究，见《明清时期的华北庙会》《明清时期江南庙会与华北庙会之比较》，氏著《狂欢与日常——明清以来的庙会与民间社会》，北京：生活·读书·新知三联书店，2002。

（包括个人或家族）之福，而人对于得到此一己之福所采取的手段主要是各种方术和祠祀祝祷。至于个人道德行为与此一己之福之间，并没有一个明确而固定的对应关系"①。

作为一种深入人心的信仰，时刻保持与神祇的沟通无疑是人们获得其庇佑的重要手段。不同社会等级的人会有不同的遭遇，如何在最需要的时候能够得到神祇的庇佑，成为人们最关心的问题，于是除了在东岳诞辰日参加东岳庙会外，宋人在日常生活中更普遍地采用进香的方式，向东岳神祈求福祉。这种进香行为纯粹是自觉自愿的，没有强迫性，多是出于私人目的个人行为，比较随意，规模一般比较小。

宋元话本小说《杨温拦路虎传》中，东京的杨三官人杨温因为偶然占卜得到一个"破财、失脱、口舌，件件有之"的凶卦，"心中不乐。度日如年，饮食无味，恹恹成病"。他的妻子冷氏为了替丈夫排遣心中郁闷，便提出去泰山东岳庙还愿：

> 杨三官人把那"未卜先知"先生占卦的事，说与妻子。冷氏听罢，道："这先生既说卦象不好，我丈夫不须烦恼，我同你去东岳还个香愿，祈禳此灾，便不妨。"杨三官人道："我妻说得也是。"次日，同妻禀辞父母并丈人冷太尉，便归房中，收拾担杖，安排路费，摆布那暖轿、马匹，即时出京东门。少不得饥餐渴饮，夜住晓行。②

很明显，杨温准备到东岳庙烧香还愿的原因十分偶然——占卜到一个凶卦；目的也很单纯——替自己祈禳灾害。因而，杨温的行动完全是一种自发的个人行为。他之所以不辞劳苦，长途奔波到山东奉符县东岳庙烧香还愿，而不是选择去就近的东岳庙，很可能看重的是泰山东岳庙的灵力。③当然，卖卦先生曾告诉杨温："这卦爻动，必然大凶。破财、失脱、口舌，件件有之。卦中主腾蛇入

---

① 《追寻一己之福：中国古代的信仰世界》，第3页。
② 《宋元小说家话本集》，第113页。
③ 小说中显示故事发生在北宋，杨温是东京人，北宋东京城内就有东岳庙。见周宝珠：《宋代东京研究》，开封：河南大学出版社，1992，第604页。

命，白虎临身，若出百里之外，方可免灾。"杨温特意选择去千里之外的泰山东岳庙进香，可能也有远行避灾的目的，符合卖卦先生所告知的破解之道。另外，按照小说中的交代，杨温到达东岳庙不久，就碰到每年一度的东岳神诞辰，所以不排除他特意选择在东岳神诞辰日上山进香。

如果说杨温去泰山东岳庙进香可能有刻意选择时间的目的，另一篇宋元话本小说《三现身》中的住在奉符县的孙押司娘，她去东岳庙进香还愿，则完全十分随机：

> 王兴去了，押司娘对着迎儿道："我有一柱东峰岱岳愿香要还，我明
> 日同你去则个。"当晚无话。明早起来，梳洗罢，押司自去县里去。押司娘
> 锁了门，和迎儿同行。到东岳殿上烧了香，下殿来去那两廊下烧香。①

像杨温、孙押司娘这样的宋人，他们日常与岳神的沟通，主要是通过去东岳庙进香的方式。这个东岳庙可能是奉符县的东岳"根庙"（root temples）②，也可能是各地的东岳行庙。（这两篇小说中，杨温从东京赶赴山东奉符县，而孙押司娘本身就住在奉符县，所以他们进香的东岳庙都是泰山东岳庙，但并不能排除其他宋人去东岳行宫进香的事实。）

讲史话本《大宋宣和遗事》中，晁盖等八人为了抢夺北京留守送给蔡京的寿礼，谎称到东岳庙烧香，向一酒家"借一对酒桶，就买些个酒去烧香"，酒家根本没有任何怀疑，③说明当时向岳庙日常进香已经成为一种习惯。相似的情况，《水浒传》中，八十万禁军教头王进因为担心新任殿帅府太尉高俅他日公报私仇，出于避祸，计划逃离东京，投奔延安府老种经略相公手下。为了顺利骗过高俅派来监视自己的两个牌军，王进谎称自己"因前日病患，许下酸枣门外岳庙里香愿，明日早要去烧柱头香"，吩咐牌军提前去岳庙安排，成功将两人

---

① 《宋元小说家话本集》，第63页。

② 虽然记载不多，但宋人似乎是认同泰山东岳庙为地方东岳庙的"根庙"。《景定严州续志》卷九："东岳行宫。在（分水县）甘泉寺东。建炎间建。后邑民有罗其姓者，亲走泰山，奉泰山香火以归，灵贶响答。"

③ 〔宋〕佚名：《大宋宣和遗事》元集，济南：泰山出版社点校本，2000，第1262页。

支走，王进自己和母亲则安全顺利逃离东京。①

宋代东岳庙日常进香十分盛行，如周密记载南宋末年都城临安冬至日，"妇人、小儿服饰华炫，往来如云，岳祠、城隍诸庙炷香者尤盛"②。在很多宋人记载中，东岳庙似乎常年祭拜之人不绝。比如高邮高沙城北的东岳行祠，修缮后"岁时朝献，盖自浙江以西，淮堧以东，来者肩摩袂接，旁午道途"③。福山东岳庙除了每年"岁率以暮春大会四方来者于庙之廷"，平时"老弱疾病，岁年丰凶，以至于旦暮之所经，永冀如意而蒙福者惟神是依"。④可见，宋人向东岳庙进香，不一定非得在遇到任何灾祸或者困难时，在日常的生活中，去东岳庙进香成为一种习惯，以此来保佑自己和家人。

其实，不仅是古代，即便是在"文革"特殊年代，泰山上仍然有人偷偷进香。如作家冯骥才"文革"期间去泰山写生，进入一名朝阳洞的山洞，"扑鼻而来是一阵浓浓好闻的烧香气味，一股庙堂的气息"，几个乡村中年妇女在偷偷地上山烧香。而当时规定上山烧香是要扣起来的。⑤

人们去东岳庙祭拜岳神，向岳神进香以及各种礼物，祈求岳神保佑，事实上在人与岳神之间形成了一种互动关系。王铭铭指出，在史前时代互惠精神一个很重要的方面是民间宗教崇拜，人与神之间形成互相影响的关系。在对神献祭中所体现的关系中，神的应验被认为是对他们祈请所做出的反应。神灵不参与每一项礼物交换，也不提供人类需要的每一项东西。他们接受的是人类当作"礼物"献给他们的诚意，他们的权威来自他们对人类的礼物有所回报。⑥

作为人类学上的一个概念，"礼物是一种以特定交换为形式的社会营造方式"⑦。莫斯（Mauss）认为，在为数甚多的文明之中，"交换与契约总是以礼物的

①　《水浒全传校注》第2回，第1册，第91页。

②　〔元〕周密：《乾淳岁时记·冬至》，〔明〕陶宗仪等编《说郛三种》第6册，上海：上海古籍出版社影印本，1988，第3217页。

③　《全宋文》卷六六七一，第293册，第150页。

④　《全宋文》卷四〇六九，第185册，第271页。

⑤　冯骥才：《进香——泰山旧日见闻之一》，《上海文学》1984年第5期。

⑥　王铭铭：《走在乡土上：历史人类学札记》，北京：中国人民大学出版社，2003，第186页。

⑦　赵丙祥：《神给的礼物和给神的礼物："礼物"作为历史研究之一般概念的可能性》，载杨念群、黄兴涛、毛丹主编《新史学：多学科对话的图景》，北京：中国人民大学出版社，2003，第208页。

形式达成，表面上这是自愿的，但实质上，送礼和回礼都是义务性的"①。宋人向东岳神祈祷同时，往往会向神灵献祭一些供品。这些供品，就是人们献给东岳神的"礼物"。

表5-2　　　　　《全宋文》中所见宋人进献东岳神礼物

题名	作者	时间	出处
供石香炉记	孙元	天圣二年九月	《全宋文》卷三三一
怀安县东岳庙磁莲盆题字	郑德	元丰元年正月初一日	《全宋文》卷二〇一四
东岳高里山相公庙新创长脚杆记	胡元资	元丰三年	《全宋文》卷二一七〇
岱庙铁桶铭一	李谅	建中靖国元年	《全宋文》卷二八六六
岱庙铁桶铭二	李谅	建中靖国元年五月	《全宋文》卷二八六六
造香炉序	徐京	大观二年正月	《全宋文》卷二九四七
东岳庙铁香鼎铭	李岗	嘉定八年十一月	《全宋文》卷六九八三

从表中可见，宋人献给东岳神的礼物有香炉、铁桶、铁香鼎等神庙日常用品；进献礼物的东岳庙不一定必须是泰山东岳庙，各地东岳行宫也可以。如山西晋城市南村镇冶底岱庙，后殿前檐石柱上有北宋神宗元丰三年（1080）二月三日的题记"五岳殿丘吉施石柱一条"②，"五岳殿王清施石柱一条"③。根据资料显示，供香炉似乎是历朝一个比较普遍的现象。如元泰定帝泰定元年（1324），浙西道平江路在城居奉道信士王天祥，"命工铸造大方香炉壹座，舍入玄妙观东岳行宫，永充供养"④。

顾颉刚于20世纪20年代游北京朝阳门外东岳庙，发现在七十六司"每一司的门口都有一个铁制的香炉，但不全是同时代所制造的。铸得最多的是明神宗的母亲"⑤。铁香炉与石香炉相比，无论质量还是价格，都要高很多，一般人可能无力承担此费用，故而改造石香炉作为进献东岳神的礼物。

---

① 〔法〕马塞尔·莫斯著，汲喆译：《礼物》，上海：上海人民出版社，2002，第3页。

② 王丽主编：《三晋石刻大全·晋城市泽州县卷》，太原：三晋出版社，2012，第33页。

③ 王丽主编：《三晋石刻大全·晋城市泽州县卷》，太原：三晋出版社，2012，第34页。

④ 《全元文》卷一六四三，第53册，第570—571页。

⑤ 顾颉刚：《东岳庙游记》，北京大学《歌谣》周刊第61号（1924年6月29日），载《顾颉刚民俗学论集》，上海：上海文艺出版社，1998，第405页。

为什么人们热衷于向东岳庙供香炉来表达虔诚之意？李约瑟指出，道庙中最重要的祭拜对象不是神像、神画或道教的三清，也不是神坛，而是香炉。施舟人（Kristofer Schipper）也同意香炉重要性大于神像。英国人类学家王斯福（Stephan Feuchtwang）通过对台湾郊区"山街"的调查发现，当地人对于烧香和香炉十分尊敬，认为烧香时通过烟雾向上盘旋的方式，神显露出交流的意志。香的气味到达神的意志那里，而烟雾引导着神来到人间，处理在那里发生的事情。[1]张珣总结了李约瑟、施舟人等人观点后认为，香灰与香炉崇拜可能源自火的崇拜，神像与香炉具有不同层次的灵力。香同时予人香味与香光的感觉，香炉同时具有香火与食鼎的象征意涵，香灰是香的灰烬，也是神明的炉丹。多重的联想与涵义，使香火、香灰、香炉三者在仪式中产生了不可分割的联接意义。[2]

宋人向东岳神进献礼物的行为可分为个人行为与集体行为。个人行为主要是出于个人目的，如祈祷平安、许愿还愿等。话本小说《红白蜘蛛》中的大张员外，生前就曾将五百香罗木，"要往东峰岱岳盖嘉宁大殿"[3]。小说《从四妻袁氏》中符离人从四的妻子袁氏因难产而死，"从四念之不忘。里人春月朝岱岳，从欲荐拔厥妻，持供具往献"[4]。

除了宋人小说，宋人在一些碑刻中也留下了向东岳神献祭的记载：例如北宋神宗元丰元年（1078）正月初一，"怀安县感应乡西安里弟子郑德，与家中林三十一娘，舍莲盆入东岳永充供养"[5]。

以上这些行动都是个人进献，目的是祈祷个人或家人平安幸福，亦即"追求一己之福"。

集体行为是一批人出于共同目的，联合集资或出力，为东岳神献祭代表全体的礼物。在各种香会组织中，集体性献祭礼物行为比较多。如泰山岱庙东墀下，摆放两只铁桶，为宋徽宗建中靖国元年（1101）香会所献之物。桶"高可四

---

① 〔英〕王斯福著，赵旭东译：《帝国的隐喻：中国民间宗教》，南京：江苏人民出版社，2008，第149页。

② 张珣：《香之为物：进香仪式中香火观念的物质基础》，《台湾人类学刊》2006年第4期。

③ 《宋元小说家话本集》，第4页。

④ 《夷坚支甲》卷九，《全宋笔记》第9编第5册，第88页。

⑤ 陈垣编：《道家金石略》，北京：文物出版社，1988，第287页。

图5-3　宋代香社进献于岱庙天贶殿前的铁桶

尺余，径可三尺余。每桶有铭四段，正书字径寸余"，一桶上的铭文曰：

> 大宋国兖州奉符县献铁桶。会首李谅。右谅窃以神功默运，潜持祸福之权；妙用无私，密握生成之造。伏见国家尊宗庙貌，百物鼎新，而圣帝庙前阙少水桶二只。今纠到敬神之众，共结良缘。具胜名如后云云。后杂书姓名及施钱之数，内有王助教妻贾氏、孙向母张氏施钱五，及永静军梅恕等字。末云匠人万浩弟昱置一桶，杂书施钱人姓名，内有樊竘及莱芜监铜施冶、李勉铸等字。末云右众会人并发虔心，谨舍净财，共成胜缘，伏望圣慈俯照察。建中靖国元年五月吉日。会首李谅等献。①

作为以集体名义（社）献给东岳神的礼物，礼物应该由社中众人共同出资购买或打造，这样的礼物，谋求的是共同的福祉，如南宋宁宗嘉定八年（1215）十一月，"宋□□府涪水县怀仁乡因仲下里奉神劝首李岗谨发心诚化，同本县因

---

① 〔清〕毕沅辑：《山左金石志》卷三，《石刻史料新编》第1辑第19册，台北：新文丰出版股份有限公司，1982，第14380页。

仲上、下里杨才、罗景才、□张晔、白绍荣，召右里朱士干，皈合里赵智升等各助施舍，绵州彰明县雍栋同施铁一百斤，造此香鼎于永富东岳庙。仁圣帝岳府一切真灵，永远□□献愿。所冀各家蒙佑，万事遂心。所冀各家蒙祐，万事遂心"[1]。与此类似，除了购买礼物要集体出钱，即便是打造某件物品，也需要群策群力。

> 维大观二年戊子岁，正月十四日乙丑日，建石香炉序。夫以石之虽美，无遇□人而至，则何期有用焉；用之所达，非良工而致饰，则□由而成器焉。故生产之在天，造作之在人。天产乎物，必有贵有贱；人造乎物，必有精有粗。逢良匠以成铃菁之材，遇巧工而为栋。逮民□财而易货其石，遂写香炉耳。□□谨献上天齐仁圣帝，永充供养。都维那徐京、副维那国□、□维那国弁、副维那□□、□维那梁琮、社人邹守□管修殿三门并行廊，都维那刘珪书、副维那杨乂、副维那吕政同助缘。庙主王钦、赵友、刘靖、国德、宋用、张千、李朝、王直、焦其玉、徐万、张弁、姜顺、张贵、李□、国唐、周深、吕初、徐□、赵唐、国全、吕文、吕金、于靖、王□、周闰，明三礼、杨宗、徐周、成友、石贵、石金、成三婆、刘政，社官王聚等，社禄徐准、徐□、□顺、徐兆、徐乂、徐德、夏□、张□、张宣、张玘、张□、刁立、陈□、张政、张□，社官王臻、李弁、杨□、李准、张通，石匠人张景。[2]

在为东岳庙打造石香炉过程中，香社中每一个人都有明确分工，目的就是确保每一个人都能在进献礼物中发挥个人作用。也就是说，礼物凝结了所有人的心血，这样的礼物更加具有诚意。人们相信，越有诚意，自己的祈愿越能实现。

"象征交换"（Symbolic Exchange）是博德里拉提出的一个概念。象征交换是社会性的并且往往是仪式性的。实际上是交换双方的给予和接受、获得和回报、

---

①　《全宋文》卷六九八三，第306册，第159页。
②　《全宋文》卷二九四七，第137册，第31—32页。

挑战与迎战的关系，是互惠的（reciprocal）与可逆的（reversible）。①宋人为东岳庙进献香炉、香鼎，舍莲盆，造神像等，都是一种与东岳神的"象征交换"仪式，通过这种象征性的进献礼物，东岳神作为"互惠"与"礼尚往来"，便会满足进献者的愿望。

其实，即便参加了香会，个人仍然可以独自向岳神献祭。如话本小说《红白蜘蛛》中的开封府小张员外的父亲大张员外曾经准备了五百香罗木，"要往东峰黛岳盖嘉宁大殿"。大张员外去世后，小张员外便打算趁东岳诞辰之日，替父亲了了遗愿。虽然小张员外参加了香会组织，他此番进献之物明显属于个人行为，与香会组织集体活动无关。这里有一个很有趣的细节，就是对于东岳神的允诺，不一定必须由许愿者亲自来兑现，东岳神并不因他人代替原许诺者兑现承诺而迁怒许诺者，如小张员外代替父亲兑现承诺。

除了东岳神，人们也给东岳神之子炳灵公进献礼物：

> 却说是五代唐朝里，有两个客人：王一太，王二太，乃兄弟两人。获得一对蕲州出的龙笛材，不曾开成笛，天生奇异，根似龙头之状，世所无者。特地将来兖州奉符县东峰东岱岳殿下火池内烧献。烧罢，圣帝赐与炳灵公。炳灵公遂令康、张二圣前去郑州奉宁军，唤开笛阎招亮来。②

除了进献礼物，宋人还通过修建庙宇、塑神像等方式表达虔诚的敬意：

> 大宋国兖州龚丘县万岁乡南仇保东史村税户孙运男元。右，伏以元自一十二岁，蒙翁伯父遣□本州后行，奉敕减省归农。一十六岁，充本县

---

① 李向平：《信仰、革命与权力秩序：中国宗教社会学研究》，上海：上海人民出版社，2006，第178页。

② 《宋元小说家话本集》，第606页。据篇前考订，此小说似以北宋东京说话旧本为基础，又加以修订。炳灵公喜欢笛子，似乎是时人的共识："长兴三年，始赠东岳三郎为威雄将军，至建隆三年，有段弼者，年八十，善制笛。一夕有人云：'威雄将军追汝！'遂入府，见一黄衣少年，谓曰：'知善制笛，可为作三五管。'弼即时作三五管献之。少年指最后者曰：'此尤为妙。'"见〔宋〕委心子撰，金心点校：《新编分门古今类事》卷四，北京：中华书局点校本，1987，第59页。

主事案籍。亦曾祗应东封，勾当巡检司，迤逦转充上衙司录事。二十九得替归庄，准例充衙前军将，应副过重难场务使三年，愿免役归庄。前后勾当以来，别无少欠官物，或纠本家。与父弟兄同共再□葬先亡了毕，即目见坟前起建碣子一座。次元休役在家门，稍似公勤，遂辄生愚意，切见当墅南十字官道一所，东接太平、奉符、莱芜、淄、青、沂、密，西［至］（志）郓州一带之路，南去本州，北望平阴，并是拘势之地，创置炳灵公行宫之庙，见塑列尊身并道事及壁□面。前制造义共各得了当，兼不住挂心，每□在庙添修。今于天圣二年九月二十九日造到石香炉一座五事，谨供上炳灵公面前，供养神祚，思福答贺神道，万代不朽。[①]

重庆大足地区保留了大量石刻，绝大部分都是佛教内容，以观音、佛祖等塑像为最多，体现了普通民众心目中佛教的重要地位。尽管如此，在舒城岩石刻与石门山石刻中，仍然可以找到三座东岳神家族的塑像，按照编号分别是东岳大帝妻子淑明皇后、东岳大帝、炳灵公。

舒城岩石刻第一号为"淑明皇后龛"，开凿于绍兴二十三年（1153），形制："龛，顶部为平顶，龛高1.62米，宽2.50米，深1.09米，龛下沿距地1.72米。"

内容：主像为淑明皇后，面北偏东，端坐于二龙头靠背椅上，坐高1.34米，肩宽0.38米。皇后凤冠霞帔，耳垂珠珰，身着圆领朝服，双手笼袖内置腹前，胸部束带垂于足间，两足着靴，放于踏几上。

主像左、右侧各立一男侍。二侍皆戴软脚幞头，身穿圆领窄袖袍服，腰围玉带，足着云头靴。左侍双手捧一大宝盒，斜举于头右方。身高0.98米，宽0.23米，右侍双手亦捧一小盒，置于胸前。身高1.05米，宽0.27米。

龛左壁左为一武将，顶盔贯甲，后围披风，竖眉瞪眼，双手挂剑而立，其身高1.01米，宽0.33米。

龛右壁为一老年女侍，面容憨厚，装束类似保姆，头扎束发帕巾，身着对襟短袄，下身着裙，双手于怀中抱一襁褓，内包一婴儿，作往前递送状。女侍身高1.06米，宽0.27米。

---

① 《全宋文》卷三三一，第16册，第234页。

龛正壁主像左上方有造像记一则。文曰:

　　大宋昌州大足县若子乡□林里,故城场本庄居住奉道弟子米□,意为
年前妻室罗氏一娘,□□□或患气疾,眼目不安,遂发诚心,就云从岩镌
造淑明皇后,求为供养。自启愿后,果蒙□□圣像加□,罗氏气疾退散,
今□不忘前愿,□请处士就龛镌造圣容,已是圆满,□□镌造,回去寿年
长远,福禄增添,右八日□□□□利常愿安乐,时以癸酉绍兴二十三年三
月十二日工毕。
　　□□堂岩道士王田之建祠。

龛外门楣正中悬一匾,上刻“淑明皇后一位”六字,匾下部已残。

需要指出的是,一些学者将淑明皇后误认作真宗明肃皇后。淑明皇后为东
岳大帝妻子,史书记载:宋真宗大中祥符四年(1011)十一月戊戌,加封东岳后
为淑明皇后。

舒城岩石刻第二号为“东岳大帝龛”,开凿于南宋高宗绍兴二十二年
(1152),形制:“龛,顶部为平顶,龛高1.64米,宽2.04米,深1.56米,龛下
沿距地1.32米。”

内容:主像是东岳大帝,面北,端坐于双钩云头靠椅上,坐高1.26米,肩
宽0.45米,大帝面容硕胖,颌下有三绺胡须,头戴平顶无旒高冠,两侧垂香袋
护耳,下连嵌宝饰带,身着圆领宽袖长袍,颈下系冠带,双手于胸前捧圭,足
着山形云头大靴,踩于方形踏几上,膝间有结花中带垂于座前。

主像座椅左侧,紧靠着一侍女,发向上梳挽成云状,着对襟窄袖长袍宫装,
有飘带过肩从腰部垂于足下,双手于胸前捧一大印,恭肃而立。侍女立高0.94
米,宽0.22米。

主像左、右二侧,各立一男侍,皆戴跷脚幞头,幞头内脚向上直翘,外脚
斜向上扬,身着圆领小袍,腰系云带,双手于胸前各执一长柄扇,扇面斜向主
像,以作遮屏。二侍立高1.09米,宽0.32米。

龛正壁与侧壁转角处,各有三供养人像,分三层排列,左男右女。现左侧
男供养人像已毁不存。右侧三女供养人像均面中而立,身高0.44米,宽0.12米,
每像中有石陇隔开。三女像皆束发垂肩,身着对襟长衫,胸部有围带下垂足前,

上像手捧物名不详，中、下二像均捧长帛。

龛左壁，原有一像，现已毁不存。

龛右壁，为一官员坐像，官员面较年轻，头戴方形高冠，身着圆领宽袖袍服，足着云头靴，端坐于椅上，双手在胸前捧圭，有三条饰带垂于座前。其座高为1.09米，宽0.36米。

龛正壁两侧上部各有一碑，左碑文曰：

> 盖闻铸金造像，利益最多，剖石镌岩，福德尤盛。《竺兰陀经》云：积善福生，积恶祸至。《道经》云：人身难得，中土难生，非有无因，而妄招果。故偈曰：舒城岩洞建春台，贵使邦人仰上台，小善莫轻无福故，因缘会遇应还来。但举□□，善思念之。幸叨覆载之恩，无毫发之奉，欲报劬劳之力，亏尽寸尺之功，内乏五常，粗存三畏，每勤门眷，侍启家严。

右碑文曰：

> 金阙之容已兴，虑胜缘之未具。东岳之像复著，庶卑愿之周谐。使历代瞻仰之无涯，后世皈依之有托。偈曰：积善之家庆有余，更符阴骘暗相与。行看驰马钟苗裔，坦炽于（但如子）门信不虚。是龛也，上期皇祚，齐南山久固之年。下翼慈亲，等北海□□之寿。举忝一介士，转三教书，愧无华采之文章，直假乌丝之翰墨，庶几好士者，知我志耳。壬申绍兴二十二年九月二十二日，前本县押录王谅记。
>
> 都作伏元俊、伏元信，小作吴完明镌龛。
>
> 紫微殿使日直无君同判□巴院事王举撰
>
> 无极上相判丰都使堂上品道士王。[①]

胡文和对东岳大帝龛右壁青年官员石像作了详细描述："右壁，刻一呈坐姿的官员像，坐身高109厘米，青年形象，头戴进贤冠，身着圆领宽袖袍服，足着舄，端坐于椅上，双手于胸前执笏，腰际有蔽膝和垂帛于座前。该像似应为东

---

① 《大足石刻内容总录》，第352—353页。

岳大帝第三子，炳灵仁惠王。因而，窟右壁毁掉的像应是东岳大帝的夫人淑明皇后。"①

　　石门山石刻第十一号为"炳灵公夫妇龛"。不详刊刻于宋代何时。

图5-4　石门山第11号炳灵龛（绍兴末—淳熙初）②

　　形制：龛，顶部为平顶，龛高2.4米，宽3.64米，深0.66米，龛下沿离地0.9米。

　　内容：主像为炳灵公夫妇，面西南，端坐于双龙头靠椅上，双足着靴，踏于方形四角踏几上，二像坐身高0.89米，肩宽0.3米。炳灵在左，面净无须，头戴翘角幞头，幞头双脚平行上翘，身着圆领朝服，服上饰有螭图，双手拱于膝上。夫人在右，凤冠霞帔，身着命服，外罩对襟宽袖长袍，肩围飘带，双手放于腹前。

①　胡文和：《中国道教石刻艺术史》，北京：高等教育出版社，2004，下册，第275—276页。
②　本照片系牛津大学尹薇学友2005年摄于大足，感谢尹薇学友惠赐此照片。

图5-5　石门山炳灵公夫妇（局部）

　　二像椅后立屏风一扇，屏风两侧前，各立一侍童，着斜领长袍，双手于胸前拱揖。

　　龛内围绕主像，在其身后及两侧，共刻有五排70身男像。上三排48尊像全为立式，下二排有12尊像为坐式。各像均系文官，头戴高顶方冠或展脚幞头，身着朝服，双手于胸前捧笏。

　　在龛下部，共刻有18身像，并肩而立，头上方有一条彩云横贯全龛。中部是二人双手共捧一长卷，左侧立有一兽头人身恶鬼，弯腰向中作乞求状；右侧为一妇人，双手于胸前持物（残）。各像大多头戴官帽或软巾，身着圆领袍服，手捧笏、书、经、巾、拂等物，姿态互不相同。

　　龛外正下方壁上，浮雕有地狱变相图，内有山、蛇、鬼卒等，及"铁围城"字样。①

① 《大足石刻内容总录》，第330—331页。

关于这则造像的内容，目前学术界还存在分歧，陈习删认为此造像为炳灵公。[1]胡文和则认为应该是东岳大帝和淑明皇后："根据文献记载和笔者实地考察，宋代四川境内尚无单独以炳灵公为主像的祀庙、宫观。舒成岩2号东岳大帝窟中，炳灵也只是作为配像表现。""根据二主像造型，一男一女应为东岳大帝和淑明皇后，70余尊男像是表现'七十五司'标有"铁围城"的地狱即'三十六狱'的象征。"[2]

侯旭东通过对北朝造像记的考察，分析了当时民众的国家观念与国家认同。[3]上面所引宋人进献给东岳神礼物铭文中，几乎看不到任何有关国家、皇帝的内容，更多的是个人或集体的祈愿心理。仅见大足石刻东岳大帝龛左侧铭文中提到"是龛也，上期皇祚，齐南山久固之年。下昊慈亲，等北海之寿"。包含着为国家和个人同时祈愿的文字。另外，常熟县东岳诞辰日，人们"上祝天

图5-6　《新编联相搜神广记》（元刻本）中的东岳神

① 《大足石刻志略校注》，刘长久等编著《大足石刻研究》中篇，第341页。
② 《中国道教石刻艺术史》，下册，第279—280页。
③ 侯旭东：《造像记所见民众的国家认同与国家观念——北朝村里社会研究之一》，载郑振满、陈春生主编《民间信仰与社会空间》，福州：福建人民出版社，2003。

子万寿，且以祈丰年而后保其家"①。由于相关资料缺乏，我们暂时很难断定这种类型的祈愿文在宋代究竟占多大比例。

其实，对于大多数普通人来说，日常的进香活动不一定需要进献十分贵重之物，除了纸烛等必备之物外，三牲也是比较平常使用的贡品。

---

① 《琴川志》卷一三，第1297页。

第六章

宋人笔记小说中的东岳神

　　本章主要从宋人笔记小说中分析东岳神的形象、职能、神人之间的交流等内容。宋人创作了大量笔记小说，这些小说中有许多关于东岳神的内容，反映了宋人的东岳信仰观念。从古代至宋代，东岳神的形象经历了一个漫长的演变过程。东岳神属于山神，如同大多数自然神一样，东岳神经历了一个逐步人格化的过程。至晚在魏晋时期，东岳神以泰山府君的名义，以人的形象示人。这一时期的东岳神已经人格化，以身着官服的官员形象，不仅很随意地与现世之人交流，而且如世人一般拥有子女。到了宋代，东岳神除了被人们称作泰山府君外，由于唐宋帝王的加赐封号，人们又称呼东岳神东岳大帝、岳帝等，这一时期的东岳神已经是身着衮冕的帝王服饰，这与这一时期东岳庙中东岳神的帝王塑像服制相同。随着东岳神的人格化，出现了由人来担任东岳神的现象。魏晋时期，已经由亡故之人充当东岳府君，到了宋代，不仅亡故之人会出任东岳府君，甚至会出现征召由生人担任东岳神的情况，表明东岳神与世人的关系更为密切。东岳神自古以来除了作为王朝的保护神外，对于一般世人而言，还有兼管生死休咎、治鬼、惩恶扬善、预测科举中第与否等职能，正因为东岳神有如此众多的神力，宋人积极向东岳神寻求帮助。宋人与东岳神的交流可以采用多种渠道，可以通过道士等中介进行沟通，也可以通过到岳庙中直接向东岳神申诉请求，以获得东岳神灵力的帮助。这表明宋人与东岳神的交流是畅通的、可靠的。

第一节　东岳神的形象与神人之间的交流

　　本节主要讨论宋代东岳的人格化形象演变过程以及神人之间的交流。早期东岳神被人们称作泰山府君，魏晋时期，泰山府君已经以官员形象示人，他们可以随意地与世人交流，还如同世人一般拥有子女。隋唐时期，关于东岳神的形象描述更为详细生动，反映了其人格化的程度更为深入成熟。到了宋代，由于宋真宗加封东岳神帝号，因此东岳神更多以身着衮冕的帝王形象示人。除了东岳神日趋人格化，随着时代发展，东岳神的子女、部属也越来越多地出现，关于这些人的故事也日益丰富起来。到了宋代，除了由亡故之人出任东岳神，还出现了征召在世之人担任东岳神的记载。这表明宋人看来，东岳神与人之间的关系并非泾渭分明的隔绝，而是可以相互沟通的。宋人与东岳神的交流途径非常畅通，可以通过中介人进行间接交流，也可以直接向东岳神申诉自己的请求。交流渠道的多样化与畅通，保证了东岳神对宋人的要求应答如响，使二者的关系更为紧密。

一、东岳神的形象

　　东岳神属于山神，如同大多数自然神，东岳神同样经历了一番人格化的过程。宋真宗加封五岳帝号，并制作衮冕服制放置在五岳观中，这直接反映在宋代笔记小说中出现的东岳神都是身着帝王服制。可以说，东岳神形象的演变过程，受到国家政权对东岳神形象塑造的影响。东岳神人格化过程中，逐渐出现由人出任东岳神的现象，魏晋时期，已经由亡故之人担任东岳神。到了宋代，不仅东岳神由人担任，连东岳神的部属也由人来担任。关于东岳神的人选要求，宋人似乎并没有特别的品德或者仕宦与否的条件要求，一方面在不同的故事中，有身份各异的人死后出任东岳神，反映了东岳信仰在各地的普及化，另一方面，说明宋人并没有将东岳神完全视作与人隔离的、毫无关系的神祇。

　　按照神话学原理，自然神是自然崇拜的产物，山神是山岳崇拜的产物。山神观念是山崇拜文化的核心，山神形象是山神观念的产物，从空间文化层来看，它是山崇拜文化层的表层文化，是物质化的文化，是可见可触的。从时间文化层来看，山神形象是山崇拜文化丛中的次生层次，而山神形象自产生之后，又不断发展变化，形成多层次、多形态的文化现象。根据中国古今各族的资料来看，山神形象可分为以下几种类型：山，山是最早的山神形象。石、石堆，以石或石堆象征山神是山神形象的次生形态。树、竹筒，以树或竹筒作为山神象征也是山神形象的次生形态，这一现象仅存在于南方一些民族中。动物、半人半兽。人形。人形化的山神不仅具有人格、人性，而且完全以人的形象出现。这种山神形象是最晚出现的，是人的思维高度抽象化的产物。

东岳神属于山神，如同大多数自然神一样，东岳神也经历了一个逐步人格化的过程。早期东岳神被称作泰山府君，这一称呼最早见于晋干宝的《搜神记》中。但此称呼似乎仅仅是东岳神的"名字"，东岳神具体形象（比如是否人格化等）则缺乏交代。

表6-1　　　　　　　　　　六朝、隋唐小说中的东岳故事[①]

篇名	时间	作者	出处
段成根	曹魏	曹丕	《太平广记》卷三六〇引《魏书》
蒋济亡儿	曹魏	曹丕	《太平广记》卷二七六引《列异传》
蔡支	曹魏	曹丕	《太平广记》卷三七五引《列异传》
贾称	晋	干宝	《太平广记》卷三八六引《搜神记》
秦氏巫	晋	祖冲之	《太平广记》卷二八三引《述异记》
太公望	晋	张华	《太平广记》卷二九一引《博物志》
齐景公	晋	张华	《太平广记》卷二九三引《博物志》
舒礼	南朝	刘义庆	《幽冥录》
张光晟	唐	薛用弱	《太平广记》卷三〇四引《集异记》
刘元迥	唐	薛用弱	《太平广记》卷三〇八引《集异记》
邓州节判使	唐	孙光宪	《太平广记》卷三一〇引《北梦琐言》
泰山神姥	唐	唐临	《云溪友议》

[①] 此表据邱淑惠：《唐代五岳神及其家族故事之研究》附录三删减改动而成，（台湾）静宜大学中国文学系硕士学位论文，2000。

258

续表

篇名	时间	作者	出处
兖州人	唐	唐临	《太平广记》卷二九七引《冥报录》
睦仁蒨	唐	唐临	《太平广记》卷二九七引《冥报录》
王瑶	唐	张鷟	《太平广记》卷一二六引《耳目记》
沈嘉会	唐	卢求	《太平广记》卷一〇二引《报应记》
薛主簿	唐	傅亮	《灵验录》
廉广	唐	李隐	《太平广记》卷二一三引《大唐奇事》
怀智	唐	释道也	《太平广记》卷三二八引《法苑珠林》
神尧皇帝破龙门贼	唐	柳宗元	《龙城录》
董慎	唐	牛僧儒	《太平广记》卷二九六引《玄怪录》
李播	唐	戴孚	《太平广记》卷二九八引《广异记》
赵卅参军	唐	戴孚	《太平广记》卷二九八引《广异记》
柳澥	唐	薛渔思	《太平广记》卷三〇八引《河东记》
韦安之	唐	裴约言	《太平广记》卷三四七引《灵异录》
崔生	前蜀	杜光庭	《太平广记》卷三一一引《录异记》
赵瑜	南唐	徐铉	《太平广记》卷三〇四引《稽神录》
刘	后周	王仁裕	《太平广记》卷三一四引《玉堂闲话》
焦乂俊	宋	景焕	《太平广记》卷三一四引《野人闲话》

魏晋时期记载中，泰山府君已经俨然以人的形象出现：

临淄蔡友者，为县吏。曾奉书谒太守。忽迷路，至岱宗山下，见如城郭，遂入致书。见一官，仪卫甚严，具如太守。乃盛设酒殽，毕付一书。谓曰："掾为我致此书与外孙也。"吏答曰："明府外孙为谁？"答曰："吾太山神也，外孙天帝也。"吏方惊，乃知所至非人间耳。掾出门，乘马所之。有顷，忽达天帝座太微宫殿。左右侍臣具如天子。友致书讫，帝命坐，赐酒食。仍劳问之……①

---

① 〔宋〕李昉编，张国风校注：《太平广记会校》卷三七五，北京：北京燕山出版社会校本，2011，第15册，第6426—6427页。按：注引《列异记》，该书作魏文帝或晋人张华撰。

胡母班，字季友，泰山人也。曾至泰山之侧，忽于树间逢一绛衣驺，呼班云："泰山府君召。"班惊愕，逡巡未答。复有一驺出呼之，遂随行。数十步，驺请班暂瞑。少顷，便见宫室，威仪甚严，班乃入阁拜谒。主为设食，语班曰："欲见君无他，欲附书与女婿耳。"班问："女郎何在？"曰："女为河伯妇。"班曰："辄当奉书，不知缘何得达？"答曰："今适河中流，便扣舟呼青衣，当自有取书者。"班乃辞出。昔驺复令闭目，有顷，忽如故道。

遂西行，如神言而呼青衣，须臾，果有一女仆出，取书而没。少顷复出，云："河伯欲暂见君。"婢亦请瞑目。遂拜谒河伯。河伯乃大设酒食……班出，瞑然忽得还舟。

遂于长安经年而还，至泰山侧，不敢潜过，遂扣树，自称姓名："从长安还，欲启消息。"须臾，昔驺出，引班如向法而进，因致书焉。府君请曰："当别再报。"班语讫，如厕。忽见其父著械徒作，此辈数百人。班进拜流涕，问："大人何因及此？"父云："吾死，不幸见谴三年。今已二年矣，困苦不可处。知汝今为明府所识，可为吾陈之，乞免此役，便欲得社公耳。"班乃依教，叩头陈乞。府君曰："生死异路，不可相近，身无所惜。"班苦请，方许之。于是辞出还家。

岁余，儿子死亡略尽。班惶惧，复诣泰山，扣树求见。昔驺遂迎之而见。班乃自说："昔辞旷拙，及还家，儿死亡至尽。今恐祸故未已，辄来启白，幸蒙哀救。"府君拊掌大笑曰："昔语君'死生异路，不可相近'故也。"即敕外召班父。须臾，至庭中，问之："昔求还里社，当为门户作福，而孙息死亡至尽，何也？"答云："久别乡里，自欣得还，又遇酒食充足，实念诸孙，召之。"于是代之。父涕泣而出。班遂还。后有儿皆无恙。①

以上故事中东岳神不仅很随意地与现世之人进行交流、饮宴，他甚至还如世人般拥有子女（因此很可能拥有家庭），这已经脱离了自然神的范畴，完全人格化。此外，东岳神并非"普通人"，而是排场类似太守的"官"，这种描写应该与其被称作泰山府君有关。但值得注意的是，故事中东岳神虽屡屡出现，

---

① 〔晋〕干宝撰，曹光甫校点：《搜神记》卷四，上海：上海古籍出版社，2012，第39—40页。

但对东岳神的形象如衣着、配饰等缺乏描述，估计应该是太守之类的服制。

除了女儿、外孙，到了唐人所撰《报应记》中，出现了泰山府君的两个儿子：

> 唐沈嘉会，贞观中任校书郎，以事配兰州。思归甚切，每旦夕，常东向拜太山，愿得生还，积二百余日。永徽六年十月三日夜，见二童子，仪服甚秀，云是太山府君之子，府君愧公朝夕拜礼，故遣奉迎。①

唐人戴孚编撰的《广异记》中提到泰山府君嫁女。与前代相比，隋唐时期东岳故事内容出现一些新的变化，如东岳神部下判官出现了，并且在故事中作为主角单独出现。另外，对于东岳神子女人格化的描述更具体生动：

> 唐兖州邹县人姓张忘字。曾仕县尉。贞观十六年，欲诣京赴选，途经太山，因而谒庙祈福，庙中府君及夫人并诸子等皆现形像。张时遍礼拜讫，至于第四子傍，见其仪容秀美。同行五人，张独呪曰：但得四郎交游，诗赋举措，一生分毕，何用仕宦。及行数里，忽有数十骑马，挥鞭而至。从者云：是四郎。四郎曰：向见兄垂殷，故来仰谒。因而言曰：承兄欲选，然今岁不合得官。复恐前途将有灾难，不复须去也。张不从之，执别而去。行经一百余里，张及同伴夜行，被贼劫掠，装具并尽。张遂呪曰：四郎岂不相助！有顷，四郎车骑毕至，惊嗟良久，即令左右追捕其贼，颠仆迷惑，却来本所，四郎命人决杖数十，其贼臂膊皆烂。已而别去，四郎指一大树：兄还之日，于此相呼也。是年，张果不得官而归。至本期处，大呼四郎。俄而即至，乃引张云：相随过宅。即有飞楼绮观，架迥陵虚，雉堞参差，非常壮丽。侍卫严峻，有同王者所居。张既入中，无何四郎即云：须参府君，始可安坐。乃引张入，经十余重门，趋走而进。至大堂下谒拜，而见府君，非常伟绝。张时战惧，不敢仰视判官。判官事似用朱书，字皆极大。府君命侍宣曰：汝乃能与我儿交游，深为善道。宜停一二日燕聚，随便好去。即令引出至一别馆，盛设珍羞，海陆毕备，丝竹奏乐，歌吹盈耳。即

---

① 《太平广记会校》卷一〇二，第4册，第1350页。

与四郎同室而寝，已经一宿。①

> 贞元初，平卢帅李纳病笃，遣押衙王祐祷于岱岳，斋戒而往。及岳之西南，遥见山上有四五人，衣碧汗衫半臂。其余三四人杂色服饰，乃从者也。碧衣持弹弓，弹古树上山鸟，一发而中，鸟堕树，从者争掩捉。王祐见前到山下人，尽下车却盖，向山齐拜。比祐行到，路人皆止祐下车："此三郎子、七郎子也。"遂拜碧衣人。②

贾二强引用了唐人《广异记》中的一则故事，然后对比魏晋时期同类故事后指出：此时文本中对泰山府君衙署的记述更为具体，更类于人间的官府，有了执事的主簿这类从吏，并明言有如人间的判官，而这种职位可以由世间有名有姓的生人充当。这位冥府之主与人世有了更密切的交往，会需要人间的器具，甚至可以利用权力与生人进行权物交易。这些都反映出来源于自然崇拜的这位山川神已越来越人格化。③此外，东岳神已经不仅仅如"太守"，而是似乎有更高的地位。但除此之外，这一时期对于东岳神的具体形象，仍缺乏细节描述。

到了宋代，东岳神形象终于清晰化、固定化。首先，身着官服或衮冕之人是东岳神最常见的两种形象。如泸州合江县赵市村民毛烈诈骗昌州人陈祈田产，陈祈四处申诉无果，悲愤之下他前往东岳行宫向东岳神申冤。不久，陈祈、毛烈及其他涉案之人俱暴毙入冥，"引入大庭下，兵卫甚盛。其上衮冕人怒叱吏械烈，烈惧，乃首服"④。

这一故事中的冠冕之人并没有明确说明就是东岳神，只是用"主者"来称呼，那么，《虞主簿》故事中，则明确指出冠冕之人就是东岳神（泰山府君）：

---

① 〔唐〕释道世撰，周叔迦、苏晋仁校注：《法苑珠林校注》卷三七，第2册，北京：中华书局校注本，2003，第880—881页。注出《冥报记》。此故事亦见《太平广记会校》卷二九七《兖州人》。

② 《太平广记会校》卷三〇五，第12册，第5074页。注引《集异记》。

③ 《唐宋民间信仰》，第22页。

④ 《夷坚甲志》卷一九，《全宋笔记》第9编第3册，第204页。

虞主簿，建安人。学问超卓，登第后，注官宜兴，临赴任，暴卒。经日复苏，云："初病困迷罔时，见一吏揖庭下，曰：'府君有命。'遂从以行。且百里，足力不能支，恳求少憩。良久，复进到一所，如世间岳庙。引入门，望主者冕旒正坐，乃扣头，请曰：'某死无所辞，念父老无兼侍，乞赐以余生，终父天年，无所复恨。'主者曰：'汝知前生之事乎？'对曰：'不知也。'主曰：'汝昔姓名为陈朝老，今藉其宿学，故聪悟绝人，但一生无丝发善事，是以福浅。上帝怜汝读书之勤，与汝一第，所以不食禄而早世者，正由不曾作福耳。悯汝有养亲之志，吾奏于天曹，许延七日，可归与父别也。'遂得还。"自知不永，持父以泣，越七日果死。①

如果说冠冕之人类似于人间帝王，《方氏女》故事中，东岳神形象更类似于世间朝廷官员。

婺州浦江方氏女，未适人，为魅所惑。每日过午，则盛饰插花就枕，移两时，乃寤。必酒色著面，喜气津津然。女兄问其故，曰："不可言，人世无此乐也。"道士百法治之，反遭困辱，或发其隐慝，曰："汝与某家妇人往来，道行如此，安得敢治我？"或为批颊抵冠，狼狈而出。近县巫术闻之，皆莫敢至。其家扫室焚香，具为诉牒，遣仆如贵溪，告于龙虎山张天师。仆至彼之日，女在堂上见两黄衣卒来追己，初犹不肯行，卒曰："娘子无所苦，才对事毕，即归矣。"遂随以去。凡所经途，皆平日所识。俄至东岳行祠，引入小殿下。殿正北向，主者命呼女升殿。女窃视其服，紫袍红鞓带佩鱼，全如今侍从之服。戒之曰："汝为山魈缴绕，曲折吾已尽知。但当直述，将释汝。"初，女被祟时，实其亡叔为媒妁。是日，先在廷下，瞬目招女，使勿言。女竟隐其事，但说魅情状，及所与饮狎者。主者判云："元恶及其党十人，皆杖脊远配，永不放还而不刺面。余五六十人亦杖臀编管。"传囚决遣，与世间不少异。又敕两卒送女还。时家人见女仆地，逾两时，口眼皆闭，抉齿灌药，施针灼艾，俱不省。但四体不冷，知其非死也。仆归云："既投状，天师判送东岳，限一时内结绝。"故神速如此。自是女

---

① 《夷坚支甲》卷三，《全宋笔记》第9编第5册，第31—32页。

平安如常。逾年而嫁，则犹处子云。①

宋人笔下东岳神之所以是官僚或帝王之相，与宋代官方加封岳神帝号有密切关系。宋真宗大中祥符四年（1011）十月戊申，册封五岳帝号，"有司设五岳册使一品卤簿及授册黄麾仗于乾元门外各依方所，又设载册辂及衮冕舆于乾元门外，群臣朝服序班、仗卫如元会仪。上服衮冕，御乾元殿。……致祭毕，奉册、衮冕置殿内"②。

官方加封东岳神帝号，并仿照人间服饰为其制作衮冕，宋人便自然而然地将东岳神比作人世间的帝王。如约成书于北宋末的笔记小说《道山清话》，记载了宋仁宗朝时泰山东岳庙附近居民所见到东岳神，就是一副帝王形象：

图6-1　奉祀于岱庙天贶殿的泰山神——东岳大帝

> 日欲入，忽闻传呼之声，自南而北，仪卫雄甚。近道人家有自户牖潜窥者，见马高数尺，甲士皆不类常人，伞扇车乘，皆如今乘舆行幸，望庙门而入。庙之重门皆洞开，异香载路。有丈夫绛袍幞头，坐黄屋之下，亦微闻警跸之声，亦有言去朝真君回来，又有云真君已归，皆相顾合掌。③

除了文本中东岳神形象官僚化、帝王化，东岳庙中供奉的东岳神塑像，也是完全仿照世间帝王形象进行塑造的。如古典小说《水浒传》第74回中，燕青看到的泰山东岳庙中东岳神塑像就是如此："遥观圣象，九旒冕舜目

---

① 《夷坚丙志》卷一〇，《全宋笔记》第9编第4册，第101—102页。
② 《续资治通鉴长编》卷七六，第3册，第1737页。
③ 《道山清话》，《全宋笔记》第2编第1册，第104—105页。

尧眉；近睹神颜，衮龙袍汤肩禹背。九天司命，芙蓉冠掩映绛纱衣；炳灵圣公，赭黄袍偏称蓝田带。左侍下玉簪珠履，右侍下紫绶金章。阊殿威严，护驾三千金甲将；两廊猛勇，勤王十万铁衣兵。”①显然泰山岱庙中的东岳神完全是一幅帝王形象。山东泰山东岳庙的天贶殿内有一幅巨大的壁画，壁画中东岳大帝垂珠冠冕，身着青色衫袍，绣有云彩之章，与宋制天子衮服青色相吻合。此外，重庆大足石刻舒城岩部分有南宋绍兴年间开凿的东岳大帝石龛，更形象直观地展现了宋人视野中的东岳神的帝王形象。

宋代之前的笔记小说中已经多次提及东岳神拥有子女，甚至外孙，但对具体子女人数缺乏记载，更遑论名姓。到了宋代，这些问题逐渐得到解决，无论官方还是一般民众，均普遍认可东岳神有五个儿子：“京东父老相传：东岳天齐仁圣帝有五子。唯第三子，后唐封威权（雄？）大将军，本朝封炳灵侯。哲宗元符二年（六）[八]月，始诏［封］四子，长为祐灵侯，次为惠灵侯，第四子为静鉴大师，第五子为宣灵侯。”②此外，这一时期还出现了东岳神新的部下：第八司东平忠靖王（温元帅），“主阴府要职”的张太尉。总之，到了宋代，东岳神的家族和部属人数都增多了，并且逐渐固定化。

在隋唐时期的笔记小说中，东岳神特别是他的儿子，品行并不完美，甚至还有恶行。如东岳神的儿子泰山三郎，在唐代笔记小说中，既有帮助世人的善行，也有公然抢夺世人妻子的秽行。而在宋代文本中，泰山三郎（即炳灵公）仍然保留了年轻人的形象，如“黄衣少年”“锦袍少年”等文字反复出现，这一点与唐代故事中对泰山三郎的年龄定位相同。但这一时期泰山三郎行为中已经被摈弃了邪恶的成分。如《新编分门古今类事》中记载了这样一个故事，五代时期，泰山三郎被加封为威雄将军，北宋太祖“建隆三年，有段弼者，年八十，善制笛。一夕有人云：‘威雄将军追汝！’遂入府，见一黄衣少年，谓曰：‘知善制笛，可为作三五管。’弼即时作三五管献之。少年指最后者曰：‘此尤为妙。’弼乞留，少年曰：‘尔算未尽，不可。’弼曰：‘某在人间苦饥寒，不愿活也。’少年曰：‘但去，将日给钱三百，后五年即召。’弼觉，后日果卖笛得钱如

---

① 《水浒全传校注》第74回，第8册，第2782—2783页。
② 〔宋〕吴曾撰，刘宇整理：《能改斋漫录》卷一八，《全宋笔记》第5编第4册，郑州：大象出版社点校本，2012，第237—238页。

所许之数，虽大阴雨亦自有人来买，后五年乃死"①。

面对因为人间生活饥困而主动要求追随的凡人，泰山三郎并没有收留，而是告诉对方阳寿未尽，并主动给予接济，这些行为，符合慈善的神灵形象。

随着东岳神由自然神向人格神转化，东岳神也逐渐由人开始充任。据史料记载，魏晋时，东岳神已经由亡故之人充当：

> 蒋济，字子通，楚国平阿人也。仕魏，为领军将军。其妇梦见亡儿涕泣曰："死生异路。我生时为卿相子孙，今在地下为泰山伍伯，憔悴困苦，不可复言。今太庙西讴士孙阿，见召为泰山令，愿母为白侯，属阿，令转我得乐处。"言讫，母忽然惊寤。
>
> 明日以白济。济曰："梦为虚耳，不足怪也。"日暮，复梦曰："我来迎新君，止在庙下。未发之顷，暂得来归。新君明日日中当发，临发多事，不复得归，永辞于此。侯气强，难感悟，故自诉于母。愿重启侯，何惜不一试验之？"遂道阿之形状，言甚备悉。……济乃遣人诣太庙下，推问孙阿，果得之，形状证验，悉如儿言。济涕泣曰："几负吾儿！"
>
> 于是乃见孙阿，具语其事。阿不惧当死，而喜得为泰山令，惟恐济言不信也，曰："若如节下言，阿之愿也。不知贤子欲得何职？"济曰："随地下乐者与之。"阿曰："辄当奉教。"乃厚赏之。言讫，遣还。
>
> 济欲速知其验，从领军门至庙下，十步安一人，以传消息。辰时传阿心痛，巳时传阿剧，日中传阿亡。济曰："虽哀吾儿之不幸，且喜亡者有知。"
>
> 后月余，儿复来，语母曰："已得转为录事矣。"②

上述故事中太庙讴士孙阿被选任为新的泰山令，他得知自己被任命的消

---

① 《新编分门古今类事》卷四，第59页。注出自钱希白《小说》。《新编分门古今类事》是一部撮抄他书的分类志怪小说集。钱易，字希白，杭州人，吴越钱俶之侄，后随钱俶归宋。宋仁宗天圣四年（1026）卒。据学者研究，《小说》或即志怪小说集《洞微志》。据《郡斋读书志》小说类《洞微志》所叙，该书"记唐以来诡谲事"。见李剑国：《宋代志怪传奇叙录》第二编北宋中期《洞微志》十卷，第81—86页。

② 《搜神记》卷一六，第127页。

息，是通过蒋济告知，而据在冥府当差的蒋济亡儿所言，他奉命来迎接孙阿赴任，故而故事中虽然并未提及，即便无人告知，孙阿履任前也应该会得到冥府的一些信息。这种情况在唐五代故事中便有明确描写：五代时，僧缄携士人王处厚"同谒故太尉幽公杜琮之祠，坐于西庑下，俄有数吏服色庞杂，自堂宇间缀行而出，降阶再拜。缄曰：'新官在此，便可庭参。'处厚惶辩而作。缄曰：'此辈将为君之驱策，又何惧乎？宁知泰山举君为司命否？仍以夙负壮图，未酬前志，请候登第后施行。复检官禄簿，见来春一榜人数已定，君亦预其间，斯乃阴注阳受也。策人世之名，食幽府之禄，此阳注阴受也。'处厚震骇，不知所裁，……暴亡。同年皆梦处厚蓝袍槐笏，驱殿而行"①。

隋唐时，不仅东岳神由亡故之人充当，东岳神部下亦由世间亡故之人充当：

> 李强友者，御史如璧之子。强友天宝末为剡县丞。上官数日，有素所识屠者，诣门再拜。问其故，答曰："因得病暴死，至地下，被所由领过太山。见大郎做主簿，因往陈诉。未合死至，蒙放得还，故来拜谢。"大郎者，强友也。强友闻，惆怅久之。曰："死得太山主簿，亦复何忧？"因问职事何如，屠者云："太山有两主簿，于人间如判官也，候从甚盛。鬼神之事多经其所。"后数日，强友亲人死，得活。复云被收至太山。太山有两主簿，一姓李，即强友也。一姓王，其人死，在王下苦自论别，年尚未尽，忽闻府君召王主簿，去顷便回。②

> 李敏求应进士举凡十有余上，不得第。海内无家，终鲜兄弟姻属。栖栖丐食，殆无生意。大和初，长安旅舍中，因暮夜，愁悦而坐。忽觉形魂相离，其身飘飘如云气而游。渐涉丘墟，荒野之外，山川草木无异人间，但不知是何处。良久，望见一城壁，即趋就之，复见人物甚众，呵呼往来，车马繁闹。俄有白衣人走来，拜敏求。敏求曰："尔非我旧佣保耶？"其人曰："小人即二郎十年前所使张岸也。是时随从二郎泾州岸，不幸身先犬马耳。"又问曰："尔何所事？"岸对曰："自到此来，便事柳十八郎，甚蒙

① 〔宋〕赞宁撰，范祥雍点校：《宋高僧传》卷二二，北京：中华书局点校本，1987，第567页。

② 《太平广记会校》卷三七七，第15册，第6466—6467页。

驱使。柳十八郎今见在太山府君判官，非常贵盛。每日判决繁多，造次不可得见。二郎岂不共柳十八郎是往来，今事须见他。"岸请先入启白。……俄然谒者揖敏求入见，著紫衣官人具公服立于阶下。敏求趋拜讫，仰视之，即故柳澥秀才也。澥熟顾敏求，大惊，曰："未合与足下相见。"乃揖登席，绸缪叙话，不异平生。澥曰："幽显殊途，今日吾人此来，大是非意事，莫有所由妄相追摄否？仆幸居此处，当为吾人理之。"①

除了任用亡故之人为部下，东岳神有时还直接征召现世之人为自己的部属。如隋朝大业元年（605），兖州佐史董慎"性公直，明法理。……尝因事暇偶归家，出州门，逢一黄衣使者曰：'太山呼君为录事，知之乎？'因出怀中牒示慎。牒曰：'董慎名称茂实，案牒精练，将分疑狱，必俟良能，权差知右曹录事者。'印处分明，及后署曰倨"。太山府君，"便赐青缣衣、鱼须笏、豹皮靴，文甚斑驳。邀登副阶，命左右取榻令坐，曰：'藉君公正，故有是请。'"等待案件审理结束返回家，其妻子云："君亡精魂已十余日矣。"②"罗江县道士谯义俊，壮年忽梦太山府君追之，赐以黄敕，补为杖直。昼归阳间，夜赴冥府，如此二十余年。"③唐宪宗时，士人柳澥被召作泰山主簿。④

这一时期的故事中还提到东岳神因过失被罢黜。如唐朝人沈嘉会与泰山府君谈天，府君告诉他："前府君有过，天曹黜之。某姓刘。"⑤

宋代文本中，由亡故之人充当东岳神部下的记载更多，并且所任职位各式各样。

（石州法曹参军洪涛）一夕梦得官画卷若除目，内有某年月日都官郎中洪亶卒，某年月日石州司法参军洪涛卒。既觉，神情劳落，遂乞侍养。至京师，亶卒。不逾梦中之日。然涛期亦近，乃急扶枢归南康。居一日，有

---

① 《太平广记会校》卷一五七，第6册，第2216页。
② 〔唐〕牛僧孺编，程毅中点校：《玄怪录》卷二，北京：中华书局点校本，1982，第53—55页。
③ 《太平广记会校》卷三一四，第12册，第5230页。
④ 《太平广记会校》卷三〇八，第12册，第5132页。
⑤ 《太平广记会校》卷一〇二，第4册，第1350页。

吏卒数人参见，言迎赴新官，涛曰："尔误矣，我方在忧苦中，岂有赴官之事！"吏曰："非误，太山辟君权判官，天符已下，不可移也，然不过半载却还。"未几涛卒，亦不差梦中之日。时涛妻徐氏胎已数月，半年而生男，酷肖涛云。[1]

在小说《程说》中，郴州狱官程说入冥后碰到的阴司大小官吏，竟然都是世间亡故之人：

（程说）一夕卧病，冥冥然都不醒悟，但心头微热，气出入绵绵若毫发之细。凡三日，或起而长吁，家人环立，泣而问曰："子何若而如此也？"说遽询家人，曰："视吾箧中，前知州王虞部柬曾在乎？"求于箧中，已失之矣。说曰："甚哉，阴吏之门，而使人可畏也。吾病，见一青衣吏，手执书曰：'府君召子。'说方悟身死，泣涕谓吏曰：'说守官以清素，决狱畏慎，无欺于心，自知甚明，何罪也而死？吾家世甚贫，薄寄都下，此身客死，家无所依。'乃恸哭。一吏曰：'吾亦长沙人。今为走吏，甚不乐。子与吾同里，有胡押院，亦吾乡人，引子见之。求之，当得休庇也。'乃行，引过一水，有府庭，入门两廊皆高屋。一吏引说立于廊下，曰：'子且在此少待。吾为子召胡君。'久方至，乃衡州蔡陵胡茂也。与说有旧，相见极喜。"[2]

文中从勾魂的吏，到更高一级的押院，竟然都来自同一地区，不能不让人感到吃惊。而且这些任职之人并无临时差遣的痕迹，应该属于固定职任。再结合其他文本中阴司主者亦为世人，可以说，整个阴司都是由亡故之人来充当，阴司不是一个独立于人间、陌生的所在，而是世间的延续。

---

[1] 《新编分门古今类事》卷五，第73页。注引出自毕仲询《幕府燕闲录》（已佚）。据学者考证，毕仲询生活在北宋仁宗、神宗年间，《幕府燕闲录》记载唐五代及北宋之事，除了"怪奇可喜"的奇闻异录外，还包括名物制度考证、诗文词藻点评、人物是非评说等内容。参见王河、真理整理《宋代佚著辑考·毕仲询〈幕府燕闲录〉考略》，南昌：江西人民出版社，2003，第212—213页。

[2] 《青琐高议》后集卷三，《全宋笔记》第2编第2册，第136—138页。

除了亡故之人在东岳神手下任职，东岳神有时亦临时任用现世之人为职官。商懋入冥，为人录至官府。"懋至门外，一吏持符，引卒徒数百，若迎新官者，白云：'泰山府君以君刚正好义，抵阴府，不应空回，可暂充贺江巡按使者。'吏导行江上空中，所至庙神参谒，主者呈文簿，懋一一诘责，据案剖判。别一主者前进曰：'某神奉法不谨，误溺死人。'懋即判领至原地头诛戮。迤逦到封州大江口，吏曰：'事已毕，福神来迎，公可归矣。'懋还贺州所居，从屋飞下，汗浃背而寤。"①

这个故事在明代小说集《二刻拍案惊奇》中有更为生动的描写，其中细致地描写了商懋（字功父）入冥后的情况：

> 功父见他去了，叹息了一回，信步走出府门外来。只见起初同来这个公吏，手执一符，引着卒徒数百，多像衙门执事人役，也有捎旗的，也有打伞的，前来声诺，恰似接新官一般。功父心疑，那公吏上前行起礼来，跪着禀白道："泰山府君道：'郎君刚正好义，既抵阴府，不宜空回，可暂充贺江地方巡按使者！'天符已下，就请起程。"功父身不自由，未及回答，吏卒前导，已行至江上。空中所到之处，神祇参谒。但见华盖山、目岩山、白云山、荣山、歌山、泰山、蒙山、独山许多山神，昭潭洞、平乐溪、考磐洞、龙门滩、感应泉、漓江、富江、荔江许多水神，多来以次相见。待功父以上司之礼，各执文簿呈递。公吏就请功父一一查勘。查有境中某家，肯行好事，积有年数，神不开报，以致久受困穷；某家惯作歹事，恶贯已盈，神不开报，以臻尚享福泽；某家外假虚名，存心不善，错认做好人，冒受好报；某家迹蒙暧昧，心地光明，错认做歪人，久行废弃。以致山中虎狼食人，川中波涛溺人，有冥数不该，不行分别误伤性命的，多一一诘责，据案部判。随人善恶细微，各彰报应。诸神奉职不谨，各量申罚。诸神诺诺连声，尽服公平。
>
> 迤逦到封州大江口，公吏禀白道："公事已完，现有福神来迎，明公可回驾了。"就空中还到贺州，到了家里，原从屋上飞下，走入床中，一身

---

① 《夷坚志补》卷二四，《全宋笔记》第9编第7册，第243—244页。

冷汗，飒然惊觉，乃是南柯一梦。汗出不止，病已好了。①

商懋入冥虽然只是很短一段时间，但他临时充当了很有权力的"贺江巡按使者"，甚至还判决了一个不法的神灵。

故事中世间之人被东岳神（泰山府君）任命为阴司之官，一个是临时差遣，另一个也有任期（"不过半载却还"），表明在世之人在阴司中任职的时间似乎并不固定。

阴司大小官员都由人来出任，东岳神自然也不能例外。宋代笔记小说中，不论冥司之主，还是东岳神，无一例外都由人来充当：

> 孙点，字与之，郑州人，温靖公固诸孙也。建炎四年，知泉州晋江县，居官以廉介自持。是岁七月，叛将杨勍自江西轶犯郡境，点出御寇，归而疽发于背。主簿入卧内省之，胥吏数人在旁，点顾户外曰："何人持书来？"皆莫见。少焉，点举手左右，口中嗫嚅，为发书疾读之状。主簿问："何书？"曰："檄召点为太山府君。"顾吏曰："此有石倪及徐楷二人乎？"吏曰："有石教授者，居别村。无徐楷，但有涂楷解元耳。"点曰："何用措大为？"诸吏怪其语不伦，无敢问。后三日卒。石倪者，字德初，方待次乡里。绍兴三年，以官期未至，诣临安，欲有所易。得疾于抱剑邸中，以七月中死。涂楷，字正甫，时为州学谕。同舍生每戏之，曰："君往太山，他日朋友游岱，藉君为地也。"楷闻倪死，颇不乐。从天宁寺长老慧胜学禅，绍兴六年七月，休日还家，沐发罢，端坐而逝。三人之死，相去各三载，皆以七月，疑亦三年一受代云。②

孙点以现任官被选作泰山府君，似与其居官"廉洁自持"有关。但石倪、涂楷二人被选作泰山府君，其人品却无任何交代，似乎被挑选担任东岳神的世人人品并不十分重要。此外，孙点是直接得到神灵"书信通报"，知道自己将

① 〔明〕凌濛初编著，吴书荫校注：《二刻拍案惊奇》卷二〇，北京：中华书局，2014，第357—358页。
② 《夷坚甲志》卷二〇，《全宋笔记》第9编第3册，第214—215页。

要担任泰山府君。至于石倪、涂楷二人，故事中并未提及他们是否也得到过类似的"书信通报"。但从涂楷得知石倪死讯"颇不乐"并学禅的表现，可以猜测他至少是听说了孙点被任命为泰山府君一事（涂楷应该也会知道孙点曾提及他与石倪的名字）。

Juying Wang分析了《太山府君》中东岳神三年一代记载，指出这种有期限的职位任期与在宋代产生的新人事政策是吻合的。这种在宋代产生的新人事政策通过身后世界对官员职位的任命和三年任期折射出来，很明显，相关的政府新制度促成了宋代百姓对地下世界的合理化认识。[①]

如果说石倪、涂楷死后要被任命为泰山府君，可以从孙点临死前的话语中得到征兆，那么《太山府君印》中王仲孺被任命为泰山府君则显得突兀得多：

> 吕辩老为德州平原县酒官，因筑务墙，役工取土，得一印，刻文曰"太山府君之印"。非铁非铜，似玉石之类。制作极精，篆法尤古。郡守王仲孺闻之，遣候兵借视。见之，捧玩不释手。折简报云："欲借留数日。"吕以属吏之故，不敢取。后旬余，州宅中堂地忽陷，见一石，广如席，其上大书八字曰"太山府君王公之墓"。王视之大笑，家人莫测，而子弟绝恶之。俄顷疾作，数日而卒。王政事精明，下不能欺，至是以为必主张岱岳矣。玉印亦竟失所在。[②]

文中王仲孺与"太山府君之印"原本没有任何关系，是他采用类似强取豪夺的方式从手下获取此印。因此，王仲孺的意外死亡被解释为是遭到报应似乎更容易接受一些。但故事的讲述者显然不想如此结局，特意提到"王政事精明，下不能欺，至是以为必主张岱岳矣"，似乎又在暗示读者：东岳神世间候选人需要精明干练的官员。但《太山府君》中东岳神候选人（石倪、涂楷）似乎没有这个硬性规定。这种记述上的随意性不能视作宋人记载时的疏漏，而是说明东岳神职位选择在世之人的范围十分宽泛，条件并不苛刻。

① Juying Wang, *A Commercial and Optimistic Worldview of the Afterlife of the Song people Based on stories from the Yijian Zhi*, M. A. University of Southern California, 2004, p.24.

② 《夷坚支癸》卷三,《全宋笔记》第9编第6册，第128页。

综观以上几个故事，东岳神的"候选人"生前地位都不高：郡守（王仲孺）、知县（孙点）、州学谕（涂楷）、待次（石倪），其人也并非声名显赫之人。这些贴近普通民众的中低级官员被选择担任东岳神，拉近了东岳神与宋人之间的关系。显示宋人视东岳神并非高高在上遥不可及的神秘贵神，而是更贴近民众的一个容易接受的神祇（"候选人"地位较低，扩大了选择范围，更多宋人可以有机会成为东岳神；品德方面的模糊，放宽了要求）。[①]

宋代东岳神由人来担任，并且可以征召在世之人来阴间做活（如制笛），说明当时人们并不认为阴阳两界泾渭分明，不可逾越。恰恰相反，宋人认为阴阳两界是可以相通的。

二、宋人与东岳神之间的交流

宋人相信东岳神掌管生死休咎、吉凶祸福，还能治鬼、惩恶扬善、预测未来等，如何保持与东岳神畅通而及时的交流，以便将自己的诉求快速而准确地反馈给东岳神，自然是宋人非常关心的事情。宋代之前的故事中，东岳神已经可以与世人直接进行无障碍的交流。但在宋代，这种东岳神与人面对面的当面交流似乎减少了，宋人与东岳神之间交流更多采用进香祈祷、入冥、托梦等形式。不过无论何种方式，人神之间的交流过程中似乎并不需要中间媒介，只要他们需要，便可以随时随地向直接向东岳神表达自己的意愿，这与宋代各地普遍修建东岳庙，宋人容易接触到东岳庙有很大关系。在宋人的想象中，东岳神是处于众多神祇中的一员，上帝、人间的皇帝等都是东岳神的"上级"，都可以指挥东岳神，而城隍、土地和众多鬼神则是东岳神的下级，受其指挥差遣。

在魏晋笔记中，东岳神与阳世之人可以直接交流，如临淄人蔡友误见东岳神，神"乃盛设酒肴，毕付一书，谓曰：'掾为我致此书与外孙也。'"[②]泰安人

---

① 与泰山神可以由普通世人出任不同，现存宋代笔记小说中南岳神职位出任者地位都比较高，如宋人张师正所撰笔记小说《括异志》（张剑光整理，《全宋笔记》第8编第9册，郑州：大象出版社点校本，2017）中，上古圣帝尧"司南岳"（卷九，第348页）、北宋仁宗为"南岳真人"（卷一，第278—279页）。
② 《太平广记会校》卷三七五，第15册，第6427页。

胡母班"曾至泰山之侧，忽于树间逢一绛衣驺，呼班云：'泰山府君召。'班惊愕，逡巡未答。复有一驺出呼之，遂随行。数十步，驺请班暂瞑。少顷，便见宫室，威仪甚严，班乃入阁拜谒。主为设食，语班曰：'欲见君无他，欲附书与女婿耳。'"①

隋唐五代笔记小说中，阳世之人仍然可以与东岳神直接对话，如唐人沈嘉会受东岳府君邀请见面。明经赵瑜因累举不第而求死于泰山，得被判官召见。李敏求入冥府见判官。

既然东岳神在宋人信仰世界中占有如此重要地位，神人之间保持通畅、及时的沟通渠道显得十分必要。韩森总结了两宋时期几种通行的人与神祇之间沟通的方法，包括神祇托梦、占卜问卦、扶乩请仙等方式。从记载来看，宋人与东岳神之间沟通主要通过进香祈祷、入冥、托梦等形式。无论何种方式，沟通过程中似乎并不需要中间媒介。宋代文本中，只要宋人愿意，他们可以随时随地向直接向东岳神表达自己的意愿，根本不需要通过某种媒介（如巫师、扶乩等）。宋人通过日常进香和每年东岳诞辰，朝山进香，向东岳神祈祷、许愿，并不需要通过一定程序，不必经过中间转达。在向东岳神申冤故事中，申诉人（不论生祈、死祈），都是直接来到东岳庙，向东岳神祈祷。如《毛烈阴狱》中被欺诈田地的陈祈，将状纸放置在东岳庙几上，痛诉冤情。《冯资州婿》中受诬陷的老兵，"具状诉于东岳行宫，泣拜而焚之。仍录一纸系腰间，乃自经于庙门之外"。《孔都》中被破家的酿酒人，"率邻人共诣东岳行宫，具诉孔夏私隙迁怒破其家，祈神为主"。这些故事中，我们没有看到类似世间司法部门的投诉过程，东岳神与人之间的交往更为直接化。按照武雅士等人的观点，神是官僚的化身，有等级性。人向神祇申冤，模仿了世间司法部门的审判形式。但人们并不是将世间司法部门原封不动照搬到冥司，而是进行了改动：申诉过程更为简单、直接，审判更迅速、公正。这些改动，无疑是普通民众内心对理想司法状况的向往。诉讼过程中，申诉人直接与东岳神沟通。在捉拿"被告人"过程中，东岳神并不亲自出面，往往是由其部属将"被告人"及相关人员一同摄入冥间接受审判。如《毛烈阴狱》中被告人毛烈，有"黄衣人直入捽其胸殴之，奔迸得脱，至家死"。《孔都》中的孔都，"在家，忽震恐不自持，呼妻子及里人聚

---

① 《搜神记》卷四，第39页。

坐，过夜半，乃言：'遭十余人见捕，赖此间党盛，今舍去矣。'"在一些情况下，由申诉人亲自出面惩罚"被告人"。如《冯资州婿》中的老兵，就是奉了东岳神的命令来追索被告人。

在大多数情况下，是人主动与东岳神进行沟通，东岳神处于被动的位置。但有时候，东岳神也会主动与人交流，这主要体现在征召世间之人赴冥司为官的文本中。东岳神与人交流过程中，一般是先派遣部属与其联系（通常是将人摄入冥司），然后东岳神才出面相见。但在捉鬼、制妖等一系列故事中，东岳神的出现往往是靠有法术的道士或法师召唤，然后将作祟的妖孽擒拿归案。如婺州浦江方氏女为魅所惑，其家遣仆告于龙虎山张天师。"仆至彼之日，女在堂上，见两黄衣卒来追己……俄至东岳行祠。……（主者）曰：'汝为山魈缴绕，曲折吾已尽知。但当直述，将释汝。'……传囚决遣，与世间不少异。又敕两卒送女还。……仆归云：'既投状，天师判送东岳，限一时内结绝。'故神速如此。自是女平安如常。"[1]

此类故事中，表面上是道士（张天师）成为人与东岳神之间的媒介，实质上故事的主角是法师。人向道士求助，并不是想取得与东岳神的联系，不过是想凭借道士的法力为自己排忧解困，东岳神仅充当了道士的助手。

东岳神的上级宋人明确提及的并不很多，主要有三类，第一类是神祇的上级，主要有"上帝""帝""玉皇"等。东岳神是山川之神，属于地祇范围，因此级别上低于上天之神，代表上天的"上帝""帝""玉皇"等可以任命、指挥岳神。[2]

如赵士遇遇到昔日同僚黄某，发觉黄某气色不佳，询问后得知黄某身患宿疾。赵士遇以太上法箓治之，发觉黄某病情严重，于是"择日别书符，牒城隍，申东岳，奏上帝"[3]，后黄某病愈。从赵士遇书符奏神的次序来看，显然东岳地位低于上帝。

《虞主簿》中，建安人虞主簿临赴任时突然暴毙，被泰山府君所召，告诉他

① 《夷坚丙志》卷一〇，《全宋笔记》第9编第4册，第101—102页。
② 据姜守诚研究，汉晋六朝世人认为上帝（或天帝）乃天廷中至高权威，亦执招魂复魄之权责。见姜守诚：《汉晋道教与葬俗考及其他》，北京师范大学博士后研究工作报告，2008，第63页。
③ 《夷坚丙志》卷八，《全宋笔记》第9编第4册，第83页。

说："上帝怜汝读书之勤，与汝一第，所以不食禄而早世者，正由不曾作福耳。悯汝有养亲之志，吾奏于天曹，许延七日，可归与父别也。"① 虞主簿因为不曾作福而短命，泰山府君怜悯他有孝养父亲的想法，特意向上帝请求，宽限虞主簿死期七日。

《太清宫试论》中，浙东安抚司参议官张勋卒后降神其家，称自己："奉帝命诣东岳，查刷世间善恶人姓名簿书。"②

《姚锡冥官》中，均州判官姚锡梦见"黄衣卒持牒言，奉差充某所冥官，锡以不可去为辞。明夜梦如初。锡曰：'吾家皆在郡城，独居此邑，相去颇远，幸为我展限。'黄衣去，明日白昼立于前曰：'此太山府君奉上帝命，岂容固违？'"③

很显然，在以上故事中，上帝（或简称"帝"）地位不仅高于东岳神，还可以指挥东岳神。

第二类是人间的上级，主要是皇帝。皇帝凌驾于东岳神之上，可以从真宗封禅时，东岳神主动向其行礼看出来。帝王对岳神进行加封，无论是王还是帝，都表明政治统治者指使神灵的能力。

《青琐高议》中记载："真庙大驾东封，万官随仗，仰登封告成之美功，陈金泥玉检之盛事。发明绝古之光华，敷绎无前之伟绩。驾将至泰岳，有冠剑伏道左右，趋谒甚恭。帝知岳灵，顾左右莫有见者。帝功成礼毕，又赐岳之徽号焉，封天齐仁圣帝。夫至诚之动天地、感鬼神也如此。"④

《衡山僧》中，一个僧人归衡山途中梦到道上遇到规模很大的卫队，他不禁询问："何官也？"对方回答说："新天子即位，南岳神往受职耳。"⑤ 南岳神要朝拜新天子，同为五岳的东岳神自然地位也在新天子之下。

东岳神下级范围比较广，东岳神治鬼，所以很多鬼自然都在东岳神控制之下，除此之外，还有其他一些部下，其中职位较高的部下有善恶二判官、侍郎、城隍、土地等。

---

① 《夷坚支甲》卷三，《全宋笔记》第9编第5册，第32页。
② 《夷坚志补》卷一六，《全宋笔记》第9编第7册，第176页。
③ 《夷坚志补》卷二四，《全宋笔记》第9编第7册，第244页。
④ 《青琐高议》后集卷三，《全宋笔记》第2编第2册，第131页。
⑤ 《括异志》卷一，第278页。

《胡子文》中提道："苏州常熟县福山东岳行宫，庙貌甚严。士人胡子文乘醉入庙，望善恶二判官相对，戏擘其恶者笔。同行者以为不可，乃还之。归至舟次，俄一使来曰：'被判官命收君。'"①可见判官亦有下属。

《奉化三堂神》中，富民钱丙英年早逝，他附身告诉家人，自己原本阳寿未尽，是其家供奉的三堂神强行将他作为奴仆。钱丙不堪驱使，上诉东岳，"适岳帝出游，过一小殿，呼侍郎召我升殿，我具以告"②。

东岳神手下有侍郎，南岳神手下也有侍郎。如《刘密学》中，一衡山百姓夜行，"道中见旌旗仪卫，呵导甚厉。民相与拱立道左，因询前驱者曰：'何处大官？'曰：'潭州刘密学，授南岳北门侍郎。'"③

除了判官、侍郎等下属，笔记小说中还记载了一些不太常见的下属。如《贾廉访》中，商懋入冥，"至门外，一吏持符，引卒徒数百，若迎新官者，白云：'泰山府君以君刚正好义，抵阴府不应空回，可暂充贺江巡按使者。'"④这个"贺江巡按使者"便是一个很少见的东岳属下。

以上都是地位较高的属下，地位较低的部下则主要是"黄衣人""狱吏""兵卫""鬼""青衣"等。《白石大王》中，陈祖安的父亲"梦黄衣吏持符至，曰：'帝命公为白石大王。'……后赴官两月，谒泰山……还郡未久，而黄衣至，遂以其日卒"⑤。《方氏女》中，为精魅所惑的方氏女在堂上，"见两黄衣卒来追己……俄至东岳行祠，引入小殿下"⑥。

唐代的入冥故事中，冥吏形象为"黄衣使者""黄衫吏"间或"白衣"。钱光胜认为，唐代流外官服黄，品级较高的宦官也穿黄衣，黄衣使者就是宦官。唐代宦官势力很大，给当时人留下深刻印象。把冥吏描写成"黄衣使者"或"黄衫吏"，是作者有所指，暗讽唐代宦官擅权。⑦如果钱说成立的话，宋代作为

①《夷坚甲志》卷六，《全宋笔记》第9编第3册，第69页。

②《夷坚志补》卷一五，《全宋笔记》第9编第7册，第165页。

③《括异志》卷二，第286页。

④《夷坚志补》卷二四，《全宋笔记》第9编第7册，第243页。

⑤《夷坚丙志》卷八，《全宋笔记》第9编第4册，第84页。

⑥《夷坚丙志》卷一〇，《全宋笔记》第9编第4册，第101页。

⑦ 钱光胜：《佛教地狱观念与唐代的入冥小说》，《和田师范专科学校学报（汉文综合版）》2006年第4期。

治鬼形象出现的东岳神手下部属中，仍然存在的黄衣人，是否仍然是宦官形象的暗讽，抑或褪去了暗讽色彩，只是宋人继承前人的某种习惯认识，笔者以为后者的可能性更大一些。

第二节　东岳神的多样化职能

　　本节主要讨论宋代东岳神的多样化职能。在宋人眼中，东岳神极具灵力，能够满足不同阶层人们的不同心灵需要。对于帝王而言，可以向东岳神祈祷保佑江山永固，遇到水旱灾异、疾病、天象异常、战争等非常状态，东岳神同样是可以依靠的神祇。对于达官贵人而言，升官发财、长命百岁、仕途通达是他们向东岳神祈求的主要目的。而对于一般士庶而言，生老病死、荣华富贵、长寿、科举中第等更切身的利益都是可以向东岳神祈求的。甚至在受到冤枉，特别是遇到世间的司法部门无法解决的冤情时，向东岳神申冤往往是一种比较有效的方式，可以惩恶扬善，满足人们的心理期望。此外，在古代中国人心目中，东岳神很早便被赋予了治鬼和掌管生死的职能，人们相信人的生死会受到东岳神的操纵，东岳神还管理天下的鬼怪。因此，宋人在遇到精灵鬼怪缠身等现象，当各种手段不能奏效时，祈求东岳神驱除鬼怪成为一种常见做法。

　　据学者研究，山神职能经历了一个随着生产力发展逐渐扩大的过程。在采集和狩猎经济时代，山神的职能仅限于掌管山林、雷电、云雨和禽兽。随着原始农业的发展，先民们依据需要，又给他增加了掌管庄稼和灾害的职能。在此基础上，山神的神性也经历了由狩猎神向部落保护神的转变。上古三代时期，山神的权力又扩大到可以治疗疾病、监督盟誓、助佑战争等诸多方面。[①]作为从一般山神中逐渐剥离出来的东岳神，其职能无疑也经历了类似的扩大过程。

　　在宋人眼中，东岳神大致有如下功能。首先是更替王朝、稳定江山。这一

---

　　① 张海霞：《先秦时期山岳崇拜初探》，湘潭大学历史文化学院中国古代史硕士学位论文，2007，第9页。

图6-2　明五岳真形图碑

点主要凸现在历代帝王的封禅活动中。其次，延年益寿、长命成仙。这两点对社会上层吸引力更大。相对广大普通百姓来说，东岳神能够给人治病，还可统领鬼魂，掌管人的生死贵贱。这对整个社会影响最大，应该是其历尽沧桑，魅力不倒的重要原因之一。

一、治鬼怪、掌生死

在中国古代，人们很早便认为泰山能够治鬼，认为人死后会魂归泰山，泰山具有冥府的职能，因此，东岳神可以改变逝者在阴间的地位与命运。佛教传入中国后，阎罗王、地狱等冥界观念与中国本土的阴间观念逐渐融合，东岳神既单独治鬼，又作为十殿阎罗王之一来治鬼。除了能够治鬼怪，宋人还相信东岳神有为人提供子嗣的神力，这可能与五行观念有关，东岳位于东方，东方主万物始生。东岳治鬼与注生的神力并非宋代所独有，而是宋代之前已经存在，这表明作为一种成熟的信仰，东岳信仰内核具有稳定性。

在中国古代，泰山很早就成为治鬼所在，东岳神也成为冥司之主。关于这个观念的形成过程，清人顾炎武在《日知录》卷三〇中通过征引丰富的资料，对"泰山治鬼"问题进行了详细的论述，成为后人研究这一问题必引的观点之一：

> 尝考泰山之故，仙论起于周末，鬼论起于汉末。《左氏》《国语》未有封禅之文，是三代以上无仙论也。《史记》《汉书》未有考鬼之说，是元、成以上无鬼论也。《盐铁论》云："古者庶人鱼菽之祭，士一庙，大夫三，以时有事于五祀，无出门之祭。今富者祈名岳，望山川，椎牛击鼓，戏倡舞像。"则出门进香之俗，已自西京而有之矣。自哀、平之际，而谶纬之书出，然后有如《遁甲开山图》所云"泰山在左，亢父在右，亢父知生，梁父主死"，《博物志》所云"泰山一曰天孙。言为天帝之孙，主召人魂魄，知生命之长短"者。其见于史者，则《后汉书·方术传》"许峻自云'尝笃病三年不愈，乃谒泰山请命"，《乌桓传》"死者神灵归赤山，赤山在辽东西北数千里，如中国人死者魂神归泰山也"。《三国志·管辂传》谓："其弟辰曰：但恐至泰山治鬼，不得治生人，如何？"而古辞《怨诗行》云："齐度游四方，各系泰山录。人间乐未央，忽然归东岳。"陈思王《驱车篇》云："魂神所系属，逝者感斯征。"刘桢《赠五官中郎将》诗云："常恐游岱宗，不复见故人。"应璩《百一》诗云："年命在桑榆，东岳与我期。"然则鬼论之兴，其在东京之世乎？

> 或曰：地狱之说，本于宋玉《招魂》之篇。"长人""土伯"，则夜叉、罗刹之伦也。"烂土""雷渊"，则刀山剑树之地也。虽文人之寓言，而意已近之矣。于是魏、晋以下之人，遂演其说，而附之释氏之书。昔宋胡寅谓阎立本写地狱变相，而周兴、来俊臣得之以济其酷。又孰知宋玉之文实为之祖，孔子谓"为俑者不仁"，有以也夫！①

---

① 〔清〕顾炎武撰，黄汝成集释：《日知录集释》下册，上海：上海古籍出版社点校本，2006，第1718—1720页。

顾炎武认为"鬼论起于汉末"，这可能与汉代人的信仰有关。据英国学者鲁惟一研究，汉代人希望尽可能地益寿延年，渴望将死者灵魂的一个成分导入另外一个世界或者天堂，人们有时认为这是一个仙或不朽者的世界。[①]清人赵翼也持类似观点："泰山治鬼之说，汉、魏间已盛行。"[②]顾颉刚引用了顾炎武的这则论述后说，我们常听见"东岳主生杀之权"一类的话，读了这一则，可见这种话头在汉魏时已然。这种话头是齐国原来有的呢？抑到了汉代方始加上去的呢？这个问题现在无从解决。但在这一则上，可以得到一个很好的证明：东岳是中国未有阎罗王时的阎罗王。[③]顾颉刚虽然对东岳神何时被视作冥司之主没有做出明确的回答，但他提出了一个猜想：东岳神与人生死关系的来源，可能是源于齐国，也可能是汉代方士的产物。

栾保群提出，所谓"泰山治鬼"，是指由东岳神来主管全国死人的亡魂。而不是像桃都山的神荼、郁垒那样管理的是天下的邪鬼。也就是说，泰山治鬼行使的是冥府的职能。泰山治鬼或人死后魂归泰山为中国传统文化中所固有的观念的说法是不正确的。春秋战国时期，控制死人亡魂的神祇是天帝。西汉之后，出于社会需要，一个脱离天帝神府的冥府建立起来。但在西汉，这个冥府只是将人间地方政府的架构呆板地移植到冥间，却没有中央级的冥府。到了东汉末年，出现了另一套冥间的中央机构和官属，也就是黄神和招魂、招魄。最后则为黄神所生的"五岳"，再更具体就是太山，此为太山治鬼说之肇始，而其标志就是太山府君。太山府君的出现在汉魏之际，但"太山府君"的"太山"，不是中国的泰山，而是佛经中的地狱。佛经译者用"太山"译名，为中国民间方士提供了一个机会，他们利用这一名词的含糊概念，把佛经的"太山地狱"转化成中国的冥府即太山府君。而太山府君融合了佛教的一些"平等"观念，从而使"太山治鬼"说在民间站稳了脚跟。[④]

　　① 〔英〕鲁惟一著，王浩译：《汉代的信仰、神话和理性》，北京：北京大学出版社，2009，第30页。

　　② 《陔余丛考》卷三五，第717—718页。

　　③ 顾颉刚：《东岳庙的七十二司》，北大《歌谣》周刊第50号（1924年4月13日），载《顾颉刚民俗学论集》，上海：上海文艺出版社，1998，第411—412页。

　　④ 栾保群：《"泰山治鬼"说的起源与中国冥府的形成》，《河北学刊》2005年3期。

　　刘增贵认为，汉代的东岳信仰具有"通神"与"治鬼"两种观念倾向。①韩国学者具圣姬指出：

　　　　汉代一些比较明确的死后世界是泰山以及与之相关的"蒿里""梁父"。……泰山在中国古代宗教与政治系统中，原为一重要的告祭之处，为人君专有的权利，由于为重要的祭祀场所，后来泰山也就逐渐拟人化而成为神明。……不过泰山为人格神的观念在汉代似乎并不普遍，汉魏时代泰山主要仍为一神圣之地，为人死后灵魂之所归。……泰山既为众鬼所居，自然有其管理者，即所谓泰山府君。

　　　　总之，"泰山""蒿里""梁父"在早期与封禅、不死观念、后土、地主的关系，主要仍然限于统治阶层的祭仪之中。而目前所见文献，包括镇墓文，均提示我们，可能到了东汉时代，它们才逐渐地成为一般人死后的去处，其中的演变已无法得知。不过，我们也应注意，汉代人并非仅以这三座山来指称他们所以为的死后世界。既然人死后埋入土中，汉代人对于死后世界常概称"地下"，就是很合常情的一种观念。②

　　魏晋时期故事中，东岳神能够改变逝者在阴间的命运，如蒋济亡儿托梦其母，求新任泰山府君"令转我得乐处"，最后如愿以偿，"转为录事"。③胡母班先父在阴间"著械徒作"，自言"困苦不可处"，胡母班求东岳府君免除父役。④东岳神还能对误追入冥的阳世之人进行改正，放还阳间：

　　　　汉献帝建安中，南阳贾偶，字文合，得病而亡。时有吏将诣太山，司命阅簿，谓吏曰："当召某郡文合。何以召此人？可速遣之！"
　　　　时日暮，遂至郭外树下宿。见一年少女独行，文合问曰："子类衣冠，

---

　　①　刘增贵：《天堂与地狱：汉代的泰山信仰》，（台湾）《大陆杂志》第94卷第5期。
　　②　〔韩〕具圣姬：《汉代人的死亡观》，北京：民族出版社，2003，第99—102页。吴荣曾通过镇墓文分析后指出，从东汉时起，泰山治鬼之说在社会上盛为流传。见吴荣曾：《镇墓文中所见到的东汉道巫关系》，《文物》1981年第3期。
　　③　《搜神记》卷一六，第127页。
　　④　《搜神记》卷四，第40页。

何乃徒步？姓字为谁？"女曰："某三河人，父见为弋阳令。昨被召来，今却得还。"……天明，各去。

　　文合卒已再宿，停丧将殓，视其面有色，扪心下稍温，少顷却苏。后文合欲验其实，遂至弋阳，修刺谒令，因问曰："君女宁卒而却苏耶？"具说女子姿质服色、言语相反复本末。令入问女，所言皆同。乃大惊叹，竟以此女配文合焉。①

　　魏晋故事中，东岳神拘阳间人入阴间，主要是因其阳寿已尽，合归阴府；而在隋唐时期的故事中，东岳神拘阳间之人至冥府除了因其亡故，如唐人封陟"染疾而终，为太山所追，束以大锁，使者驱之，欲至幽府"②。则间或另有原因，例如冥讼。唐人沈嘉会被泰山府君迎入府邸把酒言欢。"于小厅东见姑臧令慕容仁轨执笏端坐，云：'府君帖追到此，已六十日，未蒙处分。'嘉会坐启府君，便令召仁轨入，谓曰：'公县下有妇人阿赵，被县尉无状拷杀，阿赵来诉，遂误追公。'庭前有盆水，府君令洗面，仍遣一小儿送归。"③甚至东岳神因个人需要而随意征调阳间人入冥，如潞城县令周混妻韦璜去世月余后，忽至其家：

　　附婢灵语云："太山府君嫁女，知我能妆梳，所以见召。明日事了，当复来耳。"明日，婢又灵语云："我至太山，府君嫁女，理极荣贵，令我为女作妆，今得胭脂及粉来与诸女。"因而开手，有胭脂极赤，与粉，并不异人间物。又云："府君家撒帐钱甚大，四十鬼不能举一枚，我亦致之。"因空中落钱，钱大如盏。复谓女曰："府君知我善染红，乃令我染。我辞己虽染，亲不下手，平素是家婢所以，但承己指挥耳。府君令我取婢，今不得已，暂将婢去，明日当遣之还。"女云："一家唯仰此婢，奈何夺之？"韦云："但借两日耳。若过两日，汝宜击磬呼之。夫磬一振，鬼神毕闻。"婢忽气尽，经二日不返，女等鸣磬。少选，复空中语云："我朝染毕，已遣

---

① 《搜神记》卷一五，第120页。
② 《太平广记会校》卷六八，第3册，第698页。
③ 《太平广记会校》卷一〇二，第4册，第1350页。

婢还，何以不至？当是迷路耳。"须臾婢至，乃活，两手忽变作深红色。[①]

正是由于唐代佛教的兴盛，佛教徒大力宣扬佛法有助于安定社会秩序，与前代相比，唐代"冥律"特别发达，唐人创造了"生人判冥事"的书写，借入冥经验传播地狱观念，而入冥中所见冥府之主则多为阎罗王。

到了宋代，东岳神治鬼职能虽已有阎罗王分担，但在时人意识之中，东岳神仍然具有治鬼的神力：

> 赵清宪公父元卿，为东州某县令。有妇人亡赖健讼，为一邑之患，称曰"栏街虎"，视笞挞如爬搔。公虽知之，然未尝有意治也。会其人以讼事至廷，诘问理屈，遂杖之，数至八而毙。即日见形为厉，行步坐卧，相追随不置，虽饮食，亦见于杯盘中，公殊以为苦。既罢官，过岱岳入谒，女鬼随之如初。暨登殿焚香再拜，犹立其旁。公端笏祷曰："元卿受命治县，以听讼为职。此妇人自触宪［网］（罔），法当决杖，数未讫而死。邂逅致然，非过为惨酷杀之也。而横为淫厉，累年于兹。至于大神之前，了无忌惮。神聪明正直，愿有以分明之。使曲在元卿，不敢逃谴。如其不然，则不应容其久见苦也。"祷毕，又拜而起，遂无所见。[②]

故事中东岳神虽然没有现身，但从赵元卿祈祷后女鬼自动消失来看，应该是东岳神发挥了其治鬼的职能。

> 饶民妻焦氏，庆元三年正月，在本家中庭，值妇人遮道而立，惊叱之，妇进揖。焦曰："汝是何者，夜入我门？"不答而退。逐之，入柴房而绝迹。自是数见之。经月余，焦固问根源曰："汝如不肯说出，便请天心法师驱囚赴岳下治罪矣。"始颦蹙言："故为张大夫妾，只在临屋居，为其妻凌逼，不容存活，遂自缢于此室中。至今未得托化，所以累次现形。觊望

---

①　《太平广记会校》卷三三七，第13册，第5657—5658页。

②　《夷坚乙志》卷九，《全宋笔记》第9编第3册，第307—308页。

娘子慈悲，与少善缘，使之脱去。"①

　　故事中鬼听到要被押赴东岳治罪，虽然没有马上消失，表现得却十分紧张，说明了东岳神对鬼具有震慑力。另一则故事中鬼附身到一个吏身上，人向其询问阴司之事。"吏曰：'所问事多，容我缓为报。'索纸方欲下笔，忽号呼数声，大书曰：'奉差我捉去见天齐仁圣帝。'蹶然仆地。"②很显然，东岳神有管理鬼的职能。

　　除了一般的鬼怪，宋人认为，死者在地下遇到纠纷，也可以向东岳神进行申诉。如江西出土的一方南宋孝宗淳熙十二年（1185）四月的胡氏二娘买地券文，就明确提到，死者购买的阴宅"□下不得有人争占，如有人争占，□□即你亡人执此券，投东岳庙君作主，先斩后奏"③。

　　正是在这种意识操控下，宋人向东岳神祈求长寿，"以三月二十八日为东岳圣帝生朝，阖郡男女于前期，彻昼夜就通衢礼拜，会于岳庙，谓之朝岳，为父母亡人拔罪。及至是日，必献香烛上寿。不特此尔，凡诸庙皆有生朝之礼，当其日，则士夫民俗皆献香烛，殷勤致酒上寿"④。

　　除了各类孤魂野鬼，一些世人祭祀的祠神也受到东岳神制约。如奉化县下郝村富民钱丙为三堂神录去强为奴仆，钱丙不堪其苦，诉于东岳神。"如食顷，片纸从内飞出，转盼间，神已摄至庭下。不见有絷缚者，而神跼蹐屏气，求哀甚切。复有片纸飞出，旋绕神身数匝，化为烈火爇之，立成灰烬。"⑤很显然，钱丙供奉的三堂神在经过东岳神审判后被处以极刑。

　　因东岳神掌有制鬼之权，有的鬼便通过讨好东岳神获得自由，如北宋笔记《甲申杂记》中记载一鬼每日遭受铁杖三千。"杖毕得以恣行。一日，遇千骑万乘而来，屯于村旁草莽间。问其左右，曰：'天齐仁圣帝，每岁一诣议事。'"

　　① 《夷坚三志辛》卷九，《全宋笔记》第9编第6册，第375页。

　　② 《夷坚乙志》卷二，《全宋笔记》第9编第3册，第248页。

　　③ 陈柏泉编著：《江西出土墓志选编》，南昌：江西教育出版社，1991，第560页。

　　④ 《北溪字义》卷下，第63页。

　　⑤ 《夷坚志补》卷一五，《全宋笔记》第9编第7册，第165页。不仅泰山神可以惩治不法祠神，其部属温元帅也有如此权力。见〔宋〕黄公瑾：《地祇上将温太保传》，《中华道藏》第36册，北京：华夏出版社点校本，2004。

鬼"辄告其人曰：'愿缘化于此，作一行宫。'其人入白，久之，出曰：'诏可矣。'是日铁杖遂止"①。

除了鬼，附着人身上的精魅，同样也在东岳神管辖范围之内。婺州浦江方氏女，为魅所惑，被两黄衣卒带往东岳行祠。"主者判云：'元恶及其党十人，皆杖脊远配，永不放还而不刺面。余五六十人亦杖臀编管。'传囚决遣，与世间不少异。又敕两卒送女还。"②

编管、折杖、刺配是宋代流行的刑罚制度。故事中东岳神对鬼魅的判决"与世间不少异"，是将现实中的判案过程移植到阴司审判鬼魅之中，依据世间生活来塑造阴司世界。

泰山治鬼，人们自然认为泰山亦掌管人之死生。汉代时已经出现人死后魂魄归东岳的说法。如罗振玉所藏镇墓券中，约出自汉代的"刘伯平镇墓券"中记载："生属长安，死属大山；死生异处，不得相防。"③东汉灵帝熹平二年（173）的张叔敬瓦缶丹书文字："黄神生五岳，主死人录，召魂召魄，主死人籍。"④这一观念为后人所继承，如南唐入宋官员徐铉（916—991）撰写的志怪小说集《稽神录》中，记载鲁人明经赵瑜因为累举不第，游泰山之际，于岳庙祈死。宋人延续了这种认识：

> 崔公谊者，邓州德学生也，累举不第，后竟因舅氏贾魏公荫，补莫州任丘簿。熙宁初，河北地震未已，而公谊秩满，挈家已南行数程。一夕，宿孤村马铺中，风电阴黑，夜半急叩门呼曰："崔主簿在否？"送还仆曰："在。"又呼曰："莫州有书。"崔闻之，方披衣遽起，未开门，先问："何人书？"曰："无书，只教传语主簿，君合系地动压杀人数，辄赶擅逃过河，已收魂岱岳，到家速来。"迨开门，寂无所睹。其妻乃陈少卿宗儒之

---

① 〔宋〕王巩：《甲申杂记》，《全宋笔记》第2编第6册，郑州：大象出版社点校本，2006，第50页。

② 《夷坚丙志》卷一〇，《全宋笔记》第9编第4册，第101页。

③ 鲁西奇著：《中国古代买地券研究》，厦门：厦门大学出版社，2014，第53—54页。

④ 郭沫若：《由王谢墓志的出土论到兰亭序的真伪》，《文物》1965年第6期。转引自《中国古代买地券研究》，第55页。

女，陈卿时知寿州。崔度其必死，遂兼程送妻孥至寿阳，次日遂卒。①

　　故事中崔公谊原本因秩满已经躲过地震之灾，但因其上天注定的死亡命运，东岳神毫不留情地将其魂魄拘收。在今天发现的一些宋代买地券文字中，我们也可以看到宋人对身后前往泰山的认同："殁故亡人陈氏六娘，行年七十八岁。命归泉路，忽被太山敕召灵魂。"②"故亡人王二十三郎……暂向后院采花，遇见仙人，醉荒来路，被太山所召。"③"四时代榭，东方立生杀之权；五岳辨方，泰山掌生死之籍。"④这番话成为宋人对东岳神执掌人生死大权认知的生动写照。

　　汉代纬书《孝经援神契》记载："太山天帝孙，主召人魂。东方万物始，故主人生命之长短。"⑤古人相信泰山执掌人之生死，久病不愈时，人们便会到泰山"请命"。东汉时人许曼之祖父许峻，"自云少尝笃病，三年不愈，乃谒太山请命"。对于许峻此举，唐李贤注云："太山主人生死，故诣请命也。"⑥向东岳神"请命"，希望能治病，延长寿命的思想为后世所接受。北宋中期志怪小说集《括异志》中记载参知政事明镐疽发于背，遣使致祭于岱宗，"祈冥祐"，东岳神因其当初平甘陵妖贼，枉杀数人，不肯原谅明镐，明镐不久遂死。⑦

　　泰山既能治鬼，又能拘人魂魄，东岳庙自然成为世人超度亡魂的选择地。秀州广平桥尹大郎，独子长成后病故。"尹悲悼之切，不如无生。或教斋戒，择日祷于福山岳祠，遂具舟楫，与妻偕往。"⑧符离人从四，妻袁氏因难产而死，

　　① 〔宋〕释文莹撰，郑世刚整理：《湘山野录》卷中，《全宋笔记》第1编第6册，郑州：大象出版社点校本，1984，第33页。此条又被收入《新编分门古今类事》卷三《异兆门上·公谊过河》（第45页），文字有所不同。据委心子序，编纂此书的目的是证明世间一切皆有定数。唐韵梅分析了该书的叙事风格，认为其重议论、轻纪事，注重以故事训诫世俗，带有强烈的警世色彩。见唐韵梅：《〈分门类事〉的叙事策略》，（台湾）《汉学研究》第二二卷第1期（2004年6月）。

　　② 《江西出土墓志选编》，第551页。

　　③ 《中国古代买地券研究》，第323页。

　　④ 《淳熙三山志》卷八《福州东华宫太山庙记》，宋元方志丛刊本。

　　⑤ 〔日〕安居香山、中村璋八辑：《纬书集成》中册，石家庄：河北人民出版社，1994，第961页。

　　⑥ 《后汉书》卷八二下，第10册，第2731页。

　　⑦ 《括异志》卷八，《全宋笔记》第8编第9册，第335页。

　　⑧ 《夷坚支癸》卷六，《全宋笔记》第9编第6册，第151页。

"从四念之不忘。里人春月朝岱岳，从欲荐拔厥妻，持供具往献"①。

　　东岳神在治鬼同时，拥有了注生的职能。这一点宋代社会各阶层都认可。如宋仁宗即位后皇嗣不育，君臣都很着急。景祐四年（1037）闰四月乙亥，大臣李迪"言欲祠岱岳，祷皇嗣"②。很显然，李迪相信东岳有注生的职能，所以才要去祈祷皇嗣。殿前司游奕军卒李立认识的女鬼被人识破后，对方告诚她不要再来纠缠李立，并表示："吾当移文东岳，令汝受生。"女鬼此后不再现身。③晋陵洪景高的侄子高樆在东岳庙观灯后突然患病，"信口妄语，不省人事"，后经人作法，得知为其亲戚死去之母所凭附。可能考虑到是自己的亲戚，鬼没有受到惩罚，其家"以酒馔香楮遣之，而申泰山府，乞注生具，焚其枢，樆即愈"④。

　　以上故事中东岳神注生都是被动施行，有时东岳也会主动注生。如无嗣的马默（1020—1100）因为官正直，不枉杀人命，受到东岳神嘉奖，被赐予一双儿女：

　　　　沙门岛旧制有定额，过额则取一人投之海中。马默处厚知登州，建言："朝廷既贷其生矣。即投诸海中，非朝廷之本意。今后溢额，乞选年深自至配所不作过人，移登州。"神宗深然之，即诏可，著以为定制。未几，马方坐堂上，忽昏困如梦寐中，见一人乘空来，如世间所画符使也。左右挟一男一女至马前，大呼曰："我自东岳来，圣帝有命。奉天符，马默本无嗣，以移沙门岛罪人事，上帝特命赐男女各一人。"遂置二童，乘黄云而去。马惊起，与左右卒隶见黄云东去。后生男女二人。马亲语余如此。⑤

---

　　① 《夷坚支甲》卷九，《全宋笔记》第9编第5册，第88页。

　　② 《续资治通鉴长编》卷一二〇，第5册，第2828页。

　　③ 《夷坚丁志》卷一八，《全宋笔记》第9编第4册，第380页。

　　④ 《夷坚支乙》卷七，《全宋笔记》第9编第5册，第165页。此为"家先"（或"家先鬼"）重返阳世作祟家中生人、令人患病。姜守诚指出，此种说法可追溯至先秦。见姜守诚：《汉晋道教与葬俗考及其他》，北京师范大学博士后研究工作报告，2008，第67页。

　　⑤ 〔宋〕李元纲撰，朱旭强整理：《厚德录》卷四，《全宋笔记》第6编第2册，郑州：大象出版社点校本，2013，第284页。这个故事被收录在很多宋人笔记中，见〔宋〕王巩：《甲申杂记》，《全宋笔记》第2编第6册，郑州：大象出版社点校本，2006，第46—47页。〔宋〕周辉撰、刘永翔校注：《清波杂志校注》卷二《马子约阴德》，北京：中华书局校注本，1994，第49—50页。〔宋〕王明清撰，燕永成整理：《挥麈后录》卷一一《马子约、梁扬祖因议断强盗罪不咸》，《全宋笔记》第6编第1册，第223页。详略虽然有所区别，但故事在宋代的流行性不容怀疑。

为何东岳神有注生之灵？陈槃指出，按照五行家观念，东方为青帝，主万物之始生。"泰山为东岳，其帝青帝，乘青龙，此即泰山主生旧义矣。若《封禅书》之言登封泰山可以益寿、仙登，则方士引申此一旧义而为此附会之说耳。"①

二、惩恶扬善、决定命分

宋代东岳故事中，有很大一部分惩恶扬善的内容，宣扬的都是世人因为在人间受到冤屈无法申雪，便向东岳神申诉，通过冥诉的方式获得正义的伸张。这种申诉方式一般是受害人去东岳庙，将自己的冤情向东岳神陈述后，将诉状焚化，然后自杀。东岳神在受理案件后，会派人将被告人直接逮捕到冥府对质、宣判，最后被告人还阳后很快死去，案件了结。东岳神的审判除了运用现实中的法律外，更多带有道德审判的意味，强调惩恶扬善，以震慑人世间的坏人，也给世间的弱者保留一丝最后的正义希望。与之相适应的，宋人相信东岳神能够决定世人的命分，不论是科举考试中第与否，还是仕宦、财富，东岳神都能够加以操控，这样一方面让世人接受顺应天命的想法，另一方面也让世人希望通过多做善事，积攒阴德来换取个人命分的改变。

台湾学者刘静贞以士大夫与佛、道间的关系为分类标准，将宋代知识分子宗教观大致分成四类：第一类是排斥佛老的新儒学者，第二类是新信仰的追求者，第三类是奉佛与崇道者，第四类是无固定信仰者。宋人中虽然不乏对鬼神不屑一顾者，但相信鬼神之人恐怕更多，如"高邮崔伯易龙图性信鬼神，屡典郡，所至必缮祠庙，其居家亦常祭享，甚专精也"②。事实上，宋代无论士人还是普通民众，都相信死后世界的存在，并认为死后要经历一个洗涤罪孽的过程。因此，宋代史料中，经常可以看到入冥的记载，世人为其在阳间所犯罪孽在阴间接受东岳神或其他冥司之主的审判。

---

① 陈槃：《泰山主生亦主死说》，（台湾）《"中研院"历史语言研究所集刊》第51本第3分册（1980年9月）。

② 〔宋〕张耒撰，查清华、潘超群整理：《明道杂志》，《全宋笔记》第2编第7册，郑州：大象出版社点校本，2006，第17页。

　　泸州合江县赵市村民毛烈用欺诈手段骗取昌州人陈祈田地，陈祈讼于县。县吏受毛烈贿。"祈以诬罔受杖，诉于州、于转运使，皆不得直。乃具牲酒诅于社，梦与神遇，告之曰：'此非吾所能办。盍往祷东岳行宫？当如汝请。'既至殿上，于幡帷蔽映之中，屑然若有言曰：'夜间来。'祈急趋出。迨夜，复入拜谒，置状于几上。又闻有语曰：'出去。'遂退。"如是三日。"烈在门内，黄衣人直入，捽其胸殴之，奔迸得脱，至家死。又三日，牙侩一僧死，一奴为左者亦死，最后祈亦死。少焉，复苏，谓家人曰：'吾往对毛张大事，善守我七日至十日，勿敛也。'"经过审判，毛烈承认罪行，主者判曰："县令听决不直，已黜官。若干吏受贿者，尽火其居，仍削寿之半。"毛烈赴狱前，泣谓祈曰："吾还无日，为语吾妻，多作佛果救我。君元券在某栿中。又吾平生以诈得得人田，凡十有三契，皆在室中钱积下，幸呼十三家人并偿之，以减罪。"陈祈还阳后，"往毛氏述其事，其子如父言，取券还之"。后数年，毛氏衰替始已。[①]

　　陈祈向东岳神申冤是因其在世间司法部门无法获得公正的判决，但在《杨靖偿冤》《冯资州婿》中，受诬陷之人无一例外选择了绕过世间司法部门，直接向东岳神申冤：

　　　　临安人杨靖者，始以衙校部花石至京师，得事童贯，积官武功大夫，为州都监。将满秩，造螺钿火鑽三合，穷极精巧，买土人陈六舟，令其子十一郎赍入京，以一供禁中，一献老蔡，一与贯，以营再任。子但以一进御，而货其二于相国寺，得钱数百千，为游冶费，愆期不归。靖望之久，乃解官北上，遇诸宿、泗间。子畏父责己，乃曰："所献物皆为陈六所卖，儿几不得免。"靖信之，至京呼陈六诘问，陈答语不逊，靖杖之。方三下，陈呼万岁，得释。还至舟，谓其妻曰："杨大夫不能训厥子，翻以其言罪我，我不能堪。"遂赴汴水死。靖得州钤辖以归，都

　　① 《夷坚甲志》卷一九，《全宋笔记》第9编第3册，第203—204页。这个故事在当时可能颇为流行。《舆地纪胜》卷一五三："有碑记其事，而《夷坚》所记甚详。"（第8册，第4590页）《二刻拍案惊奇》卷一六《迟取券毛烈赖原钱　失还魂牙僧索剩命》是这个故事的明代改编本。

转运使王复领应奉局，辟靖兼幹官，常留使院中，时宣和七年也。是岁四月某日，靖在签厅，有纲船挽卒醉相殴，破鼻出血，突入漕台。纷纷间，靖矍然如有所睹，急趋入屏后，遂仆地。舁归家，即卧病，语言无绪，不食。时临平镇有僧能以秽迹法治鬼，与靖善，遣招之。至则见鬼，曰："我梢工陈六也。顷年以非罪，为杨大夫所杀，赴诉于东岳。岳帝命自持牒追逮，经年不得近，复还白。帝怒，立遣再来，云：'杨靖不至，汝无庸归。'今又岁余矣。公门多神明，久见壅遏。前日数人被血入，土地辈皆惊避，乘间而进，乃得至此。"僧谕之曰："汝他生与是人有冤，今世故杀汝。汝又复取偿，翻覆无穷，何时可已？吾令杨氏饭万僧，营大水陆斋荐谢汝，汝舍之何如？"鬼拜而对曰："畴昔之来，苟闻和尚此语，欣然去矣。今已贻怒主者，惧不反命，则冥冥之中，长无脱期，非得杨公不可也。"僧无策可出，视靖项下有锁，曰："事已尔，姑为启钥，使之饱食，且理家事，可乎？"许诺。前拔锁，靖即起，如平常。然与僧才异处，则复昏困，数日死。富阳人吴兴举旧为吾家仆，亲见靖病及其死云。①

资州守冯子春"其婿从之官。尝须公使银盆，老兵持以入。婿匿之，而称失去，且语冯云：'未尝用。'冯以为兵所窃，置诸狱。兵衰老，不能堪讯鞫，遂自诬伏。索其物，则云久已转鬻了。既论罪决杖，且责偿元直。兵不胜冤愤，具状诉于东岳行宫，泣拜而焚之。仍录一纸系腰间，乃自经于庙门之外。冯受代，复知果州。忽见此兵正昼在侧，愕然曰：'汝死已一年，如何得以到此？'对曰：'银盆事，某陈诉于岳帝，令来追知府女婿对理。'冯惊愦之次，俄失所在。其婿即苦中恶，当日死。冯后七日亦卒。"②

毛烈、杨靖、冯子春遭到东岳神惩罚是因其直接导致了申诉人的冤屈，《朱司法妾》中朱司法与其妾的死似乎没有直接联系，但他仍然不能摆脱被妾索命的下场：

---

① 《夷坚甲志》卷一八，《全宋笔记》第9编第3册，第190—191页。
② 《夷坚支丁》卷七，《全宋笔记》第9编第5册，第367—368页。

朱琮司法者，处州丽水人，以祖大卿恩得官。绍兴戊午，再调临江军法掾。有一侍妾，其妻王氏不能容，日夜楚毒凌虐，至于自刭。朱君坐卧食息，无时不见之，颇怀忧畏。招阁皂山道士行法禳逐，牒付城隍庙拘縻，仍戒云："尊官从今日以后不可往岳殿。"自是不复睹。他日，郡僚偕出祷［晴］，中途值雨作，适到岱庙之前，众轿悉入避，朱亦随之。少焉雨止出外，忽逢故妾来前，略无恭敬之礼，忿恚溢面。朱语之曰："自汝之死，我哀怜到今，汝当亦知，非干我事。"妾曰："若不做官人侍婢时，安得致此？"朱还舍以告妻。未几，遇疾卒，王氏旋踵并亡。凡生三男子，大者才六岁，无人主丧，族姻有从官邻邦者。闻之，亟沿徼来，为料理后事。亦尝招道流考召。见朱着袍执简立，妻因荷枷被讯。迫棺枢出门，邻家室女见两棺后一妇人，蓬头敝衣，拊掌大笑相续去。女惊异，为父母说，即时病喑，竟不复能语。①

故事中虽未提及受害人向东岳神寻求申冤，但从道士提醒朱司法"从今日后不可往岳殿"，及后来朱司法因避雨偶入东岳庙（岱庙），碰到其死去的妾，受到惩罚来看，朱司法的妾应该是向东岳神申冤，并得到东岳神的支持。朱司法尽管向其妾辩白自己与其死无关，始终逃脱不了被索命的下场。最后在朱司法夫妻葬礼上出现的拊掌大笑的妇人，表明冤仇得雪，坏人受到应有的惩罚，暗示了朱司法实际上是纵容妻子虐杀妾的真正凶手。

以上申冤故事中，全部都是受害人向东岳神申诉冤情（《朱司法妾》中虽然未提及向东岳神申诉，但根据文意分析，申诉是肯定的），东岳神摄被告人入阴司接受审判，很显然，这一套司法程序，模仿了世间的司法系统。

宋人肯定东岳神有审判世间冤情的职能，这种审判，除了惩恶扬善外，还带有某种道德审判的意味。

饶州狱卒孔都与郡牙校夏生龃龉，孔都寻机报复。"后数日，出至永平监之东，欲买酒，而夏生又先在彼，望见孔入，从后户佚去。孔径回，抵赡军库，以私酤告官。官亟追卖酒人，并比邻送狱。狱成，酿者坐徒刑，且籍产拆屋，四邻皆均赏钱。夏生亦被罪。酿者当出赏百余千，无以偿，至于鬻其女。不胜

_____

① 《夷坚支乙》卷七，《全宋笔记》第9编第5册，第167页。

怨，率邻人共诣东岳行宫，具诉孔、夏私隙，迁怒破其家，祈神为主。是日，孔在家，忽震恐不自持，呼妻子及里人聚坐。过夜半，乃言：'遭十余人见捕，赖此间党盛，今舍去矣。'天未晓，索衫著出，曰：'当往狱官厅。'是晚不还家。历五日，或言有溺死于澹津湖者，孔妻惊疑必其夫，及厢官捞出尸，果也。盖孔挟一时之忿，致诸家挠坏如此，故神殛之云。"①

按照故事叙述，孔都突然暴死是因其为泄个人私愤，导致其他无辜之人受到牵连，违反道德规律。抛开善恶报应的宿命，单纯从故事逻辑来看，孔都控告酿酒人造卖私酒之事极有可能是事实。宋代政府为了垄断酒利，绝大部分地区实行榷酒制度，严禁私造、私贩酒曲，违者有相关法令处罚。因孔都指控，酿酒者"坐徒刑，且籍产拆屋"，夏生也因买酒而受罚。可见酿酒者酿造的就是私酒，这是违反宋代法律的。宋代法律允许百姓告发犯罪，而且经常用奖励手段鼓励他人揭发犯罪。孔都检举造私酒的行为完全符合宋代法律，因此其暴毙的下场，只能从道德角度来解释，而不能从法律角度来说明。叙述者之所以忽视故事本身存在的法律逻辑问题，执意强调犯罪人的道德缺失，目的是想通过此事来警告世人，神祇（东岳神）对善恶之人的评定，主要依据道德标准。

在东岳神惩恶扬善故事中，申冤者中土人（《杨靖偿冤》）、老兵（《冯资州婿》）、妾（《朱司法妾》）等都属于社会弱势群体，他们在社会生活中往往得不到应有的法律保障。因此在受到冤屈又无力通过正常法律渠道申冤之时，他们只有在东岳神那里才能得到公正的对待。这些故事背后，暗示东岳神是社会弱势群体的保护者与司法公正的象征。

下面故事中，不仅直接指明东岳神判案与阳间司法部门断案方式相同，而且指出东岳神惩恶扬善的神职已经影响了时人的司法观念，以至于引起官方的不满与干涉：

> 资州东岳行宫在城内，只一小殿两庑一门楼，郡人每以窄为嫌。绍兴十六年，路人过庙，为物凭附言，当为崇建庙宇，期限甚峻，观者堵墙而立，无敢不敬信。明日，一州百里间凡山麓巨木悉有本庙题志。远

① 《夷坚丁志》卷一四，《全宋笔记》第9编第4册，第339页。

近协力致助，未及大庙成。基址原枕山，因高增筑，巍然为一路冠。凡以诚来祷，无不立应。其以冤陈状者，才一二日，词首及被诉人及佐证皆死，唯理直者色不变，经宿即苏，说入冥所见，全如世间，特有牛头狱典与猛兽吐息气熏炙罪囚之异。门外人每昏夜往往闻决挞声。二十一年，郡守鄱阳左守道到任，恶其大甚，揭榜禁人投状，扃镝殿门，自是遂绝向来之讼报。①

东岳神判案阳间司法化，说明宋人对阴阳界的区分并不十分严格：人活着犯罪要受到世间司法部门的审判，死后也要受到阴间司法官东岳神的判决。总之，无论生与死，都逃脱不了法律的天网恢恢。

与阳间司法部门不同，东岳神不仅关注冤情，对世人的一些伤天害理行为也不放过：

　　政和四年，有旨修西内，命京西转运司董其役。转运使王某坐科扰，为河南尹蔡安持劾罢。起徽猷阁待制宋君于服中，以为都转运使，免判常程文书，专以修宫室为职。宋锐于立事，数以语督同列曰："速成之，酬赏可立得也。"转运判官孙觌，独以役大不可成，戏答曰："公闻狐婿虎之说乎？狐有女，择婿得虎焉。成礼之夕，傧者祝之曰：'愿早生五男二女。'狐拱立曰：'五男二女，非敢望。但早放却臊命为幸耳。'今日之事正类此也。"宋不乐。觌即引疾罢去。凡宫城广袤十六里，创立御廊四百四十间，殿宇丹漆之饰猥多，率以趣办，需牛骨和灰不能给。洛城外二十里，有千人冢数十丘。干官韩生献计曰："是皆无主朽骸，发而焚之，其骨不可胜用矣。自王漕时已用此。"宋然之。管干官成州刺史郭涟容佐、使臣彭玘十余人，皆幸集事，举无异词。宋以功除显谟阁学士，召为殿中监而卒。宣和中，孙觌病死。至泰山府，外门榜曰"清夷之门"，狱吏捽以入，令供

　　① 《异闻总录》卷二，《四库全书存目丛书》子部246册，济南：齐鲁书社影印本，1995，第276—277页。据四库馆臣评介，此书不著撰者，亦不著时代。书中内容既抄录《夷坚志》，又有元代年号，似乎是后人撮抄之作。见〔清〕永瑢等《四库全书总目》卷一四四《小说家类存目二·〈异闻总录〉提要》。

灭族状。孙曰："我何罪?"殿上厉声曰："发洛阳古冢以幸赏，乃汝也。安得讳?"孙请与诸人对。望两囚荷铁校立庑下，各有一卒持铁扇障其面，时时挥之。扇上皆施钉，血流被体，引至前，乃宋、王二君也，犹与相撑柱。孙历举狐虎之说，及所以去官状，廷下人皆大笑。两人屈服去，孙复醒。他日，韩生亦梦如孙所见者。供状毕，将引退，仰而言曰："某罪不胜诛。但先祖魏公有大勋劳于宗社，不应坐一孙而赤族。"主者凝思良久曰："只供灭房状。"乃如之。自是数月死。不一岁妻子皆尽，今唯取同宗之子以继云。

予闻此事于临川人吴虎臣（曾），吴得之韩子苍。予以国史院简策参之，得其岁月、官职如此。邵武李郁光祖云："有朝士亦以是役进秩，后居邓州得异疾，疽生于臀，长寸许，中有骨焉，不可坐卧。医以药龁之，久而坠地，拳曲如小猪尾。数日又如故，复以前法治之。如是岁余，凡落三十六节乃死。"王日严云："宋君初与官属议，或以为不便。宋入宅思之，必欲行，自批一纸出付司。孔目官某，虑异时为人所讼，以所批黏入牍中。后数年，冥府摄对狱，见牛头卒引一人从烈焰出，乃宋也。孔目诉曰：'事皆由待制，手笔尚存。'王者敕一卒往取。顷刻即至，以示宋，宋引伏，孔目者乃得归。明日，诣曹阅故牍，首尾千百番皆在，独失宋批矣。遂以病自列去吏。归而弃家，为苦行道者。"①

这个故事与叶梦得《岩下放言》卷下，所叙十分相似：

余守许昌时，洛中方营西内甚急，宋弁以都转运使主之。其属有李寔、韩溶二人最用事，宫室梁柱栏槛窗牖皆用灰布。期既迫，竭洛阳内外猪羊牛骨不充用，韩溶建议掘漏泽人骨以代，弁欣然从之。一日，李寔暴疾，死而还魂，具言冥官初追正以灰骨事，有数百人讼于庭。冥官问状，寔言此非我，盖韩溶。忽有吏趋而出，有顷复至，过寔，曰："果然，君当还，然宋都运亦不免。"既白冥官而下，所抱文字风动其纸，略有"灭门"二字。后三日，溶有三子连死，尚幼。其妻哭之哀，又三日亦死。已而，

---

① 《夷坚乙志》卷七，《全宋笔记》第9编第3册，第289—290页。

溶亦死。弁时已入为殿中监。未几，传弁忽溺不止，经日下数石而毙。人始信幽冥之事，有不可诬者。是时，范德儒卒才数月，其家语余，近有人之郓州，夜过野中，见有屋百许间如官府，揭其牓曰"西证狱"。问其故，曰："此范龙图治西内事也。"家亦有兆相符会。有属吏往洛，余使覆其言于李宸，亦然。甚哉，祸福可不畏乎！余素不乐言鬼神幽怪，特书此一事示儿子，以为当官无所忌惮者之戒。"①

东岳神对世人惩恶扬善，与人们相信其掌管世间善恶人姓名簿有着密切的关系。浙东安抚司参议官张勋暴卒，死后通过其子之口告诉家人，他奉上帝诏，掌四时风雨。是秋复至，妻孥泣问所从来，曰："奉帝命诣东岳，查刷世间善恶人姓名簿书。"继而颦蹙曰："世人造业者，何其多耶？恶簿满数百万车，善者才九百车，深可哀也。"②既然东岳神手中有世间善恶人姓名簿，对其所犯罪行自然了如指掌，因此宋人才会相信阳间无法申诉的冤屈，可以在东岳神那里得到辩白。

东岳神属下部门有七十二司的观念为宋人所熟知，宋代所建东岳庙内普遍绘有七十二司的图像。宋元话本小说《史弘肇传》中，开笛工阎招亮被召至东岳为炳灵公开笛，所见景象是"上有三十八盘，中有七十二司"③。小柳司气太认为，七十二司之名数由来，盖本于三十六洞天、七十二福地，或由泰山所封禅七十二君。顾颉刚于20世纪20年代到北京东岳庙游览，记录了东岳庙的七十六司，其中"阴司"类中有善报司、恶报司。善恶报司与善恶姓名簿无疑具有相类似的功能。叶郭立诚指出：以人世政治组织加诸鬼神，造成想象中的冥间政府，权限与职分的划分如何，足以反映人们的政治观念。④

唐代民间流传的东岳神除了治鬼的职能外，还有其他神通：预知世人的前途，甚至可以就生人的命运做出某些安排。不仅是一般的世人，甚至一些大人

① 〔宋〕叶梦得撰，徐时仪整理：《岩下放言》卷下，《全宋笔记》第2编第9册，郑州：大象出版社点校本，2006，第343—344页。
② 《夷坚志补》卷一六，《全宋笔记》第9编第7册，第177页。
③ 《宋元小说家话本集》，第607页。
④ 叶郭立诚：《北平东岳庙调查》，北京大学《民俗丛书》第46卷，台北：东方文化书局，1970重印，第23页。

物的命运前程，也同样掌握在东岳神手里；打破幽冥永隔的界限，随心所欲地安排自己的官僚，直接征召生人来自己的衙署里任职。这些职能，在宋代都得到延续。

命分指"相信人世间各项事物的结果和演变早已被决定，除了致力善功或恶行，或能改变此一决定外，个人对某一事物所做的努力，并不足以改变早已安排的结果"。由于外在背景与内在压力，宋代社会命分观念十分流行，无论官员、学生、应试士人、普通民众，很多人都相信命分。为了求得自己日后的结果，宋人通过相士、求神问卜、占梦、鬼怪等各种方式希望预知自己的命运。①

> 梅询侍读尝从真宗东封，因卜命于岳神。梦三牛斗于庭，有称相公通谒者，虽异之而不晓其兆。既而得濠梁守，州廨有三石牛。后吕许公夷简以殿中丞来倅，询见之，疑若所梦谒者。于是委遇至厚。不数年，许公大拜。②

梅询卜命东岳神，是想预知自己今后的仕途。话本小说《史弘肇传》生动地记载了东岳神对世人命分的决定过程。开笛工阎招亮奉命为炳灵公开笛，无意间看到东岳神升殿：

> 虾须帘卷，雉尾扇开。冕旒升殿，一人端拱坐中间；簪笏随朝，众圣趋跄分左右。金钟响动，玉磬声频。悠扬天乐五云间，引领百神朝圣帝。
>
> 圣帝降辇升殿，众神起居毕。传圣旨："押过公事来。"只见一个汉，项戴长枷，臂连双扭，推将来。阎招亮肚里道："这个汉好面熟！"一时间急省不起他是兀谁。再传圣旨，令押去换铜胆铁心，却令回阳世，为四镇令公，告戒切勿妄杀人命。招亮听得，大惊。忽然一鬼吏喝道："凡夫怎得在此偷看公事？"当时，阎招亮听得鬼吏叫，急慌走回，来开笛处阁子里

---

① 陈祈安：《宋代社会的命分观念》，台湾大学历史学研究所硕士学位论文，2000，第4—5页、第六章结论。

② 〔宋〕赵令畤撰，孔凡礼点校：《侯鲭录》卷七，北京：中华书局点校本，2002，第177页。

坐地。良久之间，康、张二圣来那阁子里来，见开笛了，同招亮将龙笛来呈。吹其笛，声清韵长。炳灵公大喜，道："教汝福上加福，寿上加寿。"招亮告曰："不愿加其福寿。招亮有一亲妹阎越英，见为娼妓。但求越英脱离风尘，早得从良，实所愿也。"炳灵公道："汝有此心，乃凡夫中贤人也，当令汝妹嫁一四镇令公。"招亮拜谢毕，康、张二圣送归。①

话本中游民史弘肇因东岳神为其换了铜胆铁心，人生命运发生改变，做到单、滑、宋、卞四镇令公。文末提到"这话本是京师老郎流传"，说明此故事并非新撰，已经流传了一段时间。史弘肇故事属于典型的"发迹变泰"类型，反映了游民的心态与向往。因此，尽管话本最后用《新五代史》来证明史弘肇在郭威称帝前已经故去，似乎暗示话本所述与历史事实不符，却并不妨碍故事流传。

除了东岳神有改变人贵贱命运的神职，宋人相信炳灵公也有改变世人命分的神力。如话本小说《史弘肇传》中开笛工阎招亮妹妹阎越英的命运就是被炳灵公改变的。据话本所记，阎越英后来嫁给了史弘肇，炳灵公的允诺最终实现。在一些笔记小说中，我们也看到专门向炳灵公祈祷命运的记载：

> 卢莹，兖州使院吏也。开宝九年，自城独归，行村路中，忽见旌旗甲马，问之，云："泰山三郎出猎。"莹尝闻泰山三郎见者就求官禄，多得如愿，乃伏草中。徐见锦袍少年，从者甚盛，莹趋出拜告，少年曰："尔无官分，与钱五百千。"便过如飞。莹后归家，因浚渠，果获钱如所许之数。②

在宋代，科举是入仕的重要途径，为世人所重视，因此，东岳神除决定个人命分，还能决定人们的科举考试录取与否：

> 鄱阳县吏李某，乾道四年七月，梦出城，过东岳行宫，道上见故同

---

① 《宋元小说家话本集》，第607—608页。
② 《新编分门古今类事》卷四，第60页。注出钱易《小说》。

列抱文牍从中出，告曰："此本州今秋解试榜，来书岳帝。"李问："吾所亲及乡里何人预荐？"曰："但有君巷内赵哲一人耳。"梦中思之，无此子，以为疑。其人曰："赵医秉德之子也。"李曰："此吾近乡，熟识之。渠名中兴，非哲也。"曰："吾言不妄，君当自知之。"遂去。时此吏死数年矣。李异之，出诣赵，欲话其事。遇诸途，赵曰："吾已纳保状。夜梦人相劝云：'朝廷方崇太平之业，而予尚名中兴，又与国姓同，不可。能易之，乃佳。'吾甚惑此梦，今将谋之朋友。"李大笑，具道所见，使改名哲，且曰："子若荐送，吾以女嫁子。"是岁，哲果登名于春官，李遂纳为婿。①

故事中是东岳神独自决定科举录取与否，《来岁状元赋》中，包括东岳神在内的一大批神祇共同决定科举考试：

祥符中，西蜀有二举人同砚席，既得举，贫，干索旁郡，乃能办行。已迫岁，始发乡里，惧引保后时，穷日夜以行。至剑门张恶子庙，号英显王，其灵响震山川，过者必祷焉。二子过庙，已昏晚，大风雪，苦寒，不可夜行，遂祷于神，各占其得，且祈梦为信，草草就庙庑下席地而寝。入夜，风雪转甚，忽见庙中灯烛如昼，然后有俎甚盛，人物纷然往来。俄传道自远而至，声振西山，皆岳渎贵神也。既席，宾主劝酬如世人。二子大惧，已无可奈何，潜起伏暗处观焉。酒行，一人曰："帝命吾侪作来岁状元赋，当议题。"一神曰："以铸鼎象物为题。"既而，诸神皆［赋］一韵，且各删韵删改商榷，又久之，遂毕。郎然诵之曰："当召作状元者魂魄授之。"二子默喜，私相语曰："此正为吾二人发。"迫将晓，见神各起致别，传呼出庙而去，视庙中寂然如故。②

故事中众神祇俨然是科举考试的命题官与考官，掌握着状元的最终归属。廖咸惠考察了宋代科举考生的崇拜行为与民间信仰的互动，认为随着科

---

① 《夷坚丙志》卷一一，《全宋笔记》第9编第4册，第114—115页。
② 《岩下放言》佚文《来岁状元赋》，第353—354页。

举考试成为宋代士人晋身官僚的重要机制，士人生活和内容也开始受到科举考试有形与无形的影响。许多考生为了圆一个登科之梦，竭尽所能地以各种方法来求取成功之道，其中就包括祈求神灵的翼助。在宋代，很多神祇都有预测科举的职能，像东岳神这样有影响力的神祇，自然被想象为有掌管科举考试结果的神力。

东岳神既掌管个人生死祸福命运，又能影响个人仕途发展，自然不容世人亵渎：

> 苏州常熟县福山东岳行宫，庙貌甚严。士人胡子文乘醉入庙，望善恶二判官相对，戏掣其恶者笔，同行者以为不可，乃还之。归至舟次，俄一使来曰："被判官命收君。"子文已醒，忆醉时事，甚惧，……既至庙，两人相向，坐西向者怒甚，叱曰："汝为士人，当识去就，何得侮我！"对曰："为狂药所迷，了不自觉，愿丐微命以归。"……怒者曰："若尔，亦宜小惩。"以所执笔点其背，曰："去。"觉遍身如冰，遂寤。所点处生一疽，痛不可忍，百日方愈。①

故事中戏弄东岳判官的士人受到惩罚，说明在面对拥有强大神力的神祇面前，宋人认为要怀有敬畏之心，不能亵渎，否则会给自己带来不幸。

---

① 《夷坚甲志》卷六，《全宋笔记》第9编第3册，第69页。宋代方志《琴川志》卷一〇在介绍福山东岳行宫时，特意提到这个故事。善恶二判官，在《全宋笔记》第9编第6册支癸卷四《杨大方》中再次出现，但并未提及东岳庙。

表6-2　　　　　　　　　　　东岳神家族表①

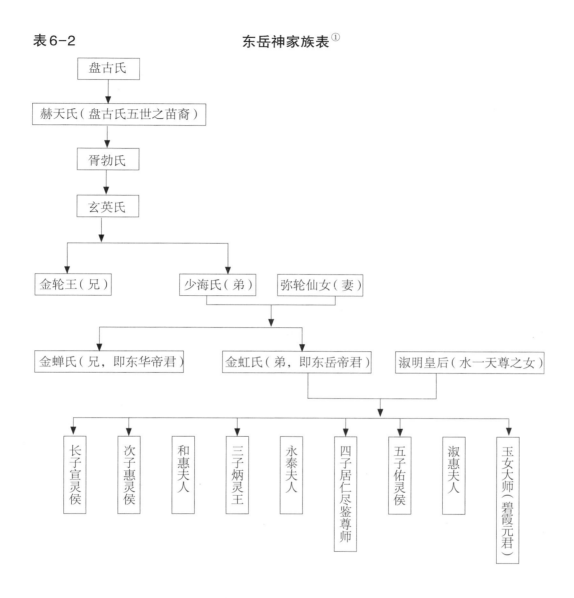

① 此表据《绘图三教源流搜神大全》卷一《东岳》绘制，郎园先生全书本。此书系神仙传记类著作，所录诸神，多取材小说、杂记，实为宋元以来民间风俗相沿之神道记录。见张兴发编著：《道教神仙信仰》，北京：中国社会科学出版社、北京中软电子出版社，2001，第643页。按，东岳神儿女次序、封号，《续资治通鉴长编》卷五一四，宋哲宗元符二年八月庚辰条，"诏封东岳天齐仁圣帝长子为祐灵侯，第二子为惠灵侯，第四子为静鉴太师，第五子为宣灵侯"。（第20册，第12215页）与此不同。

表6-3　　　　　　　　　　　　　　东岳神家族封号表

	时间	神祇	封号	出处
五代	后唐明宗长兴四年（933）七月	泰山三郎	东岳三郎神赠威雄大将军	《旧五代史》卷四四
北宋	宋真宗大中祥符四年（1011）十一月戊戌	东岳神妻	诏加上东岳淑明后，仍遣官祭告	《长编》卷七六，《宋大诏令集》卷一三七
	大中祥符七年（1014）十月十五日	泰山三郎	诏封威雄将军为炳灵公	《事物纪原》卷七
	宋神宗元丰中	张太尉	元丰中，光献太皇太后祈有感，始封嘉应侯	
	宋哲宗元符二年（1099）八月庚辰	东岳神子	诏封东岳天齐仁圣帝长子为祐灵侯，第二子为惠灵侯，第四子为静鉴太师，第五子为宣灵侯。以本路言，父老相传岳帝有五子，惟第三子后唐封威雄大将军，皇朝封炳灵公，其余诸子并无名爵，故有是诏	《长编》卷五一四，《能改斋漫录》卷一八
	宋徽宗大观二年（1108）	东岳别祠	东岳别祠在解，十二月赐庙额广佑	《宋会要》礼二〇
南宋	宋高宗建炎二年（1128）	康元帅[①]	信州弋阳县东岳行宫内佑神康舍人威济公祠，九月封威济王。建炎四年十二月，加封善利二字，以王师授捕魔贼，阴助显灵，从都统辛企宗请也。绍兴二十六年正月，加封威济善利孚应王	《宋会要》礼二〇
	宋度宗咸淳五年（1269）	温太尉	景定四年九月，潮坏江塘，里中耆老因立东岳温太尉庙请于朝，赐广灵为额。咸淳五年，有旨封正佑侯。余自李将军以下九神皆锡（四库本作赐）侯爵：李孚佑、钱灵佑、刘显佑、杨顺佑、康安佑、张广佑、岳恊佑、孟昭佑、韦威佑	《咸淳临安志》卷七三

　　① 《全宋文》卷六七六四（第297册，第64—65页）中对康元帅封号记载与此不同：宣和曰"威济"，建炎曰"善利"，绍兴曰"孚应"，庆元曰"英烈"，字八而止。宝庆褒表，以"显"易"济"，以"灵"易"孚"，加美而弗增焉。

结　语

　　两宋时期，东岳信仰已经在中国人的信仰世界中占据重要的一席之地。万志英（Richard von Glahn）指出，"在宋朝和元朝，东岳是最为重要的统治神"①。作为影响中国人心灵世界的一个比较重要的神祇，东岳神信仰在宋代完成定型。表现在从东岳神自身来看：与前代相比，宋代东岳神的形象完全人格化，其后世出现的亲属（包括部属）如碧霞元君、温太保、炳灵公等在宋代已经全部出现；东岳神各种神职亦完全定型。从官方角度看：唐宋时期不断加封东岳神封号，从王到帝，标志官方对于东岳神的崇祀已经无以复加（元代在宋代东岳帝号基础上增加字数，但封号并未有实质性变化）。官方祀典中的东岳祭祀仪式也同样定型，并为后代所沿用。作为官方东岳祭祀中重要方式之一的泰山封禅，也在宋代达到高峰，此后日趋平淡。从民间对于东岳神信仰来看：东岳信仰经过多朝代的发展，至宋代在民间深入人心，成为重要的神祇。人们普遍采用进香、朝献等方式与东岳神进行沟通、交流。宋代遍布南北各地的东岳行宫满足了社会不同阶层人们的心理需求。虽然这一时期的泰山香社尚未达到明清时期的繁盛程度，但已经有了比较丰富的内容。元明清时期，随着东岳信仰深入，各种以东岳为主题的道教经书、民间宝卷纷纷问世。同时，从东岳信仰中分流出来的碧霞元君、温太保等信仰在民间影响日益增强，逐渐成为全国性或区域性重要神祇，甚至在某些方面风头盖过东岳神。可以说，从宋代以后，东岳信仰转入一个新的发展阶段。

　　华琛（James L.Watson）分析天后信仰时指出，虽然都是供奉天后，不同的社会阶层对天后的信仰是不同的。②据沈宗宪总结，宋人对神祇的认知方式，至

---

　　①　〔美〕万志英著，廖涵缤译：《左道：中国宗教文化中的神与魔》，北京：社会科学文献出版社，第186页。

　　②　华琛（James L.Watson）：《神的标准化：在中国南方沿海地区对崇拜天后的鼓励（960—1960年）》，载韦思谛编，陈仲丹译《中国大众宗教》，南京：江苏人民出版社，2006。

少呈现五种情形：真人化、历史化、世俗化、在地化、功能化。①东岳神是一个集公共宗教（commual religion）与私人信仰（private believe）于一身的神祇。作为公共宗教，东岳是国家祀典（state cult）中的神祇，承担着调节气候、维护政治伦理的作用，帝王代表全国臣民对其进行祭祀。在民间，东岳神官僚化的形象得到认可，宋代之前东岳神已经形成的各项神职仍然为宋人所信奉，并且在宋元时期出现的《三教源流搜神大全》和元代的《元始天尊说东岳化身济生度死拔罪解冤保命玄范诰咒妙经》中，对东岳神职能做了比较系统、全面的概括，表明了东岳信仰在社会上的成熟化。当然，虽然东岳神职能甚多，但影响力最大的仍然是其掌握人的生死休咎。诚如民国时叶郭立诚的总结："东岳大帝之职任在司生死，惩恶奖善；凡生命之长短，福禄之多寡，均掌之；所属三十六地狱，七十五司，其权限之大，实等于阎罗天子也。"②

宋代是一个多神信仰与巫风盛行的时期，除了东岳信仰，社会上还流行各式各样的神祇，其中既有官方祀典中规定的祠神，也有为官方所禁止的淫祀。此外，不论北宋时期抑或南宋偏安一隅，巫觋信仰浸然成为全国的风气。在选择神祇崇拜之时，不同地区的人们对待东岳神的态度并不一致。如高邮高沙城北的东岳行祠，修缮后"岁时朝献，盖自浙江以西，淮壖以东，来者肩摩袂接，旁午道途"③。福山东岳庙除了每年"岁率以暮春大会四方来者于庙之廷"，平时"老弱疾病，岁年丰凶，以至于旦暮之所经，永冀如意而蒙福者惟神是依"。④与这些让人羡慕的情况相比，南宋宁宗时常州的东岳神境况就要差很多：

> 张子智知常州，庆元乙卯春夏间，疫气大作，民病者十室而九。张多治善药，分诸坊曲散给，而求者绝少。颇以为疑。询于郡士，皆云："此邦东岳行宫后，有一殿，士人奉祀瘟神，四巫执其柄。凡有疾者，必使来致

---

① 沈宗宪：《国家祀典与左道妖异——宋代信仰与政治关系之研究》，台湾师范大学历史研究所博士学位论文，2000，第16页。

② 叶郭立诚：《北平东岳庙调查》，北京大学《民俗丛书》第46卷，台北：东方文化书局，1970重印，第17页。

③ 《全宋文》卷六六七一，第293册，第150页。

④ 《全宋文》卷四〇六九，第185册，第270—272页。

祷，戒令不得服药。故虽府中给施，而不敢请。"张心殊不平。他日，至岳祠奠谒，户庭悄悄，香火寥落。问瘟庙所在，从吏谓："必加瞻敬，命炷香设襦。"张悉撤去。时老弱妇女祈赛阗咽，见使君来，争丛绕环视。①

韦伯指出，人们对待鬼神采用原始互惠的办法：以如此这般的仪式供奉来换取如此这般的好处（施与受）。如果人的一切供奉无缺且德行无误，而这名守护神却还是无法保护人，那么他就会被取代，因为只有被证明真正强而有力的神灵才值得崇拜。②常州当地瘟神庙崇祀程度远高于国家祀典中的东岳神，说明东岳神在当地人心目中神性远比不上"淫祀"瘟神庙。这种根据神灵神性灵验与否所做的选择，在宋代到处可见，如"饶州东岳行宫遭火荡尽，后来草创修理，仅有屋一二十间"③，"峡州城东有泰山庙，盖以他处东岳行宫者颓敝岁久，土人谋改作"④。

虽然东岳神很早便从自然神转化为人格化神祇，并且历代帝王对其不断加赐封号，但人们对东岳神的态度似乎变化并不大，体现在东岳神的形象与选任情况固定化，较少变化。宋代东岳信仰虽然十分兴盛，东岳神也完全人格化，但这一时期人格化的东岳神仍然较为抽象，最大的问题在于东岳神未能落实到一个具体的人物形象身上。这个问题，直到明代后期神魔小说《封神演义》的出现才得以解决。《封神演义》中记载黄飞虎死后封神，为东岳大帝，儿子黄天化封为炳灵公：

> 乃敕封尔黄飞虎为五岳之首，仍加敕一道，执掌幽明地府一十八重地狱，凡一应生死转化人神仙鬼，俱从东岳勘对，方许施行。特敕封尔为东岳泰山天齐仁圣大帝之职，总管天地人间吉凶祸福。⑤

① 《夷坚支戊》卷三，《全宋笔记》第9编第5册，第425—426页。
② 〔德〕韦伯著，简惠美译：《中国的宗教——儒教与道教》，《韦伯作品集》，桂林：广西师范大学出版社，2004，第65—66页。
③ 《夷坚支乙》卷七，《全宋笔记》第9编第5册，第168页。
④ 《夷坚支景》卷一，《全宋笔记》第9编第5册，第210页。
⑤ 许仲琳编著：《封神演义》第九十九回，北京：中国青年出版社，1998，第1073页。

虽然黄飞虎为东岳大帝只是小说《封神演义》的虚构，但由于小说的成功与流行，这一说法几乎成为东岳神名字的"定论"。如近代来华的美国学者施赖奥克，曾经在安庆生活了八年，他提到安庆的东岳庙时，便完全使用了《封神演义》中的说法。

在中国人的传统意识中，除了作为国家的祭祀对象，东岳神更多地与道教联系在一起，是一个道教神祇。其实，无论佛道，在其发展过程中，都积极地对作为自然神的东岳神施加影响。

英国传教士庄士敦通过对山东威海卫的考察，认为早期道教与山岳崇拜没有任何联系。道士到山中去，最初是寻找制作长生不老药所需的各种材料，以及进行修炼和入静。但山的魅力很快吸引了他们。佛教传入中国后，他们也很快选择名山落脚。"毋庸置疑，整个中国没有一座山至今或者在过去未曾有僧侣、居士或者厌世的凡人落户。"①

图结语-1　岱顶篷元坊

---

①〔英〕庄士敦著，刘本森译：《狮龙共舞：一个英国人笔下的威海卫与中国传统文化》，南京：江苏人民出版社，2014，第275—276页。

　　魏晋南北朝时期，道教一方面将泰山视作洞天福地，属于三十六小洞天之二："第二东岳太山洞。周回一千里，名曰蓬玄洞天，在兖州乾封县，属山图公子治之。"①另一方面，将东岳神视作有道教神祇特色的人格神："东岳泰山，岳神天齐王，领仙官玉女九万人。山周回二千里，在兖州奉符县。罗浮山、括苍山为佐命，蒙山、东山为佐理。"②"东岳泰山君，领群神五千九百人，主治死生，百鬼之主帅也，血食庙祀宗伯也。俗世所奉鬼祠邪精之神而死者，皆归泰山受罪考焉。诸得佩《五岳真形》，入经山林及太山，诸山百川神皆出境迎拜子也。泰山君服青袍，戴苍碧七称之冠，佩通阳太平之印，乘青龙，从群官来迎子。"③梁朝陶弘景编纂的《真灵位业图》中，五岳被纳入道教神仙体系，都有道教真人统领。

　　在《太平广记》保存的这一时期的一些故事中，道教仙真可以干预甚至改变东岳神的决定。如道士谯乂俊苦于泰山府君征调为"杖直"。"忽于冥间遇道士，不言姓名，谓曰：'尔何不致名者？尽于阳间上告南辰北极，必得免。'乂俊依此虔告。忽尔太山府君却追黄敕，自是遂免。"④南辰北极属于道教神灵系统。《玄门宝海经》等言："北极星，天之太常，其神主升进。上总九天，中统五岳，下领学者。"⑤

　　类似的情况发生在唐人封陟身上。士人封陟生前屡屡拒绝一位自天而降的仙女的求爱，后其染病身亡，为泰山府君遣使者锁至冥府，途中忽遇上元夫人游泰山，而上元夫人竟是昔日向其求偶之人。上元夫人念及昔日之情。"遂索追状，曰：'不能于此人无情。'遂索大笔判曰：'封陟往虽执迷，操惟坚洁，实由朴慇，难责风情，宜更延一纪。'左右令陟跪谢，使者遂解去铁锁，曰：'仙官已释，则幽府无敢追摄。'使者却引归。（封陟）良久，苏

　　① 〔宋〕张君房编，李永晟点校：《云笈七签》卷二七，北京：中华书局点校本，2003，第2册，第612页。
　　② 〔唐〕杜光庭编，罗争鸣辑校：《洞天福地岳渎名山记》，《杜光庭记传十种辑校》上册，北京：中华书局辑校本，2013，第386页。
　　③ 〔汉〕东方朔撰：《洞玄灵宝五岳古本真形图》序，《中华道藏》第4册，北京：华夏出版社，2004，第348页。
　　④ 《太平广记会校》卷三一四，第12册，第1230页。
　　⑤ 《云笈七签》卷二四，第2册，第545—546页。

息。"① 按，上元夫人名阿环，"道君弟子也。亦玄古已来得道，总统真籍，亚于龟台金母"。汉宣帝时，咸阳茅盈受命为东岳上卿、司命真君、太元真人，其师乃总真王君、西灵王母和上元夫人。可见其是道教神灵中地位较高的一位神祇。泰山掌人生死，封陟死后为泰山所追，是泰山正常行使其职权。身为仙姝的上元夫人却能够改动封陟的生死，而且东岳神尚不敢争辩，说明其地位高于东岳神。这一现象与道家对于神仙的认识有关。

道教认为修道有先后之序，成仙有高下之分，所以道教神仙有品位、层次之别。虽然诸家说法不一，但岳渎被视作地上神灵，地位低于天上神仙。这一看法也得到宋人的认同。

《青琐高议》中记载进士牛益睡梦中来到一处宫殿，得知宫殿内载神仙名籍，牛益便向掌管宫殿的已为仙人的故人吴臻打听神仙之事。"益曰：'天仙之详，可得闻乎？'公曰：'自有次序，真人而上，非子可知也。道君次真人，天仙次道君，地仙次天仙，水仙次地仙，地上主者次水仙。率皆正功行进补，方递升仙陛。'……益曰：'公今何职？'公曰：'吾更三百年方补地上主者。'益曰：'主者又是何官？'公曰：'今之掌五岳、四渎、名山大川者也。'"②

南宋时期，流行于境内的道教以符箓派为主要内容。除了传统的正一、上清、灵宝三大派外，南宋社会还流行如神霄、天心、净明、清微等多家符箓派别。这些道教派别擅长用雷法、符箓降妖捉鬼，在他们所法所招神将中，就有东岳神的属下：

---

① 《太平广记会校》卷六八，第3册，第798页。这个故事在宋代仍然继续传播，见〔宋〕罗烨撰，胡绍文整理：《新编醉翁谈录》已集卷二，《全宋笔记》第9编第8册，郑州：大象出版社点校本，2018，第251—252页。据李剑国研究，此书为宋人所撰，估计当编于南宋理宗朝宝庆后。作者罗烨大概是位"书会先生"，或是与说话人关系密切的"才人"之流。本书是编给说话人用作参考的资料书。见李剑国：《宋代志怪传奇叙录》，第650—659页。此故事又见于皇都风月主人编《绿窗新话》上卷，上海：上海古籍出版社笺注本，1991，第12页。本书系纂录前人杂著而成，周楞伽认为该书编者是南宋人，所处时代，大概稍后于罗烨。李剑国则认为该书编者早于罗烨，其人非官中之人，也不是下层书会才人之流，而是有着较高文化修养的文人。见李剑国：《宋代志怪传奇叙录》，第478—497页。

② 《青琐高议》前集卷二，《全宋笔记》第2编第2册，第23页。此条又收入《新编分门古今类事》卷六，第93页。

衡州道士赵祖坚，初行天心法时，与乡人治祟，既止复作，不胜怒，摄附体者责问之，对曰："非敢擅来，乃法院神将受某赂，是故敢然，今去矣。"赵默自念："吾所以生持正法降伏魑魅者，赖神为用也，兹乃公受贿托，吾将何所倚仗哉？"欲状其罪，申东岳。是夜，梦一介胄武士，威容甚猛，拱手立于前曰："弟子即法师部下神将也。生时为兵，有膂力，众呼曰陈铁鞭。死得为神，得隶坛席，不能自谨，致纳鬼赂。闻法师欲告岱岳，则当堕北酆无间狱，永无脱期。愿垂哀恕，请得洗心自新。"赵曰："吾不忍言汝罪，只云不愿行此法，使汝自回耳。"其人拜谢而退，赵竟上章，反术议改习五雷。①

文中演习天心法的道士部下神将受贿，但道士并未直接对其进行处罚，而是"状其罪申东岳"，交由东岳神裁决。这似乎表明天心派道士部下的神将来自东岳神，道士只有"使用"权，却没有治权。而文末道士既不愿意因为自己的缘故让神将受到惩罚（堕入北酆无间狱，永无脱期），也不愿意继续使用这个神将，便采用折中的办法，表示自己不愿再演习天心法，要改学其他法术，从而既摆脱了让自己讨厌的天心法神将，也让神将免于受罚。这类似于将"租借者"归还其原主，表明神将真正的主人是东岳神，而不是行天心法的道士。

除了东岳神在道教符箓法术中频繁出现，东岳神的属神如温太保、张太保亦常见。如辑录宋元两代符箓诸派符咒秘法的《道法会元》中，就有专门的《东岳温太保考召秘法》《地祇温元帅大法》《东平张元帅秘法》《张元帅专司考召法》。此外，道教典籍中还有专门的温太保传记。

自从佛教传入中国，随着发展，佛教对东岳信仰产生了重要影响，其中影响最大的是佛教中执掌冥府的神灵阎罗王开始逐渐侵夺泰山的治鬼职能。关于阎罗王职能，唐人慧琳做了如下说明："此司典生死罪福之业，主守地狱八热、八寒以及眷属诸小狱等，役使鬼卒于五趣中，追报罪人，捶拷治罚，决断善恶，更无休息。"②可见阎罗王的主要职责便是在地狱中拷问罪人，惩恶扬善。

北魏太昌元年（532）的《都督樊奴子造像记》，其碑阴题记曰："第三列画

① 《夷坚支乙》卷五，《全宋笔记》第9编第5册，第149—150页。
② 〔唐〕慧琳：《一切经音义》卷五，大正藏本。

像一屋无四壁，古所谓堂无四壁曰'皇'是也。室中榻上坐一神人，作鞫狱状，其右题云：'此是阎罗王治口。'神座之前画二羊做跪诉状，又画一人缚于架格上，一人持刀屠割之。题字云：'此是屠仁（人？）今常（偿？）羊命。'"①这可能是目前发现较早的关于阎罗王地狱审判的碑刻资料。

此后，在碑刻中屡屡出现阎罗王审断的文字和图像。如唐贞观十三年（639）的"齐士员造像铭"，碑阴刻有"地狱变相"。重庆大足石刻中，也多有地狱图像。宋人接受了阎罗王与东岳大帝同为地府长官的认识，在一些笔记中，经常出现二者的身影。

作为中国古代颇有影响力的神祇，东岳信仰究竟是一种什么样的信仰？或者说，东岳神代表了哪一类神祇呢？

武雅士（Arthur.Wolf）通过对三峡村的考察，提出汉人民间宗教存在一个神、祖先、鬼的共同象征体系。"神所穿着的是古代的官袍；其庙宇由灵界将军守护；它们惩处那些犯下对抗社会罪行的人，很容易被冒犯，也会收受贿赂；它们写报告，保留档案，并与离散的行政区域保持着相互联系。很显然，神祇是帝国官僚机构在超自然界的同行。"②

针对武雅士的说法，韩明士（Robet Hymes）在其著作《道与庶道》中，提出中国神灵不仅存在武雅士所说的官僚模式（bureaucratic model），也存在个人模式（personal model）。对于两种模式的特点，韩明士作了总结：

> 在官僚模式中，这些要素最明显地表述为：（1）神祇皆为官员。（2）神祇等级是多层的。（3）除最高级的神祇之外，所有神祇的权威均来自外部，由一位比它高级的神祇授权。（4）世人与神祇权威打交道是间接的，既可通过较低层次的神祇，也可借助职业宗教人士；前者沟通世人与较高级神祇的关系，后者则无所不包，甚至可以做世人与最低层次神祇之间的中介。（5）神祇与特定地点、居民之间的联系原则上是暂时的，是任

---

① 〔清〕毛凤枝编：《关中石刻文字新编》，《石刻史料新编》第1辑第22册，台北：新文丰出版公司，1977，第16876页。

② 〔美〕武雅士编，彭译安、邵铁峰译：《中国社会中的宗教与仪式》引言，南京：江苏人民出版社，2014，第8页。

命所致，而不是神祇本身形成的或它们自身选择的结果。

相反，个人模式表述为：（1）神祇是"异人"，这是富有深意却又是模糊的表述，遇到神祇或类似神祇之人时，中国人常常使用"异人"一词，其字面意思为"不一样的人"或"特异之人"。（2）这意味着神祇、神——人之间的等级往往是一对一的，而非多层次的，其等级基于各种关系原则，诸如宗族、师傅——弟子关系，或者基于选定的联系为媒介，诸如交易或承诺之类。（3）神祇的权威或者特殊力量是其固有的，而不是受外在权威的委托，这也是神祇被视作"异人"的特征之一。（4）世人与神祇的交往无需中介，是直接的（或者至少相对如此）。（5）神祇与地方、居民的关系或是内在的，或是出于神灵自身的选择，都是长久的。①

韩明士认为东岳神"特别官僚化"。②朱溢研究了唐代山岳信仰后得出结论：在中国古代，五岳神与国家政治的联系十分紧密。朝廷对于五岳神的封赠，体现了明显的官僚模式，是现实中朝廷官僚模式的投影。③

宋代东岳神由王升为帝，官僚身份日益浓重。表现在宋人文本中，东岳神服饰完全帝王化与官僚化；东岳神在审判案件时，完全是仿效阳间司法部门办案过程；东岳神有自己的僚属，还有高于自己的帝、上帝；东岳神与某地、某些人的关系是不固定的，等等。但东岳神并不完全符合官僚模式：东岳神的权力不是通过授权得到的，而是与生俱来的；东岳神与人的交往不需要通过其他神祇（或巫师等）媒介，都是直接对话。

通过前面分析可以看出，无论是官僚模式，还是个人模式，都无法完全涵盖东岳神。东岳神应该是官僚模式与个人模式的杂糅体，其特点表现在：（1）东岳神是官僚的神；（2）东岳神是处于神灵等级中的，并非最高等级的神；（3）神的权力不是通过授权，而是与生俱来的；（4）神人之间的关系是直接相互作用的，不需要经过媒介；（5）神与人和地方关系的建立是后天的，可选择性的。

---

① 《道与庶道：宋代以来的道教、民间信仰和神灵模式》，第5—6页。对于韩明士一书的中文评价，可参见邓小南、荣新江主编《唐研究》第11卷中皮庆生的书评。

② 《道与庶道：宋代以来的道教、民间信仰和神灵模式》，第296页。

③ 朱溢：《隋唐时代的山岳信仰》摘要，北京大学历史学硕士学位论文，2005。

　　以往学界从事民间信仰研究，所研究对象往往都是区域性神祇，或者是经历了由淫祠向正祀转换的神祇，在中国古代数量繁多的各式神祇中，这些神祇只是其中某一类，而根据这类神祇所得出的结论，往往只是体现了某一类神祇的特点。

　　东岳神是从一开始便被列入正祀，载入国家祀典之中，不仅正当性毫无疑问，而且得到社会各阶层的普遍推崇，在历朝历代各种毁禁淫祠的活动中，东岳庙都不在被毁禁的行列中。虽然如宋代的陈淳对包括东岳神在内的神祇人格化表示极大的不满，但他的这种看法并不代表当时社会上的主流观点。北宋开国之君宋太祖时曾下令"有司制诸岳神衣、冠、剑、履"。连皇帝都承认东岳神的人格化形象，臣下自然不会反对。因此，东岳信仰在中国古代历经千年，有着极大的稳定性与传承性，这与那些从淫祠身份经过一番"包装"，最终改头换面成为正祀的神祇有着极大的不同。相应地，人们对这些不同神祇的态度也存在着差异。最明显的差异是，人们对于东岳神这样的正祀对象不存在任何质疑，对于神祇的灵力始终怀有深深的敬畏感。这便导致人神之间的关系始终处于一种比较严肃化和单纯化的状态，至少在现存的宋代东岳神故事中，我们很难找到取笑或者丑化东岳神的故事，这与人们对诸如五通神这样的怪力乱神有着既敬畏又戏谑的复杂态度有着明显区别。

　　另外，与关公、妈祖等单神信仰的神祇不同，东岳信仰经历了由单一神祇信仰向多神祇信仰的转变。早期的东岳信仰只是单一的东岳神（即泰山府君、东岳大帝）信仰，随着时间的推移，以东岳神为中心，逐渐出现了一批与之有关系的神祇：妻子（淑明皇后）、子女（炳灵公、碧霞元君）、部下（张元帅、温元帅等），这些新出的神祇以血缘关系、夫妻关系、上下级关系等与东岳神有着亲疏不同的联系，就像是由东岳神这棵大树上生长出来的新苗，围绕在东岳神的周围，逐渐发展壮大，后来慢慢脱离母体，单独成长。事实上，明清时期，诸如碧霞元君、温元帅等已经成为单独的信仰，甚至在某些地方，他们的影响力超过了东岳神。这种神祇信仰模式，可以称之为神祇衍生模式，即从一个主神中逐渐分化出一些新的神祇。这些新的神祇在渊源上与主神有着千丝万缕的联系，但它们又有着自己独立的信仰渠道与功能，在某些地区或者某些情况下，它们作为独立的神祇为人们所信仰、供奉，但它们与原先的主神合在一起，又构成一个庞大的神祇信仰群，东岳神无疑就是这类神祇的一个典型代表。

参考文献

一、史料（按作者音序排列）

［1］〔日〕安居香山、中村璋八辑：《纬书集成》，石家庄：河北人民出版社，1994年。

［2］〔汉〕班固撰，〔唐〕颜师古注：《汉书》，北京：中华书局点校本，1962年。

［3］北京大学古文献研究中心编：《全宋诗》，北京：北京大学出版社，1998年。

［4］〔清〕毕沅辑：《山左金石志》，《石刻史料新编》第1辑第19册，台北：新文丰出版公司，1982年。

［5］〔宋〕边实纂修：《淳祐玉峰志》，《宋元方志丛刊》第1册，北京：中华书局影印本，1990年。

［6］〔唐〕不著撰人，蒋力生、刘春援、李丛点校：《无上秘要》，《中华道藏》第28册，北京：华夏出版社点校本，2004年。

［7］不著撰人，刘仲宇等点校：《道法会元》，《中华道藏》第38册，北京：华夏出版社点校本，2004年。

［8］不著撰者：《宋大诏令集》，北京：中华书局点校本，1962年。

［9］不著撰者：《异闻总录》，《四库全书存目丛书》子部第246册，济南：齐鲁书社影印本，1995年。

［10］陈柏泉编著：《江西出土墓志选编》，南昌：江西教育出版社，1991年。

［11］〔宋〕陈淳撰，熊国桢点校：《北溪字义》，北京：中华书局点校本，1983年。

［12］〔宋〕陈亮著，邓广铭点校：《陈亮集》，北京：中华书局点校本，1987年。

［13］陈习删：《大足石刻志略校注》，载刘长久等编著《大足石刻研究》中篇。

［14］陈垣编：《道家金石略》，北京：文物出版社，1988年。

［15］〔元〕陈元靓：《事林广记》，北京：中华书局影印本，1999年。

［16］程毅中辑注：《宋元小说家话本集》，济南：齐鲁书社，2000年。

［17］〔宋〕崔与之著，张其凡、孙志章整理：《宋丞相崔清献公全录》，广州：广东人民出版社点校本，2008年。

［18］〔汉〕东方朔撰，王卡点校：《洞玄灵宝五岳古本真形图》，《中华道藏》第4册，北京：华夏出版社点校本，2004年。

［19］〔唐〕杜甫撰，〔清〕仇兆鳌注：《杜诗详注》，北京：中华书局点校本，2015年。

［20］〔唐〕杜光庭编，罗争鸣辑校：《洞天福地岳渎名山记》，《杜光庭记传十种辑校》上册，北京：中华书局辑校本，2013年。

［21］〔唐〕杜佑撰，王文锦等点校：《通典》，北京：中华书局点校本，1988年。

［22］〔唐〕段成式撰，曹中孚校点：《酉阳杂俎》，上海：上海古籍出版社点校本，2012年。

［23］〔宋〕范成大撰，陆振岳点校：《吴郡志》，南京：江苏古籍出版社点校本，1999年。

［24］〔宋〕范晔撰，〔唐〕李贤等注：《后汉书》，北京：中华书局点校本，1965年。

［25］〔唐〕房玄龄等：《晋书》，北京：中华书局点校本，1974年。

［26］〔明〕方岳贡等纂修：《（崇祯）松江府志》，《日本藏中国罕见地方志丛刊》第21册，北京：书目文献出版社，1986年。

［27］〔清〕富察敦崇：《燕京岁时纪》，北京：北京古籍出版社点校本，1981年。

［28］傅璇琮、施纯德编：《翰学三书》，沈阳：辽宁教育出版社点校本，2003年。

［29］〔晋〕干宝撰，曹光甫校点：《搜神记》，上海：上海古籍出版社点校本，2012年。

［30］〔宋〕高承撰，金圆、许沛藻点校：《事物纪原》，北京：中华书局点校本，1989年。

［31］高文：《汉碑集释》，开封：河南大学出版社，1997年。

［32］〔汉〕公羊寿传，何休解诂，〔唐〕徐彦疏，浦卫忠整理：《春秋公羊传注疏》，北京：北京大学出版社标点本，1999年。

［33］〔清〕顾炎武著，黄汝成集释，栾保群、吕宗力点校：《日知录集释》，上海：上海古籍出版社点校本，2006年。

［34］〔晋〕郭璞注，〔宋〕邢昺疏，李传书整理：《尔雅注疏》，北京：北京大学出版社点校本，1999年。

［35］〔宋〕洪迈撰，李昌宪整理：《夷坚志》，郑州：大象出版社点校本，2018年。

［36］何竹淇主编：《两宋农民战争史料汇编》，北京：中华书局，1976年。

［37］〔宋〕胡宿：《文恭集》，影印文渊阁四库全书本。

［38］〔宋〕皇都风月主人编，周楞伽笺注：《绿窗新话》，上海：上海古籍出版社笺注本，1991年。

［39］〔宋〕黄公瑾撰，陈信一点校：《地祇上将温太保传》，《中华道藏》第46册，北京：华夏出版社点校本，2004年。

［40］〔唐〕慧琳：《一切经音义》，大正藏本。

［41］〔宋〕江少虞：《宋朝事实类苑》，上海：上海古籍出版社点校本，1991年。

［42］〔宋〕金允中编，李远国点校：《上清灵宝大法》，《中华道藏》第34册，北京：华夏出版社点校本，2004年。

［43］〔宋〕孔平仲撰，池洁整理：《谈苑》，《全宋笔记》第2编第5册，郑州：大象出版社点校本，2006年。

［44］〔宋〕礼部太常寺纂修，〔清〕徐松辑：《中兴礼书》，《续修四库全书·史部·政书类》第822册，上海：上海古籍出版社影印本，2002年。

［45］〔北魏〕郦道元著，陈桥驿校证：《水经注校证》，北京：中华书局校证本，2007年。

［46］〔宋〕李昉等：《太平御览》，影印文渊阁四库全书本。

［47］〔宋〕李昉等编，张国风会校：《太平广记会校》，北京：北京燕山出版社会校本，2011年。

［48］〔宋〕黎靖德辑，郑明等校点：《朱子语类》，《朱子全书》第17册，上海：上海古籍出版社、合肥：安徽教育出版社点校本，2010年。

［49］〔唐〕李林甫等撰，陈仲夫点校：《唐六典》，中华书局点校本，1992年。

［50］〔宋〕李焘撰，上海师范大学古籍研究所、华东师范大学古籍研究所点校：《续资治通鉴长编》，北京：中华书局点校本，2004年。

［51］李修生主编：《全元文》，南京：凤凰出版社，2005年。

［52］〔宋〕李元纲撰，朱旭强整理：《厚德录》，《全宋笔记》第6编第2册，郑州：大象出版社点校本，2013年。

［53］〔宋〕梁克家纂修：《淳熙三山志》，《宋元珍稀地方志丛刊》甲编第7册，
　　　成都：四川大学出版社点校本，2007年。

［54］〔明〕林策修，张烛纂，魏堂续增：《（嘉靖）萧山县志》，《天一阁藏明代
　　　方志选刊续编》第29册，上海：上海书店影印本，1990年。

［55］〔明〕凌濛初编著，吴书荫校注：《二刻拍案惊奇》，北京：中华书局，
　　　2014年。

［56］〔宋〕刘斧撰，李国强整理：《青琐高议》，《全宋笔记》第2编第2册，郑
　　　州：大象出版社点校本，2006年。

［57］〔后晋〕刘昫：《旧唐书》，北京：中华书局点校本，1975年。

［58］龙显昭、黄海德主编：《巴蜀道教碑文集成》，成都：四川大学出版社点
　　　校本，1997年。

［59］〔宋〕罗叔韶修，常棠纂：《澉水志》，《宋元方志丛刊》第5册，北京：中
　　　华书局影印本，1990年。

［60］〔宋〕罗烨编，胡绍文整理：《新编醉翁谈录》，《全宋笔记》第9编第8册，
　　　郑州：大象出版社点校本，2018年。

［61］〔宋〕吕居仁撰，查清华、胡俭整理：《师友杂志》，《全宋笔记》第3编第
　　　6册，郑州：大象出版社点校本，2008年。

［62］〔宋〕马端临著，上海师范大学古籍研究所、华东师范大学古籍研究所点
　　　校：《文献通考》，北京：中华书局点校本，2011年。

［63］马蓉、陈抗等：《永乐大典方志辑佚》，北京：中华书局，2004年。

［64］〔清〕毛凤枝编：《关中石刻文字新编》，《石刻史料新编》第1辑第22册，
　　　台北：新文丰出版公司，1977年。

［65］〔汉〕毛亨传，〔汉〕郑玄笺，〔唐〕孔颖达疏，龚抗云、李传书、胡渐逵整
　　　理：《诗经正义》北京：北京大学出版社标点本，1999年。

［66］〔宋〕孟元老撰，伊永文笺注：《东京梦华录笺注》，北京：中华书局笺注
　　　本，2006年。

［67］〔宋〕耐得翁撰，汤勤福整理：《都城纪胜》，《全宋笔记》第8编第5册，
　　　郑州：大象出版社点校本，2017年。

［68］〔唐〕牛僧孺编，程毅中点校：《玄怪录》，北京：中华书局点校本，1982年。

［69］〔宋〕欧阳修等：《新唐书》，北京：中华书局点校本，1975年。

［70］〔宋〕欧阳修等:《太常因革礼》,宛委别藏本。

［71］〔宋〕欧阳修著,李逸安点校:《欧阳修全集》,北京:中华书局点校本,2001年。

［72］〔清〕潘荣陛:《帝京岁时纪胜》,北京:北京古籍出版社点校本,1983年。

［73］〔宋〕庞元英撰,金圆整理:《文昌杂录》,《全宋笔记》第2编第4册,郑州:大象出版社点校本,2006年。

［74］〔唐〕权德舆撰,郭广伟校点:《权德舆诗文集》,上海:上海古籍出版社点校本,2008年。

［75］〔南朝梁〕沈约:《宋书》,北京:中华书局点校本,1974年。

［76］〔宋〕沈括:《长兴集》,影印文渊阁四库全书本。

［77］〔明〕施耐庵集撰,罗贯中纂修,王利器校注:《水浒全传校注》,石家庄:河北教育出版社,2009年。

［78］〔宋〕释文莹撰,郑世刚整理:《湘山野录》,《全宋笔记》第1编第6册,郑州:大象出版社点校本,2003年。

［79］〔汉〕司马迁撰:《史记》,北京:中华书局点校本,2013年。

［80］〔宋〕孙应时纂修:《琴川志》,《宋元方志丛刊》第2册,北京:中华书局影印本,1990年。

［81］〔梁〕陶弘景纂,〔唐〕闾丘方远校订,王家葵校理:《真灵位业图校理》,北京:中华书局点校本,2013年。

［82］〔明〕田汝成:《西湖游览志》,影印文渊阁四库全书本。

［83］〔元〕脱脱等:《宋史》,北京:中华书局点校本,1985年。

［84］〔清〕王昶:《金石萃编》,《石刻史料新编》第1辑第2册,台北:新文丰出版公司,1977年。

［85］〔宋〕王得臣撰,黄纯艳整理:《麈史》,《全宋笔记》第1编第10册,郑州:大象出版社点校本,2003年。

［86］〔宋〕王巩撰,戴建国整理:《甲申杂记》,《全宋笔记》第2编第6册,郑州:大象出版社点校本,2006年。

［87］〔宋〕王巩撰,戴建国、陈雷整理:《随手杂录》,《全宋笔记》第2编第6册,郑州:大象出版社点校本,2006年。

［88］〔宋〕王珪:《华阳集》,影印文渊阁四库全书本。

［89］王河、真理整理：《宋代佚著辑考》，南昌：江西人民出版社，2003年。

［90］王季思主编：《全元戏曲》，北京：人民文学出版社，1999年。

［91］〔宋〕王钦若等编纂，周勋初等校订：《册府元龟》（校订本），南京：凤凰出版社，200年6。

［92］王丽主编：《三晋石刻大全·晋城市泽州县卷》，太原：三晋出版社，2012年。

［93］王明：《太平经合校》，北京：中华书局，1960年。

［94］王明：《抱朴子内篇校释》，北京：中华书局校释本，1985年。

［95］〔宋〕王明清撰，燕永成整理：《挥麈录》，《全宋笔记》第6编第1册，郑州：大象出版社点校本，2013年。

［96］〔宋〕王明清撰，燕永成整理：《投辖录》，《全宋笔记》第6编第2册，郑州：大象出版社点校本，2013年。

［97］〔宋〕王溥：《唐会要》，北京：中华书局标点本，1955年。

［98］〔宋〕王溥：《五代会要》，上海：上海古籍出版社点校本，1978年。

［99］〔宋〕王应麟辑：《玉海》，扬州：广陵书社影印本，2003年。

［100］〔明〕汪子卿撰，周郢校证：《泰山志校证》，合肥：黄山书社校证本，2006年。

［101］〔宋〕魏了翁：《鹤山先生大全文集》，四部丛刊初编本。

［102］〔北齐〕魏收：《魏书》，北京：中华书局点校本，1974年。

［103］〔宋〕委心子撰，金心点校：《新编分门古今类事》，北京：中华书局点校本，1987年。

［104］〔唐〕魏征等：《隋书》，北京：中华书局点校本，1973年。

［105］〔宋〕吴曾撰，刘宇整理：《能改斋漫录》，《全宋笔记》第5编第3、4册，郑州：大象出版社点校本，2012年。

［106］〔宋〕吴自牧撰，黄纯艳整理：《梦粱录》，《全宋笔记》第8编第5册，郑州：大象出版社点校本，2017年。

［107］〔唐〕萧嵩等撰，周佳、祖慧点校：《大唐开元礼》，杭州：浙江大学出版社，2016年。

［108］〔清〕谢庭熏修，陆锡熊纂：《（乾隆）娄县志》，《中国方志丛书·华中地方》第137号，台北：成文出版社有限公司，1974年。

［109］〔汉〕许慎撰，〔清〕段玉裁注：《说文解字注》，上海：上海古籍出版社影印本，1988年。

［110］〔清〕徐松辑，刘琳、刁忠民等校点：《宋会要辑稿》，上海：上海古籍出版社点校本，2014年。

［111］〔宋〕徐铉撰，张剑光整理：《稽神录》，《全宋笔记》第8编第7册，郑州：大象出版社点校本，2017年。

［112］〔明〕许仲琳编著：《封神演义》，北京：中国青年出版社，1998年。

［113］〔宋〕薛居正等：《旧五代史》，北京：中华书局点校本，2015年。

［114］严复：《严复集》，北京：中华书局点校本，1986年。

［115］〔明〕杨逢春修，方鹏纂：《（嘉靖）昆山县志》，《天一阁藏明代方志丛刊》第9册，上海：上海古籍书店影印本，1981年。

［116］〔元〕杨遡纂修：《至正昆山郡志》，《宋元方志丛刊》第1册，北京：中华书局影印本，1990年。

［117］〔清〕姚毂：《湖州府志》，《中国方志丛书》第185册，台北：成文出版社，2006年。

［118］〔宋〕叶梦得撰，徐时仪整理：《石林燕语》，《全宋笔记》第2编第10册，郑州：大象出版社点校本，2006年。

［119］〔宋〕叶梦得撰，徐时仪整理：《岩下放言》，《全宋笔记》第2编第9册，郑州：大象出版社点校本，2006年。

［120］〔宋〕佚名撰，赵维国整理：《道山清话》，《全宋笔记》第2编第1册，郑州：大象出版社点校本，2006年。

［121］〔宋〕佚名撰，徐鸿整理：《大宋宣和遗事》，《中华野史·宋代卷》，济南：泰山出版社点校本，2000年。

［122］〔汉〕应劭撰，王利器校注：《风俗通义校注》，北京：中华书局校注本，1981年。

［123］〔清〕永瑢、纪昀主编：《四库全书总目提要》，海口：海南出版社点校本，1999年。

［124］〔元〕俞琰撰，李珍、王继训整理：《席上腐谈》，《中华野史·辽夏金元卷》，济南：泰山出版社点校本，2000年。

［125］〔宋〕袁甫：《蒙斋集》，影印文渊阁四库全书本。

［126］袁珂：《山海经校注》（最终修订版），北京：北京职合出版公司，2014年。

［127］〔宋〕元妙宗编，陈秀峰点校：《太上助国救民总真秘要》，《中华道藏》第30册，北京：华夏出版社点校本，2004年。

［128］曾枣庄、刘琳主编：《全宋文》，上海：上海辞书出版社，2006年。

［129］〔宋〕曾肇：《曲阜集》，影印文渊阁四库全书本。

［130］〔宋〕赞宁撰，范祥雍点校：《宋高僧传》，北京：中华书局点校本，1987年。

［131］〔宋〕张邦基撰，孔凡礼点校：《墨庄漫录》，北京：中华书局点校本，2002年。

［132］〔晋〕张华撰，范宁校证：《博物志校证》，北京：中华书局校证本，1980年。

［133］〔宋〕张耒撰，查清华、潘师群整理：《明道杂志》，《全宋笔记》第2编第7册，郑州：大象出版社点校本，2006年。

［134］〔明〕张良知纂修：《（嘉靖）许州志》，《天一阁藏明代方志选刊》第47册，上海：上海古籍书店影印本，1981年。

［135］〔宋〕张师正撰，张剑光整理：《括异志》，《全宋笔记》第8编第9册，郑州：大象出版社点校本，2017年。

［136］〔宋〕赵令畤撰，孔凡礼点校：《侯鲭录》，北京：中华书局点校本，2002年。

［137］〔宋〕赵彦卫撰，朱旭强整理：《云麓漫钞》，《全宋笔记》第6编第4册，郑州：大象出版社点校本，2013年。

［138］〔清〕赵翼撰，栾保群、吕宗力校点：《陔余丛考》，石家庄：河北教育出版社点校本，1990年。

［139］〔宋〕郑居中等撰，汪潇晨、周佳点校：《政和五礼新仪》，杭州：浙江大学出版社，2017年。

［140］〔宋〕郑侠：《西塘集》，影印文渊阁四库全书本。

［141］〔汉〕郑玄注，〔唐〕孔颖达疏，龚抗云整理：《礼记正义》，北京：北京大学标点本，1999年。

［142］中国第二历史档案馆编：《中华民国史档案资料汇编》第5辑第1编《文化》，南京：江苏古籍出版社，1994年。

［143］〔元〕周密：《乾淳岁时记》，〔明〕陶宗仪等编《说郛三种》第6册，上海：上海古籍出版社影印本，1988年。

［144］〔宋〕周密撰，范茘整理：《癸辛杂识》，《全宋笔记》第8编第2册，郑

州：大象出版社点校本，2017年。

［145］〔宋〕周辉撰，刘永翔校注：《清波杂志校注》，北京：中华书局校注本，
　　　　1994年。

［146］〔宋〕周紫芝：《太仓稊米集》，影印文渊阁四库全书本。

［147］《绘图三教源流搜神大全》，郋园先生全书本。

二、中文出版物（按出版时间排列）

［148］〔日〕小柳司气太编：《白云观志（附东岳庙志）》，〔日〕东方文化学院
　　　　东京研究所，1934年。

［149］王义昌等：《北平庙会调查报告（侧重其经济方面）》，北平：民国学院，
　　　　1937年。

［150］郑振铎：《插图本中国文学史》，北京：人民文学出版社，1957年。

［151］张国淦：《中国古方志考》，上海：中华书局，1962年。

［152］叶郭立诚：《北平东岳庙调查》，北京大学《民俗丛书》第46卷，台北：
　　　　东方文化书局，1970年重印。

［153］《辞海》，上海：上海辞书出版社，1980年。

［154］朱天顺：《中国古代宗教初探》，上海：上海人民出版社，1982年。

［155］邓云特：《中国救荒史》，上海：上海书店影印本，1984年。

［156］龙潜庵编著：《宋元语言词典》，上海：上海辞书出版社，1985年。

［157］四川省社会科学院等编：《大足石刻内容总录》，成都：四川省社会科学
　　　　院出版社，1985年。

［158］中国科学院北京天文台主编：《中国地方志联合目录》，北京：中华书
　　　　局，1985年。

［159］〔古罗马〕维特鲁威著，高履泰译：《建筑十书》，北京：中国建筑工业
　　　　出版社，1986年。

［160］陈梦家：《殷墟卜辞综述》，北京：中华书局，1988年。

［161］顾颉刚：《中国上古史研究讲义》，北京：中华书局，1988年。

［162］柳诒徵：《中国文化史》，上海：中国大百科全书出版社，1988年。

［163］袁爱国：《泰山神文化》，济南：山东大学出版社，1991年。

［164］高寿仙：《中国宗教礼俗》，天津：天津人民出版社，1992年。

［165］L.B.布朗著，金定元等译：《宗教心理学》，北京：今日中国出版社，1992年。

［166］王云海主编：《宋代司法制度》，开封：河南大学出版社，1992年。

［167］詹鄞鑫：《神灵与祭祀——中国传统宗教综论》，南京：江苏古籍出版社，1992年。

［168］周宝珠：《宋代东京研究》，开封：河南大学出版社，1992年。

［169］程民生：《神人同居的世界——中国祠庙文化》，郑州：河南人民出版社，1993年。

［170］沈宗宪：《宋代民间的幽冥世界观》，台北：商鼎文化出版社，1993年。

［171］冯佐哲、李富华：《中国民间宗教史》，台北：文津出版社，1994年。

［172］刘慧：《泰山宗教研究》，北京：文物出版社，1994年。

［173］徐华龙、王有钧：《山与山神信仰》，北京：学苑出版社，1994年。

［174］何星亮：《中国自然神与自然崇拜》，上海：上海三联书店，1995年。

［175］木容编著：《山文化》，北京：中国经济出版社，1995年。

［176］杨志玖、吴枫主编：《中国历史大辞典·隋唐五代史卷》，上海：上海辞书出版社，1995年。

［177］〔法〕谢和耐著，黄建华、黄迅余译：《中国社会史》，南京：江苏人民出版社，1995年。

［178］〔英〕查·索·博尔尼著，程德祺等译：《民俗学手册》，上海：上海文艺出版社，1995年。

［179］乌丙安：《中国民间信仰》，上海：上海人民出版社，1995年。

［180］任崇岳：《宋徽宗》，长春：吉林文史出版社，1996年。

［181］汪圣铎：《宋真宗》，长春：吉林文史出版社，1996年。

［182］卿希泰主编：《中国道教史》（修订本），成都：四川人民出版社，1996年。

［183］郑国铨：《山文化》，北京：中国人民大学出版社，1996年。

［184］朱越利：《道藏分类解题》，北京：华夏出版社，1996年。

［185］程民生：《宋代地域文化》，开封：河南大学出版社，1997年。

［186］李剑国：《宋代志怪传奇叙录》，天津：南开大学出版社，1997年。

［187］王景琳、徐匋主编：《中国民间信仰风俗辞典》，北京：中国文联出版公

司，1997年。

［188］陈成国：《中国礼制史·隋唐五代卷》，长沙：湖南教育出版社，1998年。

［189］〔日〕渡边欣雄著，周星译：《汉族的民俗宗教：社会人类学的研究》，天津：天津人民出版社，1998年。

［190］费孝通：《乡土中国·生育制度》，北京：北京大学出版社，1998年。

［191］瞿同祖：《瞿同祖法学论著集》，北京：中国政法大学出版社，1998年。

［192］王青：《汉朝的本土宗教与神话》，台北：洪叶文化事业有限公司，1998年。

［193］王学泰：《游民文化与中国社会》，北京：学苑出版社，1999年。

［194］刘慧：《泰山庙会》，济南：山东教育出版社，1999年。

［195］陈成国：《中国礼制史·魏晋南北朝卷》，长沙：湖南教育出版社，1999年。

［196］程毅中：《宋元小说研究》，南京：江苏古籍出版社，1999年。

［197］郭东旭：《宋代法制研究》，保定：河北大学出版社，2000年。

［198］葛兆光：《中国思想史》，上海：复旦大学出版社，2001年。

［199］徐吉军等：《中国风俗通史》（宋代卷），上海：上海文艺出版社，2001年。

［200］杨念群：《中层理论——东西方思想会通下的中国史研究》，南昌：江西教育出版社，2001年。

［201］陈成国：《中国礼制史·宋辽夏金卷》，长沙：湖南教育出版社，2001年。

［202］张兴发编著：《道教神仙信仰》，北京：中国社会科学出版社、北京中软电子出版社，2001年。

［203］袁爱国：《泰山风俗》，济南：济南出版社，2001年。

［204］张毅主编：《20世纪中国文学研究·宋代文学研究》，北京：北京出版社，2001年。

［205］陈寅恪：《隋唐制度渊源略论稿》，北京：三联书店，2001年。

［206］吕宗力、栾保群：《中国民间诸神》（增补本），石家庄：河北教育出版社，2001年。

［207］〔法〕马塞尔·莫斯著，汲喆译：《礼物》，上海：上海人民出版社，2002年。

［208］张总：《地藏信仰研究》，北京：宗教文化出版社，2002年。

［209］贾二强：《唐宋民间信仰》，福州：福建人民出版社，2002年。

［210］王永平：《道教与唐代社会》，北京：首都师范大学出版社，2002年。

[211] 张祝平:《〈夷坚志〉论稿》,北京:中国文史出版社,2002年。

[212] 郭沫若:《读〈随园诗话〉札记》,北京:北京古籍出版社,2003年。

[213] 〔韩〕具圣姬:《汉代人的死亡观》,北京:民族出版社,2003年。

[214] 汤贵仁:《泰山封禅与祭祀》,济南:齐鲁书社,2003年。

[215] 甘怀真:《皇权、礼仪与经典诠释》,台北:台湾大学出版社,2004年。

[216] 胡文和:《中国道教石刻艺术史》,北京:高等教育出版社,2004年。

[217] 〔德〕韦伯著,简惠美译:《中国的宗教——儒教与道教》,《韦伯作品集》,桂林:广西师范大学出版社,2004年。

[218] 徐茂明:《江南士绅与江南社会:1368—1911》,北京:商务印书馆,2004年。

[219] 杨义:《中国古典小说史论》(新版图志本),北京:中国社会科学出版社,2004年。

[220] 汪晖:《现代中国思想的兴起》,北京:三联书店,2004年。

[221] 王章伟:《在国家与社会之间——宋代巫觋信仰研究》,香港:中华书局,2005年。

[222] 任继愈主编:《道藏提要》,北京:中国社会科学出版社,2005年。

[223] 顾颉刚:《秦汉的方士与儒生》,上海:上海世纪出版集团,2005年。

[224] 丁山:《中国古代宗教与神话考》,北京:商务印书馆,2005年。

[225] 〔英〕雷蒙·威廉斯著,刘建基译:《关键词:文化与社会的词汇》,北京:三联书店,2005年。

[226] 王铭铭:《社会人类学与中国研究》,桂林:广西师范大学出版社,2005年。

[227] 朱俭:《泰山研究资料索引》,北京:北京图书馆出版社,2005年。

[228] 朱瑞熙等:《辽宋西夏金社会生活史》(修订版),北京:中国社会科学出版社,2005年。

[229] 李向平:《信仰、革命与权力秩序:中国宗教社会学研究》,上海:上海人民出版社,2006年。

[230] 刘亚丁:《佛教灵验记研究——以晋唐为中心》,成都:巴蜀书社,2006年。

[231] 〔美〕明恩溥著,陈午晴、唐军译:《中国乡村生活》,北京:中华书局,2006年。

[232] 王笛:《街头文化——成都公共空间、下层民众与地方政治,1870—

1930》，李德英、谢继华、邓丽译，北京：中国人民大学出版社，2006年。

［233］王元林：《国家祭祀与海上丝路遗迹——广州南海神庙研究》，北京：中华书局，2006年。

［234］〔美〕韦斯谛编，陈仲丹译：《中国大众宗教》，南京：江苏人民出版社，2006年。

［235］〔美〕杨庆堃著，范丽珠等译：《中国社会中的宗教——宗教的现代社会功能及其历史因素之研究》，上海：上海人民出版社，2007年。

［236］余欣：《神道人心：唐宋之际敦煌民生宗教社会史研究》，北京：中华书局，2006年。

［237］〔美〕韩明士著，皮庆生译：《道与庶道：宋代以来的道教、民间信仰和神灵模式》，南京：江苏人民出版社，2007年。

［238］蒲慕州：《追寻一己之福——中国古代的信仰世界》，上海：上海古籍出版社，2007年。

［239］陈登武：《从人间世到幽冥界——唐代的法制、社会与国家》，北京：北京大学出版社，2007年。

［240］〔美〕J.K.施赖奥克著，程曦译：《近代中国人的宗教信仰——安庆的寺庙及其崇拜》，合肥：安徽大学出版社，2008年。

［241］皮庆生：《宋代民众祠神信仰研究》，上海：上海古籍出版社，2008年。

［242］杨渭生：《宋代文化新观察》，保定：河北大学出版社，2008年。

［243］周扬波：《宋代士绅结社研究》，北京：中华书局，2008年。

［244］〔英〕王斯福著，赵旭东译：《帝国的隐喻：中国民间宗教》，南京：江苏人民出版社，2008年。

［245］尹富：《中国地藏信仰研究》，成都：巴蜀书社，2009年。

［246］雷闻：《郊庙之外：隋唐国家祭祀与宗教》，北京：三联书店，2009年。

［247］〔美〕卢公明著，陈泽平译：《中国人的社会生活》，福州：福建人民出版社，2009年。

［248］徐迎花：《汉魏至南北朝时期郊祀制度研究》，哈尔滨：黑龙江人民出版社，2009年。

［249］马新、贾艳红、李浩：《中国古代民间信仰——远古到唐》，上海：上海人民出版社，2010年。

［250］王见川、皮庆生：《中国近世民间信仰——宋元明清》，上海：上海人民出版社，2010年。

［251］汪圣铎：《宋代政教关系研究》，北京：人民出版社，2010年。

［252］王曾瑜：《宋朝阶级结构》，北京：中国人民大学出版社，2010年。

［253］〔日〕尾形勇著，张鹤泉译：《中国古代的"家"与国家》，北京：中华书局，2010年。

［254］汤勤福、王志跃著：《宋史礼志辨证》，上海：上海三联书店，2011年。

［255］柳立言：《宋代的宗教、身份与司法》，北京：中华书局，2012年。

［256］张文昌：《制礼以教天下——唐宋礼书与国家社会》，台北：台大出版中心，2012年。

［257］赵伟：《道教壁画五岳神祇图像谱系研究》，北京：文化艺术出版社，2013年。

［258］鲁西奇著：《中国古代买地券研究》，厦门：厦门大学出版社，2014年。

［259］〔美〕武雅士编，彭泽安、邵铁峰译：《中国社会中的宗教与仪式》，南京：江苏人民出版社，2014年。

［260］朱溢：《事邦国之神祇：唐至北宋吉礼变迁研究》，上海：上海古籍出版社，2014年。

［261］〔英〕庄士敦著，刘本森译：《狮龙共舞：一个英国人笔下的威海卫与中国传统文化》，南京：江苏人民出版社，2014年。

［262］田天：《秦汉国家祭祀史稿》，北京：三联书店，2015年。

［263］〔美〕韩森著，包伟民译：《变迁之神：南宋时期的民间信仰》，上海：中西书局，2016年。

［264］刘兴顺：《泰山国家祭祀史》，济南：山东人民出版社，2017年。

［265］李俊领：《天变与日常：近代社会转型中的华北泰山信仰》，北京：社会科学文献出版社，2017年。

［266］〔美〕万志英著，廖涵缤译：《左道：中国宗教文化中的神与魔》，北京：社会科学文献出版社，2018年。

三、中文学位论文（按时间顺序）

［267］曾国勇：《宋代东岳大帝出巡仪仗研究》，香港大学硕士学位论文，1995年。

［268］〔韩〕金相范：《唐代礼制对于民间信仰观的形成与作用——以祠庙信仰为考察的中心》，台湾师范大学文学院历史学系博士学位论文，2000年。

［269］陈祈安：《宋代社会的命分观念》，台湾大学历史学研究所硕士学位论文，2000年。

［270］邱淑惠：《唐代五岳神及其家族故事之研究》，静宜大学中国文学系硕士学位论文，2000年。

［271］沈宗宪：《国家祀典与左道妖异——宋代信仰与政治关系之研究》，台湾师范大学历史研究所博士学位论文，2000年。

［272］王光成：《元代的地方神祇》，复旦大学历史学硕士学位论文，2001年。

［273］卢泽群：《南宋两浙路士大夫与祠庙信仰》，中兴大学历史学系硕士学位论文，2002年。

［274］范纯武：《双忠崇祀与中国民间信仰》，台湾师范大学历史学博士学位论文，2002年。

［275］李伟峰：《泰山香社民俗文化研究——以泰山现存社石碑为例》，山东大学民俗学硕士学位论文，2003年。

［276］刘成荣：《中古封禅文研究》，广西师范大学中国古代文学硕士学位论文，2003年。

［277］王美华：《唐宋礼制研究》，东北师范大学中国古代史博士学位论文，2004年。

［278］冯大北：《唐宋福建民间祀神活动之研究》，福建师范大学哲学硕士学位论文，2004年。

［279］朱溢：《隋唐时代的山岳信仰》，北京大学历史学硕士学位论文，2005年。

［280］姚政志：《南宋福州民间信仰的发展》，台湾政治大学史学研究所硕士学位论文，2005年。

［281］王玉光：《论东北地区的山神信仰》，中央民族大学民俗学硕士学位论文，2005年。

［282］杨晓方：《封禅文学研究》，四川师范大学中国古代文学硕士学位论文，2006年。

［283］朱文广：《〈夷坚志〉报应故事所见南宋民众观念与基层社会》，陕西师范大学历史文献学硕士学位论文，2006年。

［284］侯艳：《唐前封禅文献研究》，郑州大学中国古典文献学硕士学位论文，2006年。

［285］刘霞：《明清时期山东庙会研究》，山东师范大学专门史硕士学位论文，2006年。

［286］林剑华：《宋代淫祀与官方政策》，福建师范大学专门史硕士学位论文，2006年。

［287］王汇：《试论先秦两汉时期的泰山封禅活动》，郑州大学中国古代史硕士学位论文，2006年。

［288］邬可晶：《先秦西汉封禅研究》，浙江大学中国古典文献学硕士学位论文，2007年。

［289］张海霞：《先秦时期山岳崇拜初探》，湘潭大学历史文化学院中国古代史硕士学位论文，2007年。

［290］张敏：《唐代封禅研究》，山东师范大学专门史硕士学位论文，2007年。

［291］荆荣娜：《秦汉封禅研究》，山东师范大学专门史硕士学位论文，2007年。

［292］宫磊：《宋真宗封禅探究》，山东师范大学专门史硕士学位论文，2007年。

［293］苏力：《元代地方精英与基层社会——以江南地区为研究中心》，中央民族大学博士学位论文，2007年。

［294］崔耕虎：《东岳庙会研究》，山东大学中国古代史硕士学位论文，2008年。

［295］姜守诚：《汉晋道教与葬俗考及其他》，北京师范大学博士后研究工作报告，2008年。

［296］汪海：《汉唐封禅比较研究》，华东师范大学中国古代史硕士学位论文，2008年。

［297］刘晓：《西方汉学家泰山信仰研究述论》，山东大学民俗学硕士学位论文，2009年。

［298］刘雅萍：《制度下的神灵——两宋时期政府与民间关于信仰的沟通》，北京师范大学历史学博士学位论文，2009年。

［299］金洁：《宋代泰山的政治文化功能》，山东大学中国古代史硕士学位论文，2011年。

［300］牛敬飞：《五岳祭祀演变考论》，清华大学中国史博士学位论文，2012年。

［301］刘晓：《泰山庙会研究》，山东大学中国民间文学博士学位论文，2013年。

［302］时孟：《3—6世纪佛教对泰山文化的影响》，山东师范大学历史文献学硕士学位论文，2014年。

四、中文期刊论文（按时间顺序）

［303］顾颉刚：《"四岳"与"五岳"》，《史林杂识初编》，北京：中华书局，1963年。

［304］顾颉刚：《周公制礼的传说和〈周官〉一书的出现》，《文史》第6辑（1979年）。

［305］朱士嘉：《中国地方志的起源、特征及其史料价值》，《史学史资料》1979年第2期。

［306］李季芳：《宋代相扑社及女子相扑之滥觞——中国古代摔跤史略》，《成都体育学院学报》1979年第2期。

［307］陈槃：《泰山主生亦主死说》，（台湾）《"中研院"历史语言研究所集刊》第51本第3分册（1980年9月）。

［308］吴荣曾：《镇墓文中所见到的东汉道巫关系》，《文物》1981年第3期。

［309］唐万斗：《泰山中草药分布简介》，《泰山医学院学报》1982年第1期。

［310］何耀华：《彝族的自然崇拜及其特点》，《思想战线》1982年第6期。

［311］刘静贞：《略论宋儒的宗教信仰——以范仲淹的宗教观为例》，（台湾）《中国历史学会史学集刊》第15期（1983年5月）。

［312］吕朋菊：《泰山的形成及其年龄》，《山东矿业学院学报》1984年第2期。

［313］黄留珠：《秦汉祭祀综义》，《西北大学学报》（哲学社会科学版）1984年第4期。

［314］冯骥才：《进香——泰山旧日见闻之一》，《上海文学》1984年第5期。

［315］黄留珠：《试论秦始皇对祭祀制度的统一》，《人文杂志》1985年第2期。

［316］官桂铨：《吴自牧小考》，《学术研究》1985年第2期。

[317] 陈志东：《殷代自然灾害与殷人的山川崇拜》，载游琪、刘锡诚主编《山岳与象征》，北京：商务印书馆，2004年。

[318] 林美容：《由祭祀圈来看草屯镇的地方组织》，（台湾）《"中研院"民族学研究所集刊》1986年第62期。

[319] 丁庆运：《宋真宗泰山封禅及其遗迹》，《泰安师专学报》1987年第1期。

[320] 萧平汉：《南岳衡山析疑》，《衡阳师专学报（社会科学版）》1987年4期。

[321] 刘子健：《封禅文化与宋代明堂祭天》，载《两宋史研究汇编》，台北：联经出版公司，1987年。

[322] 樊志民、冯风：《关于历史上的旱灾与农业问题研究》，《中国农史》1988年第1期。

[323] 杨辛：《泰山的美学考察》，《北京大学学报（哲学社会科学版）》1988年第1期。

[324] 杨倩描：《宋代郊祀制度初探》，《世界宗教研究》1988年第4期。

[325] 袁爱国：《泰山东岳庙会考识》，《民俗研究》1988年第4期。

[326] 杨天宇：《秦汉郊礼初探》，《河南大学学报（哲学社会科学版）》1989年第1期。

[327] 莫金山：《历代泰山封禅综述》，《青海社会科学》1989年第4期。

[328] 周谦：《民间泰山香社初探》，《民俗研究》1989年第4期。

[329] 徐北文：《建立"泰山学"刍议》，载李正明、张杰主编《泰山研究论丛》（一），青岛：青岛海洋大学出版社，1989年。

[330] 周郢：《宋天贶殿位置考辨》，载李正明、张杰主编《泰山研究论丛》第1辑，青岛：青岛海洋大学出版社，1989年。

[331] 黄进德：《论宋代的话本小说》，《扬州师院学报（社会科学版）》1990年第3期。

[332] 詹鄞鑫：《巡守与封禅：论封禅的性质及起源》，《华东师范大学学报》1990年第3期。

[333] 程民生：《论宋代神祠宗教》，《世界宗教研究》1992年第2期。

[334] 高占祥：《民俗民风的缩影》，载高占祥主编《论庙会文化》，北京：文化艺术出版社，1992年。

[335] 方向：《安吉县山河乡的山神和鸡的信仰》，上海民间文艺家协会编《中

国民间文化·都市民俗学发凡》（第八集），上海：学林出版社，1992年。

［336］邹松寿：《余姚庙会调查》，载上海民间文艺家协会编《中国民间文化》第5集《稻作文化与民间信仰调查》，上海：学林出版社，1992年。

［337］叶大兵：《温州东岳庙会剖析》，载上海民间文艺家协会编《中国民间文化》第5集《稻作文化与民间信仰调查》，上海：学林出版社，1992年。

［338］丛树敏：《岱庙壁画仪仗乐队图析——兼评岱庙壁画的艺术特色》，载戴有奎、张杰主编《泰山研究论丛》第5辑，青岛：青岛海洋大学出版社，1992年。

［339］李继生：《泰山唐宋玉册疑案丛考》，载戴有奎、张杰主编《泰山研究论丛》第5辑，青岛：青岛海洋大学出版社，1992年。

［340］石经校：《宋天贶殿位置再考》，载戴有奎、张杰主编《泰山研究论丛》第5辑，青岛：青岛海洋大学出版社，1992年。

［341］刘凌：《名山文化与泰山文化——论泰山文化性质》，载戴有奎、张杰主编《泰山研究论丛》第5辑，青岛：青岛海洋大学出版社，1992年。

［342］〔日〕内藤湖南：《概括的唐宋时代观》（原载《历史与地理》第9卷第5号），中译文载刘俊文主编：《日本学者研究中国史论著选译》第1卷，北京：中华书局，1992年。

［343］赵世瑜：《明清时期华北庙会研究》，《历史研究》1992年第5期。

［344］朱凤瀚：《商周时期的天神崇拜》，《中国社会科学》1993年第4期。

［345］邓广铭：《宋代文化的高度发展与宋王朝的文化政策》，《邓广铭学术论著自选集》，北京：首都师范大学出版社，1994年。

［346］〔俄〕马良文：《中国民间宗教刍议》，《世界宗教研究》，1994年第1期。

［347］吕继祥：《泰山庙会论述》，《民俗研究》1994年第1期。

［348］吕继祥：《东岳大帝的演变及文化内涵》，《中国民间文化·民间俗神信仰》，上海：学林出版社，1994年。

［349］张怀通：《周代山川祭祀的民本精神与政治功能》，《殷都学刊》1994年第4期。

［350］康弘：《宋代灾害与荒政述论》，《中州学刊》1994年第5期。

［351］仝晰纲、迟少丽：《宋真宗东封西祀浅论》，《山东师范大学学报（社会科学版）》1994年第6期。

［352］张其凡：《宋真宗"天书封祀"闹剧之剖析》，《历史文献与传统文化》第4辑，广东人民出版社，1994年。

［353］葛剑雄：《十一世纪初的天书封禅运动》，《读书》1995年第11期。

［354］王铭铭：《中国民间宗教：国外人类学综述》，《世界宗教研究》1996年第2期。

［355］伦珠旺姆、昂巴：《拉卜楞地区山神崇拜之历史渊源及文化现象分析》，《西藏艺术研究》1996年第4期。

［356］朱希伟：《简论南宋杭州的相扑运动》，《杭州师院学报》1996年第6期。

［357］朱越利：《何谓庙会——〈辞海〉"庙会"条释文辩证》，载刘锡诚主编《妙峰山·世纪之交的中国民俗流变》，北京：中国城市出版社，1996年。

［358］王铭铭：《民间权威、生活史与群体动力——台湾省石碇村的信仰与人生》，载王铭铭、王斯福主编《乡土社会的秩序、公正与权威》，北京：中国政法大学出版社，1997年。

［359］胡适：《伦敦大英博物馆藏的十一本〈阎罗王授经记〉》，载姜义华主编《胡适学术文集·中国佛学史》，北京：中华书局，1997年。

［360］胡适：《唐临〈冥报记〉里的太山、太山府君、阎罗天子》，载姜义华主编《胡适学术文集·中国佛学史》，北京：中华书局，1997年。

［361］张怀通：《先秦时期的山川崇拜》，《河北师院学报（社会科学版）》1997年第2期。

［362］吕继祥：《试论泰山崇拜》，《民俗研究》1997年第3期。

［363］潘兰香：《东岳大帝源流》，《学术研究》1997年第6期。

［364］蒋竹山：《宋至清代的国家与祠神信仰研究的回顾与讨论》，（台湾）《新史学》第8卷第2期（1997年6月）。

［365］邓广铭：《陈桥兵变黄袍加身故事考释》，《真理杂志》第一卷第1期（1944年1月），载《邓广铭治史丛稿》，北京：北京大学出版社，1997年。

［366］刘增贵：《天堂与地狱——汉代的泰山信仰》，（台湾）《大陆杂志》第94卷第5期（1997年5月）。

［367］周郢：《岱庙壁画时代、作者考》，载氏著《周郢文史论文集·泰山历史研究》，济南：山东文艺出版社，1997年。

［368］周郢：《泰山神信仰在日本》，《岱宗学刊》1998年第1期。

[369] 瞿同祖:《法律在中国社会中的作用——历史的考察》,载氏著《瞿同祖法学论著集》,北京:中国政法大学出版社,1998年。

[370] 张祝平:《〈夷坚志〉材料来源及搜集方式考订》,《南通师范学院学报》1999年第2期。

[371] 贾二强:《唐代的华山神》,《中国史研究》2000年第2期。

[372] 小田:《"庙会"界说》,《史学月刊》2000年第3期。

[373] 杨英:《东汉郊祀考》,《天津师范大学学报(社会科学版)》2000年第4期。

[374] 钱志熙:《论上古至秦汉时代的山水崇拜山川祭祀及其文化内涵》,《文史》总第52辑(2000年8月)。

[375] 雷闻:《祈雨与唐代社会研究》,《国学研究》第8卷(2001年10月)。

[376] 陈寅恪:《邓广铭〈宋史职官志考证〉序》,《金明馆丛稿二编》,北京:三联书店,2001年。

[377] 陈巴黎:《北京东岳庙香会》,《法国汉学》第7辑,北京:中华书局,2002年。

[378] 姜建忠:《北宋真宗朝的造神迷信活动及其影响》,《杭州教育学院学报》2002年第2期。

[379] 贾艳红:《魂归泰山——兼论秦汉时期的山神信仰》,《阜阳师范学院学报》2003年第1期。

[380] 石昌渝:《论魏晋志怪的鬼魅意象》,《文学遗产》2003年第2期。

[381] 侯旭东:《造像记所见民众的国家认同与国家观念——北朝村里社会研究之一》,载郑振满、陈春生主编《民间信仰与社会空间》,福州:福建人民出版社,2003年。

[382] 赵丙祥:《神给的礼物和给神的礼物:"礼物"作为历史研究之一般概念的可能性》,杨念群、黄兴涛、毛丹主编《新史学:多学科对话的图景》,北京:中国人民大学出版社,2003年。

[383] 雷闻:《论唐代国家祭祀的神祠色彩》,(台湾)《汉学研究》第21卷第2期(2003年12月)。

[384] 雷闻:《五岳真君祠与唐代国家祭祀》,载荣新江主编《唐代宗教信仰与社会》,上海:上海辞书出版社,2003年。

[385] 葛兆光:《"唐宋"抑或"宋明":文化史和思想史研究视域变化的意

义》，《历史研究》2004年第1期。

［386］刘慧、陶莉：《关于宋代的泰山香会》，《民俗研究》2004年第1期。

［387］范恩君：《泰山神信仰探微》，《中国道教》2004年第1期。

［388］刁培俊：《宋代乡村精英与社会控制》，《社会科学辑刊》2004年第2期。

［389］叶涛：《论泰山崇拜与东岳泰山神的形成》，《西北民族研究》2004年第
　　　　3期。

［390］叶涛：《泰山香社起源略考》，《东岳论丛》2004年第3期。

［391］闫化川：《宋真宗"泰山封禅"动机补论》，《泰山学院学报》第26卷第2
　　　　期（2004年3月）。

［392］廖咸惠：《祈求神启——宋代科举考生的崇科行为与民间信仰》，（台湾）
　　　　《新史学》第15卷第12期（2004年12月）。

［393］王晖：《周代的天神和山神崇拜》，载游琪、刘锡诚主编《山岳与象征》，
　　　　北京：商务印书馆，2004年。

［394］包伟民：《精英们"地方化"了吗？——试论韩明士〈政治家与绅士〉
　　　　与"地方史"研究方法》，《唐研究》第11卷，北京：北京大学出版社，
　　　　2005年。

［395］何平立：《宋真宗"东封西祀"略论》，《学术月刊》2005年第2期。

［396］栾保群：《"泰山治鬼"说的起源与中国冥府的形成》，《河北学刊》2005
　　　　年第3期。

［397］王健：《近年来民间信仰问题研究的回顾与思考：社会史角度的考察》，
　　　　《史学月刊》2005年第1期。

［398］王元臣：《泰山神信仰的源流浅说》，《山东科技大学学报》（社会科学
　　　　版）2005年第4期。

［399］皮庆生：《宋人的正祀、淫祀观》，《东岳论丛》2005年第4期。

［400］张广达：《内藤湖南的唐宋变革说及其影响》，《唐研究》第一一卷，北
　　　　京：北京大学出版社，2005年。

［401］皮庆生：《经典的重新解释：从合法性到有效性——宋人对神灵越界的回
　　　　应》，《中华文史论丛》第82辑（2006年第2期）。

［402］柳立言：《何谓"唐宋变革"》，《中华文史论丛》第81辑（2006年1月）。

［403］朱溢：《汉唐间官方山岳祭祀的变迁——以祭祀场所的考察为中心》，

（台湾）《东吴历史学报》2006年第15期（2006年6月）。

[404] 林富士：《人间之魅——汉唐之间"精魅"故事析论》，（台湾）《"中研院"历史语言研究所集刊》第78本第1分册（2007年）。

[405] 林国平：《关于中国民间信仰研究的几个问题》，《民俗研究》2007年第1期。

[406] 张泽洪：《唐代道教的投龙仪式》，《陕西师范大学学报（哲学社会科学版）》2007年第1期。

[407] 蒋海怒：《民间宗教：亚哲学和超观念》，《东南学术》2007年第2期。

[408] 王育武：《〈山海经〉与风水的山岳崇拜》，《华中建筑》2007年第2期。

[409] 金霞：《封禅起源于战国新说》，《青岛大学师范学院学报》第24卷第2期（2007年6月）。

[410] 朱溢：《论唐代的山川封爵现象——兼论唐代的官方山川崇拜》，（台湾）《新史学》第一八卷第4期（2007年12月）。

[411] 楼劲：《关于〈开宝通礼〉若干问题的考察》，《中国社会科学院历史研究所学刊》第4集。北京：商务印书馆，2007年。

[412] 周郢：《东岳庙在全国的传播与分布》，《泰山学院学报》第30卷第2期（2008年3月）。

[413] 皮庆生：《论宋代的打击"淫祀"与文明的推广》，《清华大学学报（哲学社会科学版）》2008年第2期。

[414] 徐迎花：《西晋郊祀制度研究》，《福建师范大学学报（哲学社会科学版）》2008年第3期。

[415] 路育松：《从天书封祀看宋真宗时期的忠节文化建设》，《清华大学学报（哲学社会科学版）》2008年第6期。

[416] 吴羽：《论中晚唐国家礼书编撰的新动向对宋代的影响——以〈元和曲台新礼〉、〈中兴礼书〉为中心》，《学术研究》2008年第6期。

[417] 夏忠梅：《泰山神化现象的生态文化价值探析》，《山东社会科学》2008年第11期。

[418] 万昌华、文景冈：《泰山地区历史文化论纲》，《聊城大学学报（社会科学版）》2009年第1期。

[419] 杨建宏：《礼制背后的政治诉求解读——以北宋官方礼书制作为中心》，

《船山学刊》2009年第1期。

[420] 皮庆生:《材料、方法与问题意识——对近年来宋代民间信仰研究的思考》,《江汉论坛》2009年第3期。

[421] 蒋竹山:《宗教史研究的文化转向:近来宋至清代的民间信仰研究再探》,载复旦大学文史研究院编:《"民间"何在　谁之"信仰"》,北京:中华书局,2009年。

[422] 廖咸惠:《宋代士人与民间信仰:议题与检讨》,载复旦大学文史研究院编:《"民间"何在　谁之"信仰"》,北京:中华书局,2009年。

[423] 张贤雷:《泰山儒释道文化的互动与变迁——以泰山神信仰为中心》,《山东科技大学学报(社会科学版)》第11卷第2期(2009年4月)。

[424] 朱海滨:《中国最重要的宗教传统:民间信仰》,载《"民间"何在　谁之"信仰"》,北京:中华书局,2009年。

[425] 张书豪:《汉武帝的郊祀与封禅》,(台湾)《中国学术年刊》第32期(2010年9月)。

[426] 张鹤泉:《汉碑中所见东汉时期的山岳祭祀》,《河北学刊》2011年第1期。

[427] 皮庆生:《宋代民间信仰中庙貌问题的初步考察》,《江汉论坛》2012年第8期。

[428] 卜祥伟:《论早期泰山信仰及其道教化》,《山东理工大学学报》(社会科学版)第31卷第1期(2015年1月)。

[429] 刘慧:《泰山信仰论》,《民俗研究》2015年第2期。

[430] 黄景春:《对泰山神的国封、道封与文封》,《泰山学院学报》第39卷第4期(2017年7月)。

五、英文出版物

[431] Robert Hymes, Statesmen and Gentlemen: The Elite of Fu-Chou, Chiang-His, in Northern and Southern Sung, Cambridge: Cambridge University Press, 1986.

[432] Ebrey, Patricia, & Peter Gregory, eds. Religion and Society in T'ang and Sung China. Honolulu: University of Hawaii Press, 1993.

［433］Paul R.Katz, Demon Hordes and Burning Boats: The Cult of Marshal Wen in Late Imperial Chekiang, SUNY Press, 1995.

［434］Edward L.Davis, Society and the Supernatural in Song China, University of Hawai Press, 2001.

［435］Alster David Inglis, Hong Mai's Record of The Listener And Its Song Dynasty Context, State University of New York Press, 2006.

六、英文论文

［436］E.A.Kracke, JR, Sung Society: Change Within Tradition, The Far Earstern Quartedy, Vol.14, No.4(1955).

［437］Alvin P.Cohen: A Bibliography of Writings Contributory to the Study of Chinese Folk Religion, Journal of Asian Studies, 43-2(1975).

［438］Catherine Bell, Religion and Chinese Culture: Toward an Assessment of Popular Religion, History of Religions29.1(1989).

［439］Stephan Feuchtwang, Historical metaphor: A study of symbolic representation and recognition of authority, Man, Vol.28.1993.

［440］Stephen F.Teiser, Popular Religion, Journal of Asian Studies.Vol.54, (1995).

［441］Daniel k.Gardner, Ghosts and Spirits in the Sung Neo-Confucian World: Chu His on Kuei-Shen, Journal of the American Oriental Society, Vol.115(1995).

［442］廖咸惠, Popular Religion and the Religious Belief of the Song elite 960-1276, Ph.D.University of California Los Angeles, 2001.

［443］廖咸惠, Visualizing the Afterlife: The Song Elite's Obsession with Death, the Underworld, and Salvation, (台湾)《汉学研究》第20卷第1期(2002).

［444］Juying Wang, A Commercial and Optimistic Worldview of the Afterlife of the Song people Based on stories from the Yijian Zhi, M.A. University of Southern California, 2004.

［445］尹薇, State and Society in the Spread of the Dongyue Cult, Song Through Yuan, MA.The Chinese University of Hong Kong, 2017.

后　记

　　就像每个男孩心中都有一个沈佳宜，每个博士都期待自己的学位论文能够早日成书出版，我也不例外。很多人在毕业后短短几年内便得偿所愿，而我实现这个梦想却足足耗费了十年光阴！

　　2005年9月，我背上行李，从山东潍坊坐火车奔赴北京，开始读博生活。2008年6月，博士毕业，我开始在河北大学宋史研究中心工作。2019年，博士学位论文修订成书即将出版，面对这一姗姗来迟的结果，我不知道是该高兴还是难过，反正心情很复杂，五味杂陈。十年，实在有些太长了，长到可以改变很多事情。当然，有人可能会用"十年磨一剑"这样很高大上的话来安慰我，我也曾多次试图这样自我安慰，但因为毕业后我确实没有真正沉下心来修改过学位论文（虽然我曾无数次在不同场合对不同人信誓旦旦地表示自己准备着手修改博士论文，现在想起来颇为汗颜）。对于我来说，论文的成书出版，是对博士学习生涯的一个总结，更多带有一种个人怀念的意味。虽然我不太喜欢在后记中写冗长的致谢名单（总有一种春晚主持人念新春贺电的感觉），但在这篇后记里，我却不能免俗地这样做，郑重感谢那些为本书写作出版付出心血的诸位师友：

　　首先要感谢我的论文指导教师北京师范大学历史学院的游彪教授，承蒙老师不弃，将我这个资质平庸的学生招致门下，悉心指导。游师为人随和真诚，对待学生友善关爱，选定论文题目后，游师便将韩森的《变迁之神》的中译本、韩明士 *way and byway* 的英文版借给我，让我学习海外民间信仰研究成果。三年的读博生活，追随游师左右，让我获益匪浅，只可惜自己基础太差，又不肯用功，未能完全领会老师的苦心教诲。所以论文虽勉力完成，离老师的期望还有很大距离，现在想起来颇为惭愧。

　　毕业工作后，因为承担了文献学方向的课程，我慢慢地转向宋代文献整理，博士论文的修改被打断了，开始是想冷静一下再全面修订，不曾想一放就是十

338

年。在这期间，我虽然整天看似忙忙碌碌，也出版了几本不成熟的书，但内心一直忐忑不安，不想博士论文趟开的宋代信仰研究之路就此荒废。正因如此，本书即将出版，我对是否请游师赐序心里挣扎了很久，因为书稿与当年的学位论文相比并无质的提高，可我现在又无心无力对论文彻底修改完善。我也曾打算放弃这次求序的机会，等待将来更成熟的研究成果，但台湾学者王汎森教授说过："很多人一生最好的作品就是硕士论文或博士论文，因为之后的时间很难再有三年或六年的时间，沉浸在一个主题里反复地耕耘。"我深知以自己的水平，恐怕学业难有精进，所谓的成熟著作，最终极有可能变成镜花水月。思前想后，我鼓足勇气厚着脸皮向游师求序，同时坦承书稿中存在的问题。游师再次宽厚地包容了我，就像当年收我入门一样。

感谢读博期间陪伴我的同门们，虽然大家相聚的时间很短，但游师每周带领我们一起读书，讨论学术，让我们如同一个快乐的家庭，从开始的拘谨到后来的畅所欲言，无拘无束，每次读书会都是欢声笑语，讨论激烈。三年的学习时光，感觉"红尘做伴，活得潇潇洒洒"，"对酒当歌，唱出心中喜悦"，读书学习、开怀畅饮，纵情高歌，博士生活过得丰富多彩又充实。

主席在《为人民服务》中写道："我们都是来自五湖四海，为了一个共同的革命目标，走到一起来了。"感谢05级博士同学们，虽然我们来自不同的学校，有着不同的研究方向，但大家出于对学术的热爱，不约而同来到北师大历史学院。记得每天睡觉前，大家经常串宿舍聊天，除了海阔天空的闲聊，交流学术信息，分享研究心得是必不可少的内容，从他们那里，我了解到许多之前从未听闻的学术理论，拜读了海内外许多经典著作，让我这个生性懒惰的人足不出户便学到了很多知识，极大开拓了我的视野，这些都影响了我的论文写作与研究思路。

感谢百忙之中参加我博士论文开题的赵世瑜、王东平、曹大为等教授，参加我毕业答辩的瞿林东（答辩主席）、邓小南、张希清、仲伟民、孔繁敏等教授，他们对论文提出了许多真知灼见，这次修改，尽我所能地吸收了诸位先生的宝贵意见。

工作后，河北大学宋史研究中心的姜锡东老师对我的生活工作照顾有加。姜老师当时身兼宋史研究中心的主任和中国宋史研究会秘书长，工作十分繁忙，但他百忙之中仍然记挂着我这篇不成熟的博士论文，经常将日常阅读中发现的与我论文有关的资料特意留下来转给我。惭愧的是，论文如今虽然要出版了，可质量并没有多少提高，实在有负姜老师的厚爱。

在漫长的论文修改过程中，我曾经将其中部分章节抽出来提交各种学术会议（最多的是中国宋史研究会年会），感谢会上评议老师的热情点评，帮我改正了很多问题。

牛津大学的尹薇博士，我们因为相近的研究方向在网络上认识。她是个年轻聪慧又非常热爱学术的女孩子，经常与我讨论学术问题，无私地与我分享学术信息和资源，在此向她表示感谢，也祝愿她在学术道路上日益精进。

拙作的顺利出版，得益于山东大学历史学院谭景玉兄的古道热肠，从中牵线搭桥。

感谢泰山风景名胜区管理委员会《中华泰山文库》工作室的工作人员，没有他们的鼎力支持，拙作不可能被收入《中华泰山文库》著述书系中。刘慧老师多年从事泰山研究，著述丰富，他特意抽出时间来认真审读了我的论文，从专业角度提出了许多富有建设性的意见，为拙作减少了不少疏误。

另外，我要特别感谢内子，虽然我们的研究方向大相径庭，这么多年来，她一直是我研究心得的第一个分享者。说起来比较惭愧，记得我俩初次见面，我告诉她自己正在修改博士论文，准备出版，她很羡慕地对我说，你们文科博士真好，毕业论文还能出书，她的博士论文答辩完了就一直放在抽屉里了。当时我特别得意，恨不得马上就把博士论文修改完出版。后来我俩结婚、生女，不知不觉间又过了七年之痒，博士论文还是迟迟未能见书，不过一有新想法，我都很兴奋，赶紧告诉内子。一开始我告诉她论文修改又有新想法时，内子温柔地点点头，深情地鼓励我说："加油，看好你老公！"后来则是礼貌性地说："好好干"。最后，我刚一开口，她便直接打断我："别说了，你都说过无数遍了，到底啥时候出版？说个具体时间？"然后还"语重心长"地教育女儿："千万别学你爸爸，他就是个大骗子，我和他刚认识的时候他就骗我说要修改博士论文出书，现在你都长这么大了，也没见他的书出来。"我顿时张口结舌，非常狼狈。偏偏女儿还"助攻"一脚，一脸天真地问我："爸爸，啥叫博士论文？你的博士论文为啥还没有出？爸爸为什么要骗妈妈？……"我毫无还手之力，彻底败下阵来，如同在咸亨酒店里被人嘲笑的孔乙己，只能抱头鼠窜，留下妻女开心的笑声。我只好反复默念："下定决心，不怕牺牲，排除万难，去争取胜利！"一边给自己打气，同时暗下决心，无论如何，有生之年一定要将博士论文修改出书！如今这个愿望终于实现了，虽然推迟了太多年，但毕竟兑现了当初的承诺，也可以聊以塞责了。

最后简单谈一下书稿的修改情况。刚毕业那会儿，我确实曾经打算好好重读史料，认真大改博士论文，但工作后忙于上课、处对象，再加上我生性怠惰，论文修改只是断断续续地进行，如重新核对史料，并将古籍影印本尽量换成近年来新出版的点校本；改正错别字，对一些表述有问题的地方进行改写；增加了论文答辩后我在读书中发现的新资料；尽量吸收海内外学界这些年新出版的研究成果等，修改完成的书稿比学位论文的字数翻了一番，章节安排也有所不同，但必须向读者坦诚的是，书稿中补写的内容很大一部分是我当年为了节省论文打印费有意删落的（当然也有一部分确是鉴于当时考虑不完善暂时没有放进学位论文中），这次正式出版，将这部分内容经过修改后重新放入书稿中，使书稿更完整，也可以更清晰地体现我当初的写作思路。虽然有所改动，书稿的主要观点与博士论文相比并没有大的改动，这主要是因为自己毕业后转向宋代历史文献，对宋代东岳信仰没有继续深入研究。我也曾犹豫要不要继续修改下去，不过我想起《挪威的森林》里主人公渡边说过的一句话："人生注定了是一场不完美的旅行，它总是让你在欠缺之中苦苦挣扎。"既然我的博士论文难有质的提高，与其在上面浪费再多时间，不如放手开始新的研究。此外，与博士论文相比，书稿中还增添了许多图片，这些图片除标注的外，都是《中华泰山文库》工作室无私提供的，感谢他们的慷慨帮助，让本书显得图文并茂，更赏心悦目。

胡适说过："怕什么真理无穷，进一寸有一寸的欢喜。"博士论文的出版意味着一个学习阶段的总结，但并不代表研究方向的结束，虽然自知才疏学浅，我仍然希望未来能够在博士论文的基础上继续前进，追求这一寸的欢喜。

2019年1月27日夜于山东莱州

2019年11月9日午夜，修改于河北大学家属区